廣東省立中山圖書館古籍善本書目

廣東省立中山圖書館　編

國家圖書館出版社

圖書在版編目(CIP)數據

廣東省立中山圖書館古籍善本書目 / 廣東省立中山圖書館編. — 北京 : 國家圖書館出版社, 2012.12

ISBN 978-7-5013-4896-1

Ⅰ. ①廣… Ⅱ. ①廣… Ⅲ. ①古籍—善本—圖書館目録—廣東省 Ⅳ. ①Z838

中國版本圖書館 CIP 數據核字(2012)第 275898 號

責任編輯:王燕來

書名 廣東省立中山圖書館古籍善本書目

著者 廣東省立中山圖書館 編

出版 國家圖書館出版社 (100034 北京西城區文津街 7 號)
(原北京圖書館出版社)

發行 010-66114536 66126153 66151313 66175620
66121706(傳真) 66126156(門市部)

E-mail btsfxb@nlc.gov.cn(郵購)

Website www.nlcpress.com → 投稿中心

經銷 新華書店

印刷 河北三河弘翰印務有限公司

開本 889×1194 毫米 1/16

印張 38

版次 2012 年 12 月第 1 版 2012 年 12 月第 1 次印刷

書號 ISBN 978-7-5013-4896-1

定價 480.00 元

廣東省立中山圖書館百年館慶書系
編審委員會

《廣東省立中山圖書館古籍善本書目》
编輯委員會

目　　錄

前　言

1912年6月，廣東圖書館（廣東省立中山區書館前身，以下簡稱“省館”）在廣州城南原廣雅書局舊址（今文德路62號）開辦，經歷一個世紀，今值省館百年誕辰，編此《廣東省立中山圖書館古籍善本書目》（以下簡稱《書目》），以志紀念並方便廣大讀者查閱檢索。

一

一百年來，省館的古籍除一開始由原廣雅書局、廣雅書院轉移的部分圖書外，還來自三個方面：捐贈、徵集和購買。省館建設初期最早有兩次較大規模的書籍捐贈，先是梁鼎芬身後的葵霜閣藏書二萬多冊。梁鼎芬（1859—1919），字星海，號節庵，廣東番禺人。光緒六年（1880）進士，授翰林院編修。1911年，梁鼎芬以祖輩相傳的藏書辦起梁祠圖書館，向社會開放，他撰寫圖書館章程，要求後人在其身後將書捐入公藏。1919年，梁鼎芬病歿，其後人遵照他的意願，將梁祠圖書館的二萬多冊圖書捐贈給省立圖書館，此數目是當時省館藏書量的兩倍。再爲由廣東公立法官學校移入光孝寺《永樂北藏》一万餘卷。

1949年新中國成立以後，社會各界人士捐贈文獻的情況更加普遍，內地人士以及港澳同胞、海外僑胞熱情地將古籍捐給省館。黃蔭普（1900—1986），字雨亭，廣東番禺人。歷任中山大學教授、商務書局香港辦事處總編輯、廣東省政協委員，平生致力搜集廣東地方文獻。1956年4月，由中山大學冼玉清教授牽線，黃蔭普先生將1774種5019冊圖書捐贈給省館，其中廣東文獻就有944種3717冊。4月8日，省館展覽了這批珍貴的廣東文獻，冼玉清教授還親自爲展覽撰文，介紹黃蔭普先生的事蹟，省館專門編印了一本《黃蔭普先生捐贈“廣東文獻”書目》寄給國內各大圖書館和陳垣、葉恭綽、容庚、梁方仲等著名學者。文化部部長沈雁冰親自簽發褒獎狀，表彰黃蔭普先生之義舉。

同年捐贈圖書給省館的還有廣州西關小畫舫齋主人黃子靜（1895—1962）。黃子靜先生係廣東台山人，畢業於英國牛津大學及內宇法學院，1913年獲律師資格後回國，在穗、港、澳三地居住，收藏古物書畫甚豐。1956年，黃子靜先生捐贈的518種4907冊古籍在廣州文化公園舉行展覽後全部入藏省館，其贈書中有明嘉靖黃佐的《廣東通志》、清康熙刻本《翁山文外》等多部珍貴善本。

1998年，原中山大學教授容庚（1894—1983）的後人將容庚先生收藏的手稿尺牘、金石拓片等共460種2149冊（件）捐贈給省館。早在1956年，容庚先生在參觀完省館舉辦的“黃蔭普先生捐贈廣東文獻展覽”後就表示要將自己收藏的明版《曲江張文獻先生文集》十二卷捐贈給省館。此次捐贈給省館的手稿尺牘、金石拓片等是容庚先生最爲鍾愛之物。他生前反復叮囑子女千萬不要把它們分散了，並表示希望身後將其捐獻公藏。

此外還有王貴忱先生和黃彪先生後人的捐贈。王貴忱先生所藏明嘉靖刻《周易程朱傳義》、《韻譜》和《七修類稿》三部善本書分別於1963年、1980年贈送省館，其中《韻譜》在中國大陸爲省館獨家收藏。2006年，黃彪先生後人將家藏古籍圖書127種捐贈省館，其中較爲珍貴的是原李氏泰華樓所藏的80種古醫書。

二

省館所藏文獻的另一個主要來源是徵集與購買。1953年至1960年,省館先後8次派人到全省各地調查徵集圖書文獻,其中部分古籍成爲後來館藏珍貴善本,如明成化十二年(1476)刻《貞觀政要》十卷、明嘉靖三十三年(1554)刻《何栢齋文集》八卷、明嘉靖三十五年(1556)刻《翁東涯集》十七卷、明萬曆年間刻《嶺南文獻》三十二卷、明刻朱墨套印《楚辭》十七卷、明刻《春秋集傳大全》三十七卷、明刻《重刊許氏說文解字五音韻譜》十二卷、明刻《儀禮》十七卷、明末張恂刻《唐詩品彙》九十卷《拾遺》十卷以及清康熙刻《翁山詩外》十八卷、清康熙刻《笠翁傳奇》二十卷、清康熙四十六年(1707)范氏歲寒堂刻《范忠宣公集》二十卷、清抄本《明殉難諸臣遺集》一卷等。值得一提的是在徵集文獻中有一部宋淳熙紹熙遞刻本《誠齋集》,是書十行十八字,白口,左右雙邊,金鑲玉。1955年,文化部副部长鄭振鐸出訪途經廣州,在省館看到此書十分讚賞,建議送北京圖書館收藏。次年省館將宋版《誠齋集》送京,是書現藏國家圖書館。

上世紀50年代以後,在每年省人民政府給予省館購書經費中多有專款購買古籍。如1953年,購買鄭師許先生藏書3253册;1954年,收購原南州書樓藏書2119册;1954年,收購番禺汪元覽藏書12136册;1963年,購買南州書樓在港藏書119種1050册(其中善本98種877册,廣東文獻21種173册);1982年,購入南州書樓古籍線裝書45種453册;2005年,向濟南藏家購買古籍32種110册,其中有明刻本8種63册,清刻本24種47册及拓片等;2008年,購買四川私人藏金元間刻《金剛經》1册。2005年,在北京嘉德拍賣會購買朝鮮活字本《醉庵李公實紀》1册、清手繪本《苗民圖》2册;2010年,在北京嘉德拍賣會購得清廣雅書局謄抄本《說文解字考異》7册、《說文解字商議》5册及朱希祖稿本《屈翁山先生年譜》1册;同年,在北京雍和嘉誠拍賣會購買清廣雅書局謄抄本《說文解字考異》4册,補前北京嘉德拍賣會所購之闕。時至今日,省館館藏古籍善本有經部274種1862册,史部463種6792册,子部476種5963册,集部1137種9560册,叢部43種1405册。其中宋刻本1種,即南宋紹興二十一年(1151)兩浙西路轉運司王珏刻元明遞修本《臨川先生文集》一百卷目錄二卷。元刻本13種,有至元年間刻《玉海》二百卷、《文獻通考》三百四十八卷和至大年間刻《至大重修宣和博古圖》等。明刻本700多種,有隆慶六年(1572)《新刊精選醫方摘要》十二卷、天順五年(1461)明內府刻本《大明一統志》九十卷、嘉靖四十年(1561)刻《廣東通志》七十卷等。在省館藏560多種清刻本中價值較高的是一批曾經清朝禁燬的圖書,如《翁山詩外》、《翁山文外》、《翁山易外》、《徧行堂集》、《獨漉堂集》、《六瑩堂集》、《耳鳴集》、《喻園集》、《離六堂集》等。

省館藏清朝至民國稿本110多種,多爲廣東近代學者手稿,如清代廣東著名學者陳澧(1810—1882)手稿《東塾讀書記》、《東塾雜俎》、《學思稿》、《說文聲類譜》、《切韻考》等。又如康有爲(1858—1927)的《春秋筆削大義微言考》,此爲康氏在戊戌變法失敗後流亡海外之著作。此外還有林伯桐、黃培芳、徐榮、曾釗、林國庚、徐灝、鄧華熙、廖廷相、丁仁長、李宗灝、黃佛頤等人的手稿。

省館藏有抄本800多種,其中唐人寫經是館藏最早的文獻。明抄本有18種,即《唐大詔令集》一百三十卷、《守令寶鑑錄》四卷、《觀象玩占》五十卷、《首楞嚴經義海》三十卷、《浣花集》十卷等。清抄本780多種,其中番禺孔氏抄本400多種較爲突出,如《北堂書鈔》一百六十卷,是三十三萬卷樓借周季貺藏嚴可均、孫星衍等諸家批校本影抄而成,綠格紙上分八家筆標識八家校語,色彩斑斕,堪稱抄本之一絕。此外省館還有30多種包括明閔氏、凌氏刻印的套印本,以及明初銅活字本《李頎集》、清安徽瞿氏泥活字本《泥板試印初編》等。

三

目錄一詞，歷史悠久，漢劉歆《七略》始用。古人以此記載書籍，班固在《漢書》説“爰著目錄”，表明早在漢代，國人已經掌握目錄的應用。相比之下，我國公共圖書館的建立則比“目錄”要晚近兩千年。當時儘管藏書不多，但管理者十分重視目錄的整理和編纂，1915年，省館館長茅謙説他手頭上有兩種廣雅書院與廣雅書局的藏書目錄：“一爲七卷，中多精詣之書；一爲一卷。其目所闕已不少。”茅謙去請教陳澧裔孫陳濬川，並着手編輯省館首部藏書目錄。茅謙所编《廣東圖書館藏書目錄》，又名《廣東圖書館藏書樓書目》（以下簡稱《茅目》）。

《茅目》按經、史、子、集、叢分類，此外另立有志書部、藏經部、新學部、圖畫部、新收書目以及孔氏嶽雪樓抄本書目，其中經部150種、史部246種、子部102種、集部251種、叢部52種、志書部69種、藏經部139種、新學部177種、圖畫部12種、新收書目32種、嶽雪樓抄本417種，合共1647種。至於總冊數，此時期“省館建館之初，藏書係以廣雅書局庫藏及廣雅書院冠冕樓之複本爲基礎，又從日本購得釋藏一部，故1915年已藏有善本四百三十二種，普通書二千零三十六部，新譯書五百九十七部，合爲三千零六十五部，約萬冊上下”（羅屏《廣東中山圖書館的前身——廣東人民圖書館和廣州市中山圖書館沿革考》）。

由於茅謙用時過短，其書目“所編略嫌簡略，編錄僅列書名，版本若何、卷數若何、門類若何、叢書內子目若何，均不列入。閲覽者既苦難參考，管理者亦不便鉤稽”（徐信符《廣東省立圖書館圖書總目序》）。三年後，即1918年，在董事徐信符帶領下，省館繼續整理圖書，開始編纂《廣東省立圖書館圖書總目》（以下簡稱《徐目》）。經歷近十年，1927年，在何熙甫、廖叔椅、廖景曾的協助下，《徐目》大致完成，惟當時省館經濟拮据，印刷費用苦無所出。從那時起，省館“每月常費極力撙節，以爲印資，更得委員陳君笛孫將辦公費撥出以爲補助。由十七年（1928）起至於今，比及三年，始克就緒，蓋於竭蹶中幾經籌畫乃能成事也”（徐信符《廣東省立圖書館圖書總目序》）。80多年前，省館編纂出版館藏書目艱辛經歷，躍然紙上。

《徐目》分爲八卷，前七卷爲經、史、子、集、雜著、叢、類書，共計收錄古籍圖書5339種63039冊，這或者是省館1930年的館藏圖書總量。其中經部642種6563冊，史部1702種23170冊，子部604種3295冊，集部1670種11089冊，雜著151種2910冊，叢書132種5296冊，類書87種9152冊，醫學類、天文算術類、藝術類、釋典合計351種1564冊。與《茅目》相比較，《徐目》經部增加380種，史部增加1417種，子部增加452種，集部增加1203種，叢部增加80種。《徐目》除書名外，還有著錄卷數、著者、版本、冊數，較《茅目》更爲詳細合理（陳曉玉《廣東圖書館的建立及其初期館藏》）。

1949年10月，省館清點善本書室有善本書3282冊，1950年有3289冊（1950年《省館工作簡報》）。至1952年底，善本室藏書3477冊。經過1953年至1957年的大規模下鄉收書及藏書家如黄蔭普、黄子靜等捐贈及購買等，善本的數量更爲增多，1958年開始善本書的分編，本年分編完畢統計善本書有1300部10000冊（1958年《省館參考部總結補充材料》）。

1959年，省館以油印方式刊行了一批館藏書目，其中一冊爲《廣東中山圖書館藏善本書目》，是書目共178頁。從該書目《説明》反映當時的館藏善本標準爲宋元刻本、明刻本、清代精刻本及抄本。書目內有經部95種，史部209種，子部293種，集部382種，並附南海孔氏嶽雪樓叢鈔於後，計經部107種，史部34種，子部49種，集部15種，當時館藏善本書約1382種15000冊。1963年，省館善本專藏1751種，14494冊（1964年5月《廣東中山圖書館概況》）。

1965年，李易安副館長將省館所藏古籍善本分爲甲類善本（甲善）、乙類善本（乙善）、丙類善本（丙善）3種。甲善指達到京滬館國家級收藏標準的古書善本及廣東前代重要文獻的珍本，其中包括元明清的刊本、稿本、抄本，明清民國時期纂修的廣東通志刊本及未刊稿本，本省縣志的國內稀本。乙善是目前難得的古書善本，其中包括明清的刊本、稿本、抄本，廣東各縣縣志，廣東史料，粵人著述之重要者。近代刊行但已極爲難得之印本（如清末印之大字本、《古今圖書集成》、金石等）。丙善是一般善本，目前尚易獲得之書，其中包括乙類善本中因殘破過甚、卷冊不明而降級的本子（1965 年 4 月 1 日《整理古書善本情況》）。

1978 年 3 月，全國古籍善本書總目編輯工作會議在南京舉行。同年，省館組成館藏善本書抽調小組，將館藏古籍善本逐一做草卡，並從典藏部調出，建立善本室。1981 年 7 月，省館針對專藏範圍劃分、內部資料處理等問題，召開館務會議並通過《關於書刊專藏處理的決定》，並確定專藏範圍首項爲古籍善本。1990 年，省館召開“古籍、善本管理分系統功能需求調研聯席會議”，討論如何建立古籍善本分系統。1991 年，省館始用電腦進行古籍編目。2003 年，“館藏古籍善本資料庫”全面建成，讀者可在網上 OPAC 檢索。現在“館藏古籍善本資料庫”和 2008 年古籍普查的基礎上編輯而成《書目》，其收錄範圍爲：凡已入《中國古籍善本書目》的館藏古籍善本；清乾隆六十年（1795）以前的刻本；1795 年以後、1911 年以前的出版物，經名人收藏批校，或流傳較少，或具有鮮明特點（如地方文獻、活字套印）者酌情收入；1911 年以前的稿本、抄本以及 1949 年以前的較有價值的稿本、抄本、批校本；出版時間較早的和刻本、朝鮮刻本等。《書目》共收錄館藏古籍善本 2393 種 25582 冊。

《書目》的出版，可以說是集一百年來本館同仁努力之功，今《茅目》、《徐目》的具體參與者或不可考，但其留下的書目，提供了省館早期古籍善本情況，彌足珍貴。在館藏古籍善本書的草卡上仍能看到上世紀七八十年代本館前輩的工作業績及其名字，他們是王貴忱、羅屏、張世泰、伍錫強、王潔玉、崔景衡、吳紹蘭、李秀器、蕭德貞、林慶雲、陳蘊潔等。近十多年來，李昭醇館長、劉洪輝館長、倪俊明副館長一直关懷支持館藏古籍善本搜集保護及《書目》的編纂工作。從 2002 年省馆建立《館藏古籍善本資料庫》以後，《書目》整理編輯工作由林子雄、謝暉、羅焕好、梁笑玲、陳曉玉、陳靜敏具體負責，郭祥文、黃震河、朱雋嘉、徐淑娟也參與了部分工作。在向諸位前輩同仁表达敬意的同時，謹向查釋館藏善本藏書印章的沈永泰先生與負責审阅《書目》全稿的林銳先生表示謝忱。

編　者

2012 年 8 月 20 日

凡　　例

一、收錄範圍：1. 凡入選《中國古籍善本書目》的館藏古籍善本。2. 清乾隆六十年（1795）以前的刻本。3. 1795 年以後、1911 年以前的出版物，或經名人批校、或流傳較少、或具有鮮明特點，如地方文獻、活字本、套印本等酌情收入。4. 1949 年以前的較有價值的稿本、抄本、批校本。5. 出版時間較早的和刻本、朝鮮刻本。

二、著録規則：1. 著録内容包括書名、卷數、著者朝代、著者姓名、著作方式、出版時間、出版者、册數、行款、藏書章、刻工、存佚卷數、《中國古籍善本書目》編號、館藏索書號。2. 書名以卷端題名爲準，按原書文字客觀著録，無書名的根據實情擬定。3. 原書卷數無考者，書名下著□□卷。4. 地方志在書名前加方括號標明年號。5. 責任者主要按卷端所署，並著録朝代名，清代以後責任者的時代不著録，域外責任者著録所屬國名簡稱。6. 出版時間的版本朝代加年號表示，在括弧内注明公元紀年。7. 書有子目者列明子目，子目只著録書名、卷數和責任者。8. 書殘缺不全者著録存卷情況，個别著録缺卷數。9. 藏書印按各藏家生活時間先後排列。10. 刻工姓名凡两个字以上者予以著録，並按姓氏筆畫及字數多少排列。

三、分類編排：全書按經、史、子、集、叢分類，並參照《中國古籍善本書目》的分類排序。

四、索引：書後附書名和著者的中文拼音、四角號碼索引及及筆畫檢字表。

經 部

總 類

御定仿宋相臺岳氏本五經九十六卷附考證

(宋)岳珂編

清乾隆四十八年(1783)武英殿刻本

三十六冊

八行十七字,小字雙行同,白口,四周雙邊。鈐有"止齋心賞"朱文印。

子目:

周易十卷 (魏)王弼注

尚書十三卷 (漢)孔安國傳

毛詩二十卷 (漢)鄭玄箋

禮記二十卷 (漢)鄭玄注

春秋經傳集解三十卷 (晉)杜預撰 附春秋年表一卷 春秋名號歸一圖二卷 (蜀)馮繼先撰 (宋)岳珂重編 50/1783

白文五經不分卷

明刻本

十六冊

二十行二十七字,黑口,左右雙邊。刻工有王良、李約、李熗、吳江、吳綱、受之、唐詩、唐誥、馬相、馬龍、袁電、徐敖、章亨、章逵、張恩、陸華、陸雲、陸鍌、陸鋆、劉採、劉潮、顧梅、陸天定。鈐有"玄元留畜"朱文印。 40/1368.10

重栞宋本十三經註疏四百十六卷校勘記四百十六卷

(清)阮元撰 (清)盧宣旬摘錄

清嘉慶二十年(1815)南昌府學刻本 清陳澧批校

一百四十四冊

十行十八字,小字雙行二十四字,黑口,左右雙邊。鈐有"番禺陳氏東塾藏書"、"陳澧"朱文印。

《中國古籍善本書目》經部 33

子目:

周易兼義九卷 (魏)王弼 (晉)韓康伯注 (唐)孔穎達正義 音義一卷 (唐)陸德明撰 校勘記九卷周易釋文校勘記一卷

附釋音尚書註疏二十卷 (漢)孔安國傳 (唐)孔穎達疏 (唐)陸德明音義 校勘記二十卷

附釋音毛詩註疏七十卷 (漢)鄭玄注 (唐)孔穎達疏 (唐)陸德明音義 校勘記七十卷

附釋音周禮註疏四十二卷 (漢)鄭玄注 (唐)賈公彥疏 (唐)陸德明音義 校勘記四十二卷

儀禮註疏五十卷 (漢)鄭玄注 (唐)賈公彥疏 (唐)陸德明音義 校勘記五十卷

附釋音禮記註疏六十三卷 (漢)鄭玄注 (唐)孔穎達疏 (唐)陸德明音義 校勘記六十三卷

附釋音春秋左傳註疏六十卷 (晉)杜預注 (唐)孔穎達疏 (唐)陸德明音義 校勘記六十卷

監本附音春秋公羊註疏二十八卷 (漢)何休注 (唐)徐彥疏 (唐)陸德明音義 校勘記二十八卷

監本附音春秋穀梁註疏二十卷 (晉)范甯集解 (唐)楊士勛疏 (唐)陸德明音義 校勘記二十卷

論語註疏解經二十卷 (魏)何晏集解 (宋)邢昺疏 校勘記二十卷

孝經註疏九卷 (唐)玄宗李隆基注 (宋)邢昺疏 校勘記九卷

爾雅註疏十卷 (晉)郭璞注 (宋)邢昺疏

校勘記十卷

孟子註疏解經十四卷　(漢)趙岐注　題(宋)孫奭疏　校勘記十四卷　50/1815

篆文六經四書六十一卷

清康熙内府刻本

十六冊

八行十二字,白口,左右雙邊。

子目:

周易十卷

尚書四卷

毛詩四卷

周禮六卷

儀禮十七卷

春秋一卷

大學一卷

中庸一卷

論語十卷

孟子七卷　50/1722.72

朱子五經語類八十卷

(清)程川撰

清光緒孔氏嶽雪樓抄本

十六冊

十行二十一字,小字雙行同,無格。鈐有"孔氏嶽雪樓影鈔本"、"廣雅書局藏書樓圖籍"朱文印。　80/2.50.390

五經百篇五卷

朝鮮刻本

五冊

七行十四字,小字雙行二十字,白口,四周雙邊。鈐有"秋堂"朱文印,"徐相雨印"、"秋堂"、"東國孺子"白文印。　90/2.3

易　類

周易九卷

(魏)王弼　(晉)韓康伯注　(唐)陸德明釋文

略例一卷

(魏)王弼撰　(唐)邢璹注

明味經堂刻本

八冊

九行十八字,小字雙行同,白口,四周雙邊。

《中國古籍善本書目》經部120　40/1566.22

周易略例一卷

(魏)王弼著　(唐)邢璹注

古三墳一卷

(晉)阮咸注

詩傳孔氏傳一卷

(春秋)端木賜述

詩說一卷

(漢)申培著

明刻本

一冊

九行二十字,小字雙行同,白口,左右雙邊。

40/1643.109

東坡先生易傳九卷

(宋)蘇軾撰

明萬曆二十五年(1597)畢氏刻《兩蘇經解》本

二冊

十行二十一字,白口,左右雙邊。鈐有"信符"、"南州書樓所藏"朱文印,"南州後人"、"徐湯殷"白文印。　40/1597.2

東坡先生易傳九卷

(宋)蘇軾撰

明萬曆三十九年(1611)焦竑刻《兩蘇經解》本

六冊

十行二十一字,白口,左右雙邊。刻工有王鑾、姜全、姜良、姜球、陳鉞、陳錦、萬奇、鄒朝、鄒達、劉基、李天八、李夢龍、郭一德、張維學、萬國相、鄒天文、鄒天葵、鄒元弼、鄒邦達、鄒邦畿、鄒希美。鈐有"芑香"、"佩三言齋"、"玉笥山樓藏書印"、"吳興潘氏淬峰樓珍藏"朱文印,"高學濂璽"、"紹昌印記"白文印。　40/1610.4

又一部　四冊　存八卷:卷二至九

易學辨惑一卷

(宋)邵伯溫撰

清光緒孔氏嶽雪樓抄本

一冊

八行二十一字,小字雙行同,無格。鈐有"孔氏嶽雪樓影鈔本"、"廣雅書局藏書樓圖籍"朱文印。 80/2.50.171

了齋易説一卷

(宋)陳瓘撰

清光緒孔氏嶽雪樓抄本

一冊

八行二十一字,無格。鈐有"孔氏嶽雪樓影鈔本"、"廣雅書局藏書樓圖籍"朱文印。

80/2.50.175

周易窺餘十五卷

(宋)鄭剛中撰

清光緒孔氏嶽雪樓抄本

六冊

八行二十一字,無格。鈐有"孔氏嶽雪樓影鈔本"、"廣雅書局藏書樓圖籍"朱文印。

80/2.50.150

易變體義十二卷

(宋)都絜撰

清光緒孔氏嶽雪樓抄本

四冊

八行二十一字,無格。鈐有"孔氏嶽雪樓影鈔本"、"廣雅書局藏書樓圖籍"朱文印。

80/2.50.80

周易經傳集解三十六卷

(宋)林栗撰

清光緒孔氏嶽雪樓抄本

十六冊

八行二十一字,無格。鈐有"孔氏嶽雪樓影鈔本"、"廣雅書局藏書樓圖籍"朱文印。

80/2.50.149

周易本義十二卷易圖一卷五贊一卷筮儀一卷

(宋)朱熹撰

清內府刻本

二冊

六行十五字,小字雙行同,白口,左右雙邊。鈐有"郎園"、"觀古堂"朱文印,"葉德輝之章"、"元尚齋"、"葉德輝"白文印。 50/1722.38

晦庵先生朱文公易説二十三卷

(宋)朱熹撰　(宋)朱鑑輯

清康熙納蘭成德刻《通志堂經解》本

七冊

十一行二十字,白口,左右雙邊。刻工有卜升、卜奇、子文、子能、方惟、王文、王順、允聖、永錫、世求、李公、君生、君茂、君静、范中、岳海、金生、洪甫、栢臣、陳元、陶永、國甫、爾公、闕召、王弘卿、王相臣、范玉生、范震生、周子正、周文啓、栢子林、陳心甫、陳君侯、陶季賢、葛君宣、雍堯之、潘平侯。鈐有"玉笥山樓主人高學廉號韞岑"朱文印,"高韞岑所讀書"白文印。

缺四卷:卷三至六 50/1722.70

周易十卷圖一卷筮儀一卷五贊一卷上下篇義一卷易説綱領一卷

(宋)程頤　朱熹撰

明正統十二年(1447)司禮監刻本

十冊

八行十四字,小字雙行十七字,黑口,四周雙邊。有刻工。鈐有"馮會楷印"、"馮道淵印"、"翰林學士"、"大宗伯"朱文印。 40/1447.2

周易程朱傳義二十四卷

(宋)程頤　朱熹撰

明刻本　清陸隴其批點並跋

十二冊

九行十七字,小字雙行同,白口,左右雙邊。刻工有付竒、劉晉、溫志、陳國等。鈐有"史志英印"、"江東世家"白文印。

《中國古籍善本書目》經部244 40/1564

周易傳義二十四卷

(宋)程頤　朱熹撰

明嘉靖四十三年(1564)刻本

十冊

九行十七字,小字雙行同,白口,左右雙邊。刻工有弓環、沈喬、甫言、吳中、周欽、金簡、姜潮、柯喬、高相、唐其、章仁、章訓、章意、張月、張寅、張渭、張憲、陸章、陸漢、嚴春、何應芳、金仲明、金汝南、金承祖、郭昌其、夏文其、章國華、黄周賢。鈐有"徐弜誃藏閲書"、"番禺梁情卉珍藏書畫印"、"王貴忱印"朱文印,"宜書宜畫"、"貴忱藏本"白文印。 40/1564.2

周易傳義附錄十四卷

(宋)董楷撰

清康熙納蘭成德刻《通志堂經解》本

十一冊

十一行二十字,白口,左右雙邊。刻工有卜升、卜文、卜奇、子厚、子能、六龍、方惟、王順、化之、玉文、玉生、世洪、李公、李立、君仁、君德、君静、吕年、岳海、洪甫、修來、徐彦、栢臣、陳元、爾公、爾盛、闕召、王相臣、王儀公、周子振、周文啓、周允聖、周世求、范震生、栢子林、陳心甫、陳君矦、陳國甫、張君茂、葛君宣、雍堯之、穆君侯。

50/1722.66

楊氏易傳二十卷

(宋)楊簡撰 (明)劉日升 陳道亨校

清光緒孔氏嶽雪樓抄本

五冊

十行二十二字,無格。鈐有"孔氏嶽雪樓影鈔本"、"廣雅書局藏書樓圖籍"朱文印。

80/2.50.154

周易玩辭十六卷

(宋)項安世撰

清抄本

五冊

十行二十二字,白口,左右雙邊。鈐有"觀古堂"、"郎園"朱文印,"葉德輝"、"葉氏德輝鑑藏"白文印。

《中國古籍善本書目》經部271 80/2.50.46

厚齋易學五十卷附錄二卷

(宋)馮椅撰

清光緒孔氏嶽雪樓抄本

二十四冊

八行二十一字,無格。鈐有"孔氏嶽雪樓影鈔本"、"廣雅書局藏書樓圖籍"朱文印。

80/2.50.148

周易總義二十卷

(宋)易祓撰

清光緒孔氏嶽雪樓抄本

八冊

八行二十一字,無格。鈐有"孔氏嶽雪樓影鈔本"、"廣雅書局藏書樓圖籍"朱文印。

80/2.50.78

東谷鄭先生易翼傳二卷

(宋)鄭汝諧撰

清康熙納蘭成德刻《通志堂經解》本

二冊

十一行二十字,白口,左右雙邊。刻工有子茂、王安、公止、公善、玉林、甘玉、甘生、甘慧、金佩、高元、徐貞、梁生、陶冶、陶善、爾玉、鄧文、鄧茂、鄧珍、鄧格、丁華甫、王安公、王至公、王君任、王相臣、包習先、范子茂、金子重、陳君生、張公善、蔣榮臣、鄧玉林、鄧世維、鄧甫卿、鄧憲生、劉大超、劉良公、謝君甫、繆以公。 50/1722.71

誠齋先生易傳二十卷

(宋)楊萬里撰

明嘉靖二十一年(1542)尹耕刻本

八冊

九行二十四字,白口,四周單邊。 40/1542

周易輯聞六卷

(宋)趙汝楳撰

清康熙納蘭成德刻《通志堂經解》本

五冊

十一行二十字,小字雙行三十字,白口,左右雙邊。刻工有方惟、以生、李立、吕子、林之、孟仙、陳元、陶冶、曹洪、楊中、蔣榮、潘玉、劉之、王子榮、王相臣、范哲生、范震生、林九占、周文啓、孫禎之、陳子能、陳心甫、陳君矦、曹洪甫、曹爾公、潘平侯、雍堯之、閔君召、蔣榮臣、劉大超、劉景超、劉順之、穆君侯。 50/1722.67

易雅一卷

(宋)趙汝楳撰
清康熙納蘭成德刻《通志堂經解》本
一册
十一行二十字,白口,左右雙邊。刻工有方惟、石貞、李立、林之、陳元、陶冶、堯之、雍堯、蔣榮、闞召、周文啓、栢子林、陳子能、陳心甫、陳君矦、曹爾公、楊仲恒。 50/1722.60

筮宗一卷
(宋)趙汝楳撰
一册
清康熙納蘭成德刻《通志堂經解》本
十一行二十字,白口,左右雙邊。刻工有方惟、石貞、林之、陶冶、関召、潘平、蔣榮、周文啓、范震生、栢子林、栢功臣、栢君麗、陳君矦、曹洪甫、楊仲恒。 50/1722.69

用易詳解十六卷
(宋)李杞撰
清光緒孔氏嶽雪樓抄本
六册
八行二十一字,無格。鈐有"孔氏嶽雪樓影鈔本"、"廣雅書局藏書樓圖籍"朱文印。
80/2.50.81

淙山讀周易二十一卷首一卷
(宋)方寔孫撰
清光緒孔氏嶽雪樓抄本
七册
九行二十字,小字雙行同,無格。有圖。鈐有"孔氏嶽雪樓影鈔本"、"廣雅書局藏書樓圖籍"朱文印。 80/2.50.100

讀易舉要四卷
(宋)俞琰撰
清光緒孔氏嶽雪樓抄本
三册
八行二十一字,無格。鈐有"孔氏嶽雪樓影鈔本"、"廣雅書局藏書樓圖籍"朱文印。
80/2.50.156

易象義十六卷統論一卷
(宋)丁易東撰
清光緒孔氏嶽雪樓抄本
六册
八行二十一字,無格。鈐有"孔氏嶽雪樓影鈔本"、"廣雅書局藏書樓圖籍"朱文印。
80/2.50.342

易筮通變三卷
(宋)雷思齊撰
清光緒孔氏嶽雪樓抄本
一册
八行二十一字,白口,四周雙邊。鈐有"孔氏嶽雪樓影鈔本"、"廣雅書局藏書樓圖籍"朱文印。
80/2.50.158

周易發明啓蒙翼傳三卷外篇一卷
(元)胡一桂撰
清康熙納蘭成德刻《通志堂經解》本
四册
十一行二十字,小字雙行三十字,白口,左右雙邊。刻工有卜升、卜奇、子文、子弘、子林、子振、方惟、王順、世求、史弘、仲恒、李立、君仁、君宣、君茂、君静、洪甫、栢臣、卿矦、陳元、爾公、爾開、王相臣、周文啓、范玉生、范震生、陳子能、陳心甫、陳君矦、曹洪甫、穆君侯。 50/1722.68

易纂言外翼八卷
(元)吳澄撰
清光緒孔氏嶽雪樓抄本
二册
十一行二十一字,小字雙行同,無格。鈐有"孔氏嶽雪樓影鈔本"、"廣雅書局藏書樓圖籍"朱文印。 80/2.50.82

周易原旨七卷
(元)寶巴撰
清光緒孔氏嶽雪樓抄本
四册
十行二十二字,小字雙行同,白口,左右雙邊。鈐有"孔氏嶽雪樓影鈔本"、"廣雅書局藏書樓圖籍"朱文印。 80/2.50.79

大易緝說十卷
(元)王申子撰
清康熙納蘭成德刻《通志堂經解》本
四冊
十一行二十字,白口,左右雙邊。刻工有方惟、李立、呂子、陳元、陶冶、楊中、蔣榮、潘玉、王子榮、王相臣、方惟獻、周文啓、邵子仁、范震生、孫禎之、畢玉生、陶永錫、陳子能、陳心甫、陳君矦、陳和先、蔣榮臣、潘平侯、潘卿矦、劉大超、劉景超、穆君侯、謝君甫。 50/1722.58

讀易考原一卷
(元)蕭漢中撰
清光緒孔氏嶽雪樓抄本
一冊
八行二十一字,小字雙行同,無格。鈐有"孔氏嶽雪樓影鈔本"、"廣雅書局藏書樓圖籍"朱文印。 80/2.50.157

易精蘊大義十二卷
(元)解蒙撰
清光緒孔氏嶽雪樓抄本
五冊
八行二十一字,無格。鈐有"孔氏嶽雪樓影鈔本"、"廣雅書局藏書樓圖籍"朱文印。
80/2.50.176

易學變通六卷
(元)曾貫撰
清光緒孔氏嶽雪樓抄本
一冊
十行二十五字,無格。鈐有"孔氏嶽雪樓影鈔本"、"廣雅書局藏書樓圖籍"朱文印。
80/2.50.379

周易爻變義蘊四卷首一卷
(元)陳應潤撰
清光緒孔氏嶽雪樓抄本
四冊
九行二十字,小字雙行同,無格。鈐有"孔氏嶽雪樓影鈔本"、"廣雅書局藏書樓圖籍"朱文印。
80/2.50.153

讀易餘言五卷
(明)崔銑撰
清光緒孔氏嶽雪樓抄本
二冊
十行二十字,小字雙行同,無格。鈐有"孔氏嶽雪樓影鈔本"、"廣雅書局藏書樓圖籍"朱文印。
80/2.50.152

易學啓蒙意見五卷
(明)韓邦奇傳
清光緒孔氏嶽雪樓抄本
四冊
行數字數不等,無格,有圖。鈐有"孔氏嶽雪樓影鈔本"、"廣雅書局藏書樓圖籍"朱文印。
80/2.50.146

圖書質疑一卷
(明)薛侃撰
明萬曆四十五年(1617)薛茂杞刻本
一冊
九行二十字,白口,四周單邊。
《中國古籍善本書目》經部407 40/1617.4

新刻來瞿唐先生易註十五卷首二卷
(明)來知德撰
清康熙十六年(1677)朝爽堂刻本
九冊
九行二十二字,白口,四周單邊。鈐有"何文廣藏書"朱文印,"何文廣印"白文印。
50/1677.2

讀易述十七卷
(明)潘士藻撰
清光緒孔氏嶽雪樓抄本
十二冊
十行二十三字,無格。鈐有"孔氏嶽雪樓影鈔本"、"廣雅書局藏書樓圖籍"朱文印。
80/2.50.101

像象管見九卷
(明)錢一本撰

清光緒孔氏嶽雪樓抄本

五冊

十行二十字,小字雙行同,無格。鈐有"孔氏嶽雪樓影鈔本"、"廣雅書局藏書樓圖籍"朱文印。

80/2.50.130

周易劄記三卷

(明)逯中立撰

清光緒孔氏嶽雪樓抄本

二冊

十行二十字,無格。鈐有"孔氏嶽雪樓影鈔本"、"廣雅書局藏書樓圖籍"朱文印。

80/2.50.170

周易孔義三卷

(明)高攀龍撰

清光緒孔氏嶽雪樓抄本

一冊

九行十九字,無格。鈐有"孔氏嶽雪樓影鈔本"、"廣雅書局藏書樓圖籍"朱文印。

80/2.50.102

易義古象通八卷首一卷

(明)魏濬撰

清光緒孔氏嶽雪樓抄本

四冊

十二行二十四字,無格。鈐有"孔氏嶽雪樓影鈔本"、"廣雅書局藏書樓圖籍"朱文印。

80/2.50.147

周易像象述五卷首一卷

(明)吴桂森撰

清光緒孔氏嶽雪樓抄本

十冊

九行二十字,小字雙行同,無格。鈐有"孔氏嶽雪樓影鈔本"、"廣雅書局藏書樓圖籍"朱文印。

80/2.50.155

易象群詮十卷

(明)徐應奎輯

清抄本

十冊

十行二十七字,無格。鈐有"亞東沈氏抱經樓鑑賞圖書印"、"關興抱經樓藏"朱文印。

80/2.50.617

翁山易外七十一卷

(清)屈大均撰

清康熙刻本　有抄配

十八冊

十一行十九字,白口,四周單邊。第一部鈐有"葉禮耕堂"、"蘇式之藏書"、"蘇氏式之所得善本"、"蔭普珍藏"、"黄氏憶江南館珍藏印"朱文印,"憶江南館"白文印,"蔭普"、"憶江南館"藍文印。第二部鈐有"面城樓藏書印"、"南州書樓所藏"、"信符"朱文印,"曾釗之印"白文印。

《中國古籍善本書目》經部618　　50/1688

又一部　十六冊　卷六十四至七十一抄配

周易觀象十二卷

(清)李光地撰

清乾隆刻本

六冊

十一行二十字,白口,四周單邊。鈐有"臨津衣德堂吳氏圖籍"白文印。　50/1795.27

易原就正十二卷首一卷

(清)包儀撰

清光緒孔氏嶽雪樓抄本

十冊

八行二十一字,無格。鈐有"孔氏嶽雪樓影鈔本"、"廣雅書局藏書樓圖籍"朱文印。

80/2.50.103

周易淺釋四卷

(清)潘思榘撰

清光緒孔氏嶽雪樓抄本

四冊

八行二十一字,無格。鈐有"孔氏嶽雪樓影鈔本"、"廣雅書局藏書樓圖籍"朱文印。

80/2.50.159

周易洗心七卷首二卷

(清)任啓運撰

清光緒孔氏嶽雪樓抄本
四冊
八行二十一字,小字雙行同,無格。鈐有"孔氏嶽雪樓影鈔本"、"廣雅書局藏書樓圖籍"朱文印。 80/2.50.172

周易述二十三卷
(清)惠棟編
清乾隆二十五年(1760)雅雨堂刻本
四冊
十行二十二字,白口,四周單邊。鈐有"王氏書印"、"溗陽于氏藏書印"朱文印。 50/1760.7

演周易四卷
(清)陳英猷撰
清乾隆十八年(1753)疊石山房刻本
四冊
九行二十四字,白口,四周雙邊。鈐有"曾在東武李方赤處"、"海陽王稚筠所藏書畫"朱文印。
50/1753.6

易經直解不分卷
清抄本
一冊
十行十三字,小字雙行二十四字,無格。鈐有"宗炎私印"、"晦木"朱文印。 80/2.50.666

易經秘旨不分卷
清抄本
一冊
行數字數不等,無格。有圖。 80/2.50.741

書　類

尚書註疏二十卷
題(漢)孔安國傳　(唐)孔穎達疏
明崇禎五年(1632)毛氏汲古閣刻本
四冊
九行二十一字,小字雙行同,白口,左右雙邊。鈐有"子惠所藏"朱文印。 40/1632.4

東坡先生書傳二十卷
(宋)蘇軾撰
明萬曆二十五年(1597)畢氏刻《兩蘇經解》本
二冊
十行二十一字,白口,左右雙邊。 40/1597.3

東坡先生書傳十三卷
(宋)蘇軾撰
明萬曆三十九年(1611)焦竑刻《兩蘇經解》本
一冊
十行二十一字,白口,左右雙邊。刻工有王鑾、陳鉞、陳錦、萬奇、劉機、王國正、郭一德、張維學、鄒天葵。
存三卷:卷一至三 40/1610.5

尚書講義二十卷
(宋)史浩撰
清光緒孔氏嶽雪樓抄本
六冊
八行二十一字,無格。鈐有"孔氏嶽雪樓影鈔本"、"廣雅書局藏書樓圖籍"朱文印。
80/2.50.325

五誥解四卷
(宋)楊簡撰
清光緒孔氏嶽雪樓抄本
一冊
八行二十一字,無格。鈐有"孔氏嶽雪樓影鈔本"、"廣雅書局藏書樓圖籍"朱文印。
80/2.50.347

書集傳六卷圖一卷
(宋)蔡沈撰　(元)鄒季友音釋
朱子說書綱領一卷書序一卷
(宋)朱熹撰
明正統十二年(1447)内府刻本　王貴忱跋
六冊
八行十四字,小字雙行十八字,黑口,四周雙邊。鈐有"二首臣堂"、"王貴忱印"朱文印,"亞凡書畫"、"貴忱藏本"、"宜書宜畫"白文印。
《中國古籍善本書目》經部894 40/1447

書集傳六卷

(宋)蔡沈撰

朱子説書綱領一卷

(宋)朱熹撰

明刻本

六冊

八行十四字,小字雙行十七字,黑口,四周雙邊。鈐有"懷隆道萬置買官板四書五經性理鑑書萬曆乙未"、"澹圃辛亥後得"、"濠堂所藏善本"、"濠堂藏本"、"徐信符"、"南州書樓所藏"朱文印,"徐紹棨"、"南州後人"、"徐湯殷"白文印。

《中國古籍善本書目》經部 884　　40/1424.4

書傳會選六卷

(明)劉三吾等撰

清光緒孔氏嶽雪樓抄本

六冊

九行十八字,小字雙行同,無格。鈐有"孔氏嶽雪樓影鈔本"、"廣雅書局藏書樓圖籍"朱文印。

80/2.50.212

劉季子書經講意不分卷

(明)劉爾碩撰

明萬曆二十一年(1593)刻本

十冊

十行二十字,白口,四周雙邊。刻工有千合、元正、王梓、王順、付加、付秀、朱京、朱經、李仁、李文、呂中、吳文、吳臣、吳學、周仁、胡志、尚雄、段學、郭洪、倪中、梁合、陳志、陳浩、陳鶴、張奉、張春、畢玉、彭幾、黃文、黃見、黃相、鄧千、談志、魯宥、劉仁、劉忠、劉欽、劉榮、劉德。

《中國古籍善本書目》經部 1002　　40/1619.42

尚書疑義五卷

(明)馬明衡撰

清光緒孔氏嶽雪樓抄本

一冊

八行二十一字,無格。鈐有"孔氏嶽雪樓影鈔本"、"廣雅書局藏書樓圖籍"朱文印。

存三卷:卷一至三　　80/2.50.228

尚書疏衍四卷

(明)陳第撰

清光緒孔氏嶽雪樓抄本

一冊

十行二十一字,無格。鈐有"孔氏嶽雪樓影鈔本"、"廣雅書局藏書樓圖籍"朱文印。

80/2.50.237

尚書埤傳十五卷書經首一卷補二卷末一卷考異一卷

(清)朱鶴齡輯

清光緒孔氏嶽雪樓抄本

六冊

十行二十二字,小字雙行同,無格。鈐有"孔氏嶽雪樓影鈔本"、"廣雅書局藏書樓圖籍"朱文印。

80/2.50.319

尚書亼註音疏十二卷末一卷外編一卷

(清)江聲撰

清乾隆五十八年(1793)江氏近市居篆書寫刻本

六冊

十行十四字,小字雙行二十一字,白口,左右雙邊。鈐有"足廬所藏書籍字畫印"、"慕農"、"和太"朱文印,"潘錫基印"、"慕農"、"俞梧生藏"白文印。

50/1793.2

又一部　六冊　存六卷:卷二、四至八

書經衷論四卷

(清)張英撰

清光緒孔氏嶽雪樓抄本

二冊

十一行二十三或二十四字,無格。鈐有"孔氏嶽雪樓影鈔本"、"廣雅書局藏書樓圖籍"朱文印。

80/2.50.236

禹貢後論一卷

(宋)程大昌撰

清光緒孔氏嶽雪樓抄本

一冊

八行二十一字,無格。鈐有"孔氏嶽雪樓影鈔本”、“廣雅書局藏書樓圖籍”朱文印。
80/2.50.233

禹貢山川地理圖二卷

(宋)程大昌撰

清光緒孔氏嶽雪樓抄本

二冊

八行二十一字,無格。有圖。鈐有“孔氏嶽雪樓影鈔本”、“廣雅書局藏書樓圖籍”朱文印。
80/2.50.232

禹貢長箋十二卷

(清)朱鶴齡撰

清光緒孔氏嶽雪樓抄本

三冊

十一行二十二字,小字雙行同,黑口,左右雙邊。鈐有“孔氏嶽雪樓影鈔本”、“廣雅書局藏書樓圖籍”朱文印。
80/2.50.234

禹貢一卷

清抄本

一冊

十五行二十四字,白口,四周單邊。有圖。鈐有“陳澧之印”白文印。
80/2.50.9

禹貢譜不分卷

(清)王澍撰

清抄本

一冊

行數字數不等,白口,四周雙邊。
80/2.50.678

禹貢注不分卷

清抄本

二冊

九行二十一字,無格。鈐有“無盡藏室”朱文印。
80/2.50.602

詩　類

詩經□□卷

清乾隆武英殿刻本

四冊

十四行字數不等,白口,四周雙邊。

存七卷:卷二至八　50/1795.26

毛詩傳箋不分卷

(漢)毛亨傳　(漢)鄭玄箋

清道光七年(1827)立本齋刻本

四冊

九行二十二字,小字雙行同,白口,左右雙邊。鈐有“莫友芝圖書記”、“莫彝孫印”朱文印,“莫繩孫印”、“陳洵長壽”白文印。
50/1827.2

潁濱先生詩集傳十九卷

(宋)蘇轍撰

清光緒孔氏嶽雪樓抄本

五冊

十行二十一字,無格。鈐有“孔氏嶽雪樓影鈔本”、“廣雅書局藏書樓圖籍”朱文印。
80/2.50.317

詩總聞二十卷

(宋)王質撰

清乾隆武英殿活字本

六冊

九行二十一字,白口,四周雙邊。鈐有“延州來季子得”、“節庵藏書”、“番禺梁氏葵霜閣捐藏廣東圖書館”朱文印,“臣梁鼎芬”白文印。
50/1781.2

詩集傳二十卷詩序辨説一卷詩傳綱領一卷詩圖一卷

(宋)朱熹撰

明正統十二年(1447)司禮監刻本　卷一至二抄配

十二冊

八行十四字,小字雙行十八字,黑口,四周雙邊,有圖。鈐有"古萬川溫氏藏"朱文印。
《中國古籍善本書目》經部 1182　40/1447.3

詩經集注二十卷
(宋)朱熹撰
明嘉靖三十五年(1556)崇正堂刻本
二十冊
八行十四字,小字雙行十七字,黑口,四周雙邊。鈐有"子京文印"、"墨林秘玩"、"曹溶秘玩"、"竹垞"、"覃溪審定"、"征中"、"大雅"、"潘氏子孫保之"、"丹丘生"、"遵王"、"少伯"、"南州書樓所藏"、"信符"朱文印,"陳景伊印"、"南州草堂"、"南州後人"、"徐湯殷"白文印。
《中國古籍善本書目》經部 1206　40/1556.4

毛詩講義十二卷
(宋)林岊撰
清光緒孔氏嶽雪樓抄本
八冊
八行二十一字,無格。鈐有"孔氏嶽雪樓影鈔本"、"廣雅書局藏書樓圖籍"朱文印。
80/2.50.288

詩童子問十卷
(宋)輔廣撰
清光緒孔氏嶽雪樓抄本
四冊
八行二十一字,小字雙行同,無格。鈐有"孔氏嶽雪樓影鈔本"、"廣雅書局藏書樓圖籍"朱文印。　80/2.50.70

詩緝三十六卷
(宋)嚴粲撰
明趙府味經堂刻本
十二冊
九行十八字,小字雙行同,白口,四周雙邊。鈐有"基福堂藏"、"黃梅花屋所藏"、"一山之陽汝水之陰"白文印。
《中國古籍善本書目》經部 1236　40/1566.2

慈湖詩傳二十卷
(宋)楊簡撰
清光緒孔氏嶽雪樓抄本
八冊
八行二十一字,小字雙行同,無格。鈐有"孔氏嶽雪樓影鈔本"、"廣雅書局藏書樓圖籍"朱文印。　80/2.50.269

詩經疏義會通二十卷綱領一卷圖一卷
(元)朱公遷撰　(明)王逢輯錄　(明)何英增釋
清光緒孔氏嶽雪樓抄本
八冊
十一行二十一字,小字雙行同,黑口,四周雙邊。鈐有"孔氏嶽雪樓影鈔本"、"廣雅書局藏書樓圖籍"朱文印。　80/2.50.173

詩傳旁通十五卷類目一卷
(元)梁益撰
清光緒孔氏嶽雪樓抄本
六冊
八行二十一字,無格。鈐有"孔氏嶽雪樓影鈔本"、"廣雅書局藏書樓圖籍"朱文印。
80/2.50.428

詩纘緒十八卷
(元)劉玉汝撰
清光緒孔氏嶽雪樓抄本
六冊
八行二十一字,無格。鈐有"孔氏嶽雪樓影鈔本"、"廣雅書局藏書樓圖籍"朱文印。
80/2.50.231

詩解頤四卷
(明)朱善撰
清康熙納蘭成德刻《通志堂經解》本
二冊
十一行二十字,白口,左右雙邊。刻工有卜升、卜奇、子能、允聖、方惟、王文、王順、世求、李公、君茂、岳海、洪甫、栢臣、國甫、陳元、關召、王弘卿、王相臣、周子正、周文啓、范震生、栢子林、陳心甫、陳君矦、陶季賢、葛君宣。鈐有"番禺梁氏葵霜閣捐藏廣東圖書館"朱文印。　50/1722.79

詩傳大全二十卷綱領一卷圖一卷
(明)胡廣等輯
詩序辨説一卷
(宋)朱熹撰
明刻本
十四册
十行二十二字,小字雙行同,黑口,四周雙邊。鈐有"刀川吉田世珍藏之記"、"讀杜草堂"、"字世孤號望南"、"碧梧翠竹書屋清賞"、"碧梧翠竹書屋"朱文印,"寺田盛業"、"玉笥山樓"白文印。
《中國古籍善本書目》經部1277　40/1424

詩經大全二十卷綱領一卷圖一卷
(明)胡廣等輯
詩序辨説一卷
(宋)朱熹撰
明刻本
十册
十一行二十一字,小字雙行同,黑口,四周雙邊。鈐有"經書不句不讀"朱文印。　40/1518.2

詩説解頤總論二卷正釋三十卷字義八卷
(明)季本撰
清光緒孔氏嶽雪樓抄本
十四册
八行二十一字,小字雙行同,無格。鈐有"孔氏嶽雪樓影鈔本"、"廣雅書局藏書樓圖籍"朱文印。　80/2.50.127

重訂詩經疑問十二卷
(明)姚舜牧撰
清光緒孔氏嶽雪樓抄本
十册
十行二十字,無格。鈐有"孔氏嶽雪樓影鈔本"、"廣雅書局藏書樓圖籍"朱文印。
80/2.50.144

詩故十卷
(明)朱謀㙔撰
清光緒孔氏嶽雪樓抄本
三册
八行二十一字,無格。鈐有"孔氏嶽雪樓影鈔本"、"廣雅書局藏書樓圖籍"朱文印。
80/2.50.326

讀詩略記六卷
(明)朱朝英撰
清光緒孔氏嶽雪樓抄本
四册
十行二十一字,無格。鈐有"孔氏嶽雪樓影鈔本"、"廣雅書局藏書樓圖籍"朱文印。
80/2.50.106

詩經通義十二卷
(清)朱鶴齡輯
清光緒孔氏嶽雪樓抄本
五册
十行二十五字,小字雙行同,無格。鈐有"孔氏嶽雪樓影鈔本"、"廣雅書局藏書樓圖籍"朱文印。　80/2.50.391

毛詩稽古編三十卷
(清)陳啓源撰　(清)龐佑清校
清嘉慶二十年(1815)龐佑清刻本
十册
十行二十五字,白口,左右雙邊。鈐有"曾藏潘贊思處"、"梧桐庭院藏本"、"潘飛聲藏於梧桐院"、"蘭史珍藏不假不贈"朱文印,"南雪巢萬松山房黎齋雙桐圃三十六村草堂詩集之家"、"梧桐庭院詞客平生快覩之章"、"潘氏家藏"、"番禺潘飛聲印"、"潘飛聲蘭史印"、"潘飛聲印"白文印。　50/1815.2

詩經劄記一卷
(清)楊名時撰
清光緒孔氏嶽雪樓抄本
一册
九行二十一字,無格。鈐有"孔氏嶽雪樓影鈔本"、"廣雅書局藏書樓圖籍"朱文印。
80/2.50.189

讀詩質疑三十一卷首十五卷
(清)嚴虞惇撰
清光緒孔氏嶽雪樓抄本

十二冊

十一行二十二字,小字雙行同,無格。鈐有"孔氏嶽雪樓影鈔本"、"廣雅書局藏書樓圖籍"朱文印。 80/2.50.107

詩譜補亡後訂一卷

(清)吳騫撰

清乾隆五十年(1785)刻《拜經樓叢書》本

一冊

十行二十二字,黑口,左右雙邊。鈐有"松竹廬藏書余德慶捐贈"朱文印。 50/1750.8

詩集傳名物鈔八卷

(元)許謙撰

清康熙納蘭成德刻《通志堂經解》本

四冊

十一行二十字,白口,左右雙邊。刻工有士玉、王倫、天渠、祁生、君正、望之、陳君、張達、欽明、際生、爾仁、聖啓、鄧弘、鄧宣、鄧國、顧明。鈐有"番禺梁氏葵霜閣捐藏廣東圖書館"朱文印。

40/1625.6

詩傳名物集覽十二卷

(清)陳大章撰

清光緒孔氏嶽雪樓抄本

四冊

十二行二十二字,無格。鈐有"孔氏嶽雪樓影鈔本"、"廣雅書局藏書樓圖籍"朱文印。

80/2.50.91

詩識名解十五卷

(清)姚炳撰

清光緒孔氏嶽雪樓抄本

六冊

八行二十一字,小字雙行同,無格。鈐有"孔氏嶽雪樓影鈔本"、"廣雅書局藏書樓圖籍"朱文印。 80/2.50.238

銅板詩本音十卷

(清)顧炎武撰

清福田書海銅活字本

三冊

八行十九字,白口,四周雙邊。鈐有"龔振祺"朱文印。 50/1908

又一部 八冊

毛詩品物圖考七卷

(日本)岡元鳳撰

日本天明四年(1784)刻本

三冊

行數字數不等,白口,四周單邊。有圖。鈐有"梁氏藏書"朱文印。

90/1.2

詩外傳十卷

(漢)韓嬰撰

明嘉靖十四年(1535)蘇獻可通津草堂刻十七年(1538)林應麒重修本

六冊

九行十七字,白口,左右雙邊。鈐有"胡薊門藏書印"、"紹衣堂圖章"朱白文印。

《中國古籍善本書目》經部1563 40/1538.2

詩外傳十卷

(漢)韓嬰撰

明嘉靖吳郡沈辨之野竹齋刻本 清靄如朱筆批校

六冊

九行十七字,白口,左右雙邊。刻工有王良智。鈐有"藹如搜藏經籍"、"東莞莫伯驥號天一藏書之印"、"東莞莫氏福功堂藏書"朱文印。

《中國古籍善本書目》經部1564 40/1566.9

詩經研究法一卷

抄本

一冊

行數字數不等,無格。鈐有"顒園所藏"朱文印,"玉笥山樓"白文印。 80/2.50.588

禮　類

周　禮

禮經會元四卷

(宋)葉時撰

清康熙納蘭成德刻《通志堂經解》本

四冊

十一行二十字,白口,左右雙邊。刻工有子元、子秀、六吉、王倫、王韻、王憲、天渠、邛士、邛芃、邛明、甘典、祁生、任臣、君正、受遷、周仲、周停、高宇、栢企、望之、陳章、張升、張達、張錫、欽明、蔣太、爾仁、爾吉、鄧宣、鄧國、鄧漢、穆旺、顧明。鈐有"節庵藏書"、"番禺梁氏葵霜閣捐藏廣東圖書館"朱文印,"梁鼎芬印"白文印。

50/1722.74

太平經國之書十一卷

(宋)鄭伯謙撰

明樊川別業抄本

一冊

十行二十字,藍格,白口,左右雙邊。鈐有"孟臣"朱文印,"倫五常印"白文印。

存三卷:卷三至五

《中國古籍善本書目》經部 1676　80/2.40.5

周官總義三十卷

(宋)易祓撰

清光緒孔氏嶽雪樓抄本

十二冊

八行二十一字,無格。鈐有"孔氏嶽雪樓影鈔本"、"廣雅書局藏書樓圖籍"朱文印。

80/2.50.473

周禮傳十卷

(明)王應電撰

清光緒孔氏嶽雪樓抄本

十二冊

七行二十二字,小字雙行同,無格。鈐有"孔氏嶽雪樓影鈔本"、"廣雅書局藏書樓圖籍"朱文印。

翼傳二卷

十行二十五字,小字單、雙行同。

80/2.50.351

重校古周禮六卷

(明)陳仁錫注釋

明末刻本

六冊

十行二十二字,小字雙行同,白口,四周單邊。鈐有"玉笥山樓秘笈"、"吾得古書貽子孫"朱文印,"阮元藏書"、"高韞岑所讀書"、"子孫雖愚詩書不可不讀"白文印。

《中國古籍善本書目》經部 1730　40/1643.33

周禮註疏刪翼三十卷

(明)王志長輯

清康熙十二年(1673)金閶書業堂刻本

八冊

八行十九字,小字雙行同,白口,左右雙邊。鈐有"節庵藏書"、"番禺梁氏葵霜閣捐藏廣東圖書館"朱文印,"梁鼎芬印"白文印。　50/1672.2

考工記二卷

(明)郭正域批點

明萬曆四十四年(1616)吳興閔齊伋刻朱墨套印本

二冊

八行十八字,小字雙行同,白口,左右雙邊。鈐有"館長杜定友手集"朱文印,"有爲"白文印。

40/1627.18

又一部　一冊

儀　禮

儀禮十七卷

(漢)鄭玄注

明刻本

十七冊

八行十七字,小字雙行同,白口,四周雙邊。鈐有"趙孟頫印"、"松雪齋"、"海上醉六經齋藏書之章"朱文印,"竹泉珍秘圖籍"、"梁氏家藏"白文印,"敦淳珍藏顧氏"朱白文印。

缺卷十一上

《中國古籍善本書目》經部1803　40/1566.15

儀禮十七卷

(漢)鄭玄注

清康熙納蘭成德刻《通志堂經解》本

一冊

十一行二十字,白口,左右雙邊。刻工有王倫、天渠、邛士、祁生、君正、望之、張達、欽明、爾仁、鄧宣、鄧國。鈐有"曾在王氏家過來"、"廉普過眼"、"番禺梁氏葵霜閣捐藏廣東圖書館"朱文印。　50/1911.22

儀禮註疏十七卷

(漢)鄭玄注　(唐)賈公彦疏　(唐)陸德明釋文

明萬曆二十一年(1593)刻本

十二冊

九行二十一字,小字雙行同,白口,左右雙邊。鈐有"節庵藏書"朱文印,"京師廣東學堂書藏"、"臣梁鼎芬"白文印。　40/1593.3

儀禮集說十七卷

(元)敖繼公撰

清康熙納蘭成德刻《通志堂經解》本

八冊

十一行二十字,白口,左右雙邊。刻工有子元、子秀、王玉、王倫、王盛、王韶、天渠、邛士、邛芃、公裔、甘典、祁生、任臣、茂生、受廷、周用、周仲、高宇、徐世、望之、張升、張奇、張佩、張達、張錫、蔣太、蔣任、爾生、鄧佩、鄧宣、鄧國、鄧漢、鄧德、鄧憲、劉和、顧明、王爾吉、沈芳欣、栢六吉、鄧茂卿。鈐有"番禺梁氏葵霜閣捐藏廣東圖書館"朱文印

存十四卷:卷三至四、六至十七　50/1680.6

内外服制通釋七卷

(宋)車垓撰

清光緒孔氏嶽雪樓抄本

二冊

八行二十一字,無格。鈐有"孔氏嶽雪樓影鈔本"、"廣雅書局藏書樓圖籍"朱文印。

80/2.50.194

禦兒呂氏昏禮通俗儀節不分卷

(清)呂留良著

清抄本

一冊

七行十六字,小字雙行同,無格。鈐有"沈氏家藏"朱文印,"道光己亥年抄"白文墨印。

80/2.50.714

表式不分卷

(清)郭天欽輯

稿本

一冊

行數字數不等,無格。鈐有"偶然"、"博仙"朱文印,"清印"白文印。　80/2.50.585

禮　記

禮記陳氏集說補正三十八卷

(清)納蘭成德撰

清康熙納蘭成德刻《通志堂經解》本

四冊

十一行二十字,白口,左右雙邊。刻工有士仁、子上、子來、子相、子榮、天池、邛啓、邛順、邛憲、公止、公化、允文、玉生、甘分、甘先、甘信、甘寅、良甫、君珍、邵士、吳千、季文、周開、洪運、高元、連生、陶善、爾仲、爾朋、鄧廷、觀卿、方爾英、王安公、甘簡德、吳正生、金士玉、金子重、鄧子珍、劉良公、繆以功。鈐有"番禺梁氏葵霜閣捐藏廣東圖書館"朱文印。　50/1722.73

檀弓二卷

(宋)謝枋得批點

明萬曆四十四年(1616)吳興閔齊伋朱墨套印本

一冊

八行十八字,白口,左右雙邊。鈐有"齊伋"朱

文印,“閔十二”白文印。 40/1616.5

檀弓疑問一卷
(清)邵泰衢撰
清光緒孔氏嶽雪樓抄本
一册
十行二十四字,無格。鈐有“孔氏嶽雪樓影鈔本”、“廣雅書局藏書樓圖籍”朱文印。
80/2.50.209

月令解十二卷
(宋)張虙撰
清光緒孔氏嶽雪樓抄本
二册
八行二十一字,小字雙行同,無格。鈐有“孔氏嶽雪樓影鈔本”、“廣雅書局藏書樓圖籍”朱文印。 80/2.50.113

深衣考一卷
(清)黃宗羲撰
清光緒孔氏嶽雪樓抄本
一册
八行二十一字,無格。有圖。鈐有“孔氏嶽雪樓影鈔本”、“廣雅書局藏書樓圖籍”朱文印。
80/2.50.143

三禮總義

新定三禮圖二十卷
(宋)聶崇義集注
清康熙納蘭成德刻《通志堂經解》本
二册
十四行字數不等,白口,左右雙邊。有圖。鈐有“鎔經鑄史齋”朱文印。 50/1676

三禮考註六十四卷序錄一卷綱領一卷
(元)吳澄撰
求校三禮考註書一卷
(明)夏時正撰
明成化九年(1473)謝士元刻本
二十四册
十一行二十四字,黑口,四周雙邊。鈐有“濮氏家藏”朱文印,“延古堂”白文印。
《中國古籍善本書目》經部2166 40/1473

雜禮書

司馬氏書儀十卷
(宋)司馬光撰
清雍正元年(1723)汪亮采研香書屋刻本
四册
十行十九字,小字雙行二十四字,黑口,左右雙邊。鈐有“福山孫氏所藏金石書畫之印”朱文印,“映雪齋主人之章”白文印。 50/1723.3

樂　類

律呂成書二卷
(元)劉瑾撰
清光緒孔氏嶽雪樓抄本
二册
八行二十一字,小字雙行同,無格。鈐有“孔氏嶽雪樓影鈔本”朱文印。 80/2.50.403

雅樂發微八卷
(明)張敔撰
明嘉靖刻本
二册
十二行二十字,白口,左右雙邊。
《中國古籍善本書目》經部2324 40/1566.20

樂典三十六卷
(明)黃佐撰
明嘉靖三十六年(1557)盧寧刻本
八册
十行二十字,白口,四周單邊。鈐有“北平黃氏萬卷樓圖書”、“禺山黃氏”朱文印,“高萬霖潤生印”、“提調協律之章”、“蔭普”、“憶江南館”白文印。
《中國古籍善本書目》經部2336 40/1557

樂典三十六卷
(明)黄佐撰
清康熙二十一年(1682)黄逵卿刻本
六冊
十行二十字,小字雙行十九字,白口,左右雙邊。鈐有"葉恭綽印"、"黄氏憶江南館珍藏印"、"蔭普珍藏"、"贮月山房"朱文印,"深澤王氏洗心精舍所藏書畫"、"遐盦審定"、"禺山黄氏"白文印。
《中國古籍善本書目》經部 2337　　50/1682.2

樂律全書四十九卷
(明)朱載堉撰
明萬曆鄭藩刻增修本
四十四冊
十二行二十三字,黑口,四周單邊。有圖。
子目:
操縵古樂譜一卷
旋宫合樂譜一卷
鄉飲詩樂譜六卷
六代小舞譜一卷
小舞鄉樂譜一卷
二佾綴兆圖一卷
靈星小舞譜一卷
聖壽萬年曆二卷
萬年曆備考三卷
律曆融通四卷附錄一卷
樂學新説一卷附樂經一卷
算學新説一卷
律學新説四卷
律吕精義内篇十卷
律吕精義外篇十卷
《中國古籍善本書目》經部 2357　　40/1596

聖壽萬年曆二卷
(明)朱載堉撰
明萬曆二十三年(1595)刻《樂律全書》本
二冊
十二行二十五字,黑口,四周雙邊。　　40/1595

萬年曆備考三卷
(明)朱載堉撰
明萬曆二十三年(1595)刻《樂律全書》本
二冊
十二行二十五字,黑口,四周雙邊。
40/1595.2

述樂一卷
(清)陳澧撰
稿本
一冊
行數字數不等,無格。
《中國古籍善本書目》經部 2324　　80/1.50.53

春秋類

左　傳

春秋經傳集解三十卷
(晉)杜預撰　(唐)陸德明釋文
明刻本
十六冊
八行十七字,小字雙行同,白口,四周雙邊。有刻工。鈐有"莫友芝圖書印"、"古萬川溫氏藏"、"丹銘"、"止齋"、"閑存"朱文印,"青浦王昶"、"溫氏丹銘"、"溫廷敬印"、"莫繩孫印"白文印。
《中國古籍善本書目》經部 2469　　40/1566.6

春秋三傳讞二十二卷
(宋)葉夢得撰
清光緒孔氏嶽雪樓抄本
十冊
八行二十一字,無格。鈐有"孔氏嶽雪樓影鈔本"、"廣雅書局藏書樓圖籍"朱文印。
子目:
春秋左傳讞十卷
春秋公羊傳讞六卷
春秋穀梁傳讞六卷　　80/2.50.105

春秋左傳註疏六十卷

（晉）杜預注　（唐）孔穎達疏　（唐）陸德明釋文

明崇禎十二年（1639）毛氏汲古閣刻《十三經詳疏》本

二十三冊

九行二十一字，小字雙行同，白口，左右雙邊。鈐有"子惠所藏"朱文印。

存五十八卷：卷一至四十一、卷四十四至六十

40/1639.7

春秋左氏傳續說十二卷

（宋）呂祖謙撰

清光緒孔氏嶽雪樓抄本

四冊

八行二十一字，無格。鈐有"孔氏嶽雪樓影鈔本"、"廣雅書局藏書樓圖籍"朱文印。

80/2.50.426

春秋左傳屬事二十卷

（明）傳遜撰

清光緒孔氏嶽雪樓抄本

八冊

十行二十字，小字雙行同，無格。鈐有"孔氏嶽雪樓影鈔本"、"廣雅書局藏書樓圖籍"朱文印。

80/2.50.86

左氏釋二卷

（明）馮時可撰

清光緒孔氏嶽雪樓抄本

一冊

八行二十一字，無格。鈐有"孔氏嶽雪樓影鈔本"、"廣雅書局藏書樓圖籍"朱文印。

80/2.50.71

左傳評林八卷

（清）張光華輯

清雍正八年（1730）刻本

六冊

十行二十字，小字雙行字數不等，白口，左右雙邊。鈐有"聖裔七十世孔廣蘊字謙山號平遠之印"、"洙泗源沠"、"學尊詩禮"朱文印，"孔廣蘊印"白文印。　50/1728.5

穀梁傳

春秋穀梁註疏二十卷

（晉）范甯集解　（唐）楊士勛疏

明萬曆二十一年（1593）刻《十三經註疏》本

四冊

九行二十一字，小字雙行二十字，白口，左右雙邊。鈐有"節庵藏書"、"番禺梁氏葵霜閣捐藏廣東圖書館"朱文印，"臣梁鼎芬"白文印。

40/1593.5

春秋總義

春秋經解十二卷附錄一卷

（宋）崔子方撰

清光緒孔氏嶽雪樓抄本

四冊

八行二十一字，小字雙行二十字，紅格，白口，四周雙邊。鈐有"孔氏嶽雪樓影鈔本"、"廣雅書局藏書樓圖籍"朱文印。　80/2.50.210

春秋通訓六卷

（宋）張大亨撰

清光緒孔氏嶽雪樓抄本

二冊

八行二十一字，小字雙行同，無格。鈐有"孔氏嶽雪樓影鈔本"、"廣雅書局藏書樓圖籍"朱文印。　80/2.50.372

春秋考十六卷

（宋）葉夢得撰

清乾隆武英殿活字本

八冊

九行二十一字，白口，四周雙邊。鈐有"節庵藏書"、"番禺梁氏葵霜閣捐藏廣東圖書館"朱文印，"粵人吳榮光印"、"梁鼎芬印"白文印。

50/1795.31

春秋傳三十卷

(宋)胡安國撰
明正統十二年(1447)司禮監刻本
八冊
八行十四字,小字雙行十七字,黑口,四周雙邊。鈐有"番禺胡氏所藏圖籍"、"東莞莫氏五十萬卷樓"白文印。
《中國古籍善本書目》經部2745　40/1447.5

止齋先生春秋後傳十二卷
(宋)陳傅良撰
清康熙納蘭成德刻《通志堂經解》本
二冊
十一行二十字,白口,左右雙邊。刻工有卜升、卜奇、子林、子振、方惟、王順、化之、世求、仲恒、李立、君仁、君宣、君茂、君靜、呂子、洪甫、栢臣、陳元、陶冶、國甫、楊中、爾公、爾英、爾盛、爾開、潘玉、蔣榮、闞召、王子沾、王儀公、周文啓、范震生、陳子能、陳心甫、陳君疾、劉大超、潘平疾、穆君疾。鈐有"少泉蔡氏珍藏"、"番禺梁氏葵霜閣捐藏廣東圖書館"朱文印,"求善價而沽諸"白文印。　50/1722.76

沈先生春秋比事二十卷
題(宋)沈棐撰
清光緒孔氏嶽雪樓抄本
三冊
十行二十字,無格。鈐有"廣雅書局藏書樓圖籍"朱文印。
存十六卷:卷一至九、卷十四至二十
80/2.50.73

春秋講義八卷
(宋)戴溪撰
清光緒孔氏嶽雪樓抄本
四冊
八行二十一字,無格。鈐有"孔氏嶽雪樓影鈔本"、"廣雅書局藏書樓圖籍"朱文印。
80/2.50.444

春秋集義五十卷綱領三卷
(宋)李明復撰
清光緒孔氏嶽雪樓抄本
十六冊
九行二十字,小字雙行同,無格。鈐有"孔氏嶽雪樓影鈔本"、"廣雅書局藏書樓圖籍"朱文印。
80/2.50.434

春秋說三十卷
(宋)洪咨夔撰
清光緒間孔氏嶽雪樓抄本
四冊
十行二十一字,小字雙行同,無格。鈐有"孔氏嶽雪樓影鈔本"、"廣雅書局藏書樓圖籍"朱文印。　80/2.50.88

清全齋讀春秋編十二卷
(元)陳深撰
清康熙納蘭成德刻《通志堂經解》本
二冊
十一行二十字,小字雙行,白口,左右雙邊。刻工有文先、王雲、王伯、王盛、王韻、天渠、邘芃、孔仁、公紀、玉明、祁生、君明、邵先、邵國、貞生、重士、陳章、張升、張奇、張達、蔣太、爾後、鄧尹、鄧宣、鄧國、鄧漢、劉太、劉全、劉林、穎涵、懷中、王爾吉、王爾極、沈芳欣、尚達宣、高宇臣、楊立本、楊爾生、蔣逢太、談茂生、劉公一。鈐有"節庵藏書"、"番禺梁氏葵霜閣捐藏廣東圖書館"朱文印,"梁鼎芬印"白文印。　50/1722.78

春秋纂言十二卷總例二卷
(元)吳澄撰
清光緒孔氏嶽雪樓抄本
十冊
十一行二十一字,小字雙行同,無格。鈐有"孔氏嶽雪樓影鈔本"、"廣雅書局藏書樓圖籍"朱文印。　80/2.50.374

春秋或問十卷
(元)程端學撰
清康熙納蘭成德刻《通志堂經解》本
三冊
十一行二十字,白口,左右雙邊。刻工有子元、子秀、六吉、王枚、王倫、王憲、王韻、邘士、邘芃、邘明、天渠、祁生、甘典、任臣、受廷、周仲、周停、高宇、徐世、張升、張奇、張達、張錫、望之、蔣太、爾吉、鄧國、鄧漢、穆旺、顧明。鈐有"少泉蔡氏珍藏"、"番禺梁氏葵霜閣捐藏廣東圖書館"朱文印,"求善價而沽諸"白文印。 50/1722.75

春秋讞義十二卷

(元)王元傑撰

清光緒孔氏嶽雪樓抄本

四冊

十行二十二字,無格。鈐有"孔氏嶽雪樓影鈔本"、"廣雅書局藏書樓圖籍"朱文印。

80/2.50.92

春秋胡氏傳纂疏三十卷

(元)汪克寬撰

清光緒孔氏嶽雪樓抄本

十四冊

十一行二十一字,小字雙行同,無格。鈐有"孔氏嶽雪樓影鈔本"、"廣雅書局藏書樓圖籍"朱文印。 80/2.50.267

春秋集傳大全三十七卷序論一卷春秋二十國年表一卷諸國興廢說一卷

(明)胡廣等輯

明刻本

二十冊

十行二十二字,小字雙行同,黑口,四周雙邊。

《中國古籍善本書目》經部 2868 40/1424.2

春秋胡氏傳辨疑二卷

(明)陸粲撰

清光緒孔氏嶽雪樓抄本

一冊

八行二十一字,小字雙行同,無格。鈐有"孔氏嶽雪樓影鈔本"、"廣雅書局藏書樓圖籍"朱文印。 80/2.50.430

春秋明志錄十二卷

(明)熊過撰

清光緒孔氏嶽雪樓抄本

六冊

十行二十二字,無格。鈐有"孔氏嶽雪樓影鈔本"、"廣雅書局藏書樓圖籍"朱文印。

80/2.50.445

春秋億六卷

(明)徐學謨撰

清光緒孔氏嶽雪樓抄本

二冊

十行十九字,無格。鈐有"孔氏嶽雪樓影鈔本"、"廣雅書局藏書樓圖籍"朱文印。

80/2.50.89

春秋孔義十二卷

(明)高攀龍撰

清光緒孔氏嶽雪樓抄本

四冊

九行十九字,無格。鈐有"孔氏嶽雪樓影鈔本"、"廣雅書局藏書樓圖籍"朱文印。

80/2.50.358

讀春秋略記十一卷

(明)朱朝瑛撰

清光緒孔氏嶽雪樓抄本

四冊

十行二十一字,無格。鈐有"孔氏嶽雪樓影鈔本"、"廣雅書局藏書樓圖籍"朱文印。

80/2.50.90

春秋地理志十六卷

(清)吳偉業撰

清抄本

十六冊

九行十八字,無格。鈐有"潤臣"、"康觀濤字用於號海槎"朱文印,"葉名澧印"白文印,"康綸鈞字鵬書號伊山"白文墨印。

《中國古籍善本書目》經部 2963 80/2.50.55

春秋平義十二卷

(清)俞汝言撰

清光緒孔氏嶽雪樓抄本

四冊

九行二十字,無格。鈐有"孔氏嶽雪樓影鈔

本"、"廣雅書局藏書樓圖籍"朱文印。
80/2.50.211

春秋四傳糾正一卷

(清)俞汝言撰

清光緒孔氏嶽雪樓抄本

一冊

八行二十一字,無格。鈐有"孔氏嶽雪樓影鈔本"、"廣雅書局藏書樓圖籍"朱文印。
80/2.50.226

春秋管窺十二卷

(清)徐庭垣撰

清光緒孔氏嶽雪樓抄本

六冊

八行二十一字,無格。鈐有"孔氏嶽雪樓影鈔本"、"廣雅書局藏書樓圖籍"朱文印。
80/2.50.179

左傳折諸二十八卷首二卷公羊折諸六卷首一卷穀梁折諸六卷首一卷

(清)張尚瑗撰

清光緒孔氏嶽雪樓抄本

十七冊

十行二十四字,無格。鈐有"孔氏嶽雪樓影鈔本"、"廣雅書局藏書樓圖籍"朱文印。
80/2.50.126

春秋究遺十六卷

(清)葉西撰

清光緒孔氏嶽雪樓抄本

六冊

十行二十一字,小字雙行同,無格。鈐有"孔氏嶽雪樓影鈔本"、"廣雅書局藏書樓圖籍"朱文印。
80/2.50.208

春秋筆削大義微言考十一卷

康有爲撰

稿本

四冊

十八行至二十行不等,字數不等,無格。

存六卷:卷一至六

《中國古籍善本書目》經部3040　80/1.50.1

孝經類

孝經彙註三卷孝經會通一卷孝經疏鈔一卷

(明)江元祚編

明末刻《孝經大全》本

一冊

九行十九字,白口,四周單邊。鈐有"含章"、"子孫世守"朱文印,"陸汝泰印"、"陸氏藏書"白文印。
40/1637

孝經鄭氏解一卷

(漢)鄭玄撰　(清)臧庸輯

清抄本　清陳澧批校

一冊

六行十八字,小字雙行同,無格。鈐有"陳澧之印"白文印。

《中國古籍善本書目》經部3092
80/2.50.525

孝經注疏三卷

(唐)玄宗李隆基注　(唐)陸德明音義　(宋)邢昺疏

清光緒孔氏嶽雪樓抄本

一冊

八行二十一字,小字雙行同,無格。鈐有"廣雅書局藏書樓圖籍"朱文印。
80/2.50.227

孝經述註一卷

(明)項霦撰

清光緒孔氏嶽雪樓抄本

一冊

八行二十一字,無格。鈐有"孔氏嶽雪樓影鈔本"、"廣雅書局藏書樓圖籍"朱文印。
80/2.50.145

御纂孝經集註一卷

(清)世宗胤禛撰

清光緒孔氏嶽雪樓抄本

一册

八行二十一字,小字雙行同,無格。鈐有"孔氏嶽雪樓影鈔本"、"廣雅書局藏書樓圖籍"朱文印。 80/2.50.140

四書類

論　語

縮臨古本論語集解十卷

(魏)何晏撰

日本天保八年(1837)津藩有造館刻本

一册

九行十八字,白口,左右雙邊。鈐有"節庵藏書"、"番禺梁氏葵霜閣捐藏廣東圖書館"朱文印,"臣梁鼎芬"白文印。

90/1.14

論語筆解二卷

(唐)韓愈　李翱撰

清抄本

一册

十行二十字,小字雙行同,無格。鈐有"太原王氏"朱文印。 80/2.50.704

論語拾遺一卷

(宋)蘇轍撰

清光緒孔氏嶽雪樓抄本

一册

八行二十一字,無格。鈐有"孔氏嶽雪樓影鈔本"、"廣雅書局藏書樓圖籍"朱文印。

80/2.50.451

論語全解十卷

(宋)陳祥道撰

清光緒孔氏嶽雪樓抄本

四册

八行二十一字,無格。鈐有"孔氏嶽雪樓影鈔本"、"廣雅書局藏書樓圖籍"朱文印。

80/2.50.452

論語集註十卷序說一卷

(宋)朱熹集注

明司禮監刻本

三册

八行十四字,小字雙行十八字,黑口,四周雙邊。鈐有"曾在鄒澄江處"、"八徵耄念之寶"朱文印,"鄒氏竹塢草廬讀畫藏書印"白文印。

存七卷:卷一至七 40/1447.4

論語皇疏考證二卷

(清)桂文燦撰

稿本

二册

八行二十一字,無格。 80/1.50.121

孟　子

孟子二卷

題(宋)蘇洵批點

明萬曆四十五年(1617)閔齊伋刻三色套印本

二册

八行十八字,白口,左右雙邊,無格。鈐有"遇五氏"朱文印,"閔齊伋印"白文印。 40/1617

孟子解一卷

(宋)蘇轍撰

清光緒孔氏嶽雪樓抄本

一册

八行二十一字,無格。鈐有"孔氏嶽雪樓影鈔本"、"廣雅書局藏書樓圖籍"朱文印。

80/2.50.371

孟子傳二十九卷

(宋)張九成撰

清光緒孔氏嶽雪樓抄本

八册

八行二十一字,無格。鈐有"孔氏嶽雪樓影鈔本"、"廣雅書局藏書樓圖籍"朱文印。

80/2.50.151

中 庸

蒙齋中庸講義四卷

(宋)袁甫撰

清光緒孔氏嶽雪樓抄本

二冊

八行二十一字,無格。鈐有"孔氏嶽雪樓影鈔本"、"廣雅書局藏書樓圖籍"朱文印。

80/2.50.450

學庸正説三卷

(明)趙南星撰

清光緒孔氏嶽雪樓抄本

三冊

八行二十一字,無格。鈐有"孔氏嶽雪樓影鈔本"、"廣雅書局藏書樓圖籍"朱文印。

80/2.50.453

四書總義

四書集註十九卷

(宋)朱熹撰

明吳勉學刻本

三冊

九行十七字,小字雙行同,白口,左右雙邊。鈐有"番禺梁氏葵霜閣捐藏廣東圖書館"朱文印,"貢文"白文印。

子目:

大學章句一卷

中庸章句一卷

論語集註十卷

孟子集註七卷

《中國古籍善本書目》經部3306　　40/1643.13

四書集註四十一卷

(宋)朱熹撰

明刻本

十冊

八行十七字,小字雙行同,黑口,四周雙邊。鈐有"濠堂藏本"、"澹通辛亥後得"、"信符"、"南州書樓所藏"朱文印,"南州草堂"、"南州後人"、"徐湯殷"白文印。缺孟子集註序説一卷。

子目:

大學章句一卷或問一卷

中庸章句一卷或問一卷

論語集註二十卷序說一卷讀論語孟子法一卷

孟子集註十四卷序說一卷

《中國古籍善本書目》經部3318

40/1643.100

中庸指歸一卷中庸分章一卷大學發微一卷大學本旨一卷

(宋)黎立武撰

清抄本

二冊

九行二十一字,無格。鈐有"吳興抱經樓藏"、"授經樓藏書印"、"浙東沈德壽家藏之印"、"亞東沈氏抱經樓鑑賞圖書印"、"辛勤買書以遺子孫永寶"朱文印,"沈氏家藏"、"沈德壽秘寶"白文印。　80/2.50.689

四書辨疑十五卷

(元)陳天祥撰

清康熙納蘭成德刻《通志堂經解》本

四冊

十一行二十字,白口,左右雙邊。刻工有子銓、王伯、王盛、王雲、王韻、天渠、邛士、邛芃、孔仁、公一、公玉、公言、公昇、公紀、玉公、玉明、甘典、祁生、邵先、全甫、邵國、逢太、徐盛、陳章、張奇、張昇、張達、蔣太、鄧尹、鄧宣、鄧國、鄧漢、劉太、劉全、劉林、懷中、于亮臣、王爾吉、沈芳欣、尚達宣、姚重士、高宇臣、楊立本、楊爾生、談茂生。鈐有"番禺梁氏葵霜閣捐藏廣東圖書館"朱文印。

50/1722.62

四書通證六卷

(元)張存中撰

清康熙納蘭成德刻《通志堂經解》本

二冊

十行二十一字,小字雙行三十字,白口,左右雙邊。刻工有卜升、子文、子能、方惟、王順、世求、李公、李立、柏臣、洪甫、葛宣、闞召、王弘卩、王相臣、周文啓、柏子林、范震生、陳心甫、葛君宣、潘平侯。鈐有"子玉"、"番禺梁氏葵霜閣捐藏廣東圖書館"朱文印,"宜黄謝階樹子玉藏印"、"伯潛"白文印。

子目:
大學章句或問通證一卷
中庸章句或問通證一卷
論語集注通證二卷
孟子集注通證二卷　50/1722.64

四書經疑貫通八卷
(元)王充耘撰
清光緒孔氏嶽雪樓抄本
二册
八行二十一字,無格。鈐有"孔氏嶽雪樓影鈔本"、"廣雅書局藏書樓圖籍"朱文印。
80/2.50.463

四書七十二朝人物考四十卷
(明)薛應旂撰
明刻本
四册
十行二十字,白口,四周單邊。鈐有"華山藏書之印"、"玉笥山樓"朱文印。
《中國古籍善本書目》經部3381　40/1558.3

新訂四書直解正字全編二十六卷
(明)張居正撰　(明)沈鯉正字
明崇禎七年(1634)方奇峋刻本
二十四册
八行十八字,小字雙行同,白口,四周單邊。鈐有"趙"、"總宜"朱文印。
《中國古籍善本書目》經部3391　40/1634.4

章子留書六卷
(明)章世純撰
明末富酉齋刻本
四册
九行二十字,白口,四周單邊。
子目:
大學一卷
中庸一卷
論語一卷
孟子二卷
《中國古籍善本書目》經部3471　40/1643.27

四書留書六卷
(明)章世純撰
清光緒孔氏嶽雪樓抄本
二册
八行二十一字,無格。鈐有"孔氏嶽雪樓影鈔本"、"廣雅書局藏書樓圖籍"朱文印。
80/2.50.235

四書考二十八卷考異一卷
(明)陳仁錫撰
明崇禎七年(1634)自刻本
十六册
九行十九字,小字雙行同,白口,四周單邊。鈐有"節庵藏書"、"番禺梁氏葵霜閣捐藏廣東圖書館"朱文印,"梁鼎芬印"白文印。
《中國古籍善本書目》經部3475　40/1634

四書考六卷
(清)屈大均　何磻撰
抄本
十二册
十行二十二字,紅格,白口,四周單邊。鈐有"徐信符藏"朱文印。　80/2.60.5

四書體註十九卷
(清)范翔撰
清雍正八年(1730)江甯啓盛堂刻本
六册
兩節版,上節二十三行三十一字,白口,四周單邊;下節九行十七字,小字雙行同,白口,左右雙邊。刻工榮茂。
子目:
大學一卷
中庸一卷
論語十卷

孟子七卷 50/1730

欽定化治四書文不分卷

（清）方苞等選評

清乾隆五年（1740）武英殿刻本

二十冊

九行二十五字，無格，四周雙邊。 50/1730

四書闡註十九卷

（清）浦泰撰

清嘉慶十六年（1811）修文堂刻本 清黃培芳批校

六冊

兩節版，上節二十四行三十二字，白口，四周單邊。下節九行十七字，小字雙行同，白口，左右雙邊。鈐有“嶺海樓藏”、“香石讀”朱文印。

子目：

大學一卷

中庸一卷

論語十卷

孟子七卷

《中國古籍善本書目》經部3542 50/1811

頤養齋四書說不分卷

（清）陳鳴球撰

稿本

一冊

九行二十五字，無格。鈐有“陳鳴球印”白文印。 80/1.50.52

群經總義類

六經奧論六卷首一卷

（宋）鄭樵撰

清康熙納蘭成德刻《通志堂經解》本

二冊

十行二十字，小字雙行三十一字，白口，左右雙邊。刻工有子石、六吉、王文、王言、王和、天池、邛玉、邛芃、公玉、巨甫、甘典、句公、仲明、吳朋、伯良、茆召、受廷、配生、惟周、陳君、陳章、張文、張永、敘九、雲生、蔣太、鄧玉、談元、談欽、巘先、王允文、王允高、包習先、周聖西、茆德卿、張進文、焦景霞、鄧世維。鈐有“番禺梁氏葵霜閣捐藏廣東圖書館”朱文印。 50/1722.59

六經圖定本六卷

（宋）楊甲撰

清乾隆五年（1740）向山堂刻本

十二冊

九行二十字，白口，四周單邊。 50/1740.5

六經圖二十四卷

（清）鄭之僑輯

清乾隆九年（1744）鄭氏述堂刻本

十八冊

九行二十二字，小字雙行同，白口，四周雙邊。鈐有“鮑氏覺園珍賞”、“鮑氏覺園”、“齊槎鮑氏”、“于沼”、“甲申元宵之日”朱文印，“亮績”白文印，“文熊”朱白文印。 50/1744.2

相臺書塾刊正九經三傳沿革例一卷

（清）孔繼涵校並跋

清乾隆四十年（1775）抄本

一冊

九行二十字，無格。鈐有“紅穀”、“長沙葉氏元尚齋藏書印”、“郎園”朱文印，“孔繼涵”、“葉德輝”白文印。

《中國古籍善本書目》經部3617 80/2.50.60

四如講稿六卷

（宋）黃仲元撰

清光緒孔氏嶽雪樓抄本

二冊

九行二十三字，無格。鈐有“孔氏嶽雪樓影鈔本”、“廣雅書局藏書樓圖籍”朱文印。

80/2.50.421

熊先生經說七卷

（元）熊朋來撰

清康熙納蘭成德刻《通志堂經解》本

二冊

十一行二十字，白口，左右雙邊。刻工有于臣、王方、朱士、仲希、李左、君仲、君啓、宜生、邵先、鄧玉、鄧弘、蕃之、于子臣、于仲熙、甘公樂、包習先、吴子仁、季奉生、周聖西、徐元昇、張君起、張晉生、焦景霞、楊天爵、蔣天一、鄭孔加、鄧世維、繆君勝。鈐有“光宗蔡氏珍藏”、“少泉蔡氏珍藏”、“張有光印”、“善充”、“番禺梁氏葵霜閣捐藏廣東圖書館”朱文印,“求善價而沽諸”白文印。 50/1722.85

五經蠡測六卷
(明)蔣悌生撰
清康熙納蘭成德刻《通志堂經解》本
二册
十一行二十字,白口,左右雙邊。刻工有王方、王玉、孔亮、公玉、巨甫、用周、朱士、仲明、李左、君仲、君起、伯良、宜生、茂林、季生、晉生、陳君、德卿、王允高、甘公樂、吴子仁、周聖西、季奉生、茆德卿、張進文、焦景霞、楊天爵、蔣天一、鄭孔加、鄧世維。鈐有“臣李堂印”、“賜本”、“少泉蔡氏珍藏”、“節庵藏書”、“番禺梁氏葵霜閣捐藏廣東圖書館”朱文印,“光山胡氏”、“梁鼎芬印”、“太子少保”、“求善價而沽渚”白文印,“培蔭軒”朱白文印。 50/1722.63

泉齋簡端錄十二卷
(明)邵寶撰
清光緒孔氏嶽雪樓抄本
三册
十行二十字,無格。鈐有“孔氏嶽雪樓影鈔本”、“廣雅書局藏書樓圖籍”朱文印。
80/2.50.401

古經解鈎沉三十卷
(清)余蕭客撰
清乾隆刻本
一册
十一行二十字,小字雙行同,黑口,四周雙邊。鈐有“袁氏又愷”、“廷檮之印”、“德畬藏書”、“番禺陶氏愛廬藏書印”、“撫松閣藏”朱文印,“番禺陶福祥印號愛廬”、“敦復印信”白文印。
存四卷:卷一上下、卷二上下 50/1795.32

學思稿不分卷
(清)陳澧撰
稿本
十三册
行數字數不等,無格。
子目:
禮記
音韻雜文
說文聲表目錄
篆說
七音表
《中國古籍善本書目》經部3753
80/1.50.5

經稗十二卷
(清)鄭方坤撰
清光緒孔氏嶽雪樓抄本
六册
八行二十一字,小字雙行同,紅格,白口,四周雙邊。鈐有“孔氏嶽雪樓影鈔本”、“廣雅書局藏書樓圖籍”朱文印。 80/2.50.343

經咫一卷
(清)陳祖范撰
清光緒孔氏嶽雪樓抄本
一册
八行二十一字,無格。鈐有“孔氏嶽雪樓影鈔本”、“廣雅書局藏書樓圖籍”朱文印。
80/2.50.415

小學類

彙　編

五雅四十一卷
(明)郎奎金編
明天啓六年(1626)郎氏堂策檻刻本
十册
九行二十字,小字雙行同,白口,四周單邊。鈐有"尚論"白文印。

子目：

爾雅二卷　(晉)郭璞注

小爾雅一卷　題(漢)孔鮒撰　(宋)宋咸注

逸雅八卷　(漢)劉熙撰

廣雅十卷　(魏)張揖撰　(隋)曹憲音釋

埤雅二十卷　(宋)陸佃撰

《中國古籍善本書目》經部3823　40/1626.3

訓　詁

爾雅二卷

(晉)郭璞注

音釋二卷

明刻本

二冊

十行二十字，小字雙行同，白口，四周單邊。鈐有"項墨林父秘笈之印"、"家住揚州文選樓隨曹憲故里"、"夏辰源"朱文印，"錫禧"、"金沙"白文印。

《中國古籍善本書目》經部3852　40/1566.26

釋名疏證八卷續釋名一卷補遺一卷

(清)畢沅撰

清乾隆五十五年(1790)經訓堂刻本

三冊

十一行二十二字，黑口，四周單邊。鈐有"范湖草堂印萬歲不敗"朱文印。　50/1790.2

萬言肆雅一卷

(清)屈曾發撰

清抄本

一冊

十行字數不等，小字雙行三十一字，白口，左右雙邊。　80/2.50.580

埤雅二十卷

(宋)陸佃撰

明成化十五年(1479)劉廷吉刻本　有抄配

三冊

十一行二十字，黑口，四周雙邊。鈐有"魯眉氏"、"節庵藏書"朱文印，"臣梁鼎芬"白文印。

《中國古籍善本書目》經部4008　40/1479

埤雅二十卷

(宋)陸佃撰

明成化十五年(1479)劉廷吉刻嘉靖二年(1523)王俸重修本

十冊

十一行二十字，黑口，四周雙邊。鈐有"椷齋"、"琅玕亭"朱文印，"湯島狩谷氏求古樓圖書記"、"狩谷望之"、"星垣珍藏"白文印。

《中國古籍善本書目》經部4009　40/1523

埤雅二十卷

(宋)陸佃撰

清康熙刻本

四冊

十行二十一字，白口，四周雙邊。鈐有"花縣湯子壽藏書印"朱文印。　50/1722.14

爾雅翼三十二卷

(宋)羅願撰

明正德十四年(1519)羅文殊刻本

八冊

十行十九字，白口，左右雙邊。有刻工。鈐有"李堯棟印"、"松雲珍藏"、"曾在李松雲處"、"抱素樓"、"何氏抱素樓藏書記"、"漢陽周貞亮退舟民國紀年後所收善本"、"貞亮私印"、"漢陽周氏書種樓藏籍"、"退舟"、"寫十三經室"、"中華民國三年五月漢陽貞亮率男成侃敬造佛像一區愿一切圖書永無災厄"朱文印，"東莞莫氏五十萬卷樓"白文印。

《中國古籍善本書目》經部4026　40/1519.2

彙雅前集二十卷後編二十八卷

(明)張萱撰

明萬曆三十三年(1605)清真館刻本

十二冊

九行十八字，小字雙行同，白口，四周單邊。刻工有十大有、王時初、宋雲鴻、張茂功。鈐有"黃氏憶江南館珍藏印"、"蔭普珍藏"朱文印，"禺山黃氏"白文印。

存前集二十卷
《中國古籍善本書目》經部 4033　　40/1605

字　書

說文解字三十卷
(漢)許慎記　(宋)徐鉉校
清初毛氏汲古閣刻本　徐子遠朱筆批校
十四冊
七行字數不等,小字雙行二十二字,白口,左右雙邊。鈐有“番禺徐九所讀書”、“徐信符藏”朱文印。　50/1644

說文解字十五卷
(漢)許慎撰
清初毛氏汲古閣刻本
六冊
七行字數不等,小字雙行二十二字,白口,左右雙邊。鈐有“古輪廖山館”、“嶺南溫氏珍藏”、“順德溫樹梁棟臣涑六樓之印”、“六篆樓藏書印”、“古萬川溫氏藏”、“漱綠主人”、“漱綠樓藏書印”、“棟臣”、“順德溫君勒所藏金石書畫之印”、“溫季寶鑑藏印”、“止齋”、“丹銘”朱文印,“軍曲侯印”、“曾釗珍藏”、“溫樹梁印”、“順德溫樹梁棟臣藏書”、“溫氏丹銘”、“溫廷敬印”白文印,“漱綠校本”、“廣州溫樹梁棟臣世藏金石書畫印”、“溫印樹梁”朱白文印。　50/1644.1

說文解字十五卷
(漢)許慎撰　(宋)徐鉉等校
清初毛氏汲古閣刻本
八冊
七行字數不等,小字雙行字數不等,白口,左右雙邊。　50/1644.6

說文解字繫傳四十卷
(南唐)徐鍇撰
附錄一卷
清乾隆四十七年(1782)汪啓淑刻本
十六冊
七行字數不等,小字雙行二十一字,黑口,左右雙邊。鈐有“永保貞吉”朱文印。　50/1782.2

重刊許氏說文解字五音韻譜十二卷
(宋)李燾撰
明刻本
十二冊
七行十四字,小字雙行二十字,黑口,四周雙邊。鈐有“莫氏友芝”、“郘亭”、“潔園主人”、“古萬川溫氏藏”朱文印。
《中國古籍善本書目》經部 4213　　40/1598.3

說文韻譜校五卷
(清)王筠撰
稿本
四冊
行數字數不等,無格。鈐有“東莞莫氏福功堂藏書”朱文印。
存四卷:卷一、三至五
《中國古籍善本書目》經部 4344　　80/1.50.29

說文聲類譜十七卷
(清)陳澧撰
稿本
十八冊
十行字數不等,白口,左右雙邊。
《中國古籍善本書目》經部 4372　　80/1.50.4

說文解字考異□□卷
(清)姚文田撰
清光緒年間廣雅書局謄抄本　王文燾題跋
十一冊
十一行二十四字,白口,四周單邊。綠格,毛裝。鈐有“王雪澂眼記”、“雪岑珍藏”、“王印秉恩”、“王秉恩”、“息塵盦辛亥劫餘書畫記”、“息塵盦所藏”、“息塵盦藏本”、“華陽眞逸”朱文印,“文燾私印”、“強學簃所鈔書”、“籀廡”白文印。
存八卷:卷一至三,卷四上,卷五至八。
80/2.50.728

說文解字商議十四卷說文僞字一卷
(清)鄭知同撰
清光緒年間廣雅書局謄抄本

五册

十一行二十四字,白口,四周單邊。鈐有"強學簃所鈔書"白文印。

存九卷:卷一至二,卷四至五,卷六上,卷十一至十三,卷十四上。 80/2.50.729

大廣益會玉篇三十卷

(梁)顧野王撰 (唐)孫強增字 (宋)陳彭年等重修

清康熙四十三年(1704)張士俊刻《澤存堂五種》本

三册

十行二十字,小字雙行二十七至二十八字,白口,左右雙邊。刻工有方至、方堅、王玩、王恭、王寶、朱玩、宋玩、宋琚、李倍、李倚、吳志、吳益、吳椿、余敏、何昇、何滋、何澄、金滋、高異、秦暉、秦顯、徐佐、陸選、陳晃、陳壽、曹榮、張榮、張謙、勝之、趙中、劉昭、魏奇、嚴智、王汝明、沈思忠、沈思恭。鈐有"番禺陶氏愛廬藏書印"、"撫松閣"、"還讀齋"、"敦復印信"、"何文廣藏書"朱文印,"春海陶讀"、"陶敦復讀"、"何文廣印"白文印。

50/1704.8

復古編二卷

(宋)張有撰

清乾隆四十五年(1780)安邑葛氏刻本

二册

五行字數不等,小字雙行字數不等,白口,四周單邊。鈐有"師石山莊藏書"、"朋"、"漢八君𩨌專拓本之室"、"節庵藏書"朱文印,"南海柯氏"、"臣梁鼎芬"白文印。 50/1780.2

漢隸字源五卷碑目一卷

(宋)婁機撰

明末毛氏汲古閣刻本

十册

五行字數不等,小字雙行字數不等,白口,左右雙邊。鈐有"人境廬藏書"朱文印。

《中國古籍善本書目》經部4511 40/1643.75

六書故三十三卷六書通釋一卷

(元)戴侗撰

明萬曆三十六年(1608)清眞館刻本

二十册

七行十七字,小字雙行十六字,白口,四周單邊。刻工有朱信、吳正、吳明、林秀、施金、胡風、胡龍、徐太、張洪、梅明、湯大、馮宇、黃汝、黃柱、楊文、楊臣、蔣榮、蔡守、蔡奉、劉祥、賞宗、應祥、戴泉、舒世律。鈐有"南州書樓藏"朱文印,"徐湯殷"白文印。

《中國古籍善本書目》經部4546 40/1608

六書正譌五卷

(元)周伯琦撰

明崇禎七年(1634)胡正言十竹齋刻本

四册

五行字數不等,小字雙行十八字,白口,四周單邊。鈐有"經德堂汪氏所藏經籍碑板圖書"、"雲鶵"朱文印。

《中國古籍善本書目》經部4575 40/1634.2

六書精蘊六卷

(明)魏校撰

音釋舉要一卷

(明)徐官撰

明嘉靖十九年(1540)魏希明刻本

十二册

五行大小字不等,黑口,左右雙邊。鈐有"秀水莊氏蘭味軒收藏印"、"南武觀我生齋朱蓓士圖書記"朱文印。

《中國古籍善本書目》經部4596 40/1540.2

摭古遺文二卷

(明)李登輯

再增摭古遺文一卷

(明)姚履旋增補

明萬曆二十二年(1594)文蔚堂刻本

二册

八行十字,白口,四周單邊。 40/1594.2

六書準不分卷

(清)馮鼎調撰

清順治十七年(1660)刻本

二册

七行字數不等,白口,四周單邊。鈐有“晚芳”朱文印。 50/1660.4

篆隸考異八卷
(清)周靖撰
清光緒孔氏嶽雪樓抄本
八冊
六行字數不等,無格。鈐有“孔氏嶽雪樓影鈔本”朱文印。 80/2.50.427

康熙字典三十六卷補遺一卷備考一卷
(清)張玉書　凌紹雯等纂修
清康熙五十五年(1716)内府刻本
三十二冊
八行十二字,小字雙行二十四字,白口,四周雙邊。 50/1716.3

隸辨八卷
(清)顧藹吉撰
清康熙五十七年(1718)項氏玉淵堂刻本
八冊
十二行二十字,白口,四周單邊。鈐有“番禺汪氏藏書”、“經德堂汪氏所藏經籍碑板圖書”朱文印。 50/1718.2

象形文釋一卷
(清)徐灝撰
稿本　清陳澧批校
一冊
十行二十四字,小字雙行同,白口,左右雙邊。
《中國古籍善本書目》經部4743 80/1.50.6

象形文釋一卷
(清)徐灝撰
徐信符抄本　清陳澧批校
一冊
十行字數不等,紅格,白口,四周單邊。
80/2.60.35

虚字注釋備考六卷
(清)張文炳撰
清抄本
一冊
九行二十四字,無格。 80/2.50.538

註解雜字備覽不分卷
唐品三編
稿本
一冊
行數字數不等,無格。 80/2.60.58

說文偏旁字源五百四十部
清抄本
二冊
八行八字,小字雙行同,無格。 80/2.50.655

韻　書

廣韻五卷
(宋)陳彭年等撰
清康熙四十三年(1704)張士俊刻《澤存堂五種》本
二冊
十行二十字,小字雙行二十七字,白口,左右雙邊。刻工有方至、方堅、王玩、王恭、朱玩、宋琚、李倍、李倚、吴志、吴椿、吴蓋、吴虛、余敏、何典、何昇、何澄、金滋、高異、秦暉、秦顯、陸迅、陸選、陳晃、陳壽、趙中、曹榮、張榮、劉昭、顔彦、沈思忠、沈思恭。鈐有“曾釗之印”、“勉士校本”、“順德溫樹梁棟臣漱六樓之印”、“溫棟臣秘笈記”、“溫樹梁印”、“樹梁手校”、“溫惜合閣”朱文印。
《中國古籍善本書目》經部4846 50/1704.5

廣韻五卷
(宋)陳彭年等撰
清康熙四十三年(1704)張士俊刻《澤存堂五種》本
五冊
十行二十字,小字雙行二十七字,白口,左右雙邊。刻工有方至、方堅、王玩、王恭、朱玩、宋琚、李倍、李倚、吴志、吴椿、吴蓋、吴虛、余敏、何典、何昇、何澄、金滋、高異、秦暉、秦顯、陸迅、陸選、陳晃、陳壽、趙中、曹榮、張榮、劉昭、顔彦、沈思忠、沈思恭。第二部鈐有“番禺陶福祥藏”、“撫松閣”、“何文廣藏書”朱文印,“敦復印信”、“何文廣”白文印　50/1704.3

又一部　五冊

切韻考一卷

(清)陳澧撰

稿本

一冊

行數字數不等,無格。鈐有“陳澧之印”白文印。

《中國古籍善本書目》經部 4889　80/1.50.55

切韻考殘稿不分卷

(清)陳澧撰

稿本

一冊

十一行字數不等,紅格,白口,四周單邊。

《中國古籍善本書目》經部 4890　80/1.50.7

切韻考外編三卷

(清)陳澧撰

稿本

二冊

十一行字數不等,紅格,黑口,左右雙邊。鈐有“陳澧之印”白文印。

《中國古籍善本書目》經部 4891　80/1.50.59

大明正德乙亥重刊改併五音集韻五音類聚四聲篇十五卷五音類聚四聲篇十五卷

(金)韓道昭撰

新編經史正音切韻指南一卷

(元)劉鑑撰

新編篇韻貫珠集八卷直指玉鑰匙門法一卷

(明釋)眞空撰

明正德十一年(1516)金臺衍法寺覺恒募刻嘉靖三十八年(1559)釋本贊重修本

十二冊

十行字數不等,黑口,四周雙邊。

《中國古籍善本書目》經部 4955　40/1516

古今韻會舉要小補三十卷

(明)方日升撰

明末建陽周士顯重修本

十六冊

八行十二字,小字雙行二十四字,白口,四周單邊。鈐有“藏山”、“節庵藏書”、“番禺梁氏葵霜閣捐藏廣東圖書館”、“本館重加校副一字不敢存訛”朱文印,“梁鼎芬印”白文印。

《中國古籍善本書目》經部 4983　40/1619.5

洪武正韻十六卷

(明)樂韶鳳　宋濂等撰

明隆慶元年(1567)衡藩刻本

十冊

八行字數不等,小字雙行,八行二十四字,黑口,四周雙邊。鈐有“澧甫”、“何紹基印”、“學濂康吉”、“曾藏潘贊思處”、“潘蘭史家珍藏”、“詩有劍氣”、“高齋收得”、“梧桐庭院藏本”、“百越過眼”朱文印,“葉夢龍印”、“蘭生之印”、“子貞”、“學濂印信”、“潘飛聲印”、“飛聲”、“蘭史審定”、“南雪巢萬松山房黎齋雙桐圃卅六村草堂詩集之家”白文印。

《中國古籍善本書目》經部 5006　40/1567

洪武正韻十六卷

(明)樂韶鳳　宋濂等撰

明崇禎三年(1630)廣益堂刻本

四冊

九行二十字,小字雙行二十四字,白口,四周雙邊。刻工有田玉、田芹、田聲、朱文、朱巖、朱傑、末五、末王、李于、李文、李幹、唐榮、馬文、高仁、婁文、許士、馮玉、馮卿、趙一、蔡仁、蔡兆、蔡雲、魯元、顧學、朱文傑、魯尚賢。鈐有“面城樓藏書印”、“六篆樓藏書印”、“順德溫樹梁棟臣漱綠樓之印”、“棟臣”、“漱綠樓藏書印”、“溫惜合閣”、“幼珊”朱文印,“溫樹梁印”、“順德溫氏”白文印。　40/1630.2

重刊併音連聲韻學集成十三卷直音篇七卷

(明)章黼撰

明萬曆六年(1578)維揚資政左室刻本

十一冊

八行字數不等,小字雙行二十四字,白口,四周雙邊。刻工有文言、王子、王松、王楝、付禮、未志、余立、余芳、余海、余祥、希林、李仁、李仁、李方、李奎、李淮、李葵、肖元、肖春、周明、祁如、胡成、高科、凌承、徐林、徐智、陶清、陶朝、張元、張惠、張會、張遂、曹洪、彭二、彭四、彭尊、程謹、鄒顯、端禮、趙文、趙印、劉仁、劉直、劉欽、劉貴、劉榮、劉鋭、劉鑾、鄭元、戴奉、杜文中、杜文忠、肖應元、陳尚志、魏國用、魏國志。鈐有"葉叔魚藏書"、"大中丞印"朱文印。

《中國古籍善本書目》經部 5041　　40/1578.3

韻譜五卷

(明)朱睦㮮撰

明嘉靖二十四年(1545)白濬刻本

二冊

九行十八字,小字雙行字數不等,白口,四周單邊。鈐有"休甯汪季青家藏書籍"、"濬初"朱文印,"伏波"、"王貴忱印"、"貴忱印信"、"鐵嶺王貴忱章"白文印。

《中國古籍善本書目》經部 5080　　40/1545.3

金石韻府□□卷

(明)朱雲輯

清抄本

一冊

六行字數不等,無格。鈐有"向氏偉夫珍藏"、"師傑"、"何文廣藏書"朱文印,"偉夫"、"何文廣印"白文印。

存一卷:卷一　　80/2.60.48

類音八卷

(清)潘耒撰

清康熙潘氏遂初堂刻本

四冊

十一行二十二字,白口,左右雙邊。刻工有九如、中山、之山、仁九、天一、天祥、吳志、君直、坤生、亮臣、順甫。鈐有"華萵"朱文印,"玉亭"白文印。

《中國古籍善本書目》經部 5141　　50/1722.44

二十一部古韻二卷

(清)曾釗撰

稿本

一冊

十行字數不等,紅格,白口,左右雙邊。鈐有"伯序"、"子樞秘極"、"棕窗"朱文印,"汪兆鏞印"白文印。

存一卷:卷上

《中國古籍善本書目》經部 5213　　80/1.50.37

東塾初學編一卷

(清)陳澧撰

稿本

一冊

九行二十五字,紅格,白口,四周雙邊。鈐有"陳澧之印"白文印。

《中國古籍善本書目》經部 5214　　80/1.50.43

史　　部

紀傳類

彙　編

十七史一千五百七十四卷

(明)毛晉編

明崇禎元年(1628)至十七年(1644)毛氏汲古閣刻本

一百九十二册

十二行二十五字,小字雙行三十七字,白口,左右雙邊。

子目:

史記一百三十卷　(漢)司馬遷撰　(劉宋)裴駰集解　明崇禎十四年(1641)刻本

漢書一百卷　(漢)班固撰　(唐)顏師古注　明崇禎十五年(1642)刻本

後漢書一百二十卷　(劉宋)范曄撰　(唐)李賢注　明崇禎十六年(1643)刻本

三國志六十五卷　(晉)陳壽撰　(劉宋)裴松之注　明崇禎十七年(1644)刻本

晉書一百三十卷　(唐)房玄齡等撰　明崇禎元年(1628)刻本

宋書一百卷　(梁)沈約撰　明崇禎七年(1634)刻本

南齊書五十九卷　(梁)蕭子顯撰　明崇禎十年(1637)刻本

梁書五十六卷　(唐)姚思廉撰　明崇禎六年(1633)刻本

陳書三十六卷　(唐)姚思廉撰　明崇禎四年(1631)刻本

魏書一百十四卷　(北齊)魏收撰　明崇禎九年(1636)刻本

北齊書五十卷　(唐)李百藥撰　明崇禎十一年(1638)刻本

後周書五十卷　(唐)令狐德棻撰　明崇禎五年(1632)刻本

隋書八十五卷　(唐)魏徵等撰　明崇禎八年(1635)刻本

南史八十卷　(唐)李延壽撰　明崇禎十三年(1640)刻本

北史一百卷　(唐)李延壽撰　明崇禎十二年(1639)刻本

唐書二百二十五卷　(宋)歐陽修　宋祁等撰　明崇禎二年(1629)刻本

五代史七十四卷　(宋)歐陽修撰　明崇禎三年(1630)刻本　40/1643.91

二十一史二千五百六十七卷

明刻明清遞修本

四百九十九册

行數字數不等,白口,四周雙邊或左右雙邊。史記刻工有王仕、王志、文忠、毛倫、世卿、付汝、付亮、付貞、付登、包文、包義、汝貞、李文、李仁、李永、李安、李再、李枝、李智、呂中、何化、何鯨、易茲、周士、周仁、周次、周見、金科、洪謀、胡志、胡宣、姜伯、夏升、晏伯、晏述、翁正、倪自、倪忠、郭文、張文、張仁、張自、陳仙、陶信、陶學、彭禎、黄明、黄相、黄斌、黄禮、舒欽、楊文、楊元、楊仁、楊右、楊魁、端武、端雲、蔣昴、蔣卿、劉夆、談志、魏清、戴仕、戴州、戴春、戴純、羅祥、吳有仁、洪以仁、洪以忠、洪以信、倪忠自、張希自、鄭文夆、戴惟孝等。南齊書刻工有胡夆。唐書刻工有于督、以昌、李坤、李珎、洪謀、韋校、晏述、陳山、張美、彭中、劉卞、戴密、羅四、羅欽、羊有望、朱宗臣、李況視、吳學相、周雲程、秦應奎、馬嘉貞、徐洪恩、張彥臣、陳之麟、陳時見、婁大著、馮曾可、彭應登、程日耀、靳觀明、廖廷林、翟羽耀、劉維賢。

子目:

史記一百三十卷　(漢)司馬遷撰　(劉宋)裴駰集解　(唐)司馬貞索隱　(唐)張守節正義　補一卷　(唐)司馬貞撰　明萬曆二十四年(1596)南京國子監刻明清遞修本

又一部　二十册

前漢書一百卷　(漢)班固撰　(唐)顔師古注　明嘉靖八年(1529)至九年(1530)南京國子監刻明清遞修本

後漢書九十卷　(劉宋)范曄撰　(唐)李賢注　志三十卷　(晉)司馬彪撰　(梁)劉昭注　明嘉靖七年(1528)南京國子監刻明清遞修本

三國志六十五卷　(晉)陳壽撰　(劉宋)裴松之注　明萬曆二十四年(1596)南京國子監刻清順治重修本

又一部　十二册

晉書一百三十卷　(唐)房玄齡等撰　音義三卷　(唐)何超撰　明正德十年(1515)、嘉靖十年(1531)、三十七年(1558)南京國子監刻明清遞修本

宋書一百卷　(梁)沈約撰　明萬曆二十二年(1594)南京國子監刻清順治重修本

又一部　三册　存十二卷:卷二十四至二十七、六十三至六十七、八十三至八十四

南齊書五十九卷　(梁)蕭子顯撰　明萬曆十六年(1588)至十七年(1589)南京國子監刻明清遞修本

又一部　十册

梁書五十六卷　(唐)姚思廉撰　明萬曆三年(1575)南京國子監刻清順治遞修本

又一部　八册

陳書三十六卷　(唐)姚思廉撰　明萬曆十五年(1587)至十六年(1588)南京國子監刻清順治重修本

又一部　四册

魏書一百十四卷　(北齊)魏收撰　明萬曆二十四年(1596)南京國子監刻清順治重修本

又一部　二册

北齊書五十卷　(唐)李百藥撰　明萬曆十六年(1588)至十七年(1589)南京國子監刻清順治重修本

又一部　八册　卷十六至二十抄配

周書五十卷　(唐)令狐德棻等撰　明萬曆十六年(1588)南京國子監刻明清遞修本

又一部　八册

隋書八十五卷　(唐)魏徵等撰　明萬曆二十二年(1594)至二十三年(1595)南京國子監刻明清遞修本

又一部　二十册

南史八十卷　(唐)李延壽撰　明萬曆十六年(1588)至十九年(1591)南京國子監刻明清遞修本

又一部　二册　存七卷:卷四至六、五十九至六十二

北史一百卷　(唐)李延壽撰　明萬曆十九年(1591)至二十一年(1593)南京國子監刻清順治重修本

又一部　三册　存十三卷:七十四至七十九、八十七至九十五

唐書二百二十五卷　(宋)歐陽修　宋祁等撰　釋音二十五卷　(宋)董衝撰　明成化十八年(1482)、嘉靖八年(1529)至十年(1531)、三十七年(1558)南京國子監刻明清遞修本

又一部　四十六册

又一部　三册　存十八卷:卷九十八至一百零四、一百二十一至一百二十六、二百至二百零五

五代史記七十四卷　(宋)歐陽修撰　(宋)徐無黨注　明萬曆四年(1576)至五年(1577)南京國子監刻清順治遞修本

又一部　一册　存十五卷:卷十四至二十八

宋史四百九十六卷目錄三卷　(元)脱脱等撰　明成化十六年(1480)朱英刻南京國子監遞修本

又一部　五册　存二十六卷:卷一百五十五至一百五十九、二百四十二至二百四十五、二百九十八至三百零二、四百六十八至四百七十五、四百九十一至四百九十六

遼史一百十六卷　(元)脱脱等撰　明嘉靖八年(1529)南京國子監刻明清遞修本

又一部　八册

又一部　八册　存一百一十三卷:卷一至四十六、四十九卷第三頁至一百一十六

金史一百三十五卷目錄二卷　(元)脱脱等撰　明嘉靖八年(1529)南京國子監刻清順治遞修本

又一部　二十册

元史二百十卷目錄二卷　(明)宋濂等撰　明洪武三年(1370)内府刻南京國子監遞修本

又一部　三册　存十四卷:卷三十一至三十五、九十七至一百零五

《中國古籍善本書目》史部5　　40/1596.8

通　代

史記一百三十卷

(漢)司馬遷撰　(唐)司馬貞補注　(明)劉應秋　(明)楊道賓等重校

明萬曆二十六年(1598)刻本

二十六册

十行二十一字,小字雙行同,白口,左右雙邊。鈐有“節庵藏書”朱文印,“臣梁鼎芬”白文印。

40/1598.4

又一部　十册　存三十四卷:卷一至三十四

史記二十四卷

(漢)司馬遷撰　(明)鄧以讚輯評　(明)陳祖苞參補

明萬曆四十六年(1618)刻本

十二册

九行十八字,白口,四周雙邊。鈐有“宜黄黄氏學誠堂珍賞”、“祖苞之印”、“靖調”、“肅”、“子子孫孫永寶”朱文印,“韓敬之印”、“葛肅私印”、“笥郎家三”、“陳爾翔父”、“仲氏”白文印,“爾翔父”朱白文印。

《中國古籍善本書目》史部108　　40/1618.5

史記評林一百三十卷

(明)凌稚隆輯

明萬曆二年(1574)至四年(1576)凌稚隆刻本

四十册

十行十九字,小字雙行同,白口,左右雙邊。有抄補。刻工有世清、仲大、沈龍、何祥、余六、余希、余陳、林文、林志、洪平、袁宏、徐一、徐二、徐子、徐軒、徐朝、孫洪、孫徐、孫陶、孫葉、孫餘、張鳳、陸本、陳雲、陶仲、陶英、陶傑、葉三、傅杋、溫志、楊三、鄭玄、鄧秦、鄧欽、鄧漢、劉文、劉守、謝安、戴文、戴徐、嚴春、顧成、顧修、王以德、王伯才、付汝光、沈玄易、何文甫、何仲仁、余世芳、林汝昂、吳文洋、袁敏學、倪世榮、徐文台、徐光祖、孫承愛、章右之、章國華、章樊之、陳子文、楊順之、趙應其、劉子春、劉守禮、錢世英、蘆琢玉、顧本仁等。

《中國古籍善本書目》史部122　　40/1576.2

又一部　一册　存一卷:卷一

史記評林一百三十卷

(明)凌稚隆輯　(明)李光縉增補

明熊氏種德堂刻本

二十册

十行十九字,小字雙行同,白口,左右雙邊,或四周單邊。鈐有“季葆藏本”、“六篆樓藏書印”、六篆樓山堂“、“季材”、“黄子靜先生贈書”朱文印,“龍山溫氏”、“溫樹梁印”、“六篆樓”、“季材所藏”白文印。

《中國古籍善本書目》史部131　　40/1577.2

史記疑問三卷

(清)邵泰衢撰

清光緒孔氏嶽雪樓抄本

一册

十行二十四字,無格。鈐有“孔氏嶽雪樓影鈔本”朱文印。　　80/2.50.416

古史六十卷

(宋)蘇轍撰

明萬曆四十年(1612)南京國子監刻本

六册

十行二十字,白口,左右雙邊。刻工有俞允、王應龍、戴惟孝。鈐有“飛青閣藏書印”、“繆天維印”白文印。

《中國古籍善本書目》史部164　　40/1612

南史八十卷

(唐)李延壽撰

明萬曆十六年(1588)至十九年(1591)南京國子監刻本

二十冊

九行十八字,黑口,四周雙邊。鈐有“養和書屋藏書”、“水書畫舫藏書”朱文印。 40/1591.5

弘簡錄二百五十四卷

(明)邵經邦撰 (清)邵遠平重訂

續弘簡錄元史類編四十二卷

(清)邵遠平撰

清康熙二十七年(1688)至四十五年(1706)刻本

九十二冊

十二行二十四字,小字雙行同,白口,四周單邊。 50/1706

函史上編八十一卷下編二十一卷

(明)鄧元錫撰

明崇禎七年(1634)鄧應瑞刻本

一百二十冊

十行二十一字,小字雙行同,白口,四周單邊。有抄配。

存九十六卷:上編七十五卷、下編二十一卷

《中國古籍善本書目》史部281 40/1638

藏書六十八卷

(明)李贄撰

明萬曆二十七年(1599)焦竑刻本

十四冊

九行二十字,白口,四周單邊。

《中國古籍善本書目》史部285 40/1599.2

又一部 十八冊 存六十卷:藏書世紀卷一至八、名臣傳卷四至十三、十七至六十

藏書六十八卷

(明)李贄撰 (明)陳仁錫評

明天啓元年(1621)刻本

十六冊

十行二十二字,白口,四周單邊。鈐有“傅吾康審定珍藏”、“種玉堂”朱文印,“修業齋”白文印。

《中國古籍善本書目》史部290 40/1621.4

續藏書二十七卷

(明)李贄撰

明末刻本

二冊

九行二十字,白口,四周單邊。

存二卷:卷十至十一 40/1623.3

斷 代

漢書評林一百卷

(明)凌稚隆輯

明萬曆九年(1581)凌稚隆刻本

二十冊

十行二十字,小字雙行同,白口,左右雙邊。刻工有子才、子邦、子良、六元、六信、六徐、文希、李仁、希文、希信、昂大、晏邦、徐安、徐禎、孫宗、張敖、張栢、陳習、陶英、陶昂、陶信、楊元、漢六、漢文、戴士、戴文、羅六、羅文、沈玄易、沈玄龍、何道甫、高伯玉、夏邦彥、徐文台、徐信太、章右之、陳子文、陶子英、游子明、彭天恩、黃大昱、趙應其、錢世英、錢國用、顧時中、顧建卿等。

《中國古籍善本書目》史部383 40/1581

漢書高祖功臣表位次不分卷

(清)汪士鐸撰

清抄本

一冊

十行二十五字,小字雙行同,無格。 80/2.50.511

後漢書補逸二十一卷

(清)姚之駰撰

清光緒孔氏嶽雪樓抄本

五冊

十行二十字,小字雙行同,白口,四周單邊。鈐有“孔氏嶽雪樓影鈔本”朱文印,“南海蘇氏式光曾藏”白文印。 80/2.50.239

三國志六十五卷

(晉)陳壽撰 (劉宋)裴松之注

明崇禎十七年(1644)毛氏汲古閣刻本 佚名過錄 清何焯批校

八册

十二行二十五字,小字雙行三十七字,白口,左右雙邊。

《中國古籍善本書目》史部593　50/1644.11

三國志六十五卷

(晉)陳壽撰　(劉宋)裴松之注

明崇禎十七年(1644)毛氏汲古閣刻本

十六册

十二行二十五字,小字雙行三十七字,白口,左右雙邊。鈐有"年年歲歲樓珍藏書印"、"鶴舟藏本"朱文印,"會稽沈氏光烈字君度"白文印。

40/1643.68

季漢書六十卷正論一卷答問一卷

(明)謝陛撰　(明)臧懋循訂

明萬曆刻本

十二册

十行二十二字,小字雙行同,白口,四周單邊。刻工西立。鈐有"節庵藏書"朱文印,"臣梁鼎芬"白文印。

《中國古籍善本書目》史部631　40/1603.2

周書五十卷

(唐)令狐德棻撰

明萬曆十六年(1588)南京國子監刻本

六册

九行十八字,黑口,四周雙邊。刻工有大式、子洪、王明、仇朋、毛詩、世明、邢昱、李珎、李淮、李學、吳文、吳廷、何二、何秀、何華、林時、周仁、洪改、洪謀、胡宗、胡祖、胡學、俞充、俞順、晏述、時芳、許可、張文、張玉、張美、張相、陳邦、陶二、陶詩、湯明、童鑾、彭中、黃林、黃明、黃幹、葛其、復元、楊育、端文、端武、裴魁、端會、裴龍、鄧和、鄧欽、鄧秦、劉卞、劉科、薛京、應聘、戴序、魏文、毛有光、毛有倫、毛宗直、王應龍、李宗文、李應禎、余充順、易正文、金世科、孫可權、陶學曾、焦景芳、楊繼善、端明源、談志達等。鈐有"抱香室藏"、"不寐道人"朱文印,"謝英伯"、"俊明明懷"白文印。　40/1588.2

唐書地理志今釋不分卷

(清)朱啓連撰

清抄本

三册

九行字數不等,無格。　80/2.50.776

南唐書十八卷

(宋)陸游撰

音釋一卷

(元)戚光撰

明崇禎毛氏汲古閣刻本

六册

八行十八字,白口,左右雙邊。　40/1643.67

東都事略一百三十卷

(宋)王偁撰

清抄本

二十四册

十二行二十四字,綠格,黑口,左右雙邊。鈐有"面城樓藏書印"、"溫樹梁珍藏"、"漱綠樓藏書記"、"漱六樓藏書"、"嶺南溫氏珍藏"、"順德溫氏家藏"、"龍溪漁者"、"季茱"、"棟臣"、"徐紹棨"、"信符"朱文印,"曾釗之印"、"勉士"、"溫樹梁印"、"李葆藏本"白文印。　80/2.50.757

遼史拾遺補五卷

(清)楊復吉輯

清平江貝氏千墨菴抄本

二册

十行二十一字,藍格,白口,四周雙邊。鈐有"高齋藏本"、"高齋"、"滄萍"朱文印。

80/2.50.590

元史二百十卷目錄二卷

(明)宋濂等撰

明洪武三年(1370)内府刻嘉靖九年(1530)至十年(1531)南京國子監遞修本

六十册

十行二十字,黑口,四周雙邊。刻工有王浩、沈茂、呂茂、林茂、茅文、叔芳、周鼎、施仲、高長、高張、高顯、孫成、童茂、黃琢、趙良、趙炳、王正卿、王谷祥、王彌高、毛公甫、付繼之、沈中民、朱大存、朱可大、朱祥卿、貝公亮、何宗大、吳仲明、何繼之、林茂實、孟起宗、易中參、周伯明、周東山、胡拱之、胡時中、夏景初、倪平山、徐仲明、徐官興、徐孟賢、章彦德、曹谷中、曹典增、張友仁、張克明、張伯山、張伯上、張周士、張繼道、陳顯一、陶士中、陶彦明、楊仲參、趙良魁、趙景雲、蔣子寧、蔣文遠、蔣石觀、樂仁卿、盧中亨、繆士原、蘇仲達等。鈐有"夷白長壽"朱文印,"李文田印"白文印。

《中國古籍善本書目》史部 898　　40/1370

皇明史竊一百五卷

(明)尹守衡撰

明崇禎刻本

十四冊

九行二十一字,白口,四周單邊。

存七十六卷:卷一至十三、二十六至九十三　　40/1643.21

又一部　二十五冊

明史三百三十二卷目錄四卷

(清)張廷玉等撰

清文源閣《四庫全書》本

一冊

八行二十一字,紅格,白口,四周雙邊。鈐有"古希天子"、"文源閣寶"、"圓明園寶"、"信天主人"、"澹逋丙寅所得"朱文印。

存五卷:卷九至十三　　80/2.50.515

明史三百三十二卷目錄四卷

(清)張廷玉等撰

清乾隆四年(1739)武英殿刻本

八十四冊

十行二十一字,小字雙行同,白口,左右雙邊。　　50/1739.2

編年類

通　代

竹書紀年二卷

題(梁)沈約注

明吳琯刻《古今逸史》本

一冊

十行二十字,白口,四周單邊。　　40/1643.90

通鑑地理通釋十四卷

(宋)王應麟撰

元刻明正德、嘉靖遞修本　有抄配

十二冊

十行二十字,白口,左右雙邊。

刻工有胡顒、盛儼、翁寵、韓斗、王林章、易韋經、曹敏學等。

37/1367.8

少微通鑑節要五十卷外紀四卷

(宋)江贄撰

明正德九年(1514)司禮監刻本

二十冊

九行十五字,小字雙行同,黑口,四周雙邊。鈐有"廣運之寶"朱文印。

《中國古籍善本書目》史部 1151　　40/1514.2

資治通鑑綱目發明五十九卷

(元)尹起莘撰

明內府刻本

十冊

八行十八字,小字雙行二十一字,黑口,四周雙邊。第二部鈐有"六篆樓珍藏"、"季材"、"順德溫君勒所藏金石書畫之印"朱文印,"溫樹梁印"白文印。第三部鈐有"表章經史之寶"朱文印,"溫氏丹銘"白文印。

《中國古籍善本書目》史部 1197　　40/1487.4

又一部　八册

又一部　八册　存三十八卷:卷三至四十

資治通鑑綱目集覽五十九卷

(元)王幼學撰

明內府刻本

十冊

八行十八字,小字雙行二十一字,黑口,四周雙邊。鈐有"葉叔魚藏書"朱文印。

《中國古籍善本書目》史部 1203　　40/1422

資治通鑑綱目集說五十九卷前編二卷

(明)扶安輯　(明)晏宏校補

明嘉靖晏氏刻本

六十冊

十行二十一字,小字雙行同,白口,四周雙邊。鈐有"玉笥山樓"、"韞岑岑書"、"張大賡書畫記"、"高氏秘笈印"朱文印,"寄塵書畫"白文印。

《中國古籍善本書目》史部 1225　40/1529.2

綱目續麟彙覽三卷

(明)張自勳撰

清光緒孔氏嶽雪樓抄本

三冊

九行二十字,小字雙行同,無格。鈐有"廣雅書局藏書樓圖籍"朱文印。　80/2.50.225

御撰資治通鑑綱目三編二十卷

(清)張廷玉撰

清乾隆十一年(1746)武英殿刻本

四冊

十一行二十二字,小字雙行同,白口,四周雙邊。鈐有"津門王鳳岡風篁館收藏印"朱文印,"觀古齋"白文印。　50/1746

大事記續編七十七卷

(明)王禕撰

清光緒孔氏嶽雪樓抄本

二十冊

十行二十二字,小字雙行同,無格。鈐有"孔氏嶽雪樓影鈔本"朱文印。　80/2.50.99

通鑑續編二十四卷

(明)陳桱撰

清光緒孔氏嶽雪樓抄本

十六冊

八行二十一字,小字雙行同,無格。鈐有"廣雅書局藏書樓圖籍"朱文印。　80/2.50.334

新刻校正古本歷史大方通鑑四十一卷首一卷

(明)李廷機　葉向高輯

明周時泰刻本

十六冊

十一行二十四字,小字雙行同,白口,四周單邊。

存二十一卷:卷一至二十一　40/1619.37

四明先生續資治通鑑節要二十卷

(明)張光啓撰　(明)劉剡編輯

明嘉靖二十八年(1549)劉氏安正堂刻本

十六冊

十二行二十七字,小字雙行同,白口,四周雙邊。刻工有葉得、張錢生等。鈐有"花穆劉氏究藏"朱文印,"傳經堂鑑藏"、"曾在東山劉惺常處"、"花步寒碧莊印"、"寒碧莊章"、"傳經後人"、"蓉峰"白文印。

《中國古籍善本書目》史部 1278　40/1429

宋元通鑑一百五十七卷

(明)薛應旂撰

明嘉靖四十五年(1566)自刻本

十二冊

十行二十字,小字雙行同,白口,四周單邊。刻工有又軒、王誥、王龍、吳川、吳祥、余庭、何又、何化、何亨、何序、何昇、何貞、何祥、何堅、何鑰、何禮、邵埴、金南、俞廷、袁宸、章言、章相、章時、章慶、張本、張棟、陳堅、何一德、何成德、夏文祥、夏文憲、劉啓元等。

《中國古籍善本書目》史部 1286　40/1566.12

宋元通鑑一百五十七卷

(明)薛應旂撰　(明)陳仁錫評

明天啓六年(1626)陳仁錫刻本

二十四冊

十行二十字,白口,四周單邊。刻工陳天禎。鈐有"養和"、"節庵藏書"朱文印,"臣梁鼎芬"白文印。

《中國古籍善本書目》史部 1288　40/1626

又一部　三十六冊

宋元通鑑一百五十七卷

(明)薛應旂撰

日本萬延元年(1860)日本玉巘堂刻本

五十冊

十行二十字,白口,四周單邊。鈐有“觀生社藏”、“節庵藏書”朱文印,“臣梁鼎芬”白文印。
90/1.5

世史正綱三十二卷
(明)丘濬撰
明嘉靖四十二年(1563)孫應鰲刻本
十六冊
十行十八字,黑口,四周雙邊。鈐有“臣芝私印”、“安德謝氏五郎霞綺樓藏書印”、“憶江南館”、“蔭普”朱文印,“太傅公曾孫”、“霞綺樓章”白文印。 40/1563.2

六朝寶訓政事紀年不分卷
清初抄本
十冊
十行二十四字,小字雙行同,無格。鈐有“劉氏喜海一字燕庭藏書”朱文印,“東莞莫氏五十萬卷樓”白文印。
《中國古籍善本書目》史部1394 80/2.50.17

御定歷代紀事年表一百卷
(清)王之樞等纂
清雍正刻本
四十九冊
行數字數不等,白口,四周雙邊。鈐有“明善堂覽書畫印記”白文印。
存四十八卷:卷三至二十五,卷七十六至一百
50/1735.10

斷代

新鍥官板音釋標題皇明通紀十卷
(明)陳建撰
續紀三卷
(明)卜大有撰
明萬曆摘星樓刻本
三十冊
十二行二十五字,白口,四周雙邊。鈐有“黃氏憶江南館珍藏印”、“蔭普珍藏”朱文印,“藤原隆祐”、“禺山黃氏”白文印。
《中國古籍善本書目》史部1676 40/1573.2

鐫品隲皇明資治紀鈔十卷
(明)陳建撰
明萬曆二十二年(1594)永慶堂刻本
四冊
十二行二十八字,白口,四周雙邊。
《中國古籍善本書目》史部1681 40/1594

皇明通紀法傳全錄二十八卷
(明)陳建撰 (明)高汝栻訂 (明)吳禎增刪
皇明法傳錄嘉隆紀六卷續紀三朝法傳全錄十六卷
(明)高汝栻輯
明崇禎九年(1636)刻本
十冊
十行二十一字,小字雙行同,白口,左右雙邊,間有四周單邊。鈐有“掃塵齋積書記”朱文印,“禮培私印”白文印。
《中國古籍善本書目》史部1691 40/1636.3

皇明通紀二十七卷
(明)陳建撰
明天德堂刻本
十二冊
十一行二十六字,小字雙行二十七字,白口,四周單邊。 40/1627.16

皇明從信錄四十卷
(明)陳建輯 (明)沈國元訂補
明末刻本
十六冊
十行二十二字,白口,四周單邊。鈐有“鄉會魁太史之章”、“傅吾康審定珍藏”朱文印,“胡煦滄曉紫弦”白文印。
《中國古籍善本書目》史部1692 40/1627.12

通紀會纂十卷
(明)鍾惺撰 (清)王汝南補
清順治十七年(1660)積秀堂刻本
十冊
九行二十六字,白口,四周單邊。
《中國古籍善本書目》史部1700 50/1660

通紀直解十四卷續二卷
(明)張嘉和撰
明崇禎刻清初續刻本
十六冊
八行十八字,小字雙行十七字,白口,四周單邊。鈐有"漢堡傅吾康藏"朱文印。
《中國古籍善本書目》史部1707 50/1644.4

欽定明鑑二十四卷首一卷
(清)胡敬 陳用編纂
清嘉慶二十三年(1818)内府刻本
十二冊
八行二十字,白口,四周雙邊。 50/1818.2

德宗實錄不分卷
(清)溋肅撰
稿本
一冊
十二行字數不等,紅格,白口,四周單邊。鈐有"鄧又同藏書畫"、"鄧氏珍藏"朱文印,"景山館藏"白文印。 80/1.50.133

紀事本末類

通 代

通鑑紀事本末四十二卷
(宋)袁樞撰
明萬曆二年(1574)李栻刻本
四十二冊
十二行二十八字,白口,左右雙邊。鈐有"南州書樓所藏"朱文印,"桂宛藏書"、"徐紹棨"、"南州後人"、"徐湯殷"白文印。 40/1574.2

通鑑紀事本末二百三十九卷
(宋)袁樞撰 (明)張溥論正
明末正雅堂刻本
五十冊
九行二十字,白口,左右雙邊。刻工李一熊。鈐有"受采堂主人識"朱文印。
《中國古籍善本書目》史部1943 40/1643.46

斷 代

春秋左氏傳事類始末五卷附錄一卷
(宋)章沖撰
清康熙通志堂刻《通志堂經解》本
四冊
十三行二十三字,白口,左右雙邊。
50/1722.77

鴻猷錄十六卷
(明)高岱撰
明萬曆四十五年(1617)刻《紀錄彙編》本
五冊
十行二十字,小字雙行同,白口,四周單邊。刻工有上天、李森、李賜、萬瑞、鄒道、傅增、楊泮、楊麒、趙亨、熊賢、劉雪、萬國相、鄒邦珍。
存十四卷:卷一、卷四至十六 40/1619.48

炎徼紀聞四卷
(明)田汝成撰
明萬曆四十五年(1617)刻《紀錄彙編》本
二冊
十行二十字,白口,四周單邊。有刻工。鈐有"羅斯先生遺贈之書"朱文印。 40/1617.6

三藩紀事本末四卷
(清)楊陸榮撰
清康熙五十六年(1717)刻本
二冊
九行二十字,白口,左右雙邊。鈐有"用蘊"、"百斯"朱文印。 50/1717.4

平臺紀略不分卷
(清)藍鼎元撰 (清)王者輔評
清雍正十年(1732)王者輔刻本
一冊
九行十九字,白口,左右雙邊。刻工有麥嵩、麥興、馮士、馮和、馮秉、馮會、馮齊、裕中、程廣、羅

文。　50/1732.6

東征集六卷

(清)藍鼎元撰　(清)王者輔評

清雍正十年(1732)刻本

四册

九行二十字,白口,左右雙邊。刻工有麥嵩、麥興、馮士、馮和、馮秉、馮會、雲龍、羅文。鈐有“譚熙之印”藍文印。

《中國古籍善本書目》史部2012　50/1732.4

又一部　二册

欽定平定川方略三十二卷

(清)來保等撰

清光緒孔氏嶽雪樓抄本

十四册

八行二十一字,無格。有圖。鈐有“孔氏嶽雪樓影鈔本”朱文印。　80/2.50.382

鎮江剿平粤匪記二卷

(清)横山鄉人撰

抄本

二冊

十行二十字,小字雙行同,紫格,黑口,左右雙邊。　80/2.60.4

雜史類

吳越史二十六卷

明天啓刻本

四冊

九行二十字,小字雙行,白口,左右雙邊。鈐有“玄覽閣印”、“姚旭字朝”、“曰季昭”、“清泉白石”白文印。

子目:

吳語一卷　(吳)韋昭注

越語二卷　(吳)韋昭注

吳太伯世家一卷　(漢)司馬遷撰

越王勾踐世家一卷　(漢)司馬遷撰

越絕書十五卷　(漢)袁康撰

吳越春秋六卷　(漢)趙曄撰

存二十卷:吳語一卷　越語二卷　吳太伯世家一卷　越王勾踐世家一卷　越絕書十五卷

40/1627.9

苗民圖不分卷

清彩繪本

二冊

行數不等十九字,無格。有圖。經摺裝。

80/2.50.732

國語髓析二十一卷

(明)公鼐　吕邦燿撰

明唐暉刻本

六冊

九行十八字,白口,四周雙邊。鈐有“王毓秀印”白文印。

《中國古籍善本書目》史部2183　40/1619.39

國語九卷

(明)閔齊伋裁注

明萬曆四十七年(1619)閔齊伋刻三色套印本

三冊

九行十九字,小字雙行十八字,白口,四周單邊。鈐有“番禺汪氏藏書”朱文印,“兆銓讀過”白文印。

《中國古籍善本書目》史部2184　40/1619.17

戰國策譚棷十卷

(宋)鮑彪校注　(元)吳師道補正

附録一卷

(明)張文爟集評

明萬曆十七年(1589)書林詹易齋刻本

十冊

九行十八字,小字雙行同,白口,四周單邊。

《中國古籍善本書目》史部2249　40/1589.2

越絕書十五卷

(漢)袁康撰

明嘉靖三十三年(1554)張佳胤雙柏堂刻本

四冊

八行十七字,白口,四周雙邊。

《中國古籍善本書目》史部 2289　　40/1554

華陽國志十二卷

（晉）常璩撰

明刻吳琯《古今逸史》本

三冊

十行二十字，白口，左右雙邊。鈐有"南州書樓珍藏"朱文印，"南州後人"、"徐湯殷"白文印。

40/1644.4

華陽國志十二卷附錄一卷

（晉）常璩撰

清乾隆四十六年（1781）李調元刻本　清顧廣圻題跋

六冊

十行二十字，小字雙行字數不等，白口，四周雙邊。　　50/1781

西魏書二十四卷附錄一卷

（清）謝啓昆撰

清乾隆六十年（1795）樹經堂刻本

五冊

十一行二十三字，白口，左右雙邊。

50/1795.6

十六國春秋不分卷

（魏）崔鴻撰

清光緒孔氏嶽雪樓抄本

二冊

八行二十字，無格。鈐有"廣雅書局藏書樓圖籍"朱文印。　　80/2.50.419

貞觀政要十卷

（唐）吳兢撰　（元）戈直集論

明成化十二年（1476）崇府刻本　有抄配

六冊

十行二十字，小字雙行同，黑口，四周雙邊。有刻工。第一部鈐有"廣運之寶"朱文印。第二部鈐有"松石間"、"楚寶堂藏書印"、"陳氏珍藏"、"安甫寓目"、"江寧陳氏間源樓經籍記"、"間源樓藏書記"、"珍藏"、"金陵陳氏家藏"、"古萬川溫氏藏"、"丹銘"朱文印，"胡西安印"、"松浮閣"、"開卷有得"白文印，"安石氏"朱白文印。

《中國古籍善本書目》史部 2337　　40/1476

又一部　四冊

貞觀政要十卷

（唐）吳兢撰　（元）戈直集論

明刻本

四冊

十行二十字，小字雙行同，黑口，四周雙邊。鈐有"印盧所藏精品"、"喈"、"東莞莫氏珍藏"朱文印，"王鳴盛印"、"西莊居士"、"光祿卿之章"、"掃塵齋藏"、"天一藏書"白文印。

《中國古籍善本書目》史部 2338　　40/1487.2

渤海國志長編十卷

金毓黻撰

稿本

二冊

十行二十四字，綠格，白口，四周單邊。

存二卷：卷一至二　　80/1.60.16

錦里耆舊傳四卷

（宋）勾延慶撰

清抄本

一冊

九行十八字，無格。

存二卷：卷一至二　　80/2.50.539

南燼紀聞一卷附阿計替本末一卷

（宋）周輝撰

清抄本

四冊

八行十七字，無格。鈐有"陳文田硯鄉氏藏本"朱文印。　　80/2.50.513

九國志十二卷

（宋）路振撰

清曾氏面城樓抄本　清曾釗批校

四冊

十行二十二字，紅格，白口，四周雙邊。鈐有"面城樓藏書印"、"曾氏校本"、"漱綠樓書畫印"、"漱綠主人"、"溫"朱文印，"樹楪"白文印。

《中國古籍善本書目》史部 2367　80/2.50.44

隆平集二十卷

（宋）曾鞏撰

清活字本

四册

八行二十二字，白口，左右雙邊。鈐有“任卿過眼”、“任卿”朱文印，“范熙王印”、“黄假范氏藏書”、“敬勝閣藏”白文印。　50/1795.15

辛巳泣蘄錄一卷

（宋）趙與褒撰

清初抄本

一册

十四行二十二字，無格。鈐有“汲古閣”、“教經堂錢氏章”、“翰林院印”、“願流傳勿損污”朱文印，“毛晉私印”、“字子晉”、“犀庵藏本”白文印，“吳焯”朱白文印。

《中國古籍善本書目》史部 2559　80/2.40.8

元主始末志不分卷

（明）王世貞撰

清抄本

四册

十一行二十四字，無格。

《中國古籍善本書目》史部 2705　80/2.50.521

吾學編六十九卷

（明）鄭曉撰

明萬曆二十七年（1599）鄭心材刻本

十册

十行十九字，白口，左右雙邊。刻工有李文、李承、夏雲、張岐、陳元、陳甫、陳於、陶思、端坤、端明、劉登、戴洪宇、鍾宇、魏秀、魏浩。

《中國古籍善本書目》史部 2716　40/1599.4

今言四卷

（明）鄭曉撰

明萬曆四十二年（1614）彭宗孟刻本

四册

八行十七字，白口，左右雙邊。

《中國古籍善本書目》史部 2720　40/1614.8

又一部　二册　存二卷：卷一、四

弇山堂別集一百卷

（明）王世貞撰

明萬曆十八年（1590）金陵刻本

四十册

十行二十字，白口，四周單邊。有刻工。鈐有“獨山莫祥芝圖書記”、“震澤許氏父子藏書”朱文印，“莫棠之章”、“莫祁圖書之印”、“莫科印”白文印。

《中國古籍善本書目》史部 2724　40/1590.5

又一部　十八册

弇州史料前集三十卷後集七十卷

（明）王世貞撰　（明）董復表輯

明刻本

二十册

九行十八字，白口，四周單邊。刻工有朱祖、洪文。鈐有“蕉園焚稿慟哭遺臣”、“淺持齋”、“曾登地球第二高峰”朱文印，“藻翔”白文印。

《中國古籍善本書目》史部 2726　40/1614.6

皇明大政記三十六卷

（明）朱國禎撰

明崇禎五年（1632）刻《皇朝史概》本

二十四册

十行二十一字，小字雙行同，白口，左右雙邊。刻工有劉質。　40/1625.4

皇明大事記五十卷

（明）朱國禎輯

明崇禎五年（1632）刻《皇朝史概》本

八册

十行二十一字，白口，左右雙邊。鈐有“鐙味齋鑑賞”、“番禺沈氏”、“燕山黄氏圖書”、“達名”、“芝房”朱文印，“宗疇”白文印。

存十六卷：卷一至十六；缺序及目錄　40/1632

皇祖四大法十二卷

（明）何棟如輯

明萬曆四十二年（1614）何氏刻本

十冊
十行二十二字,白口,左右雙邊。鈐有"節庵藏書"朱文印,"臣梁鼎芬"白文印。
《中國古籍善本書目》史部 2780　40/1614.2

西南紀事六卷
(明)郭應聘輯　(明)項鼎鉉訂
清抄本
二冊
九行十九字,白口,四周單邊。　80/2.50.522

眉公見聞錄八卷
(明)陳繼儒撰
明萬曆刻《寶顏堂秘笈》本
四冊
八行十八字,白口,四周單邊。　40/1620.9

平播全書十五卷
(明)李化龍撰
明萬曆刻本
十四冊
九行二十字,白口,四周雙邊。刻工有中成、仕達、汪禹、汪啓、宋人、宋仁、李中、李至、李全、李志、李芳、李明、李和、李信、李智、李義、李勤、宗富、倫泰、劉自、劉求、汪貴信、李玉春、李世朝、李金孝、吳中臣、周文學、羅尚會。鈐有"順德溫君勒所藏金石書畫之印"朱文印。
《中國古籍善本書目》史部 2884　40/1600

蜀事紀略一卷
(明)朱燮元撰
明朝紀事本末一卷
(清)谷應泰撰
清刻本
一冊
九行二十一字,白口,四周單邊。鈐有"武昌柯逢時考藏圖記"朱文印。　50/1735.17

敬事草五卷
(明)孔貞運撰
明崇禎十竹齋刻本
四冊
九行二十字,白口,四周單邊。鈐有"北平黃氏萬卷樓印"、"孫氏萬卷樓印"朱文印。
《中國古籍善本書目》史部 2983　40/1643.20

孑遺錄一卷
(清)戴名世撰
清抄本
一冊
八行十七字,無格。　80/2.50.542

愚忠錄一卷
(清)祝純嘏編
清抄本
四冊
六行十三字,無格。鈐有"番禺丁氏珍藏書畫之章"、"丁氏宣仙所讀書"、"足廬珍藏書畫金石印"朱文印,"潘錫基印"白文印。
80/2.50.595

朝野紀類十二卷
(清)樊屏編
清抄本
四冊
九行二十四字,小字雙行同,無格。鈐有"蔭普珍藏"、"黃氏憶江南館珍藏"朱文印,"禺山黃氏"白文印。　80/2.50.676

朝野紀類十二卷
(清)樊屏編
清抄本
四冊
九行二十四字,小字雙行同,無格。鈐有"清嘯堂印"、"沅浦"朱文印。　80/2.50.677

皇明末造錄二卷附志一卷
(明)金鐘撰
清抄本
二冊
十行二十二字,無格。鈐有"廣東聯合調查會之印"朱文印。
《中國古籍善本書目》史部 3203　80/2.50.63

東明聞見錄不分卷
(明)瞿共美撰
清初刻本
一冊
九行十九字,黑口,左右雙邊。 50/1661.2
《中國古籍善本書目》史部 3211

明季南都殉難記不分卷
(清)屈大均撰 (清)陳鳳藻參訂
清抄本
二冊
十行十九字,無格。鈐有"徐信符藏"朱文印。
80/2.50.500

靖海紀事二卷
(清)施琅撰
清抄本
一冊
九行字數不等,無格。
存一卷:卷下 80/2.50.487

夷艘入寇記二卷
清抄本
一冊
九行二十五字,無格。
《中國古籍善本書目》史部 3407
80/2.50.504

欽定英傑歸眞一卷
(清)洪仁玕撰
清抄本
一冊
八行二十字,無格。 80/2.50.526

紅巾軍新會圍城記一卷
(清)趙沅英撰
稿本
一冊
十一行三十字,無格。
《中國古籍善本書目》史部 3422 80/1.50.26

廣陵史稿四卷
清抄本
四冊
十行十八字或二十字,紫格或綠格,黑口,紫格左右雙邊,綠格四周單邊。 80/2.50.752

粵東軍變記不分卷
(清)李介孺撰
稿本
二冊
十四行字數不等,無格。 80/1.50.145

釁愛會案國防日記不分卷
由人龍編
稿本
一冊
十行二十字,朱格,白口,四周單邊。
80/1.60.15

詔令奏議類

詔　令

唐大詔令集一百三十卷
(宋)宋敏求輯
明抄本
十三冊
十五行字數不等,藍格,白口,左右雙邊或四周單邊。鈐有"湘潭曾紀崗子倫藏"朱文印,"謙牧堂藏書記"、"又字逸官"、"子倫己崗"、"宗聖耳孫"白文印。
存一百零五卷:卷一至十三、二十五至八十六、九十九至一百三十 80/2.40.1

皇明大訓記十六卷
(明)朱國禎輯
明刻本
八冊
十行二十一字,白口,左右雙邊。 40/1632.3

大義覺迷錄四卷

(清)世宗胤禛撰

清雍正內府刻本

四冊

八行字數不等,白口,四周雙邊。

50/1735.11

奏　議

歷代名臣奏議三百五十卷

(明)黄淮　楊士奇等輯　(明)張溥刪正

明崇禎東觀閣刻本

五十一冊

九行十八字,白口,左右雙邊。鈐有“詒晉齋印”、“人境廬藏書”朱文印。

存三百零四卷:卷一至九十二、一百零三至一百一十八、一百二十三至二百三十、二百三十七至二百五十一、二百五十七至二百七十八、二百八十八至三百二十三、三百三十六至三百五十

40/1635.3

又一部　六十九冊　存三百十七卷:卷一至二百七十四、二百七十七至三百一十九

又一部　四十冊　存一百八十九卷

荆川先生右編四十卷

(明)唐順之撰　(明)劉曰寧補遺　(明)朱國禎校定

明萬曆刻本

一冊

十行二十字,白口,左右雙邊。刻工有王世、井立、林桂、李朝、桂成、徐楝、盛文、張洪、劉洲、戴作、張承祖、張承業、董天右等。

存一卷:卷二十四　40/1581.2

秦漢書疏十八卷

明隆慶六年(1572)山西桂天祥刻本

四冊

十行二十字,小字雙行同,白口,四周單邊。鈐有“公弼”、“若生”、“申大堂藏書”、“用拙存吾道”、“拙翁所藏”、“節庵藏書”、朱文印,“臣梁鼎芬”白文印。

存六卷:西漢書疏六卷　40/1572.3

皇明疏議輯畧三十七卷

(明)張瀚輯

明嘉靖三十一年(1552)大名府刻本

十五冊

十行二十二字,白口,四周單邊。有刻工。

《中國古籍善本書目》史部3660　40/1552.4

清臣奏疏不分卷

清抄本

四冊

十行二十字,棕格,白口,四周單邊。

80/2.50.495

范忠宣公奏議三卷附范文正公書牘一卷

(宋)范純仁撰　(明)范惟一編次

明刻本

三冊

十二行二十一字,白口,左右雙邊。有刻工。鈐有“蟄盦藏書”朱文印。　40/1561

孝肅包公奏議十卷

(宋)包拯撰

清光緒孔氏嶽雪樓抄本

二冊

九行二十字,無格。鈐有“孔氏嶽雪樓影鈔本”朱文印。　80/2.50.251

盡言集十三卷

(宋)劉安世撰

明隆慶五年(1571)張佳胤、王阿杲刻本　葉德輝題記

六冊

十行十八字,白口,四周雙邊,有刻工。鈐有“麗樓主人”、“麗樓珍藏”朱文印,“德輝”白文印。

《中國古籍善本書目》史部3820　40/1572.8

宋丞相李忠定公奏議六十九卷附錄九卷

(宋)李綱撰

明正德十一年(1516)胡文靜、蕭泮刻本

十册

十行二十二字，黑口，四周雙邊。鈐有“靖廷”、“延古堂珍藏”、“靈石書駛”、“□石王臣恭觀”、“山右玉郎”朱文印，“太原仲子”、“壽椿堂王氏家藏”、“靖廷讀過”白文印。

《中國古籍善本書目》史部3829　40/1516.2

勘處播州事情疏一卷

（明）何喬新撰

明萬曆四十五年（1617）刻《紀録彙編》本

一册

十行二十字，白口，四周單邊。有刻工。

40/1617.5

關中奏議鈔十二卷附王李書簡一卷

（明）楊一清撰

清光緒孔氏嶽雪樓抄本

七册

十行二十字，小字雙行同，無格。鈐有“廣雅書局藏書樓圖籍”朱文印。　80/2.50.266

訥溪奏疏一卷

（明）周怡撰

清光緒孔氏嶽雪樓抄本

一册

八行二十一字，無格。鈐有“孔氏嶽雪樓影鈔本”朱文印。　80/2.50.129

譚襄敏奏議十卷

（明）譚綸撰

清光緒孔氏嶽雪樓抄本

八册

八行二十一字，無格。鈐有“孔氏嶽雪樓影鈔本”朱文印。　80/2.50.141

獻替録八卷

（日本）萩原裕録評

日本文久二年（1862）刻本

四册

十行二十二字，黑口，四周單邊。　90/1.11

平海奏疏總録不分卷

（清）施琅撰　（清）施世驃輯

清抄本

一册

九行字數不等，無格

《中國古籍善本書目》史部4164

80/2.50.517

經略洪承疇奏對筆記二卷

（清）洪承疇撰

清抄本

一册

六行二十二字，無格。　80/2.50.607

邊疆調補奏議不分卷

清抄本　佚名朱筆圈點

八册

九行二十字，朱格，白口，四周雙邊。有滿文。

80/2.50.755

鴉片戰爭初期奏稿選集不分卷

清抄本

一册

八行字數不等，無格。　80/2.50.494

奏摺不分卷

清抄本

一册

行數字數不等，無格。　80/2.50.750

太平天國史料

清抄本

一册

九行字數不等，無格。　80/2.50.537

康工部六上書記不分卷

康有爲撰

清光緒二十二年（1896）文陞書局刻本

一册

十行二十字，黑口，左右雙邊。　50/1896

傳記類

總　傳

刻生民未有編四卷續刻一卷

（明）李珏輯

明萬曆二十六年（1598）刻本

四册

十三行二十字，白口，四周單邊。鈐有“松竹廬藏書余德慶捐贈”朱文印。

《中國古籍善本書目》史部 4338　　40/1598.2

列女傳十六卷

（漢）劉向撰　（明）汪道昆輯　（明）仇英繪圖

明萬曆刻清乾隆四十四年（1779）鮑氏知不足齋印本

二十二册

十行二十一字，白口，四周單邊。鈐有“南海伍德彝懿莊氏珍藏金石書籍字畫之印”朱文印。

50/1779

新刊古列女傳八卷

（漢）劉向撰　（晉）顧愷之圖

清道光五年（1825）刻本

四册

十五行二十七字，黑口，左右雙邊，上圖下文。鈐有“玉笥山樓藏書”、“隱□曾讀”朱文印。

50/1825.2

古今列女傳三卷

（明）解縉等撰

清光緒孔氏嶽雪樓抄本

二册

十一行二十字，無格。鈐有“孔氏嶽雪樓影鈔本”朱文印。　　80/2.50.470

女鏡八卷

（明）夏樹芳輯

明萬曆刻本

八册

七行十六字，白口，四周單邊。刻工楊同春。鈐有“英伯藏書之記”、“抱香室藏”、“定武楊氏素園藏書印”、“荷軒藏書”朱文印，“謝英伯”白文印。

《中國古籍善本書目》史部 4363　　40/1610.2

高士傳三卷

（晉）皇甫謐撰

清康熙刻《秘書廿一種》本

一册

十行二十字，白口，左右雙邊。鈐有“步青”、“何文廣藏書”朱文印，“鍾家雲印”、“何文廣印”白文印。　　50/1668.4

守令寶鑑錄四卷

（明）馬子驄等編

明抄本

二册

九行二十四字，藍格，白口，四周雙邊。鈐有“四明盧氏抱經樓藏書印”白文印。

《中國古籍善本書目》史部 4427　　80/2.40.12

廉吏傳二卷

（宋）費樞撰

清光緒孔氏嶽雪樓抄本

二册

八行二十一字，無格。鈐有“孔氏嶽雪樓影鈔本”朱文印。　　80/2.50.438

古懽錄八卷

（清）王士禛撰

清康熙間快宜堂刻本

四册

十行十九字，白口，左右雙邊。第一部鈐有“長洲吳謝堂氏香雨齋珍藏書畫印”朱文印。第二部鈐有“東琳”朱文印，“臣珣”白文印。　　50/1700

又一部　二册

又一部　四册

人鏡陽秋二十二卷

（明）汪廷訥撰

明萬曆二十七年(1599)汪氏環翠堂刻本
十六冊
九行十八字,白口,四周單邊。有圖。
《中國古籍善本書目》史部 4454　　40/1600.2

康濟譜二十三卷
(明)潘游龍撰
明崇禎九年(1636)刻本
十冊
九行十八字,白口,左右雙邊。
《中國古籍善本書目》史部 4471　　40/1636.4

三立堂新編閫外春秋三十二卷
(明)尹商撰
明崇禎刻本
十六冊
九行十八字,白口,四周單邊。鈐有"備大夫伊木氏文庫印"朱文印。　　40/1636.2

古人幾部六卷
(清)陳允衡撰
清初刻本
四冊
九行二十字,白口,四周單邊。鈐有"黃梅花屋所藏"白文印。
《中國古籍善本書目》史部 4533　　50/1646

史姓韻編六十四卷
(清)汪輝祖編
清同治木活字本
十二冊
八行字數不等,小字雙行十六字,黑口,四周單邊。鈐有"乙丑翰林"、"理庵"、"溪南楊氏飲雪軒珍藏"、"潮陽郭氏輔仁堂藏書之圖記"朱文印,"臣泰亭印"、"郭臣泰印"、"理庵楊泰文辭亭印"、"集虛林印"白文印。　　50/1870.1

黎蒓齋續古文辭類纂人表
(清)黎庶昌撰
清抄本
一冊
五行字數不等,藍格,白口,四周雙邊。
80/2.50.543

修史試筆二卷
(清)藍鼎元撰
清雍正刻本
四冊
九行二十字,白口,左右雙邊。鈐有"知足知不足館人王紹蘭記見"朱文印。　　50/1728.4

孫內翰北里誌一卷
(唐)孫棨撰
明嘉靖二十三年(1544)雲間陸氏刻本
一冊
八行十六字,白口,左右雙邊。鈐有"玉笥山樓"白文印。　　40/1544.4

伊洛淵源錄十四卷
(宋)朱熹撰
元刻本
四冊
十一行二十一字或二十二字,黑口,四周雙邊。鈐有"竺刪"、"禦溪千乘畫家范氏雝睦堂記"、"吳興周越然藏書之印"、"范仲芳"、"僕氏家藏"、"言言齋"、"越然"朱文印,"望賢"、"曾留吳興周氏詰齋"、"沈馥之印"、"譚觀成"、"觀成"白文印。
《中國古籍善本書目》史部 4593
37/1349

蘇米志林三卷
(明)毛晉輯
明天啓五年(1625)毛氏綠君亭刻本
三冊
八行十八字,白口,四周單邊。第一部鈐有"順德鍾錫添敬贈"、"領千"朱文印,"曹熯"白文印。第二部鈐有"王浦源鐘錶鋪"朱文印。
子目:
蘇子瞻二卷
米元章一卷
《中國古籍善本書目》史部 4617　　40/1643.12
又一部　二冊

青樓集一卷
(元)夏庭芝輯
明嘉靖二十三年(1544)雲間陸氏刻本
一冊
八行十六字,白口,左右雙邊。鈐有"玉笥山樓"白文印。 40/1544.2

國朝名世類苑四十六卷
(明)凌迪知輯
明萬曆三年(1575)吳興凌氏刻本
八冊
十行二十字,白口,左右雙邊。刻工有王雲、仇朋、李煥、吳邦、張相、張斌、張璈、顧成、顧植、王伯才、沈玄易、吳良用、何文甫、何仲仁、計萬言、計萬鐙、夏邦彥、郭昌時、章右之、張文光、陳子文、陳汝昂、彭天恩、趙應其、錢世英、顧汝加等。鈐有"安樂堂藏書記"朱文印,"明善堂覽書畫印記"白文印。
存十三卷: 卷一、十二至二十三 40/1575.3

焦太史編輯國朝獻徵錄一百二十卷
(明)焦竑輯
明萬曆四十四年(1616)錢塘徐象橒曼山館刻本
六十三冊
十行二十字,白口,左右雙邊。鈐有"傅吾康審定珍藏"朱文印。
存四十卷:卷一至十三、十五至五十一、五十四至六十一、八十八至九十一、九十三至一百、一百一十至一百一十二、一百一十四至一百二十
40/1616.7

東林別集不分卷
(清)錢人麟撰
清抄本
二冊
十一行字數不等,無格。鈐有"潄六樓藏書印"朱文印,"李葆"、"玉笥山樓"白文印。
80/2.50.700

姑蘇名賢小紀一卷
(明)文震孟撰
明萬曆四十二年(1614)文氏竺塢刻清順治九年(1652)文然重修本
三冊
九行十八字,白口,左右雙邊。鈐有"載德堂書畫記"、"礪齋"、"沈慰祖"、"味外閣"朱文印。
《中國古籍善本書目》史部4927 50/1652

姑蘇名賢續記一卷
(明)文秉撰
清刻本
一冊
九行十八字,白口,左右雙邊。鈐有"味外閣"、"載德堂書畫記"朱文印。 50/1688.4

銅山崇賢輯古錄四卷附錄二卷
(清)黃曉谷輯
清抄本
一冊
九行二十二字,無格。 80/2.50.639

淮南書舊傳初編三卷
張之屏撰
稿本
三冊
十行二十字,無格。鈐有"樹矦七十後作"、"蔡寒瓊談月色"朱文印,"張之屏印"白文印。
80/1.50.155

閩中理學淵源考九十二卷
(清)李清馥撰
清光緒孔氏嶽雪樓抄本
十四冊
八行二十一字,無格。鈐有"孔氏嶽雪樓影鈔本"朱文印。 80/2.50.104

清史粵人傳不分卷
稿本
十三冊
十行十九字,紅格,白口,四周單邊。
80/1.60.2

別　傳

晏子春秋六卷
明凌澄初刻朱墨套印本
四冊
八行十八字,白口,四周單邊。
《中國古籍善本書目》史部 5079　40/1619.4

晏子春秋八卷
明刻本
三冊
九行二十字,白口,四周單邊。
存五卷:卷二至六　40/1643.8

趙后外傳一卷
(漢)伶玄撰
明吳琯刻《古今逸史》本
一冊
十行二十字,白口,左右雙邊。鈐有"漢堡傅吾康藏"、"矜雋"朱文印。　40/1643.87

道國元公濂溪周夫子志十五卷
(清)吳大鎔主修
清康熙二十四年(1685)凝翠軒刻本
四冊
八行二十一字,白口,四周雙邊。鈐有"孟華父"朱文印,"楊閑康印"白文印。　50/1685.3

米襄陽志林十三卷
(明)范明泰輯
米襄陽遺集一卷海嶽名言一卷寶章待訪錄一卷研史一卷
(宋)米芾撰　(明)范明泰輯
明萬曆三十二年(1604)范氏清宛堂刻舞蛟軒重修本
六冊
九行十八字,白口,左右雙邊。鈐有"莫友之圖書印"、"莫彝孫印"、"莫繩孫字仲武"、"宣儀氏"、"珍賞圖書"朱文印,"禮培私印"、"宣儀"、"柳蓉春經眼印"白文印,"孔翼"朱白文印。
《中國古籍善本書目》史部 5203　40/1619.28

朱子實紀十二卷
(明)戴銑輯
明正德八年(1513)鮑雄刻本
四冊
十行二十字,小字雙行同,白口,四周單邊。鈐有"侯山主人"白文印。
《中國古籍善本書目》史部 5236　40/1513

宋丞相崔清獻公全錄十卷
(宋)崔與之撰　(明)崔子璲輯　(明)崔曉增輯
明嘉靖三十二年(1553)刻本
四冊
十行十九字,小字雙行同,黑口,四周單邊。鈐有"世守奇珍"、"時聘印章"、"雲間"、"黃氏憶江南館珍藏印"、"蔭普珍藏"朱文印,"存雅樓弘農氏珍藏"、"禺山黃氏"白文印。
《中國古籍善本書目》史部 5244
40/1534.2

宋丞相崔清獻公言行錄内集二卷外集三卷
(明)崔子璲輯　(明)崔爌增輯
明崇禎十三年(1640)刻本
一冊
十行二十字,黑口,四周雙邊。　40/1640.3

宋丞相崔清獻公言行錄内集二卷外集三卷
(明)崔子璲輯　(明)崔爌增輯
清翻刻本
六冊
十行二十字,黑口,四周雙邊。　50/1644.12

薛文清公行實錄五卷
(明)王鴻撰
清康熙五十三年(1714)刻本
二冊
十行十八字,白口,四周雙邊。　50/1714.3

醉菴李公實紀三卷
(朝鮮)李趾采等編
朝鮮活字本

十行二十字,白口,四周單邊。
一册
90/2.3

忠定公履歷不分卷
清抄本
一册
十行十八字,無格。鈐有“橘和堂李洪夫訂”朱白文印。 80/2.50.38

平南王元功垂範二卷
(清)尹源進撰 (清)李棲鳳校
清抄本
二册
九行十九字,無格。 80/2.50.540

寧海將軍固山貝子功績錄一卷
清光緒孔氏嶽雪樓抄本
一册
八行二十一字,無格。鈐有“孔氏嶽雪樓影鈔本”朱文印。 80/2.50.467

陳蘭甫先生履歷及著述
稿本
一册
九行二十四字,紅格,白口,四周雙邊。
80/1.50.9

年 譜

陳子壯年譜不分卷
(明)陳上圖撰
清抄本
一册
十二行二十二字,無格。 80/2.50.694

屈翁山先生年譜一卷
朱希祖撰
稿本
一册
十行字數不等,紅格,白口,四周雙邊。
80/1.60.16

日 記

還京日記三卷南歸記二卷
(清)吳錫麒撰
稿本
二册
十二行字數不等,紅格,白口,上下雙邊。鈐有“吳錫麒印”朱文印,“穀人”白文印。
《中國古籍善本書目》史部5855 80/1.50.36

北行日記不分卷
(清)黄培芳撰
稿本 清嘉慶二十三年十一月初九日至二十四年閏四月十四日
一册
九行字數不等,藍格,白口,四周單邊。
80/1.50.80

粵行叢錄四卷
(清)俞思穆撰
清抄本
二册
九行二十一字,無格。鈐有“黄梅花屋所藏”白文印。 80/1.50.75

赴厦日紀不分卷附公文信件
(清)黄誥撰
稿本
一册
九行字數不等,無格。 80/1.50.107

丁仁長日記
(清)丁仁長撰
稿本
三十六册
九行字數不等,紅格,白口,四周雙邊。
80/1.60.8

孺慕廬日記不分卷
蘇世傑撰
稿本
十册
十行字數不等,紅格,白口,四周單邊。
80/1.60.4

家　傳

涑水司馬氏源流集略八卷
(明)司馬晰輯
明萬曆十五年(1587)司馬祉刻三十五年(1607)司馬露增修本
四册
九行二十字,白口,四周雙邊。刻工有陳文、鄭五、陳正、陳資、遊河、鄭一、劉長等。
《中國古籍善本書目》史部6145　40/1587.2

梅里志四卷
(清)吳存禮編
清雍正二年(1724)蔡名烜刻本
二册
九行十九字,小字雙行同,白口,四周雙邊。鈐有"慈溪耕餘樓藏"、"馮氏辨齋藏書"、"武昌柯逢時收藏圖記"朱文印,"慈溪耕余樓"白文印。
50/1724

宗　譜

錢氏家乘不分卷
清抄本
一册
十行二十四字,紅格,白口,四周雙邊。
80/2.50.527

大興朱氏家乘二卷
(清)朱錫庚撰
清抄本
一册
八行二十字,綠格,白口,四周單邊。
80/2.50.680

濟陽蔡氏宗譜三卷
(清)蔡清言纂修
清光緒七年(1881)活字本
二册
十行二十四字,白口,四周雙邊。　50/1881

吉水谷村李氏記十五卷
(清)李先蕃編輯
清李克翀抄本
十册
九行二十一字,白口,四周雙邊。有圖。鈐有"何文廣藏書"朱文印,"何文廣印"白文印。
80/2.60.47

番禺汪氏族譜不分卷
(清)汪士林撰
清抄本
一册
八行十七字,無格。　80/2.50.621

雲陽龍氏族譜□□卷
(清)龍憲章撰
稿本
一册
八行字數不等,無格。
存一卷:人物傳　80/1.50.164

珠璣巷民族南遷記
黄慈博撰
稿本
一册
行數字數不等,無格。　80/1.50.34

雜　錄

陳氏家乘舊譜序跋一卷
(清)陳澧輯
稿本

二冊
九行二十五字,無格。
《中國古籍善本書目》史部 6872　　80/1.50.8

貢　舉

青蘿何氏登科記不分卷
何炳鍾撰
稿本
一冊
十行二十一字,紅格,白口,四周單邊。
80/1.60.26

史抄類

東萊先生史記詳節二十卷序一卷首一卷
(宋)吕祖謙輯
明正德十一年(1516)福建建陽劉弘毅刻本
八冊
十三行二十六字,黑口,四周雙邊。鈐有"白河文庫"、"桒名文庫"、"立教館圖書印"朱文印。
40/1516.3

讀史記十表十卷
(清)汪越撰　(清)徐克範補
清光緒孔氏嶽雪樓抄本
六冊
八行二十一字,小字雙行同,無格。鈐有"孔氏嶽雪樓影鈔本"朱文印。　80/2.50.224

通鑑總類二十卷
(宋)沈樞輯
明萬曆二十三年(1595)孫隆刻本
二十冊
十一行二十三字,白口,左右雙邊。鈐有"山陰乎氏"朱文印。
《中國古籍善本書目》史部 7760　　40/1595.3

張陸二先生批評戰國策抄四卷
(明)張居正　陸深評　(清)顧靜重訂
清康熙二年(1663)吳江顧氏載欣堂重刻本
四冊
十行二十字,小字雙行同,白口,四周單邊。鈐有"崔亭"、"仲士珍藏"、"遙集居"朱文印。
50/1663

參附羣書三劉互註西漢詳節三十卷
(宋)吕祖謙輯
元刻《十七史詳節》明遞修本
十二冊
十四行二十四字,小字雙行同,黑口,左右雙邊。鈐有"湛廬藏書"白文印,"王金銛印"、"抱素樓"朱文印。
《中國古籍善本書目》史部 7852
37/1280

漢雋十卷
(宋)林越輯　(明)凌迪知校
明嘉靖刻本
八冊
八行字數不等,小字雙行十七字,白口,左右雙邊。刻工有王伯才、顧植、顧時中等。鈐有"人境廬藏書"朱文印。　40/1566.7

兩漢雋言十六卷
(宋)林越輯　(明)凌迪知增輯
明萬曆四年(1576)刻本
八冊
八行十七字,小字雙行同,白口,左右雙邊。刻工有世中、世祥、張璬、顧植、王伯才、夏邦彥、彭天恩、趙應其、顧時中等。　40/1576.3

北齊書獵俎三卷
(明)徐孚遠輯
清抄本
三冊
九行二十三字,無格。鈐有"莪沚"朱文印,"大容"白文印。
《中國古籍善本書目》史部 7951　80/2.50.61

歐陽文忠公新唐書鈔二卷五代史鈔二十卷

(明)茅坤輯並評
明萬曆七年(1579)茅一桂刻本
十册
九行十九字,小字雙行同,白口,左右雙邊。刻工有余朝、陶子英等。鈐有"玉笥山樓"白文印。
《中國古籍善本書目》史部7967　40/1579

歐陽文忠公五代史抄二十卷
(明)茅坤輯
明刻朱墨套印本
十册
八行十八字,白口,四周單邊。鈐有"太占一字香嵋"、"企之"、"文字"朱文印,"少伶珍賞"、"劉村"白文印。
《中國古籍善本書目》史部7972　40/1579.4

民軍起義檔不分卷
抄本
一册
九行三十字,紅格,白口,左右雙邊。
80/2.60.40

地理類

總　志

唐土名勝圖繪六卷
(日本)岡田玉山編　(日本)岡雄嶽繪
日本文化二年(1805)日本東京書林刻本
六册
行數字數不等,白口,四周單邊。有圖。
90/1.4

聖朝混一方輿勝覽三卷
元刻本
一册
十二行字數不等,小字雙行二十字,黑口,四周雙邊。
存一卷:卷中
37/1367.6

大明一統志九十卷
(明)李賢　萬安等纂修
明天順五年(1461)內府刻本
四十册
十行二十二字,小字雙行同,黑口,四周雙邊。第二部鈐有"徐元谷印"、"徐氏家藏"、"傅吾康審定珍藏"朱文印。第三部鈐有"廣運之寶"朱文印。
《中國古籍善本書目》史部8098　40/1461
又一部　四十册
又一部　四十册
又一部　六十四册,缺卷一、四、五、十一至十三、十九至二十、二十六至二十七、二十九至三十一、三十四、三十五、六十一至六十二、七十四至八十二

大明一統志九十卷
(明)李賢　萬安等纂修
明萬壽堂刻本
九十册
十行二十二字,小字雙行同,白口,四周單邊。有圖。第二部鈐有"紹廉經眼"白文印。第三部鈐有"西園區氏所藏書畫"朱文印。第四部鈐有"節庵藏書"朱文印,"吾廬藏書"、"臣梁鼎芬"白文印。
《中國古籍善本書目》史部8102　40/1619.20
又一部　七十五册
又一部　四十册
又一部　九十册
又一部　九十册
又一部　八十八册,缺卷八十二、八十三。

大明一統志九十卷
(明)李賢　萬安等纂修
明刻本
一册
十行二十二字,黑口,四周雙邊。
存二卷:卷六十一至六十二　40/1484

大明一統志九十卷

(明)李賢　萬安等纂修
明刻本
一册
十行二十二字,小字雙行同,黑口,四周雙邊,刻工有六成、吳烏、林九、記宗、李記榮。鈐有"敷"白文印。
存二卷:卷三十至三十一　40/1619.50

廣輿記二十四卷
(明)陸應陽撰
明刻本
十六册
十行十九字,小字雙行同,白口,左右雙邊。鈐有"玉笥山樓藏書印"朱文印,"高學濂壐"白文印。
《中國古籍善本書目》史部 8121　40/1600.3

一統志案說十六卷
題(清)顧炎武撰
清道光七年(1827)張青選清芬閣活字印本
四册
九行二十字,小字雙行同,白口,左右雙邊。
《中國古籍善本書目》史部 8151　50/1827

讀史方輿紀要不分卷
(清)顧祖禹撰
清抄本
四册
行數字數不等,紅格,白口,四周單邊。有圖。
存輿圖總覽部分　80/2.50.491

地圖綜要三卷
(明)吳學儼等撰
明末刻本
十四册
十行二十七字,白口,四周單邊。鈐有"好古堂藏書記"朱文印。　40/1643.98
《中國古籍善本書目》史部 8232

嶺海名勝記二十卷
(明)郭棐輯
明萬曆二十四年(1596)自刻本
三十二册
九行二十字,白口,四周雙邊。有圖。鈐有"徐紹棨"、"信符"朱文印。
《中國古籍善本書目》史部 8242　40/1596.2

嶺海名勝記十六卷
(明)郭棐撰　(清)陳蘭芝增輯
清乾隆五十五年(1790)廣州羊城六書齋刻本
五十四册
九行十九字,小字雙行同,白口,左右雙邊。
存十五卷:卷一至十五　50/1790.3

采風要錄九卷
稿本
二册
十行二十五字,無格。
存六卷:卷一至三、七至九　80/1.50.49

方　志

廖廷相太史順天府志稿不分卷
(清)廖廷相纂修
稿本
二册
十二行二十五字,紅格,白口,四周單邊。
80/1.50.110

[乾隆]直隸遵化州志二十卷
(清)傅修等纂修
清乾隆五十九年(1794)刻本
八册
十行十八字,白口,四周雙邊。有圖。
50/1794.2

[康熙]磁州志十八卷
(清)蔣擢修　(清)樂玉聲纂
清康熙四十二年(1703)刻本康熙四十八年(1709)增補本
四册
九行二十字,白口,左右雙邊。有圖。
50/1703.6

[乾隆]武安縣志二十卷圖一卷
(清)蔣光祖修　(清)夏兆豐纂
清乾隆四年(1739)刻本
九冊
九行二十字,白口,四周雙邊。有圖。
50/1739.5

直隸易州志十八卷首一卷
(清)楊芊等纂修　張登高等續修
清乾隆十二年(1747)刻本
八冊
九行二十字,白口,四周雙邊。有圖。鈐有"恒琴"白文印。
50/1747.4

[乾隆]口北三廳志十六卷首一卷圖一卷
(清)黄可潤纂修
清乾隆二十三年(1758)刻本
六冊
十行二十二字,白口,左右雙邊。有圖。
50/1758

[乾隆]滄州志十六卷
(清)徐時作修　(清)胡淦等纂
清乾隆八年(1743)刻本
六冊
十行二十一字,白口,四周雙邊。有圖。
50/1743.6

[乾隆]渾源州志十卷
(清)桂敬順纂修
清乾隆二十八年(1763)刻本
五冊
九行二十字,白口,左右雙邊。有圖。
50/1763.6

[乾隆]直隸代州志六卷
(清)吴重光纂修
清乾隆五十年(1785)刻本
八冊
九行二十字,白口,四周雙邊。有圖。
50/1785.6

[乾隆]平陽府志三十六卷
(清)章廷圭修　(清)范安治等纂
清乾隆元年(1736)刻本
十八冊
九行二十二字,白口,四周雙邊。有圖。
50/1736.6

[乾隆]盛京通志四十八卷
(清)吕耀曾等修　(清)魏樞等纂
清乾隆元年(1736)刻本
十冊
十行二十一字,白口,四周雙邊。有圖。
50/1736.9

[乾隆]江南通志二百卷首四卷序目一卷
(清)尹繼善等修　(清)黄之雋等纂
清乾隆元年(1736)刻本
四十四冊
十一行二十三字,白口,左右雙邊。有圖。
存一百二十八卷:卷一至六十二、卷一百一十五至一百一十六、卷一百二十三至一百六十二、卷一百六十五至一百七十八
50/1736.10

吴郡圖經續記三卷
(宋)朱長文纂修
清抄本
二冊
十一行二十字,黑口,四周單邊。鈐有"東莞莫伯驥號天一藏書之印"、"東莞莫氏五十萬卷樓"朱文印。
80/2.50.603

[乾隆]吴縣志一百十二卷首一卷
(清)姜順蛟等修　(清)施謙纂
清乾隆十年(1745)刻本
二十四冊
十行二十二字,白口,左右雙邊。有圖。
50/1745.4

[至正]崑山郡志六卷
(元)楊譓纂修
清抄本

一册

十行十八字,藍格,黑口,四周單邊。鈐有"巴陵方氏碧琳瑯館珍藏書籍"、"東莞莫伯驥號天一藏書之印"、"求是齋寫校本"、"蔣維培印"、"寄廄"朱文印,"功惠收藏"、"東莞莫氏五十萬卷樓"白文印。 80/2.50.8

[乾道]臨安志十五卷

(宋)周淙纂修

清抄本

二册

九行字數不等,無格。鈐有"米樓所藏"、"東莞莫伯驥號天一藏書之印"朱文印,"東莞莫氏五十萬卷樓"白文印。

存三卷:卷一至三 80/2.50.528

[乾隆]紹興府志八十卷首一卷

(清)李亨特修 (清)平恕等纂

清乾隆五十七年(1792)刻本

四十六册

十行二十一字,白口,左右雙邊。有圖。

50/1792.5

[乾隆]萊州府志十六卷首一卷

(清)張桐增修 (清)嚴有禧纂

清乾隆五年(1740)刻本

八册

十行二十四字,白口,四周雙邊。有圖。

50/1740.7

[乾隆]黃縣志十二卷

(清)袁中立修 (清)毛贄纂

清乾隆二十一年(1756)刻本

四册

九行二十一字,白口,左右雙邊。有圖。

50/1756.3

[乾隆]泰安州志三十卷前一卷首二卷

(清)顔希深修 (清)成城等纂

清乾隆二十五年(1760)刻本

十册

十行二十一字,白口,四周單邊。有圖。鈐有"檀尊藏本"朱文印,"豐城藏本"白文印。

50/1760.5

[康熙]沂州志八卷

(清)邵士修 (清)王壎等纂

清康熙十三年(1674)刻本

五册

十行二十字,白口,四周雙邊。有圖。

50/1674.2

[萬曆]恩縣志六卷

(明)孫居相修 (明)雷金聲等纂

明萬曆二十七年(1599)刻清補刻本

三册

十行二十二字,小字雙行同,白口,四周雙邊。有圖。 40/1599.6

[雍正]恩縣續志五卷

(清)陳學海修 (清)韓天篤纂

清雍正元年(1723)刻本

一册

十行二十二字,白口,四周雙邊。有圖。

50/1723.11

[乾隆]臨清直隸州志十一卷首一卷

(清)張度等修 (清)朱鍾等纂

清乾隆五十年(1785)刻本

十一册

九行二十一字,白口,四周雙邊。有圖。

50/1785.7

[乾隆]通許縣志十卷

(清)阮龍光修 (清)邵自祐纂

清乾隆三十五年(1770)刻本

六册

十字二十二字,白口,四周雙邊。有圖。

50/1770.5

又一部 六册

[乾隆]偃師縣志三十卷首一卷

(清)湯毓倬修 (清)孫星衍纂

清乾隆五十一年(1786)刻本

九冊
十行二十一字,白口,左右雙邊。有圖。
50/1786.3

[乾隆]湯陰縣志十卷
(清)楊世達纂修
清乾隆四年(1739)刻本
四冊
九行十九字,白口,左右雙邊。有圖。
50/1739.8

[乾隆]林縣志十卷首一卷末一卷
(清)楊潮觀纂修
清乾隆十七年(1752)黄華書院刻本
四冊
九行二十一字,小字雙行同,白口,左右雙邊。有圖。 50/1752.5

[順治]淇縣志十卷
(清)王謙吉等修 (清)白龍躍等纂
清順治十七年(1660)刻本
二冊
八行二十字,白口,四周單邊。有圖。
50/1660.3

[順治]封邱縣志九卷首一卷
(清)余縉修 (清)李嵩陽纂
清順治十六年(1659)刻本
五冊
十行二十字,白口,四周單邊。 50/1659

[康熙]封邱縣續志不分卷
(清)王賜魁修 (清)李會生等纂
清康熙十九年(1680)刻本
一冊
十行二十字,白口,四周單邊。有圖。
50/1680.4

[乾隆]獲嘉縣志十六卷首一卷
(清)吴喬齡修 (清)李棟纂
清乾隆二十一年(1756)刻本
六冊
十行二十二字,黑口,左右雙邊。有圖。
50/1756.6

[乾隆]原武縣志十卷
(清)吴文炘修 (清)何遠纂
清乾隆十二年(1747)刻本
五冊
九行十九字,白口,四周雙邊。有圖。
50/1747.3

[乾隆]温縣志十二卷首一卷
(清)王其華修 (清)苗于京纂
清乾隆二十四年(1759)刻本
四冊
十二行二十四字,白口,左右雙邊。有圖。
50/1759.3

[乾隆]孟縣志十卷
(清)仇汝瑚修 (清)馮敏昌纂
清乾隆五十五年(1790)刻本
十冊
十一行二十字,黑口,左右雙邊。有圖。鈐有“溫主任購入圖書”朱文印。 50/1790.5

[乾隆]新修懷慶府志三十二卷首一卷圖經一卷
(清)杜琮修 (清)布顔等纂
清乾隆五十四年(1789)刻本
九冊
十一行二十字,白口,四周單邊。有圖。
50/1789

[乾隆]新野縣志九卷首一卷
(清)徐金位纂修
清乾隆十九年(1754)刻本
四冊
九行二十一字,白口,四周雙邊。有圖。
50/1754.6

[乾隆]南召縣志四卷
(清)陳之熉修 (清)張睿等纂
清乾隆十一年(1746)刻本

四冊
八行二十二字,白口,四周雙邊。有圖。
50/1746.7

[康熙]汝陽縣志十卷
(清)邱天英纂修
清康熙二十九年(1690)刻本
八冊
八行十九字,白口,四周單邊。有圖。
50/1690.3

[康熙]上蔡縣志十五卷
(清)楊廷望修　(清)張沐纂
清康熙二十九年(1690)刻本
十二冊
九行二十字,白口,四周雙邊。有圖。
50/1690.4

[乾隆]武昌縣志十卷首一卷
(清)邵遐齡修　(清)談有典纂
清乾隆二十八年(1763)刻本
十冊
九行二十字,白口,四周雙邊。有圖。
50/1763.5

衡山縣丁祭局志八卷首一卷
王香茹　鄧堅等纂修
稿本
一冊
八行二十四、二十五字不等,無格。鈐有"黄氏憶江南館珍藏印"、"蔭普珍藏"朱文印,"禺山黄氏"白文印。
存三卷:卷首、卷一、五　80/2.60.7

[嘉靖]廣東通志七十卷
(明)黄佐纂修
明嘉靖刻本　有抄配
六十冊
十行二十字,白口,四周單邊。有圖。鈐有"漱綠樓藏書記"朱文印,"嶺南溫氏季棟漱綠樓藏本"白文印。
《中國古籍善本書目》史部10446　40/1561.3

又一部　五十冊　序文、目录、卷一、三十八至四十三、六十一、六十六、七十。有抄配

[康熙]廣東通志三十卷
(清)金光祖纂修
清康熙三十六年(1697)刻本
三十冊
九行十九字,白口,四周雙邊。有圖。鈐有"徐信符藏"、"南州書樓所藏"朱文印,"四明盧氏抱經樓藏書印"、"徐湯殷"、"南州後人"白文印。
50/1697.3

[雍正]廣東通志六十四卷
(清)郝玉麟修　(清)魯曾煜等纂
清雍正九年(1731)刻本
四十四冊
十一行二十一字,白口,四周單邊。有圖。鈐有"徐信符藏"、"南州書樓所藏"朱文印,"徐湯殷"、"南州後人"白文印。　50/1731

[民國]廣東通志稿不分卷
朱慶瀾修　梁鼎芬等纂
稿本
十九冊
十行二十一字,紅格,白口,四周單邊。
80/1.50.129

[民國]續廣東通志稿不分卷
鄒魯修　溫廷敬等纂
稿本
一百二十冊
十行二十字,紅格,白口,四周單邊。
80/1.60.1

廣東輿圖十二卷
(清)蔣伊　韓作棟編　(清)盧士　劉任繪圖
清康熙二十四年(1685)韓作棟刻本
八冊
十行二十四字,白口,四周雙邊。有圖。
50/1685.2

[乾隆]廣州府志六十卷首一卷

(清)張嗣衍修　(清)沈廷芳纂
清乾隆二十四年(1759)刻本
三十六冊
十行二十一字,白口,四周雙邊。有圖。
50/1759

[乾隆]長寧縣志十卷
(清)楚元士　鄧鳳等纂修
清乾隆刻本
三冊
九行二十二字,白口,四周雙邊。
存七卷:卷二至八
《中國古籍善本書目》史部 10500　50/1757.2

[乾隆]連州志十二卷
(清)楊楚枝修　(清)吳光纂
清乾隆三十六年(1771)刻本
八冊
十行二十字,白口,四周雙邊。有圖。
50/1771.2

[乾隆]南海縣志二十卷
(清)魏綰修　(清)陳張翼纂
清乾隆六年(1741)刻本
十六冊
十行二十二字,小字雙行二十字,白口,四周單邊。有圖。　50/1741.5

[乾隆]佛山忠義鄉志十一卷首一卷
(清)毛維錡修　(清)陳炎宗纂
清乾隆十九年(1754)文盛堂刻本
四冊
九行二十二字,白口,左右雙邊。有圖。
50/1754.4

龍山鄉志稿不分卷
(清)溫肅纂修
稿本
二冊
九行字數不等,無格。　80/1.50.98

龍江志略稿不分卷
清抄本
一冊
七行字數不等,黄格,白口,四周單邊。
80/2.50.692

[康熙]新會縣志十八卷首一卷
(清)賈雒英修　(清)薛起蛟等纂
清康熙二十九年(1690)刻本
十六冊
九行二十字,小字雙行同,二十字,白口,四周雙邊。有圖。鈐有"六一章玉章"、"罣天"朱文印。
《中國古籍善本書目》史部 10468　50/1690.2

鶴山縣志稿未分卷
宋森等纂修
稿本
十五冊
十二行二十七字,小字雙行同,白口,四周單邊。有圖。　80/1.60.31

[光緒]梅菉志八卷
(清)梁兆磬纂修
稿本
四冊
行數字數不等,無格。
存五卷:卷一至四、卷六　80/1.50.65

[光緒]梅菉賦志不分卷
(清)黃爐撰
稿本
一冊
行數字數不等,無格。　80/1.50.64

[康熙]惠州府志二十卷首一卷
(清)呂應奎等修　(清)黃挺華等纂
清康熙二十七年(1688)刻本
十二冊
九行二十二字,小字雙行同,白口,四周雙邊。有圖。　50/1687.8

[乾隆]博羅縣志十四卷

(清)陳奝虞纂修
清乾隆二十八年(1763)刻本
十二冊
九行二十一字,白口,四周雙邊。有圖。
50/1764.4
又一部　十二冊

[乾隆]和平縣志八卷
(清)曹鵬翊修　(清)朱超玟纂
清乾隆二十八年(1763)刻本
五冊
九行二十字,白口,四周雙邊。有圖。
50/1763.4

[乾隆]龍川縣志十二卷
(清)書圖修　(清)楊廷釗纂
清乾隆二十七年(1762)刻本
四冊
九行二十一字,白口,四周雙邊。有圖。
存九卷:卷一至九　50/1762.2

[康熙]永安縣次志十七卷
(清)張進籙纂修
清康熙刻本
二冊
十行二十字,白口,左右雙邊。有圖。
《中國古籍善本書目》史部10502　50/1687.6

[乾隆]嘉應州志十二卷
(清)王之正等修　(清)葉承立纂
清乾隆十五年(1750)刻本
十二冊
九行二十三字,白口,四周雙邊。有圖。
50/1750.3

[乾隆]河源縣志十五卷
(清)陳張翼修　(清)尹報遠纂
清乾隆十一年(1746)刻本
五冊
十行二十二字,白口,左右雙邊。有圖。
存十三卷:卷一至六、九至十五　50/1746.2

[雍正]連平州志十卷
(清)盧廷俊修　(清)顏希聖等纂
清雍正十年(1732)刻本
六冊
九行二十二字,白口,左右雙邊。有圖。鈐有"傅同書印"朱文印。　50/1732

[乾隆]重修鎮平縣志六卷
(清)潘承焯重修　(清)吳作哲續修　(清)王應亨纂
清乾隆四十八年(1783)刻本
三冊
八行二十一字,白口,四周雙邊。有圖。
存五卷:卷二至六　50/1783.2

[康熙]長樂縣志八卷
(清)孫蕙修　(清)孔元體等纂
清康熙二十六年(1687)刻本
五冊
九行二十二字,白口,四周雙邊。有圖。
50/1687.3

[崇禎]東莞志八卷
(明)張二果　曾起莘纂修
清抄本
六冊
十行二十字,無格。鈐有"溪南陳光越堂藏書畫之章"、"淳小犬"朱文印。
《中國古籍善本書目》史部10460
80/2.50.43

[乾隆]香山縣志八卷首一卷
(清)暴煜修　(清)李卓揆纂
清乾隆十五年(1750)刻本
六冊
十行二十二字,白口,四周雙邊。有圖。
50/1750.2

[順治]潮州府志十二卷
(清)吳穎　賀寬等纂修
清順治刻本
八冊

十行二十二字,白口,四周單邊。有圖。鈐有“城南書莊”、“林勳之印”白文印。

《中國古籍善本書目》史部 10511　　50/1661

[乾隆]潮州府志四十二卷首一卷抄存舊志一卷

(清)周碩勳纂修

清乾隆珠蘭書屋刻本

二十六冊

十二行二十字,小字雙行同,白口,四周雙邊。有圖。　　50/1775.3

郡乘小序一卷

(清)陳衍虞撰

清康熙二十二年(1683)刻本

一冊

八行二十字,黑口,四周雙邊。　　50/1683

[雍正]海陽縣志十二卷

(清)張士璉修　(清)葉適等纂

清雍正十一年(1733)刻本　有抄配

十七冊

九行二十字,白口,四周雙邊。有圖。

50/1733

[康熙]饒平縣志二十四卷

(清)劉抃等纂修

清康熙刻本

四冊

九行二十字,白口,四周雙邊。有圖。

存十四卷:卷一至十四　　50/1687.4

[康熙]潮陽縣志二十卷首一卷

(清)臧憲祖　蕭倫錫等纂修

清康熙刻本

六冊

九行二十一字,白口,四周雙邊。有圖。

存十七卷:卷一至八、卷十至十二、卷十四至十九

《中國古籍善本書目》史部 10515　　50/1687.5

[乾隆]海豐縣志十卷附補編一卷

(清)于卜熊修　(清)史本纂

清乾隆十五年(1750)刻本

八冊

九行二十二字,白口,四周雙邊。有圖。

50/1750.6

[乾隆]普寧縣志十卷

(清)蕭麟趾修　(清)梅奕紹等纂

清乾隆十年(1745)刻本

八冊

九行二十字,白口,四周雙邊。有圖。

50/1745.5

[乾隆]揭陽縣志八卷首一卷

(清)劉業勤修　(清)凌魚等纂

清乾隆四十九年(1784)刻本

八冊

十行二十一字,白口,四周雙邊。有圖。

50/1784.

[乾隆]雅州府志十六卷

(清)曹掄彬修　(清)曹掄翰等纂

清乾隆四年(1739)刻本

十冊

九行十九字,白口,四周雙邊。有圖。

存十一卷:卷二至四、卷六至十三、卷十五(上、中)。　　50/1740.8

[乾隆]貴州通志四十六卷首一卷

(清)鄂爾泰等修　(清)靖道謨等纂

清乾隆六年(1741)刻本

二十四冊

十一行十九字,白口,四周雙邊。有圖。

50/1741.8

[乾隆]東川府志二十卷首一卷

(清)方桂修　(清)胡蔚纂

清乾隆二十六年(1761)刻本

六冊

九行二十字至二十二字,白口,左右雙邊。有圖。　　50/1761.3

[康熙]陝西通志三十二卷首三卷
(清)賈漢復修　(清)李楷纂
清康熙六年(1667)刻本
十八冊
九行二十字,白口,四周單邊。有圖。
缺七卷:卷二十,卷二十六,卷二十八至三十二
50/1667.4

[雍正]陝西通志一百卷首一卷
(清)劉於義修　(清)沈青崖纂
清乾隆刻本
四十八冊
十二行二十六字,白口,四周雙邊。有圖。
50/1736.7

[乾隆]西安府志八十卷首一卷
(清)舒其紳修　(清)嚴長明纂
清乾隆四十四年(1779)刻本
二十四冊
十一行二十一字,黑口,左右雙邊。有圖。
50/1779.5

[康熙]隴州志八卷首一卷
(清)羅彰彝纂修
[乾隆]隴州續志八卷首一卷末一卷
(清)吳炳纂修
清康熙五十二年(1713)刻乾隆三十一年(1766)補刻本
八冊
九行二十字,白口,左右單邊。有圖。
50/1713.6

[正德]朝邑志二卷
(明)王道修　(明)韓邦靖纂
清光緒孔氏嶽雪樓抄本
一冊
九行二十字,無格。鈐有"孔氏嶽雪樓影鈔本"朱文印。
80/2.50.108

[萬曆]華陰縣志九卷
(明)王九疇修　(明)張毓翰纂
明萬曆四十二年(1614)刻清康熙增修本
二冊
九行二十字,小字雙行同,白口,四周單邊。有圖。
40/1614.5

[嘉靖]耀州志十一卷
(明)李廷寶修　(明)喬世寧纂
五臺山志不分卷
(明)喬世寧纂
清乾隆二十七年(1762)汪灝刻本
二冊
十行二十字,白口,四周雙邊。有圖。
50/1762

[康熙]潼關衛志三卷
(清)唐咨伯修　(清)楊端本纂
清康熙二十四年(1685)刻本
二冊
九行二十字,白口,四周雙邊。有圖。鈐有"一片冰心"白文印。
50/1687.9

[乾隆]直隸秦州新志十二卷首一卷末一卷
(清)費廷珍修　(清)胡釴纂
清乾隆二十九年(1764)刻本
十六冊
九行二十字,小字雙行同,白口,左右雙邊。有圖。
50/1764.5

[乾隆]涇州志二卷
(清)張延福修　(清)李瑾纂
清乾隆十九年(1754)刻本
四冊
九行二十三字,白口,四周雙邊。有圖。
50/1754.7

[乾隆]西寧府新志四十卷
(清)楊應琚纂修
清乾隆十二年(1747)刻乾隆二十七年(1762)補刻本
十二冊
九行二十一字,白口,四周雙邊。有圖。
50/1772.3

[乾隆]續修臺灣府志二十六卷首一卷
(清)余文儀修　(清)黄佾纂
清乾隆三十九年(1774)刻本
二十册
十一行二十二字,小字雙行二十一字,白口,四周雙邊。有圖。 50/1774

澎湖紀略十二卷
(清)胡建偉撰
清乾隆刻本
六册
十行十九字,白口,左右雙邊。
《中國古籍善本書目》史部 10432 50/1771

雜　志

帝京景物略八卷
(明)劉侗　于奕正撰
明刻本
八册
八行十九字,白口,四周單邊。鈐有"香蘭畛散人"、"傅吾康審定珍藏"朱文印,"彭氏紫符"白文印。
《中國古籍善本書目》史部 10763 40/1635

帝京景物略八卷
(明)劉侗　于奕正撰
明崇禎金陵弘道堂刻本
十二册
八行十九字,白口,四周單邊。鈐有"抱經樓"白文印。 40/1635.6

營平二州地名記一卷
(清)顧炎武撰
清光緒孔氏嶽雪樓抄本
一册
八行二十一字,無格。鈐有"孔氏嶽雪樓影鈔本"朱文印。 80/2.50.131

東京夢華錄十卷
(宋)孟元老撰
清抄本
一册
八行十九字,無格。 80/2.50.541

敦煌隨筆二卷
(清)常鈞撰
清清潤齋抄本
二册
八行二十字,白口,左右雙邊。 80/2.50.505

敦煌雜鈔二卷
(清)常鈞撰
清清潤齋抄本
二册
八行二十字,白口,左右雙邊。 80/2.50.506

夢梁錄二十卷
(宋)吳自牧撰
清初徐釚个虹亭抄本
三册
十行二十字,無格。鈐有"菊莊徐氏藏書"、"虹亭抄本"、"彝尊讀過"、"竹垞老人"朱文印。
《中國古籍善本書目》史部 10930
80/2.50.22

武林舊事六卷
(宋)周密撰
清抄本
二册
十行二十字,無格。鈐有"雲輪閣"、"荃孫"、"王音潛心著述"、"靜觀樓"、"廮見亭讀一過"、"章翼詵堂法書名畫記"、"芳林"、"東莞莫伯驥號天一藏書之印"朱文印,"歸安陸樹聲叔桐父印"、"張公之束"、"樹華"、"東莞莫氏五十萬卷樓"白文印。 80/2.50.23

廣東新語二十八卷
(清)屈大均撰
清刻本
八册
十一行十九字,白口,四周單邊。 50/1700.3

嶺海見聞四卷

(清)錢以塏撰

清雍正刻本

四冊

九行十九字,黑口,四周單邊。第一部鈐有"伯屏私購書畫鈐記"、"香示浦"朱文印,"眞州吳氏有福讀書堂藏書"白文印。第二部鈐有"識字耕田夫"、"半潭秋水山房"白文印。 50/1723

又一部 四册

嶺南叢述六十卷

(清)鄧淳編

清道光十五年(1835)刻本

十四冊

十三行二十五字,白口,左右雙邊。鈐有"禺山梁氏"、"式洪堂"朱文印。 50/1835

連陽八排風土記八卷

(清)李來章撰

清康熙刻本

四冊

九行二十字,黑口,左右雙邊。有圖。

《中國古籍善本書目》史部 11084 50/1708

粵東聞見錄二卷

(清)張渠撰

清乾隆三年(1738)刻本

四冊

九行二十四字,白口,左右雙邊。鈐有"南清河胡氏遂性草堂鑑藏金石書畫印"朱文印。

50/1738 5

五山志林八卷

(清)羅天尺撰

清乾隆刻本

四冊

九行十八字,白口,左右雙邊。 50/1761

又一部 四册

又一部 五册

澳門記略二卷

(清)印光任 張汝霖撰

清乾隆刻本

一冊

九行二十字,小字雙行同,白口,四周雙邊。有圖。鈐有"沙苑草堂"朱文印。

《中國古籍善本書目》史部 11088 50/1751

澳門記略二卷

(清)印光任 張汝霖撰

清抄本

二冊

十行二十一字,白口,左右雙邊。有圖。鈐有"穀日生"、"養重"、"吳興姚氏"朱文印,"祖思私印"、"黃軼球印"、"箣園主人"白文印。

80/2.50.635

澳門記略二卷

(清)印光任 張汝霖撰

清抄本

二冊

九行二十字,小字雙行,白口,四周單邊。有圖。 80/2.50.636

舟車隨筆不分卷

(清)顏葆濂撰

稿本

一冊

八行字數不等,紅格,白口,四周單邊。鈐有"蓮梘館書畫印"朱文印,"黎氏藏本"、"保粹堂校學服齋讀信古閣藏述窠摘錄"白文印。

50/1860

端州小紀四卷

(清)鄧元光輯

清道光十年(1830)富文齋刻本

二冊

十行二十二字,黑口,左右雙邊。 50/1830.2

治黎輯要六卷

(清)陳坤輯

清光緒十六年(1890)刻本

二冊

十一行二十二字，黑口，左右雙邊。有圖。
50/1890

桂勝十六卷
（明）張鳴鳳撰
清抄本
四冊
九行十四字，無格。
存四卷：卷一至四。 80/2.50.596

桂故八卷
（明）張鳴鳳撰
清抄本
二冊
九行二十四字，無格。 80/2.50.597

峒溪纖志三卷纖志志餘一卷
（清）陸次雲撰
清刻本
一冊
九行十九字，白口，左右雙邊。 50/1722.49

異域瑣談四卷
（清）椿園七十一撰 （清）周宅仁編
清嘉慶二十三年(1818)強恕堂刻本
四冊
九行二十二字，白口，四周雙邊。鈐有“天都寂照居士”朱文印。 50/1818

異域瑣談不分卷
（清）椿園七十一撰
清抄本
一冊
八行二十字，無格。鈐有“育德堂”、“王安宇印”白文印。 80/2.50.516

異域錄不分卷
（清）圖理琛撰
清雍正九耐堂刻本
一冊
九行二十三字，白口，四周雙邊。 50/1725.3

異域錄一卷
（清）圖理琛撰
清光緒孔氏嶽雪樓抄本
二冊
九行二十三字，無格。鈐有“孔氏嶽雪樓影鈔本”朱文印。 80/2.50.188

伊犂總統事略十二卷
（清）松筠撰
清抄本
八冊
九行二十字，無格， 有圖。鈐有“曾經藝風勘讀”、“雲輪閣”、“荃孫”朱文印。 80/2.50.736

新疆南北兩路各城情形一卷
清抄本
一冊
九行字數不等，無格。鈐有“館長杜定友手集”朱文印。 80/2.50.530

衛藏圖識五卷
（清）馬揭修 （清）盛繩祖纂
清乾隆刻巾箱本
七冊
八行二十字，黑口，左右雙邊。有圖。
子目：
圖考二卷
識略二卷
蠻語一卷 50/1795.24

籌海圖編十三卷
（明）胡宗憲撰
明天啓四年(1624)胡維極刻本
十四冊
十二行二十二字，小字雙行同，白口，四周單邊。有圖。第二部鈐有“節庵藏書”朱文印，“南陵徐氏仁山珍藏”、“梁鼎芬印”白文印。
《中國古籍善本書目》史部11190 40/1624
又一部 四冊

山水志

山　志

名山勝槩記四十六卷圖一卷

（明）何鏜纂　（明）慎蒙輯　（明）張縉彥等補輯

明崇禎刻本

四十六册

九行二十字，白口，左右雙邊。有抄配。鈐有“紅梨山館珍藏”、“陸地舟藏書”、“劉氏小墨莊藏”、“曾經劉筠川讀”朱文印。

缺圖一卷。

《中國古籍善本書目》史部11212　50/1661.4

名山諸勝一覽記十六卷

（明）慎蒙輯

明萬曆四年（1576）自刻本

十册

十行二十字，白口，左右雙邊。刻工有盧奎、許亨、夏榮、黄惟明等。第一部鈐有“鵝潭漁隱”、“夷白長壽”朱文印，“十二紫支山館”白文印。第二部鈐有“鳳城吳氏六韜經緯書屋珍藏”白文印。

存十三卷：卷一至三、五至十四　40/1576

又一部　八册　存十一卷：卷三下、卷四至十三

新鐫海内奇觀十卷

（明）楊爾曾撰

明萬曆三十七年（1609）夷白堂刻本

六册

十行二十四字，白口，四周單邊。鈐有“銘雀硯齋書畫秘玩”朱文印，“玉笥山樓”、“夷白堂印”、“藏之名山”白文印，“璧臣心賞”朱白文印。

《中國古籍善本書目》史部11217　40/1609.1

說山一卷

（清）陳澧撰

稿本

一册

行數字數不等，無格。

《中國古籍善本書目》史部11231

80/1.50.54

盤山志十六卷首五卷

（清）蔣溥撰

清乾隆二十年（1755）武英殿刻本

十一册

九行二十一字，白口，四周雙邊。鈐有“讓溪汪氏家塾”、“粤敦珍藏”朱文印。　50/1755.6

攝山志八卷首一卷

（清）陳毅撰

清乾隆五十五年（1790）刻本

三册

十行二十二字，白口，左右雙邊。有圖。

存五卷：卷一至五　50/1790

赤松山志一卷

（宋）倪守約撰

清光緒孔氏嶽雪樓抄本

一册

八行二十一字，無格。鈐有“孔氏嶽雪樓影鈔本”朱文印。　80/2.50.385

金山志十卷

（清）盧見曾撰

宸翰一卷

清乾隆二十七年（1762）雅雨堂刻本

四册

十行二十二字，小字雙行同，白口，左右雙邊。有圖。鈐有“南海蘇氏式之所藏”、“湯十子閲馨顔”、“醉經窩王氏藏書”、“琴趣軒”朱文印，“子子孫孫永寶用”、“金鑄”、“子壽”白文印。

50/1762.3

清涼山新志十卷

（清釋）丹巴撰

清康熙四十年（1701）刻本

六册

九行二十字，小字雙行同，白口，四周雙邊。鈐有“靖廷”、“恭”朱文印，“臣恭恭讀”白文印。

50/1701.4

羅浮山志會編二十二卷首一卷

(清)宋廣業纂修　(清)宋志益校
清康熙五十六年(1717)海幢寺刻本
十册
九行二十字,白口,左右雙邊。第一部鈐有"覺天珍藏"白文印。第二部鈐有"順德馬賓父藏書記"朱文印。第四部鈐有"南海陳氏學園圖書庫印"朱文印。 50/1717
又一部　十册
又一部　十册

西樵志六卷
(清)羅國器輯
清馬符錄刻本
二册
十行二十一字,白口,左右雙邊。有圖。
存五卷:卷一至四、六 50/1765.7

鼎湖山志八卷圖一卷
(清釋)成鷲撰
清康熙刻本　仲熙題跋
四册
九行十九字,白口,左右雙邊。有圖。鈐有"紹賓"朱文印,"徐氏南州書樓寄託"藍印。
50/1722.57

雞足山志十卷首一卷
(清)范承勳撰
清康熙三十一年(1692)刻本
八册
九行十九字,白口,四周雙邊。有圖。鈐有"于文蒸"朱文印。 50/1692.6

水　志附水利

水經注十卷
(北魏)酈道元撰
明萬曆刻本　清梁于渭三色圈點
八册
九行二十字,白口,四周單邊。鈐有"梁于渭印"、"曲里別業"、"南州書樓所藏"、"紹棨"朱文印,"南州後人"、"徐湯殷"白文印。
40/1619.41

水經注四十卷
(北魏)酈道元撰　(明)譚元春等評
明崇禎二年(1629)嚴忍公刻本
二十六册
九行二十字,小字雙行同,白口,四周單邊。鈐有"玉笥山樓"、"綠竹堂"白文印。 40/1629
又一部　十册

水經注四十卷
(北魏)酈道元撰
清乾隆十八年(1753)黄晟槐蔭草堂刻本
十册
十一行二十一字,小字雙行同,白口,四周單邊。鈐有"莫友芝圖書印"、"莫繩孫字仲武"朱文印,"莫繩孫字仲武長宜子孫"、"味梅山館藏書印"、"怡印"白文印。 50/1753.2
又一部　二十册

直隸五道成規五卷
(清)高斌輯
清乾隆刻本
五册
十行二十字,白口,四周雙邊。
《中國古籍善本書目》史部11596 50/1743.2

直隸河渠志一卷
(清)陳儀撰
清光緒孔氏嶽雪樓抄本
一册
八行十九字,無格。鈐有"孔氏嶽雪樓影鈔本"朱文印。 80/2.50.109

行水金鑑一百七十五卷首一卷
(清)傅澤洪撰
清雍正三年(1725)傅氏淮揚官舍刻本
三十六册
十一行二十一字,小字雙行字數不等,黑口,左右雙邊。鈐有"節庵藏書"朱文印,"臣梁鼎芬"白文印。 50/1725

西湖志摘粹補遺奚囊便覽十二卷
(明)高應科撰
明萬曆二十九年(1601)刻本
六冊
九行二十四字,小字雙行同,白口,四周單邊。有圖。
《中國古籍善本書目》史部 11642　40/1604.7

西湖志纂十二卷首一卷
(清)梁詩正等輯
清乾隆二十年(1755)賜經堂刻本
六冊
九行二十一字,小字雙行同,白口,四周雙邊。有圖。鈐有"足廬珍藏書畫金石印"朱文印。
50/1755.4

西湖志纂十二卷首一卷末一卷
(清)梁詩正等輯
清乾隆二十年(1755)賜經堂刻乾隆二十四年(1759)修補本
八冊
九行二十一字,小字雙行同,白口,四周雙邊。有圖。　50/1755.5

西湖紀勝二卷
(清)吳騫編輯
清刻本
二冊
九行二十字,白口,左右雙邊。有圖。鈐有"蕘普珍藏"、"黃氏憶江南館珍藏"、"黃氏憶江南館珍藏印"朱文印,"憶江南館"、"禹山黃氏"白文印。　50/1722.55

山東運河備覽十二卷
(清)陸耀撰
清乾隆四十一年(1776)刻本
六冊
十一行二十五字,白口,左右雙邊。有缺頁。
50/1775

溝洫水利輯説八卷
(清)陳仲良輯
稿本
八冊
九行十九字至二十一字不等,無格。
80/1.50.39

專　志

宮　殿

三輔黃圖六卷
明吳琯刻《古今逸史》本
二冊
十行二十字白口,左右雙邊。鈐有"二萬石齋"白文印。　40/1643.5

歷代山陵考二卷
(明)王在晉編
清抄本
一冊
八行二十一字,無格。鈐有"孫忠愍侯祠堂藏書記"、"地里"朱文印,"嘉石軒藏書"、"孫氏伯淵"、"五松書屋"、"東莞莫氏五十萬卷樓"白文印。　80/2.50.746

寺　觀

金陵梵刹志五十三卷
(明)葛寅亮撰
明萬曆刻本
五冊
十行二十二字,白口,四周單邊。有圖。
存三十五卷:卷一至九、二十一至四十六
《中國古籍善本書目》史部 11841
40/1619.29

重修白雲山福林禪院志二卷
(清)李芳　釋性湛纂修
清乾隆二十九年(1764)比丘三明證刻本
六冊

九行二十字,白口,四周雙邊。 50/1764.3

光孝寺志十二卷
(清)顧光修撰 (清)何淙輯
清抄本
三冊
十二行二十字,藍格,白口,四周單邊。有圖。
80/2.50.630

祠 廟

海珠小志五卷
(明)李韡輯 (清)李文焰增補
清康熙三十六年(1697)刻本 清曾釗跋
六冊
八行十七字,白口,四周單邊。鈐有"曾釗之印"、"徐紹棨"朱文印。
《中國古籍善本書目》史部 11923 50/1697.4

海珠志十一卷
(明)李韡輯 (清)李文焰重輯
清乾隆刻本 有抄配
六冊
九行十八字,白口,四周單邊。 50/1754.2

書 院

重修南溪書院志四卷首一卷
(清)楊毓健等撰
清刻本
四冊
九行二十一字,白口,四周單邊。有圖。
50/1717.6

遊 記

陳眉公訂正遊城南記一卷
(宋)張禮撰注 (明)沈孚先 張應世校
明萬曆刻《寶顏堂祕笈》本
一冊
八行十八字,白口,左右單邊。 40/1620.7

西使記一卷
(元)劉郁撰 (清)李宗顥注
稿本
一冊
十二行二十字,小字雙行同,綠格,白口,四周單邊。
鈐有"叔殤觀"、"盧子樞藏"朱文印,"木連理館"白文印。
《中國古籍善本書目》史部 12020
80/1.50.11

外 紀

新刻星槎勝覽一卷
(明)費信撰
明刻本
一冊
十一行二十字,白口,左右雙邊。鈐有"達"、"文"朱文印。 40/1619.12

坤輿圖說不分卷
清光緒孔氏嶽雪樓抄本
一冊
九行二十字,小字雙行同,無格。鈐有"孔氏嶽雪樓影鈔本"朱文印。 80/2.50.270

宣和奉使高麗圖經四十卷
(宋)徐兢撰 (清)彭元瑞校並跋
清彭氏知聖道齋抄本
二冊
八行二十字,白口,四周雙邊。鈐有"南昌彭氏"、"知聖道齋藏書"、"修伯"朱文印,"遇讀者善"、"朱學勤"白文印。
《中國古籍善本書目》史部 12180
80/2.50.15

新刊吾妻鏡五十二卷
(日本)寬聊幕府編
日本寬永三年(1626)刻本
二十三冊

十二行二十字,黑口,四周雙邊。

存四十五卷:卷二至三十五,卷四十一至四十四,卷四十六至五十二 90/1.12

海國四說十四卷

(清)梁廷枏撰

清道光刻本

六冊

八行十八字,白口,四周雙邊。鈐有"潘氏恬虛室印"朱文印。

子目:

耶蘇教難入中國說一卷

合省國說三卷

蘭侖偶說四卷

粵道貢國說六卷 50/1846.2

外海紀要不分卷

(清)李增階著

清道光八年(1828)刻本

一冊

十行二十一字,白口,左右雙邊。鈐有"面城樓藏書印"朱文印。 50/1828.2

海國圖志五十卷

(清)魏源撰

清道光二十二年(1842)木活字本

十二冊

九行二十一字,白口,四周單邊。有圖。鈐有"節庵藏書"朱文印,"梁鼎芬"白文印。

50/1842

職官類

官　制

烏魯木齊所屬分設文職官員事宜一卷

清抄本

一冊

八行十八字,無格。鈐有"館長杜定友手集"朱文印。 80/2.50.529

政書類

通　制

杜氏通典二百卷

(唐)杜佑撰

明嘉靖十八年(1539)王德溢、吳鵬刻本

五十冊

十一行二十字,白口,四周單邊。有抄配。

鈐有"對山樓藏書"、"譚靈源家圖籍"、"南州書樓所藏"朱文印,"善人之寶"、"兢庵居士"、"南州後人"、"徐湯殷"白文印。

《中國古籍善本書目》史部 12489 40/1539

增入諸儒議論杜氏通典詳節四十二卷圖譜一卷

明刻本

十四冊

十二行二十四字,黑口,四周雙邊。鈐有"于氏東始山房印記"、"抱素樓"朱文印,"損堂藏書善本"、"東莞莫氏五十萬卷樓"白文印。

《中國古籍善本書目》史部 12509 40/1368.7

文獻通考三百四十八卷

(元)馬端臨撰

元泰定元年(1324)西湖書院刻至元五年(1339)余謙遞修本　有配補

一百三十六冊

十三行二十六字,小字雙行同,白口,左右雙邊。刻工有大用、子明、子華、子堅、山番、文甫、亢文、王森、平山、世通、古賢、可川、可原、四本、付宗、付茂、用之、江子名、汝敬、朱元、朱仁、李壽、阮甯、何建、何慶、君仲、宗文、茂之、杭宗、周明、周受、周秀、周顯、高顯、袁子、徐良、清陳、張用、張西、陳子、陳文、陳福、湯景、雲甫、黃成、煥之、瑞卿、楊三、趙秀、趙海、應華、羅恕、王子仁、王元亨、王壽甫、付善可、朱長二、阮仁進、沈子

英、范雙評、茅公甫、周東山、周福二、袁子寧、翁子和、徐阿狗、張廣祖、陳士通、陳子仁、陳子成、陳大用、陳德全、黄四崇、虞保山、詹仲享、趙惠明、鄭子和、劉子和等。鈐有"嶺南溫氏珍藏"、"半潭秋水一房山"、"季棟"、"棟臣"、"秋潭"、"龍光"朱文印,"溫樹梁印"、"曾釗之印"、"惜花之章"、"酌瀣"、"烏得不逢人熱腸"、"宜爾子孫"白文印。

37/1339

文獻通考三百四十八卷

(元)馬端臨撰

明正德十一年(1516)至十四年(1519)劉洪慎獨齋重修本　有抄配

一百二十六册

十二行二十五字,小字雙行同,黑口,四周雙邊。鈐有"經德堂汪氏所藏經籍碑版圖書"、"曹溶"朱文印,"兆銓讀過"、"番禺汪丈"白文印。

《中國古籍善本書目》史部 12524　40/1519

文獻通考三百四十八卷

(元)馬端臨撰

明末映旭齋刻本

四十一册

十行二十字,小字雙行同,白口,四周單邊。鈐有"右周"朱文印,"齊思邵印"白文印,"齊氏右周珍藏"朱白文印。　40/1643.105

唐會要一百卷

(宋)王溥撰

清抄本

二十册

十二行字數不等,無格。鈐有"高郵王氏藏書印"白文印。

《中國古籍善本書目》史部 12585

80/2.50.507

大明會典二百二十八卷

(明)申時行　趙用賢等纂修

明天啓元年(1621)張京元等刻本

二十四册

十一行二十六字,小字雙行同,白口,四周單邊。刻工有天英、天祥、天慶、吳宗、吳門、吳孟、其秀、胡太、胡位、章辛、張奎、張顔、陳鉞、萬德、胡志輝、胡誌毅、萬堯德、鄒元弼、鄒希美、熊元銓。第一部鈐有"蓮堂"、"傅吾康審定珍藏"朱文印。第二部鈐有"曼殊圖書正印"朱文印。

《中國古籍善本書目》史部 12642　40/1621.6

又一部　十二册

大明會典抄略不分卷

明萬曆刻本

存六册

九行二十三字,白口,四周雙邊。刻工有元海、李良、李珍、李海、何文、何存、何仲、吳貴、彦造、蔡德、劉元、劉相、龔遂、何文種。

《中國古籍善本書目》史部 12644

40/1619.34

憲章類編四十二卷

(明)勞堪撰

明萬曆六年(1578)自刻本

二十二册

九行二十二字,白口,四周雙邊。鈐有"佐伯文庫"朱文印。

《中國古籍善本書目》史部 12646　40/1578.2

皇明泳化類編一百三十六卷續編十七卷

(明)鄧球撰

明隆慶刻萬曆重修本　有補版

六十四册

十一行二十二字,小字雙行同,白口,四周雙邊,間有左右雙邊及四周單邊。鈐有"榮慶讀未見書齋珍藏"、"卷雨樓"、"江西汪石琴家藏本"、"公威"朱文印,"公威"、"卷雨樓藏"、"宋育德印"白文印。

《中國古籍善本書目》史部 12648　40/1568.2

皇明世法録九十二卷

(明)陳仁錫撰

明崇禎刻本

五十册

十行二十字,白口,四周單邊。

《中國古籍善本書目》史部 12662
40/1643.55

大清會典二百五十卷

(清)尹泰纂修

清雍正十年(1732)内府刻本

八十冊

十行二十字,白口,四周雙邊。

存二百四十八卷:卷一至六十九、卷七十二至二百五十

《中國古籍善本書目》史部 12671 50/1732.2

典　禮

明倫大典二十四卷

(明)楊一清　熊浹等纂修

明嘉靖七年(1528)内府刻本

二十五冊

八行十八字,黑口,四周雙邊。鈐有"欽文之璽"、"廣運之寶"、"無竞先生獨志堂物"朱文印。

《中國古籍善本書目》史部 12863 40/1528

辟雍紀事不分卷

(明)盧上銘　馮士驊撰

明崇禎刻本

四冊

九行二十字,白口,四周單邊。鈐有"節庵藏書"朱文印,"臣梁鼎芬"白文印。

《中國古籍善本書目》史部 12885 40/1643.3

謚法通考十八卷

(明)王圻撰

明萬曆二十四年(1596)刻本　清孫星衍題識

六冊

九行二十字,白口,四周雙邊。刻工有士守、王采、尤大、沈理、沈倫、周甫、郁章、唐禮、徐宿、徐綸、章掖、章穆、張在、張箕、張鳳、陳坤、劉志、劉采、劉兑、劉意、濮文、方知雄、王繼成、尤汝庚、尤錫土、朱子静、朱萬里、沈元易、何一德、何承業、周尚文、唐文璧、夏邦彦、章國華、許世魁、郭雨台、張成宗、趙世方、錢世英、顧子美、顧文耀。鈐有"孫忠愍侯祠堂藏書"、"東莞莫伯驥號天一藏書之印"朱文印,"孫星衍印"、"東魯觀察使者"、"東莞莫氏五十萬卷樓"白文印。

《中國古籍善本書目》史部 12889 40/1596.4

明謚記彙編二十五卷

(明)郭良翰撰

清光緒孔氏嶽雪樓抄本

四冊

八行二十一字,小字雙行同,無格。鈐有"孔氏嶽雪樓影鈔本"朱文印。 80/2.50.136

萬壽盛典初集一百二十卷奏摺一卷

(清)王原祁纂修

清康熙五十五年(1716)内府刻本

八十冊

九行十九字,白口,四周雙邊。 50/1716.4

大清通禮五十卷

(清)來保等纂修

清乾隆二十一年(1756)武英殿刻本

八冊

九行二十二字,白口,四周雙邊。 50/1756.4

南巡盛典一百二十卷

(清)高晉等纂修

清乾隆三十六年(1771)刻本

四十八冊

九行十九字,白口,四周雙邊。 50/1771.4

南巡盛典一百二十卷

(清)高晉等纂修

清抄本

十一冊

八行二十一字,紅格,白口,四周雙邊。鈐有"乾隆御覽之寶"、"湘鄉王氏秘笈孤本"朱文印,"古稀天子之寶"白文印。

存三十三卷:卷五十三至八十五 80/2.50.54

大駕鹵簿圖式不分卷

清彩繪本

一冊

行數字數不等,無格。有圖。袖珍經摺裝。
80/2.50.731

邦　計

錢　法

錢幣芻言一卷
(清)王鎏撰
清抄本
一册
九行三十字,無格。　80/2.50.765

銅政便覽八卷
清抄本
六册
九行十九字,白口,四周雙邊。鈐有"柯逢時印"白文印。　80/2.50.693

荒　政

欽定康濟錄四卷
(清)陸曾禹等撰
清乾隆武英殿刻本
六册
九行二十二字,白口,四周單邊。鈐有"澤廬藏書畫印"朱文印。　50/1795.8

軍　政

金陵防守利便不分卷
(宋)陳克　(宋)吳若進撰
清抄本
一册
十行二十一字,無格。鈐有"子貞"、"尚同小印"白文印。　80/2.50.674

廣州駐防事宜一卷
(清)慶保輯
清抄本
一册
八行二十字,無格。鈐有"黄氏憶江南館珍藏印"、"黄"、"白廷"、"蔭普珍藏"朱文印,"憶江南館"、"禺山黄氏"白文印。
《中國古籍善本書目》史部 13277
80/2.50.50

雲南永順鎮營制總册不分卷
(清)趙維屏撰
清抄本
一册
九行二十字,紅格,白口,四周雙邊。有圖。
《中國古籍善本書目》史部 13280
80/2.50.26

雲南永順鎮營制總册不分卷
(清)趙維屏撰
清抄本
二册
九行二十字,紅格,白口,四周雙邊。
殘存二册　80/2.50.27

籌海初集四卷
(清)關天培撰
清道光十六年(1836)刻本
四册
九行二十一字,白口,四周雙邊。　50/1836

廣州永康砲台工程不分卷
(清)顧炳章等輯
稿本
二册
九行字數不等,無格。
《中國古籍善本書目》史部 13289
80/1.50.23

勘建九龍城砲台全案文牘不分卷
(清)顧炳章等輯
稿本
二册
九行字數不等,無格。
《中國古籍善本書目》史部 13290
80/1.50.20

勘建三水縣琴沙砲台文牘不分卷
(清)顧炳章輯
稿本
三冊
九行字數不等,無格。
《中國古籍善本書目》史部 13291
80/1.50.22

修建東莞砲台文牘不分卷
(清)顧炳章輯
稿本
一冊
九行二十三字,無格。
《中國古籍善本書目》史部 13292
80/1.50.19

勘建虎門砲台並解運廣西砲公牘不分卷
(清)顧炳章等輯
稿本
三冊
九行字數不等,無格。
《中國古籍善本書目》史部 13293
80/1.50.21

平海心籌二卷
(清)林福祥撰
清咸豐四年(1854)刻本
二冊
八行二十字,白口,四周單邊。有圖。鈐有"符溪"朱文印。 50/1854

馬政紀十二卷
(明)楊時喬撰
清光緒孔氏嶽雪樓抄本
四冊
八行二十一字,小字雙行同,無格。鈐有"孔氏嶽雪樓影鈔本"朱文印。 80/2.50.252

法　令

大明律三十卷
(明)劉惟謙撰
問刑條例不分卷
(明)舒化撰
日本享保七年(1807)刻本
九冊
八行二十二字,白口,四周單邊。
90/1.6

大明律例添釋旁註□□卷
(明)徐昌祚輯
明萬曆寶善堂刻本
二冊
八行十九字,小字雙行同,白口,左右雙邊,有刻工。
存二十卷:卷一至十四、二十二至二十七
《中國古籍善本書目》史部 13343 40/1620.5

秋審檔案十六卷
清抄本
十六冊
九行二十字,紅格,白口,四周雙邊。
80/2.50.594

說帖不分卷
清抄本
五十四冊
八行十八字,褐格,白口,四周雙邊。
80/2.50.756

公　牘

于清端公政書八卷首編一卷外集一卷
(清)于成龍撰　(清)蔡方炳　諸匡鼎編
清康熙四十六年(1707)刻本
六冊
八行二十字,白口,四周單邊。有圖。第二部鈐有"公珠之印"朱文印。 50/1707.7

又一部　十冊　缺首編一卷

于清端公政書八卷首編一卷外集一卷
（清）于成龍撰　（清）蔡方炳　諸匡鼎編
續集一卷
（清）金嶽撰
清康熙四十六年（1707）刻乾隆二十六年（1761）補刻本
十冊
八行二十字，白口，四周單邊。有圖。
50/1707.8

估修粵東省垣文牘不分卷
（清）顧炳章輯
稿本
二冊
九行字數不等，無格。
《中國古籍善本書目》史部 13599
80/1.50.24

答陳芝楣中丞問禁煙書一卷
（清）文康撰
清抄本
一冊
六行二十一字，無格。　80/2.50.502

文峰閣卷稿四卷首一卷
（清）陶承煦撰
清光緒二十年（1894）沈來芬抄本
一冊
十五行字數不等，無格。　80/2.50.618

公牘雜鈔不分卷
稿本
五冊
十一行字數不等，無格。　80/1.50.131

檔　冊

閩政會要不分卷
（清）孫平叔輯
清光緒孔氏嶽雪樓抄本
三冊
八行字數不等，無格。鈐有“孔廣陶”朱文印。
80/2.50.344

雜　錄

善善堂租簿不分卷
清道光年間稿本
一冊
十六行十九字，小字雙行字數不等，黃格，白口，四周雙邊。　80/1.50.128

保定堂收支部不分卷
清咸豐九年（1859）至清光緒九年（1883）稿本
一冊
十六行字數不等，紅格，白口，四周單邊。
80/1.50.126

兩粵水災善後策一卷
（清）楊襄甫撰
稿本
一冊
七行二十字，無格。　80/1.50.130

目錄類

知　見

宋元刻本漢書考一卷考附一卷補一卷
（清）范公詒撰　（清）杜鵑道人補
抄本
一冊
行數字數不等，紅格，白口，四周單邊。
80/2.60.56

金石類

總　類

金石擒藻二卷
（清）李宗顥撰
稿本
二冊
十二行字數不等，綠格，白口，四周單邊。
80/1.50.51

金　類

至大重修宣和博古圖錄三十卷
（宋）王黼等撰
元刻本
一冊
八行十七字，白口，四周雙邊。有圖。
《中國古籍善本書目》史部 14591
37/1311
存二卷：卷二十一、二十七

泊如齋重修宣和博古圖錄三十卷
（宋）王黼等撰
明萬曆十六年（1588）泊如齋刻本
十一冊
八行十七字，白口，四周單邊。有圖。第三部鈐有"碩梨堂"白文印。第四部鈐有"胡廷潤宸氏之圖章"朱文印。
存十一卷：卷四至七、九至十五　40/1588.3
又一部　十二冊　存二十三卷：卷一至八、十三至二十七
又一部　十二冊　存一卷：卷二十七
又一部　十六冊

東書堂重修宣和博古圖錄三十卷
（宋）王黼撰　（清）黃晟校勘
清乾隆十五年（1750）刻本
十八冊
八行十七字，白口，左右單邊。有圖。鈐有"南州書樓所藏"朱文印，"徐湯殷"白文印。
又一部　十八冊　存十八卷：卷一至三，十六至二十四，二十六至三十　50/1750.9

亦政堂重修考古圖十卷
（宋）呂大臨撰
清刻本
六冊
八行十七字，白口，四周單邊。有圖。
存六卷：卷一，三至五，九至十　50/1911.15

石　類

輿地碑記目三卷
（宋）王象之撰
清抄本
一冊
九行字數不等，無格。鈐有"臨安志百卷人家"、"黃陂陳毅鑑藏善本"、"東莞莫伯驥號天一藏書之印"朱文印，"東莞莫氏五十萬卷樓"白文印。　80/2.50.605

石墨鐫華八卷
（明）趙崡撰
明萬曆四十六年（1618）刻本
四冊
八行十八字，白口，四周單邊。鈐有"面城樓藏書印"、"南州書樓所藏"、"信符"朱文印，"徐湯殷"、"徐紹棨"白文印。　40/1618.7

嘉祥漢石畫記疏證一卷
（清）曾甫撰
稿本
一冊
九行十九字，無格。
《中國古籍善本書目》史部 14850
80/1.50.31

漢碑異文攷一卷

(清)李宗灝撰
稿本
一冊
八行字數不等,綠格,白口,左右雙邊。鈐有"蕭莽"、"盧子樞藏"朱文印。 80/1.50.83

蕭斧讀碑校勘記二卷
(清)李宗顥撰
稿本
一冊
十三行二十三字,小字雙行三十字,綠格,白口,四周單邊。鈐有"盧子樞"朱文印。
《中國古籍善本書目》史部14918
80/1.50.32

頑夫碑錄一卷
(清)歐家廉撰
稿本
一冊
行數字數不等,無格。鈐有"慈博審定"朱文印。 80/1.50.44

錢　幣

泉志十五卷
(宋)洪遵撰　(明)胡震亨　毛晉訂
明崇禎毛氏汲古閣刻《津逮秘書》本
二冊
九行十八字,白口,左右雙邊。 40/1630.10

璽　印

宣和集古印史八卷
(明)來行學輯
明萬曆二十四年(1596)來氏寶印齋鈐刻印本
八冊
《中國古籍善本書目》史部15220　40/1596.6

史評類

史通通釋二十卷附錄一卷
(清)浦起龍撰
清乾隆十七年(1752)浦氏求放心齋刻本
十二冊
九行二十二字,小字雙行二十一字,白口,左右雙邊。鈐有"焦氏藏書"白文印。 50/1752

十七史纂古今通要十七卷
(元)胡一桂撰
史纂通要後集三卷
(元)董鼎撰
清光緒孔氏嶽雪樓抄本
六冊
十一行二十一字,小字雙行同,黑口,四周雙邊。鈐有"孔氏嶽雪樓影鈔本"朱文印。
80/2.50.311

學史十三卷
(明)邵寶撰
清光緒孔氏嶽雪樓抄本
二冊
十行二十字,小字雙行同,無格。鈐有"孔氏嶽雪樓影鈔本"朱文印。 80/2.50.389

新鐫歷朝捷錄四卷
(明)顧充撰
清康熙三十七年(1698)大盛堂刻本
八冊
八行二十二字,小字雙行二十二字,白口,左右雙邊。 50/1698.3

顧氏詩史十四卷
(明)顧正誼撰
清孔氏嶽雪樓抄本
八冊
九行十八字,小字雙行同,無格。鈐有"孔氏嶽雪樓影鈔本"朱文印。 80/2.50.128

史糾六卷
(明)朱明鎬撰
清光緒孔氏嶽雪樓抄本
二册
八行二十一字,小字雙行同,無格。鈐有“孔氏嶽雪樓影鈔本”朱文印。 80/2.50.203

評鑑闡要十二卷
(清)劉統勳等撰
清乾隆三十六年(1771)武英殿刻本
四册
九行十七字,白口,四周雙邊。
《中國古籍善本書目》史部 15675 50/1771.5

讀史綱十五卷
清刻本
四册
九行二十四字,白口,四周雙邊。
存四卷:卷十二至十五 50/1735.5

邵村詠史詩鈔十六卷
(清)張其淦撰
稿本
十二册
七行字數不等,無格。 80/1.60.12

子　　部

總　類

二十一家子書摘抄不分卷
明抄本
六冊
十行二十字,藍格,白口,上下雙邊,左右單邊。鈐有“大學士章”朱文印,“臣謝遷印”白文印。
80/2.40.2

諸子彙函二十六卷
(明)歸有光輯
明末刻本
二十七冊
九行十八字,白口,四周單邊。鈐有“啓成”朱文印。
《中國古籍善本書目》子部53　40/1625.5

二十二子彙雋二卷
(清)李宗灝輯
稿本
二冊
十二行二十三、二十四字數不等,綠格,白口,四周單邊。　80/1.50.85

儒家類

荀子二十卷
(唐)楊倞注
明嘉靖十二年(1533)顧春世德堂刻《六子書》本
六冊
八行十七字,小字雙行同,白口,四周雙邊。刻工有周齊等。第一部鈐有“周壽昌印”、“荇農”、“安陽申氏敬堂圖書”朱文印。第二部鈐有“黃玉山藏書印”朱文印。　40/1533.3
又一部　十冊

荀子二十卷
(唐)楊倞注
明桐陰書屋刻《六子書》本
十冊
八行十七字,小字雙行同,白口,四周雙邊。鈐有“昆侖山人”朱文印。　40/1566.11

荀子二十卷
(唐)楊倞注
明刻本
七冊
八行十七字,小字雙行同,白口,四周雙邊。鈐有“勞氏珍藏”朱文印,“渤海勞小山珍藏圖籍印”、“小山拜讀”白文印。　40/1643

荀子二十卷
(唐)楊倞注　(明)孫鑛評
明天啓刻本
四冊
九行二十字,小字雙行同,白口,四周單邊。鈐有“潛廬藏書”白文印。
《中國古籍善本書目》子部150　40/1626.4

荀子二十卷
(唐)楊倞注　(清)謝墉輯補
校勘補遺一卷

(清)謝墉撰
清乾隆五十一年(1786)謝墉刻本
四冊
十行二十字,小字雙行同,白口,左右雙邊。刻工有劉文奎。鈐有"昕彝珍藏"朱文印。
50/1786

孔叢子三卷
題(漢)孔鮒撰　(明)孔胤植校
明崇禎六年(1633)孔胤植刻本
二冊
十行十九字,白口,四周單邊。第一部鈐有"雲溪"、"陳推良"、"梅茁"、"隱芬"朱文印。第二部鈐有"一經堂"、"廟堂之器"白文印。
《中國古籍善本書目》子部166　40/1633

新語二卷
(漢)陸賈撰
明刻本
二冊
九行十七字,小字雙行字數不等,白口,四周雙邊。有刻工。鈐有"居中"、"明立"、"黃虞稷印"朱文印,"俞郃"、"張乃璧印"白文印。
《中國古籍善本書目》子部176　40/1583

新書十卷
(漢)賈誼撰
附錄一卷
明末朱圖隆刻本
四冊
九行十八字,小字雙行字數不等,白口,四周單邊。　40/1643.32

重刻說苑新序三十卷
(漢)劉向撰
明嘉靖二十六年(1547)何良俊刻本
六冊
十行二十字,白口,左右雙邊。鈐有"曾在王氏家過來"、"林思進印"、"清家翁"朱文印,"廉普過眼"白文印。
子目:
劉向說苑二十卷
劉向新序十卷
《中國古籍善本書目》子部233　40/1547

劉向說苑二十卷
(漢)劉向撰
明刻本
十冊
十行十九字,黑口,四周雙邊。刻工有羊茂、朱文、朱名、朱信、克名、吳琮、呂中、伯山、宗大、季資、孫勝、張上、張東、葉善、楊勝、趙丙、趙莊、趙良、呂世寧、范子英、張敏學、張好古等。鈐有"胡憲仲印"、"海鹽胡氏家藏"、"王修鑑藏書畫"、"詒莊樓藏書記"朱文印,"溫甸"、"慧海樓藏書記"白文印。
《中國古籍善本書目》子部283　40/1510

纂圖互註揚子法言十卷
(漢)揚雄撰　(晉)李軌　(唐)柳宗元　(宋)宋咸　吳祕　司馬光注
元刻明遞修本
四冊
十行二十一字,小字雙行二十五字,黑口,四周雙邊,或左右雙邊。刻工文富、文顯、友員、玄友、光二、道成、福慶。鈐有"石研齋秦氏印"、"東莞莫氏福功堂藏書"朱文印。　40/1368.4

監本五臣音註揚子法言十卷
(漢)揚雄撰　(晉)李軌　(唐)柳宗元　(宋)宋咸　吳祕　司馬光注
明嘉靖十二年(1533)顧春世德堂刻《六子書》本
三冊
八行十七字,小字雙行同,白口,四周雙邊。刻工六奎。鈐有"勞氏珍藏"朱文印,"小山拜讀"白文印。
存八卷:卷三至十　40/1533

申鑑五卷
(漢)荀悅撰
明嘉靖文始堂刻本
二冊

九行十七字,白口,四周雙邊。刻工有劉菊等。
40/1525.3

申鑑五卷
(漢)荀悦撰
清初刻本
一册
九行二十字,白口,左右雙邊。鈐有"築藩"朱文印,"官庫"白文印。 50/1722.82

中説十卷
題(隋)王通撰 (宋)阮逸注
明初刻本
三册
十一行二十一字,小字雙行二十五字,黑口,四周雙邊。刻工有文顯、友員、好九、道成、道通、景日、福慶等。鈐有"元本"、"何氏抱素樓藏書記"、"抱素樓"、"亥花堂項氏珍藏圖書"、"東莞莫氏福功堂藏書"朱文印。
《中國古籍善本書目》子部 400
37/1367.5

中説十卷
題(隋)王通撰 (宋)阮逸注
明嘉靖十二年(1533)顧春世德堂刻《六子書》本
一册
八行十七字,小字雙行同,白口,四周雙邊。
存三卷:卷四至六 40/1533.4

中説十卷
題(隋)王通撰 (宋)阮逸注
明嘉靖桐陰書屋刻《六子書》本
四册
八行十七字,白口,四周雙邊。鈐有"會稽鈕氏世學樓圖籍"朱文印,"誠本堂"、"徐爾雅印"白文印。 40/1566.10

儒志編一卷
(宋)王開祖撰
清光緒孔氏嶽雪樓抄本
一册
九行二十字,無格。鈐有"孔氏嶽雪樓影鈔本"、"廣雅書局藏書樓圖籍"朱文印。
80/2.50.218

準齋雜説二卷
(宋)吳如愚撰
清光緒孔氏嶽雪樓抄本
一册
十一行二十一字,無格。鈐有"孔氏嶽雪樓影鈔本"、"廣雅書局藏書樓圖籍"朱文印。
80/2.50.431

二程子抄釋十卷
(明)呂柟撰
明嘉靖二十七年(1548)周璞刻藍印本
六册
十行二十四字,白口,四周單邊。
卷五至八配墨印本。
《中國古籍善本書目》子部 476 40/1548.2

新刻袁氏世範三卷
(宋)袁采編
明刻本
三册
十行二十字,白口,左右雙邊。鈐有"衡河張氏"朱文印。 40/1620.10

類編標註文公先生經濟文衡前集二十五卷後集二十五卷續集二十二卷
(宋)滕珙輯
明萬曆三十四年(1606)朱吾弼、朱崇沐刻本
六册
九行二十字,白口,四周雙邊。鈐有"菊農"朱文印,"臣世瑮印"白文印。
存二十五卷:後集二十五 40/1606.2

類編標註文公先生經濟文衡前集二十五卷後集二十五卷續集二十二卷
(宋)滕珙輯
明刻本
四册
十三行二十二字,黑口,四周雙邊。鈐有"文

治”、“夢樓藏書”、“東莞莫氏福功堂藏書”朱文印。

存二十五卷:前集二十五卷　40/1368.9

朱子經濟文衡類編前集二十五卷後集二十五卷續集二十二卷

(宋)滕珙輯

清初刻本

十二册

九行二十字,白口,四周單邊。　50/1739.1

朱子讀書法四卷

(宋)張洪　齊𤋮輯

清光緒孔氏嶽雪樓抄本

一册

十一行二十一字,無格。鈐有“廣雅書局藏書樓圖籍”朱文印。　80/2.50.183

麗澤論説集錄十卷

(宋)吕祖儉輯

清光緒孔氏嶽雪樓抄本

四册

八行二十一字,無格。鈐有“孔氏嶽雪樓影鈔本”、“廣雅書局藏書樓圖籍”朱文印。

80/2.50.465

眞西山讀書記乙集上大學衍義四十三卷

(宋)眞德秀撰

明刻本

十六册

卷一至十八:十行二十字;卷十九至四十三:九行十七字。白口,四周單邊。刻工有仇才、仇方、仇中、仇學、仇實、延實、黃旻、黃晨、黃文迪等。鈐有“順德何氏抱素樓收藏”朱文印,“東莞莫氏五十萬卷樓”白文印。

《中國古籍善本書目》子部595　40/1527

大學衍義補一百六十卷首一卷

(明)邱濬撰　(明)陳仁錫評

明崇禎陳仁錫刻本

三十册

十行二十字,白口,四周單邊。鈐有“文姚”、“蘭笑樓藏書印”、“黃氏憶江南館珍藏印”、“蔭普珍藏”朱文印,“皓生氏”、“禺山黃氏”白文印。

《中國古籍善本書目》子部624　40/1632.2

大學衍義補纂要六卷

(明)徐栻輯

明萬曆五年(1577)浙江刻本

六册

十行二十字,白口,四周單邊。刻工有六富、玉龍、朱一、吳海、余吉、余宗、周三、周在、蔡昂、蔡時、劉五、劉目、劉能、余文正、吳世明、吳廷海、張佛生、鄒友孫、劉崇智、蘆玉人等。鈐有“震澤張氏遜盦藏書記”白文印。

《中國古籍善本書目》子部638　40/1577.4

心經一卷

(宋)眞德秀撰

清光緒孔氏嶽雪樓抄本

一册

八行二十一字,白口,四周雙邊。鈐有“孔氏嶽雪樓影鈔本”、“廣雅書局藏書樓圖籍”朱文印。

80/2.50.432

性理群書句解二十三卷

(宋)熊節撰　熊剛大注

清光緒孔氏嶽雪樓抄本

四册

八行二十一字,小字雙行同,無格。鈐有“孔氏嶽雪樓影鈔本”、“廣雅書局藏書樓圖籍”朱文印。　80/2.50.178

慈溪黃氏日抄分類九十七卷古今紀要十九卷

(宋)黃震撰

明正德十四年(1519)書林龔氏明實堂刻本有抄配

四十册

慈溪黃氏日抄分類十四行二十六字,小字雙行二十五字,古今紀要十二行二十二字,小字雙行二十字,黑口,四周雙邊。鈐有“白河文庫”、“立教館圖書印”、“順德何氏抱素樓收藏”、“抱素樓”、“何氏抱素樓藏書記”朱文印,“妙溪”、“東莞莫氏五十萬卷樓”白文印。

《中國古籍善本書目》子部 668　40/1518

慈溪黄氏日抄分類古今紀要十九卷
(宋)黄震撰
清光緒孔氏嶽雪樓抄本
六冊
十二行二十二字,小字雙行同,黑口,四周雙邊。鈐有"廣雅書局藏書樓圖籍"朱文印。
80/2.50.180

治世龜鑑一卷
(元)蘇天爵撰
清光緒孔氏嶽雪樓抄本
一冊
八行二十一字,無格。鈐有"孔氏嶽雪樓影鈔本"、"廣雅書局藏書樓圖籍"朱文印。
80/2.50.202

理學類編八卷
(明)張九韶撰
清光緒孔氏嶽雪樓抄本
二冊
十行二十一字,無格。鈐有"孔氏嶽雪樓影鈔本"、"廣雅書局藏書樓圖籍"朱文印。
80/2.50.408

性理大全書七十卷
(明)胡廣等撰
明永樂十三年(1415)内府刻本
二十五冊
十行二十二字,小字雙行二十字,黑口,四周雙邊。有圖。鈐有"欽訓堂書畫記"白文印。
《中國古籍善本書目》子部 698　40/1415

曹月川先生家規輯畧一卷
(明)曹端撰
明石允珍刻本
一冊
九行二十字,白口,四周單邊。
《中國古籍善本書目》子部 738　40/1590.3

月川曹先生錄粹一卷
(明)孟化鯉輯
明萬曆曹繼儒刻本
一冊
九行十七字,白口,四周單邊。
《中國古籍善本書目》子部 740　40/1590.2

月川曹夫子太極圖解一卷西銘解一卷
(明)曹端撰
明萬曆高平田刻本
一冊
十行二十字,小字雙行同,白口,四周雙邊。
40/1590

薛文清公讀書全錄類編二十卷
(明)薛瑄撰　(明)侯鶴齡輯
明萬曆二十七年(1599)刻本
八冊
十行二十字,小字雙行同,白口,四周單邊或四周雙邊。第一部鈐有"宜秋館藏書"白文印。第二部鈐有"朱墨銘"、"經史中人"白文印。
《中國古籍善本書目》子部 750　40/1599.3
又一部　八冊合訂四冊
又一部　八冊

薛文清公從政名言三卷
(明)薛瑄撰
清刻本
一冊
十行二十二字,黑口,左右雙邊。
50/1795.23

白沙先生至言十卷
(明)陳獻章撰
明嘉靖二十六年(1547)湛若水刻本
一冊
十行二十六字,黑口,四周雙邊。鈐有"青琅玕館"白文印。
《中國古籍善本書目》子部 761　40/1547.2

白沙陳子語錄二卷
(明)陳獻章撰　(明)楊起元　周汝登原輯　(明)陳遇夫重訂

白沙陳子門人一卷
(明)陳遇夫輯
白沙陳子年譜一卷
(明)陳遇夫輯
清康熙五十三年(1714)刻本
三冊
九行二十字,黑口,左右雙邊。 50/1714

士翼四卷
(明)崔銑撰
清光緒孔氏嶽雪樓抄本
三冊
八行二十一字,無格。鈐有"孔氏嶽雪樓影鈔本"、"廣雅書局藏書樓圖籍"朱文印。
80/2.50.142

性理三解七卷
(明)韓邦奇撰
清乾隆十六年(1751)刻本
四冊
十行二十字,白口,四周雙邊。有圖。
存六卷:正蒙拾遺一卷、啟蒙意見四卷、洪範圖解一卷
子目:
正蒙拾遺一卷
啟蒙意見五卷
洪範圖解一卷 50/1751.3

研幾錄不分卷
(明)薛侃撰
明萬曆四十五年(1617)薛茂杞、薛茂椮刻本
一冊
九行二十字,白口,四周單邊。
《中國古籍善本書目》子部830 40/1617.3

庸言十二卷
(明)黃佐撰
清康熙二十一年(1682)刻本
四冊
十行二十字,白口,四周雙邊。第一部鈐有"葉恭綽印"、"黃氏憶江南館珍藏印"、"蔭普珍藏"、"貯月山房"朱文印,"深澤王氏洗心精舍所藏書畫"、"遐盦"、"遐盦審定"、"禺山黃氏"白文印。第二部鈐有"屺鄉"、"屺鄉藏書"、"徐紹棨"朱文印,"紹昌印記"、"紹昌之印"白文印。
50/1682.3
又一部 四冊

學蔀通辯前編三卷後編三卷續編三卷終編三卷
(明)陳建撰
清康熙十七年(1678)啓後堂刻本
二冊
九行二十二字,白口,四周雙邊。鈐有"蔭普珍藏"、"黃氏憶江南館珍藏印"朱文印,"禺山黃氏"白文印。 50/1678

呻吟語摘二卷
(明)呂坤撰
清光緒孔氏嶽雪樓抄本
二冊
十行二十三字,無格。鈐有"孔氏嶽雪樓影鈔本"、"廣雅書局藏書樓圖籍"朱文印。
80/2.50.464

呻吟語四卷
(明)呂坤撰 (明)楊廷筠編
清康熙五十二年(1713)侯志雅抄本
四冊
九行二十一字,無格。鈐有"饒平陳氏韻古樓藏"、"嶠東"朱文印,"侯志雅印"、"淡泊寧靜"白文印。 80/2.50.533

三先生類要五卷
(明)徐用檢輯
明萬曆七年(1579)李充實刻本
一冊
十行二十字,白口,左右雙邊。有刻工。鈐有"白寅氏"、"新會伍氏藏書"、"葆廣藏本"、"橫江外史"朱文印,"潘祖蔭印"、"伍銓萃讀"白文印。
《中國古籍善本書目》子部900 40/1579.6

晚邨先生家訓眞蹟五卷
(清)呂留良撰

清抄本
二冊
行數字數不等,無格。鈐有"沈氏家藏"朱文印。
存三卷:卷一至三　80/2.50.615

内則衍義十六卷
(清)世祖福臨撰
清初刻本　佚名朱筆點校
八冊
九行二十二字,白口,四周單邊。　50/1656.2

濂洛關閩書十九卷
(清)張伯行集解
清康熙正誼堂刻本
八冊
九行十七字,小字雙行同,白口,四周單邊。鈐"正誼堂藏板"白文印。
子目:
周子一卷
張子一卷
程子十卷
朱子七卷　50/1709.4

日知薈説四卷
(清)高宗弘曆撰
清乾隆元年(1736)内府刻本
四冊
七行十八字,白口,四周雙邊。　50/1736.4

乙丑學規一卷
(清)黄培芳撰
稿本
一冊
九行字數不等,無格。
《中國古籍善本書目》子部1062　80/1.50.17

寸知室文稿二卷
(清)黎維樅撰
稿本
一冊
九行字數不等,無格。鈐有"虞庭初稿"、"簾庭存稿"朱文印。　80/1.50.122

心遠論餘十二卷
(清)梁松年撰
稿本
四冊
九行二十二字,紅格,白口,四周雙邊。
80/1.50.42

長興學記不分卷
康有爲撰
清光緒十七年(1891)刻《萬木草堂叢書》本
一冊
十一行二十二至二十四字不等,黑口,四周單邊。第二部有容肇祖題記。　50/1891
又一部　一冊

兵家類

武經三書不分卷
(清)李□□編　(清)李育瀍繪圖
稿本
四冊
七行十六字,紅格,白口,四周雙邊。有圖。鈐有"廉泉"朱文印,"育瀍"白文印。
子目:
孫子兵法十三篇
吳子兵法六篇
司馬法五篇　80/1.50.82

武經摘要六卷
(明)吳相輯
明嘉靖二十七年(1548)張玭刻藍印本
六冊
十行十九字,小字雙行同,白口,四周雙邊。鈐有"辛子善印"、"周宴瓊印"、"閩中徐惟起藏書印"、"南州高士孺子之家"、"萬卷藏書宜子弟"、"子瞻"朱文印,"徐氏藏書"、"徐孺子"白文印。
《中國古籍善本書目》子部1097　40/1548

孫子集註十三卷

（漢）曹操　（唐）杜牧等撰

明萬曆十七年（1589）黄邦彦刻本

四冊

十行二十字，小字雙行同，白口，四周單邊。鈐有“海山仙館秘笈圖書”、“面城樓藏本印”、“勉士讀過”、“漱綠樓藏書印”、“季葆藏本”、“棟巨氏”、“李滄萍”、“滄萍印信”、“李”、“鞠生”朱文印，“滄萍”、“黄眞如印”、“苕之華”白文印。

《中國古籍善本書目》子部 1124　　40/1589

登壇必究四十卷

（明）王鳴鶴輯

明萬曆二十七年（1599）刻本　有抄配

四十冊

十行二十字，小字雙行同，白口，四周雙邊。有刻工。

存三十九卷：卷一、三至四十　　40/1599.5

又一部　二十二冊　存三十三卷：卷一、三至十、十二至二十、二十五至三十一、三十三至四十

又一部　三冊　存三卷：卷九、三十八、三十九

武備志二百四十卷

（明）茅元儀輯

明天啓元年（1621）刻本

五十六冊

九行十九字，小字雙行同，白口，四周單邊，無格。刻工有高梁等。鈐有“濬逋辛亥後藏”、“濠堂藏本”、“濠堂藏本之一”、“高平隆長”、“押印”朱文印。　　40/1621.5

兵錄十四卷

（明）何汝賓撰

清抄本

十二冊

九行十九字，白口，四周雙邊，有圖。鈐有“濠堂藏本”朱文印。

存八卷：卷二至九　　80/2.50.47

洴澼百金方十四卷

（清）袁宫桂撰

清抄本

四冊

九行二十三字，無格。有圖。鈐有“節庵藏書”、“番禺梁氏葵霜閣捐藏廣東圖書館”朱文印，“臣梁鼎芬”白文印。　　80/2.50.732

治平勝算全書十二卷目錄一卷

（清）年羹堯輯

清抄本

二十四冊

八行十八字，小字雙行同，黑口，四周雙邊，無格。有圖。　　80/2.50.435

法家類

管子二十四卷

（唐）房玄齡注

明萬曆十年（1582）趙用賢刻管韓合刻本

六冊

九行十九字，小字雙行同，白口，四周單邊。刻工有吴初、吕玄、周甫、章扞、章抛、章掖、顧文、顧言、顧植、何成業、何成德、何楊德、吴丙初、劉文奎、劉廷惠等。鈐“李鈺之印”朱文印，“堅庵”白文印。　　40/1582.2

管子二十四卷

（明）趙用賢　朱長春等評

明萬曆四十八年（1620）凌汝亨刻朱墨套印本

十冊

九行十九字，白口，四周單邊。鈐有“嗇居士”朱文印，“觀瀾居士”、“尚志齋”白文印。

《中國古籍善本書目》子部 1420　　40/1620

商子五卷

明萬曆程榮刻《漢魏叢書》本

一冊

九行二十字，白口，左右雙邊。　　40/1619.52

棠陰比事一卷

(宋)桂萬榮撰
清同治六年(1867)桂嵩慶木樨山房活字印本
一册
十行二十字,白口,四周單邊。 50/1867

農家類

齊民要術十卷雜説一卷
(北魏)賈思勰撰
清抄本
二册
十行十七字,無格。鈐有"掃塵齋積書記"朱文印,"禮培私印"白文印。
存七卷:卷一至二、卷六至十 80/2.50.667

農政全書六十卷
(明)徐光啓撰
明崇禎十二年(1639)平露堂刻本
十六册
九行二十字,小字雙行同,白口,四周單邊。有圖。
《中國古籍善本書目》子部1610 40/1639.3

農政全書六十卷
(明)徐光啓撰
明崇禎平露堂刻本
十六册
九行二十字,小字雙行同,白口,四周單邊。有圖。鈐有"虞山馬氏珍藏"朱文印。 40/1639.4

泰西水法六卷
(意大利)熊三拔撰
(明)徐光啓筆記 (明)李之藻訂正
明刻本
二册
十行二十二字,白口,左右雙邊。有圖。有刻工。鈐有"馬貞榆"白文印。 40/1628

灌園史二卷
(明)陳詩教撰 (明)陳繼儒删定
明刻本
一册
七行十六字,白口,四周單邊。鈐有"紫雲青花硯齋"、"海昌朱氏朝經暮史晝子夜集樓藏書印"朱文印,"衎廬過眼"、"壽祺堂"白文印。
40/1643.26

醫家類

叢 編

古今醫統正脈全書四十四種二百六卷
(明)王肯堂編
明萬曆二十九年(1601)吳勉學刻清補刻本
六十八册
十行二十字,小字雙行三十字,白口,四周單邊或四周雙邊。鈐有"良孫長壽"、"馬氏伯子秘笈之印"朱文印,"紀侖鍾"白文印。
子目:
重廣補注黄帝内經素問二十四卷遺篇一卷 (唐)王冰注 (宋)林億等校正 (宋)孫兆改誤
黄帝素問靈樞經十二卷
鍼灸甲乙經十二卷 (晉)皇甫謐撰
華先生中藏經八卷 題(漢)華陀撰
脉經十卷 (晉)王叔和撰
難經本義二卷 (元)滑壽撰
注解傷寒論十卷 (漢)張機撰 (金)成無巳注
傷寒明理論四卷 (金)成無巳撰
新編金匱要略方論三卷 (漢)張機撰
增注類證活人書二十二卷 (宋)朱肱撰
素問玄機原病式一卷 (金)劉完素撰
黄帝素問宣明論方十五卷 (金)劉完素撰
傷寒標本心法類萃二卷 (金)劉完素撰
劉河間傷寒醫鑑一卷 (元)馬宗素撰
素問病機氣宜保命集三卷 (金)劉完素撰
劉河間傷寒直格論方三卷 (金)劉完素撰 (元)葛雍編
河間傷寒心要一卷 (金)鏴洪編

張子和心鏡別集一卷　(金)常德編
脈訣一卷　(宋)崔嘉彦撰
局方發揮一卷　(元)朱震亨撰
脾胃論三卷　(金)李杲撰
格致餘論一卷　(元)朱震亨撰
蘭室秘藏三卷　(金)李杲撰
内外傷辨三卷　(金)李杲撰
東垣先生此事難知集二卷　(元)王好古撰
湯液本草三卷　(元)王好古撰
醫經溯洄集一卷　(元)王履撰
外科精義二卷　(元)齊德之撰
醫壘元戎一卷　(元)王好古撰
海藏瘢論萃英一卷　(元)王好古撰
丹溪先生心法五卷附錄一卷　(元)朱震亨撰
新刻校定脈訣指掌病式圖説一卷　(金)李杲撰
丹谿先生金匱鉤玄三卷　(元)朱震亨撰
醫學發明一卷　(元)朱震亨撰
活法機要一卷　(元)朱震亨撰
祕傳證治要訣十二卷　(明)戴元禮撰
證治要訣類方四卷　(明)戴元禮撰
儒門事親十五卷　(金)張從正撰
傷寒瑣言一卷　(明)陶華撰
傷寒家秘的本一卷　(明)陶華撰
殺車槌法一卷　(明)陶華撰
傷寒一提金一卷　(明)陶華撰
傷寒證脈藥截江網一卷　(明)陶華撰
傷寒明理續論一卷　(明)陶華撰　40/1601

證治準繩六種四十四卷
(明)王肯堂撰
明萬曆三十年(1602)至三十六年(1608)刻本
十九冊
十行二十字,白口,四周單邊。
子目:
證治準繩八卷
雜病證治類方八卷
傷寒證治準繩八卷
瘍科證治準繩六卷
幼科證治準繩九卷
女科證治準繩五卷
存十卷:傷寒證治準繩卷二至八、瘍科證治準繩卷六、幼科證治準繩卷九、女科證治準繩五卷
40/1608.5
又一部　二冊　存二卷:女科證治準繩卷一、三

證治準繩一百二十卷
(明)王肯堂撰
明萬曆刻清康熙三十一年(1692)金壇虞氏修補本
三十二冊
九行十行十八字或二十字,小字雙行十八字,白口,左右雙邊或四周單邊。
存二十七卷:證治準繩卷一至七,雜病證治類方卷一至二、四至五、七,傷寒證治準繩卷三至六,瘍醫證治準繩卷一至二、四至六,幼科證治準繩一、三至四、六、八,女科證治準繩卷一
40/1619.32
又一部　一冊　存一卷:證治準繩卷一

證治準繩八卷附類方八卷
(明)王肯堂撰
明刻本
三冊
九行十七、十八字不等,白口,四周單邊。
存三卷:證治準繩卷六、卷八,類方卷五
40/1643.104

景岳全書二十四集六十四卷
(明)張介賓撰
清康熙四十九年(1710)會稽魯超刻本
二十四冊
九行二十四字,白口,左右雙邊。
子目:
傳忠錄三卷
脈神章三卷
傷寒典二卷
雜證謨二十八卷目錄一卷
婦人規二卷
小兒則二卷
痘疹詮四卷
外科鈐二卷
本草正二卷

新方八陣二卷
古方八陣九卷目錄一卷
婦人規古方一卷
小兒則古方一卷
痘疹詮一卷
外科鈐古方四卷　50/1710.3
又一部　二十五册

馮氏錦囊秘錄八種五十卷
(清)馮兆張撰
清康熙四十一年(1702)刻本
十二册
九行二十二字,白口,四周單邊。
子目:
內經纂要二卷
雜證大小合參十四卷
脈訣纂要一卷
女科精要三卷
外科精要一卷
藥按一卷
痘疹全集十五卷
雜症痘疹藥性主治合參十二卷
存二十卷:首一卷、雜症大小合參十四卷、女科精要三卷、外科精要一卷、藥按一卷　50/1702.8

張氏醫書七種二十八卷
(清)張璐　張登撰
清康熙寶翰樓刻本
三十册
十行二十字,白口,四周單邊。
子目:
張氏醫通十六卷　(清)張璐撰
本經逢原四卷　(清)張璐撰
診宗三味二卷　(清)張璐撰
傷寒緒論二卷　(清)張璐撰
傷寒纘論二卷　(清)張璐撰
傷寒舌鑑一卷　(清)張登撰
傷寒兼證析義一卷　(清)張倬撰　50/1699.6

御纂醫宗金鑑九十卷首一卷
(清)吳謙　劉裕鐸等修
清乾隆七年(1742)武英殿刻本
七十册
九行十九字,白口,四周雙邊。
子目:
訂正仲景全書傷寒論注十七卷
訂正仲景全書金匱要略注八卷
删補名醫方論八卷
四診心法要訣一卷
運氣要訣一卷
傷寒心法要訣三卷
雜病心法要訣四卷
婦科心法要訣六卷
幼科雜病心法要訣六卷
痘疹心要訣四卷
幼科種痘心法要旨一卷
外科心法要訣十六卷
眼科心法要訣二卷
刺灸心法要訣八卷
正骨心法要訣四卷　50/1742

醫林指月十五卷
(清)王琦輯
清乾隆三十二年(1767)刻本
八册
十行二十字,黑口,左右雙邊。
子目:
醫學眞傳一卷
質疑錄一卷
醫家心法一卷
易氏醫宗按一卷
芷園臆草存案一卷
敖氏傷寒金鏡錄一卷
痎瘧論疏一卷附痎疟疏方一卷
達生編一卷
扁鵲心書一卷
本草崇原三卷
侶山堂類辨一卷
學古診則一卷　50/1767

黃元御序文集不分卷
(清)黃元御撰
清乾隆年間抄本
一册

八行十六字，無格。 80/2.50.62

昌邑黄先生醫書八種七十七卷

（清）黄元御撰

清咸豐十年（1860）燮龢精舍刻本　清李文田朱筆批校

十三冊

十二行二十三字，白口，左右雙邊。有刻工吴玉田。

子目：

長沙藥解四卷

傷寒説意十卷

四聖懸樞五卷

傷寒懸解十四卷

金匱懸解二十二卷

素靈微藴四卷

玉楸藥解八卷

四聖心原十卷 50/1860

醫　經

重廣補註黄帝内經素問二十四卷

（唐）王冰注　（宋）林億等校正　（宋）孫兆改誤

明嘉靖二十九年（1550）顧從德影宋刻本　清潘霨朱筆圈點　有抄配

八冊

十行二十字，小字雙行三十字，白口，左右雙邊。刻工有丁保、王仁、王太、王文、王迪、王春、王椿、付言、付益、江壽、朱保、仲益、李昱、林才、林仁、林宗、林明、林茂、周才、周琳、周賜、張詢、陳山、陳仁、陳付、陳安、陳英、陳德、黄運、程保、詹才、鄭友、鄭俊、鄭保、薛惇等。鈐有“潘氏家藏”朱文印。 40/1550.2

重廣補註黄帝内經素問二十四卷

（唐）王冰注　（宋）林億等校正　（宋）孫兆改誤

明新安吴勉學刻本

十冊

十行二十字，小字雙行三十字，白口，四周單邊。刻工有王椿、付及、周賜、程保、鄭友。

40/1550.3

黄帝内經素問二十四卷

（明）吴崐注

明萬曆三十七年（1609）刻本

十二冊

八行十七字，白口，左右雙邊。

《中國古籍善本書目》子部1712 40/1594.3

新刊素問入式運氣論奥三卷

（宋）劉温舒撰

元至元五年（1339）胡氏古林書堂刻本

一冊

十四行二十三、二十四字，或十三行二十三字，黑口，四周雙邊。鈐有“石君”、“順德何氏抱素樓收藏”、“抱素樓”朱文印，“葉樹廉”、“東莞莫氏五十萬卷樓”白文印。

《中國古籍善本書目》子部1717

37/1367.2

黄帝内經素問遺篇一卷

（宋）劉温舒撰

元刻本

一冊

十四行二十二至二十四字不等，黑口，四周雙邊或左右雙邊。鈐有“石君”、“歸來草堂”、“惠震之書”、“順德何氏抱素樓收藏”朱文印，“葉樹廉印”、“東莞莫氏五十萬卷樓”白文印。

37/1367.3

類經三十二卷

（明）張介賓類注

圖翼十一卷附翼四卷

（明）張介賓撰

明天啓四年（1624）自刻本

二十一冊

八行十八字，小字雙行同，白口，四周單邊。有刻工。 40/1624.3

本　草

食物本草四卷

(明)盧和撰

明隆慶五年(1571)一樂堂後泉書舍刻本

二冊

八行十七字,白口,四周單邊。鈐有“至樂莫如讀書”朱文印,“傳遠寶藏”白文印。

《中國古籍善本書目》子部 1817　　40/1571

本草綱目五十二卷附圖二卷瀕湖脈學一卷脈訣考證一卷奇經八脈考一卷

(明)李時珍撰

明萬曆三十一年(1603)張鼎思刻本

五冊

九行二十字,小字雙行同,白口,四周單邊。刻工有文煒、天文、付文、付仁、付汝、付竹、付忠、付明、付登、李天、李萬、李夢、伯成、希雲、希賢、周共、春共、晏文、曹位、陳祿、鄒元、鄒明、熊冬、余文八、鄒天朝、翟良文、翟良全等。鈐有“梁士藹印”朱文印,“梁士藹”白文印。

存七卷:卷四、卷十七、卷二十七至二十九、卷三十三至三十四　　40/1603.3

本草求是錄二卷附救急症各便方怪症便方雜症便方

舒立渭編撰

稿本

一冊

十一行字數不等,紅格,白口,四周雙邊。

80/1.60.3

方　論

傷寒金匱

金鏡内臺方議十二卷

(明)許弘撰

清乾隆五十九年(1794)程永培刻本

二冊

八行十九字,白口,左右雙邊。　　50/1794

注解傷寒論十卷

(漢)張機撰　(金)成無已注　(明)吳逸學閱

明萬曆刻本　清李文田朱筆批校

一冊

十行二十字,白口,四周雙邊。鈐有“清川藏圖書記”朱文印,“李文田印”白文印。

40/1630.11

陶節菴全生集四卷

(明)陶華撰

明崇禎十三年(1640)刻本

四冊

十行二十二字,白口,四周雙邊。刻工有王臣、尤太、朱子、朱必、朱偉、何志、何敏、周近、郁章、倪文、徐卓、章光、章沖、張仲、張宗、劉雲、顧文、顧泉、何言順、李仁甫。

《中國古籍善本書目》子部 1955　　40/1640

傷寒大白四卷總論一卷

(清)秦皇士撰

清康熙五十三年(1714)其順堂陳懋寬刻本

四冊

九行二十字,白口,左右雙邊。　　50/1714.4

傷寒舌鑒不分卷

(清)張登撰

清道光二十年(1840)芝庭抄本

一冊

八行二十二字,無格。有圖。　　80/2.50.749

溫熱經緯五卷

(清)王士雄撰

清光緒十八年(1892)廣州璧經堂昌記刻本

四冊

十行二十二字,黑口,左右雙邊。　　50/1892

諸　方

重校聖濟總錄二百卷

(宋)宋徽宗趙佶敕編　(清)汪鳴珂　汪鳴鳳校

清乾隆燕遠堂刻本

六十六册

九行十九字,白口,左右雙邊。

存一百二十八卷:卷二之下至十、三十四至三十五、四十八至八十九、九十三至一百三十四、一百四十三至一百五十、一百五十三至一百八一四、一百八十六　50/1795.7

新刊仁齋直指附遺方論二十六卷小兒附遺方論五卷醫脈眞經二卷傷寒類書活人總括七卷

(宋)楊士瀛撰　(明)朱崇正補遺

明嘉靖二十九年(1550)朱崇正刻本

七册

十四行二十四字,白口,四周單邊。鈐有"清川藏圖書記"朱文印。

存十三卷:新刊仁齋直指附遺方論卷四至六、九至十五;傷寒類書活人總括卷二、卷六至七

40/1550

辨惑論三卷

(金)李杲撰

明刻本

二册

十行十七字,黑口,四周雙邊。鈐有"安樂堂藏書印"、"順德何氏抱素樓考藏"、"何氏抱素樓藏書記"、"百宋千元"朱文印,"明善堂覽書畫印記"白文印。　40/1368

醫壘元戎十二卷

(元)王好古撰

明萬曆二十一年(1593)屠本畯刻本

十二册

九行二十字,白口,四周單邊。鈐有"鄒蘭生曾藏過"朱文印,"廣東省立國醫學院圖書館"白文印。

《中國古籍善本書目》子部2059　40/1593.2

推求師意二卷

(明)戴元禮著　(明)汪機編　(明)陳桷校

清藝海樓抄本

二册

八行二十二字,藍格,白口,左右雙邊。鈐有"鏡繽"朱文印,"陳果"白文印。　80/2.50.587

石山醫案三卷

(明)汪機撰　(明)陳桷編

附錄一卷

明嘉靖祁門陳氏刻本

二册

十一行二十二字,白口,二十三字,黑口,四周單邊。鈐有"安樂堂藏書記"朱文印,"明善堂覽書畫印記"白文印。　40/1541

新刊精選醫方摘要十二卷

(明)楊拱撰

明隆慶六年(1572)陳燕野刻本

六册

十行字數不等,白口,四周雙邊。

《中國古籍善本書目》子部2264　40/1572.4

識病捷法十卷

(明)繆存濟撰

明萬曆十一年(1583)刻本

二十册

十行十九字,白口,左右雙邊。

《中國古籍善本書目》子部2277　40/1583.2

寓意草不分卷

(明)喻昌撰

明崇禎刻本

二册

十一行二十二字,白口,四周單邊。

40/1643.76

赤水玄珠三十卷醫案五卷醫旨緒餘二卷

(明)孫一奎撰

明萬曆二十四年(1596)孫泰來、孫朋來刻清康熙印本

二十五册

九行十九字,白口,四周單邊。鈐有"西巖"、"耆雲廬"、"壽先"、"劍門呂增"朱文印,"嘉樹草堂"白文印。

存三十卷:赤水玄珠卷一至三十　40/1619.27

又一部　三十七冊

又一部　十四冊　存二十七卷:赤水玄珠卷二至二十六、二十九、三十

諸病論一卷

明刻本

一冊

十行二十字,黑口,四周雙邊。　40/1368.8

絳雪園古方選註不分卷

(清)王子接注

清雍正九年(1731)刻本

四冊

十行二十二字,白口,左右雙邊。　50/1731.3

證治彙補八卷

(清)李用粹撰

清刻本

六冊

十行二十字,白口,左右雙邊。　50/1911.11

東塾藥方一卷

(清)陳澧撰

稿本

一冊

行數字數不等,無格。鈐有"陳澧之印"白文印。　80/1.50.60

續名醫類案六十卷

(清)魏之琇輯　(清)魏鉽編次

清抄本

四十八冊

九行二十一字,白口,四周雙邊。鈐有"綮若一字紫伯"、"飛異詵堂章氏所得之書"、"荻溪章兹伯珍藏善本"朱文印,"章紫伯所藏"、"瓜纑外史"白文印,"綬銜之印"朱白文印。

80/2.50.552

外　科

瘡瘍經驗全書十三卷

(宋)竇漢卿撰　(明)竇夢麟增輯

清康熙五十六年(1717)浩然樓刻本

八冊

十行二十字,白口,左右雙邊。鈐有"培蘭書塾珍藏"、"隋太醫巢元方之後"朱文印,"寶陸齋章"、"巢鳳初藏書印"、"鳳初藏棄"、"巢念修藏"白文印。　50/1717.3

外科理例七卷附方一卷

(明)汪機撰

明嘉靖刻《汪石山醫書》本

四冊

十二行二十三字,黑口,四周單邊。鈐有"安樂堂藏書記"朱文印。　40/1541.2

瘍科選粹八卷

(明)陳文治撰

清康熙四十六年(1707)潯溪拱恩堂刻本

八冊

十行二十字,白口,左右雙邊。有圖。鈐有"金毓芝印"白文印。　50/1707.6

婦　科

濟陰綱目十四卷

(明)武之望撰

保生碎事不分卷

(清)汪淇撰

清乾隆四年(1739)素位堂刻本

五冊

十一行二十五字,白口,四周單邊,上下兩欄。刻工蜩寄。　50/1739.6

兒　科

痘治理辯一卷附方一卷

(明)汪機撰

明嘉靖刻《汪石山醫書》本

一冊

十一行二十二字,白口,四周單邊。有刻工時利、黃王豈。　40/1566.33

痘科類編釋意三卷
（明）翟良纂
清雍正六年（1728）天都事守堂刻本
三冊
九行二十二字，白口，四周單邊。鈐有“格齋啓昆吳印”白文印。 50/1728.3

痘疹折衷二卷
（明）秦昌遇撰
清乾隆二十七年（1762）抄本
二冊
十一行二十四字，無格。鈐有“巢念修藏”白文印。 80/2.50.33

痘書大全不分卷
（清）史錫節撰
清康熙四十六年（1707）刻本
三冊
九行二十四字，白口，四周雙邊。
50/1707.10

痘疹會通五卷
（清）曾鼎撰
清乾隆五十一年（1786）刻本
四冊
九行二十字，白口，左右雙邊。鈐有“天公容我閑遊衍”白文印。 50/1786.2

針 灸

新刊銅人鍼灸經七卷新編西方子明堂灸經八卷
明山西平陽府刻本
二冊
十行二十一字，白口，四周單邊。鈐有“海潮”、“譚觀成印”朱文印，“譚觀成印”白文印。
存七卷：新刊銅人鍼灸經卷一至七 40/1506

針灸大成十卷
（明）楊繼洲編
清康熙十九年（1680）致和堂刻本
二十冊
十行二十二字，白口，左右雙邊。有圖。
50/1680.5

針灸問對三卷
（明）汪機撰
明嘉靖刻《汪石山醫書》本
一冊
十一行二十二字，白口，四周單邊。刻工黃琰。
40/1566.34

痧脹玉衡書三卷後一卷
（清）郭志邃撰
清康熙揚州有義堂刻本
四冊
九行二十字，白口，左右雙邊。鈐有“蔡順倩藏”朱文印。 50/1678.4

天文算法類

天 文

周髀算經二卷
題（漢）趙君卿注 （北周）甄鸞重述 （唐）李淳風等注釋
音義一卷
（宋）李籍撰
數術記遺一卷
題（漢）徐岳撰 （北周）甄鸞注
明刻本
二冊
九行十八字，小字雙行同，左右雙邊。有圖。
40/1630

曆體略三卷
（明）王英明撰
清光緒孔氏嶽雪樓抄本
一冊
八行二十一字，小字雙行同，無格。鈐有“孔氏

嶽雪樓影鈔本”、“廣雅書局藏書樓圖籍”朱文印。 80/2.50.417

測天賦不分卷
(清)蔡應琳撰
清光緒十年(1884)稿本
一冊
行數字數不等,無格。有圖。 80/1.50.162

曆　法

大明崇禎十二年歲次己卯大統曆一卷
明崇禎十二年(1639)刻藍印本
一冊
十七行字數不等,白口,左右雙邊。
《中國古籍善本書目》子部2915 40/1639.2

大清乾隆三十年憲書一卷
清乾隆三十年(1765)刻本
一冊
行數字數不等,黑口,四周雙邊。鈐有“欽天監時憲書之印”朱文印。 50/1765.8

大清嘉慶四年歲次己未時憲書一卷
清嘉慶四年(1799)刻本
一冊
行數字數不等,黑口,四周雙邊。 50/1799

中星譜一卷
(清)胡亶撰
清光緒孔氏嶽雪樓抄本
一冊
八行字數不等,無格。鈐有“孔氏嶽雪樓影鈔本”、“廣雅書局藏書樓圖籍”朱文印。
80/2.50.418

全史日至源流三十二卷
(清)許伯政撰
清光緒孔氏嶽雪樓抄本
十六冊
十行二十二字,無格。鈐有“孔氏嶽雪樓影鈔本”、“廣雅書局藏書樓圖籍”朱文印。
80/2.50.461

算　書

測圓海鏡分類釋術十卷首一卷
(明)顧應祥撰
清光緒孔氏嶽雪樓抄本
四冊
八行二十一字,無格。鈐有“孔氏嶽雪樓影鈔本”、“廣雅書局藏書樓圖籍”朱文印。
80/2.50.355

表度説一卷
(意大利)熊三拔撰
清光緒孔氏嶽雪樓抄本
一冊
八行二十一字,無格。鈐有“孔氏嶽雪樓影鈔本”、“廣雅書局藏書樓圖籍”朱文印。
80/2.50.200

新法算書一百卷附錄十四卷
(明)徐光啓等撰
清光緒孔氏嶽雪樓抄本
四十冊
八行二十一字,藍格,白口,四周雙邊。鈐有“廣雅書局藏書樓圖籍”朱文印。
存九十七卷:卷一至三十三、卷三十六至六十、卷六十二至一百 80/2.50.123

數度衍二十三卷首一卷
(清)方中通撰
清光緒孔氏嶽雪樓抄本
十冊
八行二十一字,小字雙行同,無格。鈐有“廣雅書局藏書樓圖籍”朱文印。 80/2.50.222

數學鑰六卷
(清)杜知耕撰
清光緒孔氏嶽雪樓抄本
四冊

八行二十字,小字雙行同,無格。鈐有"廣雅書局藏書樓圖籍"朱文印。 80/2.50.85

少廣補遺一卷

(清)陳世仁撰

清光緒孔氏嶽雪樓抄本

一冊

八行二十一字,無格。鈐有"孔氏嶽雪樓影鈔本"、"廣雅書局藏書樓圖籍"朱文印。

80/2.50.84

幾何論約七卷

(清)杜知耕撰

清光緒孔氏嶽雪樓抄本

二冊

八行二十一字,小字雙行同,無格。鈐有"廣雅書局藏書樓圖籍"朱文印。 80/2.50.196

莊氏算學八卷

(清)莊亨陽撰

清光緒孔氏嶽雪樓抄本

四冊

八行二十一字,小字雙行同,無格。鈐有"廣雅書局藏書樓圖籍"朱文印。 80/2.50.132

術數類

數　學

皇極經世觀物外篇衍義九卷

(宋)張行成撰

清光緒孔氏嶽雪樓抄本

四冊

八行二十一字,小字雙行同,無格。鈐有"孔氏嶽雪樓影鈔本"、"廣雅書局藏書樓圖籍"朱文印。 80/2.50.168

易通變四十卷

(宋)張行成撰

清光緒孔氏嶽雪樓抄本

十二冊

八行二十一字,小字雙行同,無格。鈐有"孔氏嶽雪樓影鈔本"、"廣雅書局藏書樓圖籍"朱文印。 80/2.50.122

皇極經世書傳八卷

(明)黃畿撰

清康熙二十一年(1682)刻本

四冊

十行十九字,小字雙行同,白口,左右雙邊。鈐有"鄒儷笙讀書印"、"東武鄒儷笙藏"、"黃氏憶江南館珍藏印"、"蔭普珍藏"朱文印,"儷笙閱過"、"鄒氏家藏"、"禺山黃氏"白文印。

50/1682

皇極經世書解十二卷首二卷

(清)王植撰

清光緒孔氏嶽雪樓抄本

八冊

八行二十一字,小字雙行同,無格。鈐有"孔氏嶽雪樓影鈔本"、"廣雅書局藏書樓圖籍"朱文印。 80/2.50.359

大衍索隱三卷

(宋)丁易東撰

清光緒孔氏嶽雪樓抄本

一冊

八行二十一字,小字雙行同,無格。鈐有"孔氏嶽雪樓影鈔本"、"廣雅書局藏書樓圖籍"朱文印。 80/2.50.167

占　候

觀象玩占五十卷

題(唐)李淳風撰

明抄本

十冊

十行二十二字,藍格,白口,四周雙邊。鈐有"信符"、"南州書樓所藏"朱文印,"嶽英珍藏"、"徐紹棨"、"南州後人"、"徐湯殷"白文印。

《中國古籍善本書目》子部 3724　　80/2.40.17

素問六氣玄珠密語十卷
題(唐)王冰撰
清抄本
四冊
十一行二十四字,無格。　　80/2.50.478

皇明玉曆祥異賦圖注彙纂
清抄本
十五冊
下欄九行十字,上欄彩圖,白口,四周雙邊。鈐有"絜圖主人"朱文印。　　80/2.40.6

天元玉曆祥異賦圖解不分卷
清光緒孔氏嶽雪樓抄本
十冊
十一行二十一至二十四字不等,無格。
80/2.50.169

相宅相墓

安居金鏡八卷
(清)周南　呂臨輯
清乾隆四十五年(1780)周氏壽南堂刻本
四冊
十行十九字,白口,左右雙邊。鈐有"澮逋丙辰所得"、"濠上草堂藏本"、"濠堂藏本之一"朱文印。
《中國古籍善本書目》子部 3826　　50/1780

地學薪傳十六卷
(清)汪思迴輯解
清乾隆刻本
一冊
十行二十五字,白口,四周單邊。
存三卷:卷八、十、十二　　50/1770

安宅規模四卷
(清)林伯桐撰
稿本
五冊
行數字數不等,無格。鈐有"盧子樞"白文印。
80/1.50.94

天元歌不分卷
清抄本
一冊
九行二十二字,無格。　　80/2.50.744

玉函捲經眞傳□□卷
清抄本
一冊
十行字數不等,無格。有圖。
存一卷:卷四　　80/2.50.718

占　卜

焦氏易林十六卷
題(漢)焦延壽撰
明天啓六年(1626)唐瑜、唐琳刻本
五冊
九行二十字,白口,四周單邊。
《中國古籍善本書目》子部 3956　　40/1626.5

易林補遺十二卷
(明)張世寶撰
明萬曆三十四年(1606)刻本
四冊
九行二十字,小字雙行同,白口,左右雙邊。
《中國古籍善本書目》子部 3960　　40/1604.5

範圍數十卷
(明)趙迎撰
明海虞盛氏樹德堂抄本
九冊
十行二十七字,白口,四周單邊。鈐有"樹德堂收藏"朱文印,"東莞莫氏五十萬卷樓"白文印。
存九卷:卷二至十　　80/2.40.10

大六壬大全十三卷
(清)郭載騋校訂

清康熙四十三年(1704)刻本
十三冊
十行二十四字,白口,四周雙邊。 50/1704.6
又一部 十三冊

易冒十卷
(清)程良玉撰
清乾隆三十五年(1770)刻本
二冊
九行二十字,白口,四周單邊。有圖。鈐有"何文廣藏書"朱文印,"李印華緗"、"何文廣印"白文印。 50/1770.5

命書相書

玉照定眞經一卷
題(晉)郭璞撰 (晉)張顒注
清光緒孔氏嶽雪樓抄本
一冊
九行字數不等,小字雙行十九字,無格。鈐有"孔氏嶽雪樓影鈔本"朱文印。 80/2.50.294

通神照膽經不分卷
(宋)袁柳莊撰
清抄本
四冊
八行二十二字,無格。有圖。鈐有"梁汝洪"朱文印。 80/2.50.665

陰陽五行

太乙統宗寶鑑二十卷
題(元)曉山老人撰
清乾隆年間抄本
六冊
十行二十五字,無格。鈐有"格門"、"帶經堂陳氏藏書印"、"三山陳氏居敬堂圖書"、"巴陵方氏碧琳瑯館珍藏秘篇"、"方功惠藏書印"朱文印,"臣弘謀印"白文印。 80/2.50.20

重刊禽遁補全一卷
(明)池本理編
明詹氏進賢書舍刻本
一冊
十行二十四字,白口,四周雙邊,或四周單邊及左右雙邊。 40/1505.3

新刊禽遁大全四卷
(明)池本理編
明刻本
三冊
十行二十四字,白口,四周雙邊或左右雙邊。鈐有"東莞莫氏福功堂藏書"朱文印。
存三卷:卷一至三 40/1505.4

陳子性藏書十二卷首一卷
(清)陳應選撰 (清)陳衍參訂 (清)陳式猷陳式基纂輯
清康熙連元閣刻本
六冊
十五行三十一字,小字雙行同,白口,左右雙邊。 50/1686.2

陳子性家藏書十二卷首一卷
(清)陳應選撰 (清)陳衍參訂 (清)陳式基陳式猷纂輯
清乾隆刻本
六冊
十五行三十一字,小字雙行同,黑口,四周單邊。有圖。鈐有"黃氏憶江南館珍藏印"朱文印。 50/1782

藝術類

書　畫

宣和書譜二十卷
明毛氏汲古閣刻本
四冊

八行十九字,白口,左右雙邊。 40/1643.71

海岳題跋一卷

(宋)米芾撰

明崇禎汲古閣刻《津逮祕書》本

一冊

八行十九字,白口,左右單邊。 40/1643.84

鐵網珊瑚書品十卷畫品六卷

(明)朱存理輯

清雍正六年(1728)年希堯刻本

二十四冊

十行二十一字,白口,左右雙邊。鈐有"安福縣儒學記"、"星渚幹元仲珍藏書籍"朱文印。

50/1728.2

書畫跋跋三卷續三卷

(明)孫鑛撰

清乾隆五年(1740)孫氏居業堂刻本

二冊

十一行二十一字,白口,左右雙邊。鈐有"宋氏玉鑑堂珍藏印"、"老華"朱文印。

《中國古籍善本書目》子部4249 50/1740.3

法書名畫見聞表一卷南陽法書表一卷南陽名畫表一卷清河秘篋書畫表一卷

(明)張丑撰

清光緒孔氏嶽雪樓抄本

一冊

八行二十一字,表字數不等,白口,四周雙邊。鈐有"孔氏嶽雪樓影鈔本"、"廣雅書局藏書樓圖籍"朱文印。 80/2.50.362

墨池編六卷

(宋)朱長文輯

明萬曆八年(1580)虞德燁等刻本

六冊

十行二十二字,白口,四周雙邊。

《中國古籍善本書目》子部4429 40/1572.6

墨池編二十卷

(宋)朱長文纂

印典八卷

(清)朱象賢編

清雍正十一年(1733)就閑堂刻本

八冊

十一行二十一字,白口,左右雙邊。

50/1733.2

廣川書跋十卷

(宋)董逌撰

明末崇禎毛氏汲古閣刻《津逮祕書》本

六冊

八行十九字,白口,左右雙邊。 40/1643.69

王氏畫苑十卷

(明)王世貞編

補益十卷

(明)詹景鳳編

明萬曆十八年(1590)王氏淮南書院刻本

五冊

十行二十字,小字雙行同,白口,左右雙邊。

存九卷:卷二至十 40/1590.6

王氏畫苑十卷

(明)王世貞編

明末刻本

六冊

十行二十字,小字雙行同,白口,左右雙邊。

40/1590.7

王氏書苑十卷

(明)王世貞編

補益十卷

(明)詹景鳳編

明萬曆十九年(1591)王元貞刻本

十冊

十行二十字,白口,左右雙邊。

《中國古籍善本書目》子部4519 40/1591.3

古今法書苑七十六卷

(明)王世貞輯

明刻本

十四冊

十行二十字,白口,左右雙邊。刻工孫訥。
《中國古籍善本書目》子部4520　40/1643.10

憨山大師墨蹟不分卷
(明)憨山撰
明萬曆三十八年(1610)稿本
一冊
行數字數不等,無格。鈐有"南州書樓"、"南州書樓所藏"朱文印,"徐湯殷"白文印。
80/1.50.146

竹雲題跋四卷
(清)王澍撰
清乾隆三十二年(1767)錢人龍刻本
四冊
八行十八字,白口,左右雙邊。刻工王景桓。鈐有"王鳴盛印"、"西莊居士"、"黃梅花屋所藏"白文印。　50/1767.3

淳化祕閣法帖考正十卷附二卷
(清)王澍撰
淳化閣帖釋文二卷
(清)沈宗騫校定
清乾隆三十三年(1768)冰壺閣刻本
十五冊
行數字數不等,白口,左右雙邊。
存九卷:卷一至九　50/1768 2

淳化閣帖釋文十卷
(清)朱家標撰
清抄本
一冊
九行二十二字,無格。鈐有"露頭花館李絨"朱文印。　80/2.50.675

宣和書譜二十卷
明崇禎毛氏汲古閣刻《津逮祕書》本
八冊
八行十九字,白口,左右雙邊。　40/1643.70

圖繪宗彝八卷
(明)楊爾曾輯
明萬曆三十五年(1607)刻本
四冊
十行二十四字,白口,四周單邊。有圖。
《中國古籍善本書目》子部4703　40/1607.4

書法正傳十卷
(清)馮武撰
清世豸堂刻本
四冊
十行二十字,白口,左右雙邊。　50/1785.5

無聲詩史七卷
(清)姜紹書撰
清康熙五十九年(1720)刻本
六冊
八行十六字,黑口,左右雙邊。鈐有"王雁樓"、"葆庵藏書"朱文印,"需山"、"伍銓萃印"白文印。　50/1720.2

苦瓜和尚畫語錄一卷
(清)石濤撰
清抄本
一冊
九行二十字,無格。　80/2.50.664

懷古田舍梅統十三卷
(清)徐榮撰
稿本
三冊
行數字數不等,無格。鈐有"茂萱堂藏"、"黃氏憶江南館珍藏印"、"蔭普"朱文印。
《中國古籍善本書目》子部4767　80/1.50.15

常惺惺齋書畫題跋二卷遊羅浮日記一卷
(清)謝蘭生撰
清抄本
二冊
九行二十一字,無格。鈐有"馬氏□青堂鈔書記"朱文印,"子木"白文印等。　80/2.50.619

風滿樓書畫錄四卷
(清)葉夢龍編

民國抄本
三冊
十行二十四字，紅格，白口，四周單邊。
80/2.60.12

鳴野山房彙刻帖目五卷
（清）沈復粲撰
清抄本
七冊
九行字數不等，藍格，白口，左右雙邊。
存三集：亨集、利集、貞集　80/2.50.510

繪事隨筆
（清）黃培芳撰　（清）黃崇奎輯
稿本
一冊
六至九行二十五字，無格。鈐有“香石詩孫”朱文印，“黃崇奎印”白文印。　80/1.50.16

丙戌餘錄不分卷
（清）朱啓連撰
稿本
二冊
十行二十五字，無格。鈐有“朱啓連印”白文印。　80/1.50.152

畫　譜

水滸全圖
（明）杜堇繪
清光緒六年（1880）粵東臧修堂刻藍印本
一冊
行數字數不等，白口，四周單邊。　50/1880

芥子園畫傳五卷
（清）王槩輯
清康熙十八年（1679）芥子園甥館刻彩色套印本
五冊
九行二十字，白口，四周單邊。鈐有“梁彬之印”朱文印，“字國華又曰宜章”、“學菴主人珍賞”白文印。　50/1679

芥子園畫傳二集八卷首一卷
（清）王槩　王蓍　王臬輯
清康熙四十年（1701）芥子園甥館刻彩色套印本
四冊
九行二十字，白口，四周單邊。鈐有“孔聖七十世孫廣陶印”、“嶽雪樓鑑藏金石書畫圖籍之章”、“嶽雪樓藏古刻善本”、“安氏節”朱文印，“王粲之印”白文印。　50/1701.3

晚笑堂竹莊畫傳不分卷
（清）上官周撰並繪
清乾隆八年（1743）刻本
四冊
行數字數不等，白口，左右雙邊。有圖。鈐有“劉氏阮溪珍藏”朱文印。　50/1743.4

紅樓夢圖詠
（清）改琦繪
清光緒五年（1879）淮浦居士刻本
四冊
行數字數不等，白口，四周單邊。鈐有“琴趣軒”、“南海蘇氏式之所藏”、“何驃騎藏”、“何減驃騎”朱文印。　50/1879

藝苑八仙圖不分卷
（清）楊璧堂撰　（清）陳增輝繪圖
稿本
一冊
九行二十五字，小字雙行三十七字，白口，四周雙邊。有圖。　80/1.50.118

花果同珍圖不分卷
（清）楊璧堂編定　許世馥繪
清咸豐五年（1855）稿本
一冊
九行二十五字，白口，四周雙邊。鈐有“慕蘧”朱文印，“廷科”、“鼇冠山人”、“恭則壽”白文印。
80/1.50.119

篆　刻

印存初集四卷

（明）胡正言篆刻

清順治四年（1647）胡氏十竹齋鈐印本

四冊

白口，四周單邊。鈐有"篴生"、"尚絅"、"古齋"、"蔭舫"、"新甯黄景棠藏"、"黄子静先生贈書"朱文印，"淮陰萬錦"、"大雅"、"白棨"白文印。　50/1647

嘉顯堂圖書會要不分卷

（清）何劍湖撰

清乾隆四十二年（1777）何劍湖刻本

一冊

九行二十一字，白口，四周雙邊。第一部鈐有"蒼水"朱文印，"劍湖"、"劍湖百箋"、"日珮之印"、"太史氏"、"兆禪道人"白文印，"劍湖真迹"朱白文印。　50/1703.5

又一部　一冊

端州何昆玉印稿一卷

（清）何昆玉篆刻

清鈐印本

一冊

四周雙邊，四角花頭。鈐有"計宜初印"朱文印。　80/1.50.99

續三十五舉不分卷

（清）桂馥撰

民國可大受齋抄本

一冊

八行十八字，五線邊欄，四角花頭，藍格。鈐有"謝"朱文印，"劍道人"、"可大受齋"白文印。　80/2.60.29

樂　譜

蓼懷堂琴譜不分卷

（清）雲志高輯

清康熙刻本

四冊

六行十二字，白口，四周雙邊。鈐有"陽江孝則圖書館"朱文印。

《中國古籍善本目》子部5033　50/1722.27

誠一堂琴譜六卷琴談二卷

（清）程允基撰

清康熙刻本

四冊

十二行二十二字，白口，四周雙邊。

缺三卷：琴譜卷一至三　50/1722.54

悟雪山房琴譜四卷

（清）黄景星撰

清道光二十二年（1842）廣東順德胡鏡誦刻本

六冊

六行十三字，白口，四周雙邊。　80/2.50.778

蝶戀花一卷

（清）朱啓連撰

稿本

一冊

六行字數不等，無格。鈐有"棣垞"朱文印，"棣花詩屋"白文印。　80/1.50.112

琴弦律位三卷

清抄本

三冊

行數字數不等，無格。鈐有"左右修竹"白文印。　80/2.50.772

棋　譜

奕理指歸圖三卷

（清）施定菴撰　（清）錢長澤繪圖

清乾隆四十一年（1776）笙雅堂刻本

六冊

上文下圖，白口，四周單邊。　50/1776

雜　技

投壺儀節不分卷

(明)汪禔編輯

明萬曆刻《夷門廣牘》本

一冊

九行十八字,白口,四周單邊。有圖。鈐有"簡敬堂藏"朱文印。　40/1573

龍子十三篇不分卷

清抄本

一冊

九行字數不等,無格。　80/2.50.760

譜錄類

器　物

宋淳熙敕編古玉圖譜一百卷

(宋)龍大淵等編纂

清乾隆四十四年(1779)江春康山草堂刻本

二十六冊

八行十七字,白口,四周單邊。　50/1779.3

硯箋四卷

(宋)高似孫撰

清抄本

一冊

十行二十字,小字雙行同,黑口,四周單邊。

80/2.50.759

墨譜不分卷

(明)方于魯撰

明萬曆二十四年(1596)刻本

二冊

行數字數不等,白口,左右單邊。鈐有"恥廬藏書"、"恥廬藏書之印"、"屺望鑑定"朱文印。

40/1596.18

方氏墨譜六卷

(明)方于魯撰

明萬曆方氏美蔭堂刻本

八冊

行數字數不等,白口,四周單邊。第一部鈐有"會稽徐樹蘭揖"白文印。第二部鈐有"香亭"、"漢賢大夫子孫"、"大興朱氏竹君藏書之印"、"奚岡"朱文印,"天璧"、"濱文信璽"白文印。

《中國古籍善本書目》子部5211　40/1596.5

又一部　八冊

素園石譜四卷

(明)林有麟撰

明萬曆四十一年(1613)自刻本

八冊

八行十八字,白口,四周單邊。有圖。鈐有"蘇式倫"朱文印,"仇時古印"、"秦邑岐印"白文印。

《中國古籍善本書目》子部5237　40/1613.5

香乘二十八卷

(明)周嘉胄撰

清光緒孔氏嶽雪樓抄本

六冊

九行十七字,小字雙行同,無格。鈐有"孔氏嶽雪樓影鈔本"、"廣雅書局藏書樓圖籍"朱文印。

80/2.50.425

文房肆考圖說八卷

(清)唐秉鈞撰

清乾隆四十三年(1778)竹映山莊刻本

四冊

九行二十字,黑口,左右雙邊。第二部鈐有"慕林辰"、"足廬珍藏書畫金石印"朱文印,"潘錫基印"白文印。　50/1778

又一部　四冊

食　譜

原本茶經三卷
(唐)陸羽撰
續茶經三卷附錄一卷
(清)陸廷燦輯
清雍正十三年(1735)陸氏壽椿堂刻本
四冊
十行二十字,白口,左右雙邊。
《中國古籍善本書目》子部 5311　50/1735.16

花草樹木

二如亭群芳譜二十八卷
(明)王象晉纂輯　(明)毛晉等校
明崇禎刻本
二十八冊
八行十八字,小字雙行同,白口,左右雙邊。
40/1629.5

二如亭群芳譜二十八卷
(明)王象晉纂輯　(明)毛晉等校
明末刻清遞修本
十二冊
八行十八字,小字雙行同,白口,左右雙邊。鈐有"節庵藏書"朱文印,"梁鼎芬印"白文印。
40/1629.6

二如亭群芳譜二十九卷首一卷
(明)王象晉纂輯　(明)毛晉等校
明末沙村草堂刻本
十六冊
八行十八字,小字雙行同,白口,左右雙邊。鈐有"養餘書屋所藏金石書畫圖籍"、"瑯嬛室"白文印。　40/1621.8

雜家類

雜學雜説

鶡冠子三卷
(宋)陸佃注　(明)王宇等評
明天啓五年(1625)朱氏花齋刻本
二冊
九行二十字,小字雙行同,白口,四周單邊。
《中國古籍善本書目》子部 5529
40/1625.3

鬼谷子三卷
(梁)陶弘景注　(清)秦恩復校正
篇目考一卷附錄一卷
(清)秦恩復輯
清嘉慶十年(1805)秦氏石研齋刻本　清陳澧批校
一冊
十行二十一字,白口,左右雙邊。鈐有"東塾書樓"白文印。
《中國古籍善本書目》子部 5543
50/1805

呂氏春秋二十六卷
題(宋)陸游評　(明)凌稚隆批
明萬曆四十八年(1620)凌毓枏刻朱墨套印本
十冊
九行十八字,白口,四周單邊。
《中國古籍善本書目》子部 5585
40/1620.2

淮南鴻烈解二十一卷
(漢)劉安撰　(明)茅坤等評
明刻朱墨套印本
十冊
九行二十字,白口,四周單邊。
《中國古籍善本書目》子部 5602
40/1627.7

又一部　八冊

淮南鴻烈解二十一卷
(漢)劉安撰　(漢)高誘注
明刻本
四册
九行十九字,小字雙行同,白口,四周雙邊。
40/1591.6

淮南鴻烈解二十一卷
(漢)高誘注　(明)茅坤批評
日本寬文四年(1664)刻本
六册
十行十九字,小字雙行同,白口,四周單邊或四周雙邊。鈐有"蒼虬經眼"、"王氏二十八宿硯齋藏書之印"朱文印,"雙長生樹屋"白文印。
90/1.10

淮南子二十一卷
(漢)劉安撰　(漢)高誘注
清乾隆五十三年(1788)莊逵吉刻本　清汪瑔校
四册
十一行二十一字,小字雙行同,黑口,四周單邊。鈐有"曾在汪芙之處"朱文印。
《中國古籍善本書目》子部5646
50/1788

白虎通德論二卷
(漢)班固撰
明刻本
四册
十行十六字,白口,左右雙邊。
《中國古籍善本書目》子部5712
40/1566

白虎通二卷
(漢)班固撰
清康熙七年(1668)汪士漢刻《祕書二十一種》本
二册
十行二十字,白口,左右雙邊。鈐有"仲魚圖像"、"海甯陳鱣觀"朱文印。　50/1668

風俗通義十卷
(漢)應劭撰
明刻本
四册
十行十六字,白口,左右雙邊。鈐有"曾在董氏誦芳室中"、"瑩如"、"吳興抱經樓藏"、"吳興藥龕"、"授經樓藏書印"、"海朝"、"葉氏藏書"朱文印,"董康秘笈之印"、"妾池玉"、"抱經樓藏善本"、"浙東沈德壽珍藏印"、"沈德壽秘藏"、"譚觀成印"、"惁音"白文印。
《中國古籍善本書目》子部5752
40/1566.28

風俗通義四卷
(漢)應劭撰
清康熙七年(1668)汪士漢刻《祕書二十一種》本
一册
十行二十字,白口,左右雙邊。　50/1668.2

劉子新論十卷
(北齊)劉晝撰　(唐)袁孝政注　(明)程榮校
明萬曆程榮刻《漢魏叢書》本
一册
九行二十字,小字雙行二十字,白口,左右雙邊。刻工黃鈐。鈐有"乙堂"、"澄清堂藏"、"采茱堂藏書記"朱文印,"武家帳中秘"白文印。
40/1619.51

避暑錄話二卷
(宋)葉夢得撰
明崇禎毛氏汲古閣刻《津逮祕書》本
二册
九行二十字,白口,四周單邊。鈐有"樵孫珍藏"朱文印。　40/1643.86

避暑錄話二卷
(宋)葉夢得撰
明刻本
二册
九行二十字,白口,四周單邊。鈐有"陽江孝則

圖書館”朱文印。 40/1619.7

元城語錄解三卷附行錄解一卷

（明）王崇慶撰

明刻本

二册

十行二十四字，小字雙行同，白口，四周單邊。鈐有“復壁藏書”、“歸塵齋積書記”朱文印，“禮培私印”白文印。

《中國古籍善本書目》子部6008 40/1521

清波雜志三卷

（宋）周輝撰

明萬曆商氏半埜堂刻《稗海》本

一册

九行二十字，白口，四周單邊。鈐有“曼殊圖書之印”朱文印，“曼殊珍藏”白文印。

40/1596.10

又一部 三册

容齋隨筆十六卷續筆十六卷三筆十六卷四筆十六卷五筆十卷

（宋）洪邁撰

明崇禎三年（1630）馬元調刻本

十六册

九行十八字，黑口，左右雙邊。鈐有“皕明閣”、“濠上堂藏本”、“澹逋辛亥後得”、“海珊書屋”朱文印，“德輝”、“念泉樓”白文印。

《中國古籍善本書目》子部6100 40/1630.9

東園叢說二卷

（宋）李如篪撰

清光緒孔氏嶽雪樓抄本

一册

八行二十一字，無格。鈐有“孔氏嶽雪樓影鈔本”、“廣雅書局藏書樓圖籍”朱文印。

80/2.50.154

西溪叢語二卷

（宋）姚寬撰

明毛氏汲古閣刻本

一册

八行十九字，白口，左右雙邊。 40/1630.8

螢雪叢說二卷

（宋）俞成撰

明弘治十四年華珵刻《百川學海》本

一册

十二行二十字，白口，左右雙邊。 40/1501.3

賓退錄十卷

（宋）趙與時撰

清乾隆十七年（1752）存恕堂刻本 清潘介繁跋並錄 清胡珽校

二册

十行十八字，白口，左右雙邊。鈐有“崇耀”、“仍度堂”、“潘氏桐西書屋之印”、“潘菽坡圖書印”、“菽坡藏書”、“東莞莫伯驥號天一藏書之印”、“泛香”、“順德馬氏文庫”朱文印，“粵雅”、“東莞莫氏五十萬卷樓”白文印。

《中國古籍善本書目》子部6227 50/1722.23

鶴林玉露十六卷

（宋）羅大經撰

明刻本

一册

九行二十字，白口，四周單邊。

存七卷：卷七至十五 40/1643.117

貴耳集三卷

（宋）張端義撰

明崇禎毛氏汲古閣刻《津逮祕書》本

六册

八行十九字，白口，左右雙邊。鈐有“青峰”朱文印，“安愚堂”白文印。 40/1642.2

齊東埜語二十卷

（宋）周密撰

明正德十年（1515）胡文璧刻本

六册

十一行字數不等，白口，四周雙邊，鈐有“偉人珍藏”朱文印，“玉笥山樓”、“獨於書籍患得患失鐵偉人識”、“費莫氏鑑賞圖書”白文印。

《中國古籍善本書目》子部6288 40/1515

齊東野語二十卷
(宋)周密撰
明刻本　有補配
五册
九行二十字,小字雙行同,白口,四周單邊。鈐有"經腴堂章"朱文印,"顔閔相與期"、"蔡氏仲子"、"歲在昭陽協洽聽鸝山館鈐記"白文印。
存十卷:卷十一至二十　40/1619.3

書齋夜話四卷
(宋)俞琰撰
清光緒孔氏嶽雪樓抄本
一册
八行二十一字,無格。鈐有"孔氏嶽雪樓影鈔本"、"廣雅書局藏書樓圖籍"朱文印。
80/2.50.162

南村輟耕錄三十卷
(明)陶宗儀撰
明玉蘭草堂刻本
十二册
十行二十一字,白口,左右雙邊。刻工有子文、子宜、子明、子承、光甫、良學、楊淳等。鈐有"查繼佐印"朱文印,"伊璜氏"白文印。
《中國古籍善本書目》子部6360　40/1545.2

南村輟耕錄三十卷
(明)陶宗儀撰
明玉蘭草堂刻萬曆三十二年(1604)王圻重修本
八册
十行二十一字,白口,左右雙邊。刻工有子文、子宜、子明、子承、光甫。鈐有"延陵容與室藏"、"鳴海平氏清玩"朱文印。
《中國古籍善本書目》子部6363　40/1604

南村輟耕錄三十卷
(明)陶宗儀撰
明刻本
一册
十二行二十五字,黑口,四周雙邊。鈐有"屈大均印"、"一名紹隆"、"西冷吳氏"朱文印。
存二卷:卷二十九至三十　37/1367.7

輟畊錄三十卷
(明)陶宗儀撰
日本刻本
八册
十行二十一字,白口,左右雙邊。鈐有"枌防"、"小宋"朱文印,"懺花盦主"、"瀛士書畫"白文印,"天眞堂"朱白文印。　90.1.1

蠡海集一卷
(明)王逵撰
明萬曆商氏半埜堂刻《稗海》本
二册
九行二十字,白口,四周單邊。　40/1596.15

燕泉何先生餘冬序錄六十五卷
(明)何孟春撰
明萬曆十二年(1584)黄齊賢、張汝賢等刻本
十六册
十一行二十一字,白口,左右雙邊。有刻工。鈐有"溫陵張氏藏書"、"沙山姜體乾藏"、"蒳齋"、"寅恭"、"陸紹良印"朱文印,"許"、"子"朱白文印。
《中國古籍善本書目》子部6433　40/1619.25

燕泉何先生餘冬序錄六十五卷
(明)何孟春撰
明萬曆黄齊賢、張汝賢等刻本
二十四册
十一行二十一字,白口,左右雙邊。有刻工。鈐有"張凱之印"、"淮陽張氏宗山素堂藏書"、"葛鼎翼魯氏書籍之章"朱文印,"張次柳閲過本"白文印。
缺五卷:卷六十一至六十五　40/1619.26

七修類稿五十一卷
(明)郎瑛撰
明刻本　有抄配
二十四册
十一行二十三字,小字雙行同,白口,四周單

邊。鈐有“天祿琳琅”、“乾隆御覽之寶”朱文印，“天祿繼鑑”白文印。

《中國古籍善本書目》子部6464　40/1643.44

逌旃璅言二卷

（明）蘇祐撰

明嘉靖刻本

二册

十行二十字，白口，左右雙邊。鈐有“臣埏號曰情田”朱文印，“彭城郡圖書”白文印。

《中國古籍善本書目》子部6477　40/1552.3

損齋備忘録一卷

（明）梅純撰

明嘉靖二十三年（1544）雲間陸氏刻本

一册

八行十六字，白口，左右雙邊。鈐有“玉笥山樓”白文印。　40/1544.3

大復論一卷

（明）何景明撰

空同子一卷

（明）李夢陽撰

明嘉靖吳郡袁氏嘉趣堂刻《金聲玉振集》本

一册

十行十八字，白口，左右雙邊。鈐有“鐵城劉雲甫鑑藏金石書畫之章”、“何文廣藏書”朱文印，“劉宗家藏”、“曾在李鹿山之處”、“何文廣印”白文印。　40/1566.32

別釋常談三卷

明嘉靖四十年（1561）抄本

二册

十行十八字，藍格，白口，四周雙邊。鈐有“曾在李鹿山處”朱文印。　80/2.40.18

説頤八卷

（明）余懋學撰

明萬曆三十六年（1608）直方堂刻本

八册

九行十九字，白口，左右雙邊。刻工黄汝清。鈐有“盍齋珍藏”、“藏暉書屋”、“譚觀成印”朱文印，“譚觀成”白文印。

《中國古籍善本書目》子部6564　40/1608.8

本語六卷

（明）高拱撰

清光緒孔氏嶽雪樓抄本

二册

十行十六字，無格。鈐有“孔氏嶽雪樓影鈔本”、“廣雅書局藏書樓圖籍”朱文印。

80/2.50.363

梅花草堂集十四卷

（明）張大復撰

明崇禎刻清順治十三年（1656）張安淳重修本

五册

九行二十字，白口，左右雙邊。

《中國古籍善本書目》子部6574　40/1627.6

鴻苞集四十八卷

（明）屠隆撰

明萬曆三十八年（1610）茅元儀刻本

二十五册

九行十九字，白口，四周單邊。鈐有“節庵藏書”朱文印，“臣梁鼎芬”白文印。

《中國古籍善本書目》子部6583　40/1610.6

説儲八卷二集八卷

（明）陳禹謨撰

明刻本　有抄配

八册

九行二十字，白口，四周雙邊。刻工有楊文等。鈐有“吳卓信印”、“頊儒”、“立峰”、“邠詠”、“海虞沈傳甲經眼”朱文印，“臣卓信印”、“半雲軒”白文印。

《中國古籍善本書目》子部6639　40/1611.4

狂夫之言三卷續二卷

（明）陳繼儒撰

明刻本

二册

八行十八字，白口，四周單邊。鈐有“方氏子穎考藏印記”、“櫟農鑑賞”、“躋誠館溶水氏珍玩”

朱文印。 40/1643.106

六研齋筆記四卷
(明)李日華撰
明末刻本
二冊
八行十九字,白口,四周單邊。 40/1627.10

香祖筆記十二卷
(清)王士禎撰
清康熙刻《王漁洋遺書》本
六冊
十行十九字,白口,左右雙邊。 50/1705.8

在園雜志四卷
(清)劉廷璣撰
清康熙五十四年(1715)自刻本
四冊
九行十九字,黑口,左右雙邊。
《中國古籍善本書目》子部6836 50/1715

初學藝引二十三卷
(清)李仕學輯
清乾隆十四年(1749)漱芳居刻本
八冊
十行二十一字,小字雙行同,白口,四周雙邊。鈐有"黃氏憶江南館珍藏印"、"蔭普珍藏"朱文印,"禺山黃氏"白文印。
存十二卷:引文卷一至五、引詩卷一至三、引書卷一至四 50/1749.2

經外雜鈔二卷
(宋)魏了翁撰
清光緒孔氏嶽雪樓抄本
一冊
八行十八字,小字雙行同,無格。鈐有"孔氏嶽雪樓影鈔本"、"廣雅書局藏書樓圖籍"朱文印。
80/2.50.437

公孫龍子注一卷
(清)陳澧撰
吳道鎔抄本 佚名朱筆圈點
一冊
九行二十五字,紅格,白口,四周雙邊。鈐有"梁汝洪印"朱文印,"紫雲青華硯齋藏書"白文印。
80/2.60.27

東齋雜誌一卷
鄔慶時撰
稿本
一冊
九行二十五字,綠格,白口,左右單邊。鈐有"鄔慶時印"白文印。 80/1.60.21

讀書筆記一卷
稿本
一冊
八行字數不等,綠格,白口,左右單邊。
80/1.60.10

雜 考

鼠璞一卷
(宋)戴埴撰
明弘治十四年(1501)華珵刻《百川學海》本
一冊
十二行二十字,白口,左右雙邊。 40/1501.2

困學紀聞二十卷
(宋)王應麟撰
明刻本 清葉芳跋並錄 清閻若璩校注 清何焯校跋 有抄配
八冊
十行十八字,小字雙行同,黑口,四周雙邊。鈐有"周德齋印"、"政孚"白文印。
存八卷:卷三至十
《中國古籍善本書目》子部7078 40/1368.3

芥隱筆記一卷
(宋)龔頤正撰
明毛氏汲古閣刻《津逮祕書》本
一冊
八行十九字,小字雙行同,白口,左右雙邊。鈐

有"正白旗洲三甲兵十佐領圖記"朱文印,"昌綬審定"白文印。 40/1630.6

丹鉛總錄二十七卷
(明)楊慎撰
明嘉靖三十三年(1554)梁佐刻本
六冊
十一行二十五字,白口,四周雙邊。
《中國古籍善本書目》子部7118 40/1554.2

秇林伐山二十卷
(明)楊慎撰
明刻本
一冊
九行二十二字,白口,四周雙邊。鈐有"侯過之印"白文印。
存三卷:卷七至九 40/1572.9

正楊四卷
(明)陳耀文撰
清光緒孔氏嶽雪樓抄本
四冊
八行二十一字,無格。鈐有"孔氏嶽雪樓影鈔本"朱文印。 80/2.50.217

讀書樂趣八卷
(清)伍涵芬撰
清抄本
一冊
九行二十五字、二十六字,無格。
存四卷:卷一至四 80/2.50.727

名義考十二卷
(明)周祈撰
清光緒孔氏嶽雪樓抄本
四冊
八行二十一字,小字雙行同,無格。鈐有"孔氏嶽雪樓影鈔本"、"廣雅書局藏書樓圖籍"朱文印。 80/2.50.166

古今釋疑十八卷
(清)方中履撰
清康熙二十一年(1682)汗青閣刻本
十冊
八行二十字,小字雙行同,白口,左右雙邊。鈐有"王賢超書畫記"、"南海王氏養竹山房珍藏書畫"、"湯氏子壽珍藏圖籍"朱文印。
50/1682.5

義府二卷
(清)黃生撰
清光緒孔氏嶽雪樓抄本
二冊
十行十六字,小字雙行同,無格。鈐有"孔氏嶽雪樓影鈔本"、"廣雅書局藏書樓圖籍"朱文印。
80/2.50.87

潛邱劄記六卷
(清)閻若璩撰
清乾隆九年(1744)閻學林春西堂刻本
六冊
十一行二十字,白口,左右雙邊。 50/1744

東塾讀書記稿不分卷
(清)陳澧撰
稿本
十一冊
十一行二十八字,紅格,黑口,左右雙邊。鈐有"陳澧之印"白文印。
《中國古籍善本書目》子部7347 80/1.50.2

古事物考不分卷
清抄本
二冊
九行二十五字,無格。 80/2.50.532

雜　記

世說新語六卷
(劉宋)劉義慶撰　(梁)劉孝標注
明三畏堂刻本
五冊
九行十八字,小字雙行同,白口,四周雙邊或四

周單邊、左右雙邊。　40/1643.31

又一部　十冊

世說新語補二十卷

(劉宋)劉義慶撰　(梁)劉孝標注　(明)何良俊增補　(明)王世貞刪定　(明)王世懋批釋　(明)張文柱校注

附釋名一卷

明萬曆十三年(1585)張文柱刻本

十六冊

九行十八字,小字雙行同,白口,左右雙邊或四周單邊。鈐有"結一廬藏書印"、"張氏秘玩"朱文印。

《中國古籍善本書目》子部 7418　40/1619.14

世說新語補二十卷

(劉宋)劉義慶撰　(梁)劉孝標注　(明)何良俊增補　(明)王世貞刪定　(明)王世懋批釋　(明)張文柱校注

附釋名一卷

明萬曆張文柱刻本　汪氏朱筆批校

十六冊

九行十八字,小字雙行同,白口,左右雙邊。鈐有"汪氏傳書樓珍藏書畫印"、"林海藏本"朱文印。　40/1586

杜陽雜編三卷

(唐)蘇鶚撰

明萬曆商氏半埜堂刻《稗海》本

一冊

九行二十字,白口,四周單邊。鈐有"千里校理"朱文印,"天放閣"白文印。　40/1596.14

儒林公議二卷

(宋)田況撰

暌車志六卷

(宋)郭彖撰

明萬曆商氏半埜堂刻《稗海》本

一冊

九行二十字,白口,四周單邊。鈐有"曼殊圖書之印"朱文印,"曼殊珍藏"白文印。

40/1596.12

玉壺野史十卷

(宋釋)文瑩撰

清抄本

四冊

十行十九至二十字,無格。鈐有"蘇州淵雅堂王氏圖書"朱文印,"靜廬精舍"、"學鴻"白文印。

80/2.50.725

河南邵氏聞見前錄二十卷

(宋)邵伯溫撰

河南邵氏聞見後錄三十卷

(宋)邵博撰

明崇禎毛氏汲古閣刻《津逮祕書》本

五冊

八行十九字,白口,左右雙邊。　40/1643.74

家世舊聞一卷

(宋)陸游撰

明汲古閣刻《陸放翁全集》本

八行十八字,白口,左右雙邊。

一冊　40/1643.83

桯史十五卷

(宋)岳珂撰

附錄一卷

明嘉靖四年(1525)錢如京刻本

八冊

十行二十字,黑口,四周單邊。

《中國古籍善本書目》子部 7601　40/1525

桯史十五卷

(宋)岳珂撰

附錄一卷

明萬曆刻本

六冊

八行十九字,白口,左右雙邊。　40/1543.72

桯史十五卷

(宋)岳珂撰

附錄一卷

明毛氏汲古閣刻《津逮祕書》本

六冊

八行十九字，白口，左右雙邊。第一部鈐有“潘氏恬虛室印”朱文印，“五知齋”白文印。第二部鈐有“遺厚堂”朱文印，“楊氏之書”白文印。 40/1643.72

又一部　三冊　存十二卷：卷一至十二

稗官記五卷

（明）馬愈撰

清抄本

二冊

十一行二十二字，無格。鈐有“東莞莫氏福功堂藏書”朱文印，“東莞莫氏五十萬卷樓”白文印。

《中國古籍善本書目》子部7658　80/2.50.45

湧幢小品三十二卷

（明）朱國禎撰

明天啓二年（1622）清美堂刻本

二十六冊

九行二十字，白口，左右雙邊。有刻工。第一部鈐有“瑤芳軒藏書鈐記”朱文印，“黃梅花屋所藏”白文印。第二部鈐“安樂堂藏書記”、“明善堂覽書畫印記”、“傅吾康審定珍藏”朱文印。

《中國古籍善本書目》子部7758　40/1622.2

又一部　十二冊

焦氏說楛七卷

（明）焦周撰

明萬曆四十一年（1613）刻本

六冊

十一行二十二字，白口，四周單邊。

存六卷：卷一至六　40/1613

觚賸八卷續編四卷

（清）鈕琇輯

清康熙三十九年（1700）臨野堂刻本

六冊

十行十九字，白口，左右雙邊。鈐有“園畊堂易氏藏書印”、“春谷”朱文印。　50/1702.2

舟車隨筆摘鈔不分卷

（清）顏葆濂撰

清道光二十八年（1848）南海姚芬抄本

一冊

八行字數不等，藍格，白口，四周單邊。鈐有“梁汝洪印”朱文印，“姚芬之印”白文印。

80/2.50.726

越台雜記四卷

（清）顏嵩年撰

稿本

一冊

八行十七字，無格。　80/1.50.71

南海康先生口說二卷

（清）黎祖健輯

清光緒二十二年（1896）稿本

二冊

行數字數不等，無格。鈐有“硯貽私印”、“萬木草堂學徒”、“硯貽”、“祖健”朱文印，“番禺黎祖健印”、“黎祖健印”白文印。　80/1.50.142

雜　纂

雜纂三卷

（唐）李商隱撰　（宋）王君玉　蘇軾續纂

明嘉靖二十三年（1544）雲間陸氏刻本

一冊

八行字數不等，白口，左右雙邊。鈐有“玉笥山樓”白文印。　40/1544.5

紺珠集十三卷

明天順刻本

十二冊

十二行二十四字，黑口，四周雙邊。有刻工。鈐有“青山徐則恂藏”白文印。

《中國古籍善本書目》子部8087　40/1464.2

澄懷錄二卷

（宋）周密輯

清抄本

一冊

十行十八字,無格。 80/2.50.703

瑯嬛記三卷
題(元)伊士珍輯
明崇禎毛氏汲閣刻《津逮祕書》本
一冊
八行十九字,白口,左右雙邊。鈐有"小瑯嬛室鑑藏"、"小瑯嬛室"、"董氏"、"曾藏董伯尊家"朱文印。 40/1643.81

學箢二卷
(明)趙撝謙撰
清初南陽講習堂刻本
一冊
八行十六字,白口,四周單邊。鈐有"樂意軒吳氏藏書"朱文印。 50/1644.8

學範二卷
(明)趙撝謙撰
清抄本
二冊
十一行二十三字,無格。 80/2.50.51

諸子品節五十卷
(明)陳深輯
明萬曆刻本
四十八冊
九行二十字,白口,四周單邊。鈐有"馮際旦印"白文印。 40/1643.97

學圃藼蘇六卷
(明)陳耀文輯
明萬曆五年(1577)東粜刻本
六冊
十行二十字,小字雙行同,白口,左右雙邊。鈐有"龍丘南巷余氏藏書記"白文印。
《中國古籍善本書目》子部 8225 40/1577.5

琅邪代醉編四十卷
(明)張鼎思輯
明萬曆二十五年(1597)陳性學刻本
十六冊
十行二十一字,白口,四周雙邊。
《中國古籍善本書目》子部 8280 40/1597

焦氏類林八卷
(明)焦竑輯
明萬曆十五年(1587)王元貞刻本
二冊
十行二十字,小字雙行同,白口,左右雙邊。
《中國古籍善本書目》子部 8306 40/1587.3

廣諧史十卷
(明)陳邦俊輯
明萬曆四十三年(1615)沈應魁刻本
十二冊
九行二十字,黑口,四周單邊。鈐有"凌鶴書長番禺八桂中學時所儲圖書印"、"盛開榮印"朱文印,"子壽"白文印。
《中國古籍善本書目》子部 8312 40/1628.2

香案牘一卷枕譚一卷寶顔堂清明曲一卷
(明)陳繼儒撰
明萬曆繡水沈氏刻《寶顔堂祕笈》本
一冊
八行十八字,白口,左右雙邊,四周單邊。
40/1620.11

諸子奇賞前集五十一卷後集六十卷
(明)陳仁錫輯評
明末刻本
三十六冊
九行二十字,白口,四周單邊。
存八十九卷:前集卷一至二十九、後集卷一至六十 40/1626.6

東齋筆記不分卷
廖海寰撰
稿本
二冊
七行二十字,紅格,白口,四周單邊。
80/1.50.114

陳子褎教育遺議不分卷

陳榮袞撰
稿本
二册
行數字數不等,無格。 80/1.60.29

小說類

筆　記

雜　事

明人百家小說一百卷
(明)沈廷松編
明末刻本
一册
九行二十字,白口,左右雙邊。鈐有"雋吟"、"曹泊□"白文印。
存二卷:卷一至二 40/1643.110

夢軒筆談二十卷
(清)梁松年撰
稿本
七册
九行二十四字,紅格,白口,四周雙邊。
80/1.50.41

河東先生龍城錄二卷
(唐)柳宗元撰
明萬曆商氏半埜堂刻《稗海》本
一册
九行二十字,白口,四周單邊。鈐有"東湖康氏"、"千里珍藏"朱文印。 40/1596.13

異　聞

山海經十八卷
(晉)郭璞傳
明成化四年(1468)北京國子監刻本
四册
九行字數不等,黑口,四周雙邊。鈐有"觀光"朱文印。
《中國古籍善本書目》子部8546 40/1468

博物志十卷
題(晉)張華撰　(明)吳琯校
明吳琯刻《古今逸史》本
一册
十行二十字,白口,左右雙邊。鈐有"武林羅氏校本"、"越州馬寶瑛買過之本"、"恬翁"朱文印,"京江燕翼堂錢氏藏本"、"恬養齋印"白文印。
存三卷:卷一至三 40/1643.88

續博物志十卷
題(晉)李石撰　(明)吳琯校
明吳琯刻《古今逸史》本
一册
十行二十字,白口,左右雙邊。鈐有"越州馬寶瑛買過之本"朱文印,"京江燕翼堂錢氏藏本"白文印。
存三卷:卷一至三 40/1643.89

前定錄一卷
(唐)鍾輅撰
清順治三年(1646)刻本
一册
九行二十字,白口,左右雙邊。鈐有"東目館"朱文印。 50/1646.4

宣室志十卷補遺一卷
(唐)張讀撰
明萬曆商氏半埜堂刻《稗海》本
一册
九行二十字,白口,四周單邊。 40/1596.11

異苑十卷
(劉宋)劉敬叔撰
明毛氏汲古閣刻《津逮祕書》本
一册
九行十八字,白口,左右雙邊。第二部鈐有"臣

梁鼎芬”白文印。 40/1630.7

又一部　一冊

五色線二卷

明崇禎毛氏汲古閣刻《津逮祕書》本

二冊

八行十九字,白口,左右雙邊。 40/1643.82

又一部　二冊

聞見錄一卷

(明)姚宣撰

明抄本

一冊

十一行二十二字,藍格,白口,四周單邊。

《中國古籍善本書目》子部 8760 80/2.40.13

月旦堂仙佛奇踪合刻八卷

(明)洪應明撰

明刻本　有抄配

二冊

八行十八字,白口,四周單邊。有圖。鈐有“養耐居士”朱文印,“王鳴和記”白文印。

存二卷:卷一至二 40/1643.37

情史類略二十四卷

(明)馮夢龍輯

明末刻本

十二冊

九行二十一字,白口,左右雙邊。

《中國古籍善本書目》子部 8799 40/1643.16

瑣　語

小窗四紀四種

(明)吳從先輯

明刻本

三冊

八行十八字,白口,四周單邊。

存一種:小窗清紀不分卷 40/1643.99

長　篇

講　史

四雪草堂重訂通俗隋唐演義二十卷一百回

(清)褚人穫撰

清康熙四雪草堂刻本

二十冊

十行二十三字,白口,四周單邊。鈐有“高氏藏書”朱文印,“銘雀硯齋收藏書畫印”白文印。

《中國古籍善本書目》子部 8977 50/1695

臺灣外志十二卷

(清)江日昇撰

清抄本

六冊

八行二十一字,無格。鈐有“孔氏嶽雪樓影鈔本”、“面城樓藏書印”、“溫氏珍藏”、“漱綠樓書畫記”、“漱綠樓藏書印”、“漱綠樓校本”、“漱綠主人”、“樹梁鑑賞”、“棟臣氏”、“幼珊氏”、“紫芝”、“齊女梅子鶴”朱文印,“惜芬陰閣”、“惜花之章”白文印,“棟臣氏觀”朱白文印。

80/2.50.475

臺灣外志五十卷一百回

(清)江日昇撰

清抄本

七冊

八行二十五字,無格。鈐有“陳集善堂”、“何文廣藏書”朱文印,“何文廣”白文印。

80/1.50.149

嶺南逸史二十八回

(清)花溪逸士編　(清)醉園狂客評點

清刻本

十冊

八行十六字,白口,左右單邊。 50/1911.9

人　情

金瓶梅一百回
題(明)蘭陵笑笑生撰
清康熙三十四年(1695)刻本
三十五册
十一行二十五字,白口,四周單邊。有圖。
缺四回:回一至四　50/1695.4

皋鶴堂批評第一奇書金瓶梅一百回
題(明)蘭陵笑笑生撰　(清)張竹坡評點
清康熙三十四年(1695)皋鶴草堂刻本
四十九册
十二行二十二字,小字雙行同,白口,四周單邊。
缺三回:回二十七至二十九　50/1695.3

金瓶梅一百回
題(明)蘭陵笑笑生撰
清刻本
五十册
十行二十字,白口,四周單邊。
缺二回:回一至二　50/1722.84

類書類

藝文類聚一百卷
(唐)歐陽詢輯
明嘉靖二十八年(1549)平陽府刻本
三十二册
十四行二十八字,小字雙行,白口,左右雙邊。刻工有宗信、章景華等。鈐有"卓民"朱文臼,"張汝謙印"白文印。
《中國古籍善本書目》子部9192　40/1549.3

藝文類聚一百卷
(唐)歐陽詢輯
清乾隆成都宏達堂刻本
十四册
十行二十字,白口,左右雙邊。
存四十五卷:卷一至四十五　50/1795.34

北堂書鈔一百六十卷
(唐)虞世南輯
清光緒七年(1881)三十三萬卷堂抄本
二十册
十二行十八字,小字雙行,綠格,黑口,四周單邊。鈐有"粵孔廣陶翰墨"、"徐紹棨"朱文印。
80/2.50.66

北堂書鈔續校記不分卷
(清)林國賡撰
稿本
一册
九行二十字,紅格,白口,四周單邊。鈐有"梁汝洪印"朱文印,"紫雲青華硯齋藏書"白文印。
《中國古籍善本書目》子部9219　80/1.50.18

初學記三十卷
(唐)徐堅等輯
明嘉靖十三年(1534)晉府虛益堂刻本
十二册
九行十八字,小字雙行二十四字,黑口,左右雙邊。刻工有李鸞、呂堂、呂進、呂寬、呂賢、呂澤、耿名、郝傑、舒保等。鈐有"孫擴圖"白文印。
《中國古籍善本書目》子部9241　40/1534.3

初學記三十卷
(唐)徐堅等輯
明萬曆二十五年(1597)至二十六年(1598)陳大科刻本
十册
九行二十字,小字雙行同,白口,左右雙邊。鈐有"景星"、"番禺陶氏愛廬藏書印"、"撫松閣"、"子山"、"葉啓芳丁酉六十藏書"朱文印,"熊景星印"、"敦復印信"、"葉啓芳藏"、"葉啓芳"白文印。
《中國古籍善本書目》子部9253　40/1598

元和姓纂十卷
(唐)林寶撰
清光緒孔氏嶽雪樓抄本

八册

八行二十字，小字雙行同，無格。鈐有“廣雅書局藏書樓圖籍”朱文印。　80/2.50.350

唐宋白孔六帖一百卷目錄二卷

（唐）白居易　（宋）孔傳輯

明刻本

四十八册

十行十八字，小字雙行十八字，白口，左右雙邊。刻工有大節、子明、子長、子信、子鳴、子靜、文方、文彩、世臣、世鳴、守中、李耀、呂永之、呂春、廷獻、何山、何亨、何明、何受、何敖、何儔、范臣、明甫、明斯、惟器、啓明、國祥、陸奎、陸宣、朝用、朝陽、榮之、鳴岐、應亨、何世用等。鈐有“字曰本淳”、“稺萁”、“面城樓藏書印”、“嶺南溫氏珍藏”、“順德溫君勒所藏金石書畫之印”、“漱綠樓藏書印”、“漱綠主人”、“季棟”、“棟臣氏”、“棟臣”、“平原”、“穀甫”朱文印，“程氏書城”、“程尚甫圖書記”、“培因”、“莊稺萁收藏印”、“莊又朔”、“文朔章”、“曾釗之印”、“溫樹梁印”、“澍梁”、“晏鄉”、“景耀”白文印，“漱綠校本”朱白文印。　40/1566.19

事類賦三十卷

（宋）吳淑撰並注

明嘉靖十三年（1534）白坪刻本

八册

十一行二十字，小字雙行同，黑口，四周單邊。

《中國古籍善本書目》子部 9288　40/1534

册府元龜一千卷

（宋）王欽若等輯

清乾隆十九年（1754）刻本

二百四十册

十行二十字，白口，四周單邊。　50/1754.10

海錄碎事二十二卷

（宋）葉廷珪輯

明萬曆二十七年（1599）刻本

十八册

十二行二十一字，白口，左右雙邊。鈐有“頻洲草堂”朱文印，“月查主人嚴允弘字敷五一字含亍白黑齋”白文印。

存十三卷：卷一至三、五至十四　40/1599.7

太學增修聲律資用萬卷菁華前集八十卷後集八十卷

明抄本

四十册

十六行二十五字，小字雙行同，無格。鈐有“項氏萬卷堂圖籍印”、“少溪私印”朱文印。

《中國古籍善本書目》子部 9396　80/2.40.11

錦繡萬花谷前集四十卷後集四十卷續集四十卷

明嘉靖十五年（1536）秦汴繡石書堂刻本

四十四册

十二行二十一字，小字雙行同，白口，左右雙邊。

《中國古籍善本書目》子部 9433　40/1536

錦繡萬花谷前集四十卷後集四十卷續集四十卷

明刻本

一册

十二行二十一字，小字雙行同，白口，左右雙邊。

存二卷：前集卷二十七至二十八

40/1643.114

新編古今事文類聚前集六十卷後集五十卷續集二十八卷別集三十二卷

（宋）祝穆輯

新集三十六卷外集十五卷

（元）富大用輯

遺集十五卷

（元）祝淵輯

明萬曆三十二年（1604）書林唐富春德壽堂刻本

七十册

十一行二十四字，小字雙行同，白口，四周單邊。

《中國古籍善本書目》子部 9449　40/1604.3

新編古今事文類聚前集六十卷後集五十卷續集二十八卷別集三十二卷

（宋）祝穆輯

新編古今事文類聚外集十五卷新集三十六卷

（元）富大用輯

明刻本

四十二册

十四行二十八字，小字雙行同，黑口，四周雙邊。鈐有“押印”、“李戠彦慎”、“荆州田氏藏書之印”、“潛山所有”、“竹窗”朱文印，“景偉樓印”、“伏侯得之日本”、“羽溪世家”白文印。

存一百六十二卷：前集卷一至六十、後集一至三十六、四十一至五十、續集卷一至二十八、别集二十八至三十二、新集十四至三十六　40/1502

新編古今事文類聚前集六十卷後集五十卷續集二十八卷新集三十六卷外集十五卷遺集十五卷別集三十二卷

（宋）祝穆編

清乾隆二十八年（1763）積秀堂刻本

六十二册

十一行二十四字，小字雙行同，白口，四周單邊。　50/1763.7

羣書會元截江網三十五卷

清抄本

十五册

八行二十一字，無格。鈐有“廣雅書局藏書樓圖籍”朱文印。

《中國古籍善本書目》子部9485　80/2.50.48

小字錄一卷

（宋）陳思輯

清光緒孔氏嶽雪樓抄本

一册

八行二十字，小字雙行同，無格。鈐有“孔氏嶽雪樓影鈔本”、“廣雅書局藏書樓圖籍”朱文印。

80/2.50.165

全芳備祖前集二十七卷後集三十一卷

（宋）陳景沂輯

清光緒孔氏嶽雪樓抄本

十八册

八行二十字，無格。鈐有“孔氏嶽雪樓影鈔本”、“廣雅書局藏書樓圖籍”朱文印。

80/2.50.546

群書考索前集六十六卷後集六十五卷續集五十六卷别集二十五卷

（宋）章如愚輯

明建陽區玉刻本

五十三册

十四行二十八字，黑口，四周雙邊。有圖。鈐有“潁川劉子端藏書印”白文印。

缺四卷：續集卷十至十三　40/1521.1

新箋決科古今源流至論前集十卷後集十卷續集十卷

（宋）林駉撰

别集十卷

（宋）黄履翁撰

元延祐刻本

一册

十五行二十五字，黑口，四周雙邊。

存二卷：前集卷七至八　37/1367.4

玉海二百卷辭學指南四卷詩考一卷詩地理考六卷漢藝文志考證十卷通鑑地理通釋十四卷漢制考四卷踐阼篇集解一卷周易鄭康成注一卷姓氏急就篇二卷急就篇補注四卷周書王會補注一卷小學紺珠十卷六經天文編二卷通鑑答問五卷

（宋）王應麟撰

元至元六年（1340）慶元路儒學刻元明遞修本

一百八十册

十行十九字至二十一字不等，白口，左右雙邊。刻工有士良、子安、子堅、文甫、王玉、壬良、可安、江厚、仲王、仲實、行可、克明、茅修、居正、胡玉、胡珪、海中、秦淳、留成、梁順、盛儼、張章、景先、景旻、雲卿、德忠、德章、魏海、王子義、王浩卿、王德明、壬以方、任子敬、余伯清、阮德中、范雙評、茅雪舟、胡仲玉、胡仲珪、胡克明、胡泰之、徐仲裕、張周士等。鈐有“李文騶藏書印”朱文印，“東莞莫氏五十萬卷樓”白文印。

《中國古籍善本書目》子部9557　37/1340

玉海二百卷辭學指南四卷詩考一卷詩地理考六卷漢藝文志考證十卷通鑑地理通釋十四卷漢制考四卷踐阼篇集解一卷周易鄭康成注一卷姓氏急就篇二卷急就篇補注四卷周書王會補注一卷小學紺珠十卷六經天文編二卷通鑑答問五卷

（宋）王應麟撰

明刻清遞修本

七十九冊

十行二十字，小字雙行同，白口，四周雙邊。刻工有方巒、王昕、汪正、李明、林時、韋校、袁鈞、郭文、郭學、彭中、彭元、黃武、黃漢、鄧和、劉中、劉卞、劉仁、劉欽、劉隆、戴璞、王士良、王應龍、江邦嘉、李子高、吳時遷、茅文徵、施可光、莊朝宰、孫國網、盛世霖、陶時賢、彭文煥、黃一林、黃汝柯、黃汝極、黃志道、程登憲、趙祖易、談仕龍、饒與靈等。鈐有“江都史氏家藏”、“江都史致儼字望之家藏書畫之印”朱文印。

存二百六十二卷：玉海、辭學指南、詩考、詩地理考、通鑑地理通釋、漢制考、踐阼篇集解、周易鄭康成注、姓氏急就篇、急就篇補注、周書王會補注、小學紺珠、六經天文编、通鑑答問

40/1619.38

新鍥簪纓必用增補秘笈新書十三卷別集三卷

（宋）謝枋得輯　（明）吳道南補

明萬曆三十六年（1608）刻本

十六冊

十一行二十二字，小字雙行同，白口，四周雙邊。鈐有“吳定瑩印”白文印。

《中國古籍善本書目》子部 9582　40/1608.4

名賢氏族言行類稿六十卷

（宋）章定撰

清光緒孔氏嶽雪樓抄本

二十二冊

八行二十一字，無格。鈐有“廣雅書局藏書樓圖籍”朱文印。　80/2.50.381

新增說文韻府羣玉二十卷

（元）陰時夫輯　（元）陰中夫注

明萬曆十八年（1590）王元貞刻本　有抄配

十冊

十一行字二十二字，小字雙行同，白口，左右雙邊。鈐有“白河文庫”、“桒名文庫”、“立教館圖書印”、“防意齋印”、“濠堂所得善本”、“濠堂藏本之一”、“澹逋丙辰所得”、“琅玕館”朱文印。

《中國古籍善本書目》子部 9610　40/1590.4

純正蒙求三卷

（元）胡炳文撰

清光緒孔氏嶽雪樓抄本

三冊

八行二十一字，無格。鈐有“孔氏嶽雪樓影鈔本”、“廣雅書局藏書樓圖籍”朱文印。

80/2.50.364

群書集句不分卷

（明）錢達道纂

明嘉靖四十四年（1565）稿本

二冊

八行二十字，藍格，白口，四周單邊。鈐有“錢達道字五卿”、“錢氏博雅堂圖書印”、“嚴可均之印”朱文印，“鐵橋”白文印。　80/1.40

精刻張翰林重訂京本排韻增廣事類氏族大全二十八卷

（明）張溥訂正

明崇禎五年（1632）書林陳國旺積善堂刻本

一冊

十一行二十九字，白口，四周單邊，鈐有“濠上堂藏本”朱文印。

存二十六卷：卷三至二十八　40/1643.7

類編名公四六啓劄雲錦續集五卷

明抄本

二冊

十行二十二至二十五字，藍格，白口，四周雙邊。

《中國古籍善本書目》子部 9628　80/2.40.14

增廣事聯詩學大全三十卷

明刻重修本

十二冊

十三行二十字不等,小字雙行二十五字,黑口,四周雙邊。有圖。鈐有"順德何氏抱素樓考藏"朱文印,"東莞莫氏五十萬卷樓藏書"白文印。

《中國古籍善本書目》子部9656　40/1368.6

新刊唐荆川先生稗編一百二十卷目録三卷

(明)唐順之輯

明萬曆九年(1581)茅一相文霞閣刻本

六十四冊

十行二十字,白口,四周雙邊。刻工有六二、六三、王五、仇鵬、丘一、江五、朱一、李二、李七、李富、肖成、吳二、吳七、狄賢、范四、周三、周留、周壽、祝正、張相、陸文、陸成、陸龍、陳一、陳三、陳玉、陳習、陳富、陳敬、游二、程言、程和、葉八、葉五、葉六、楊八、詹一、詹二、詹八、壽三、蔡一、鄭鎧、劉二、劉仁、樊松、魏三、羅三、羅明、顧仁、吳允中、周邦明、金汝南、洪賛贊、倪世榮、陳崇玉、鄒邦彦等。鈐有"黟山李氏藏書"朱文印,"芸樓"白文印。

《中國古籍善本書目》子部9758　40/1581.3

文選錦字録二十一卷

(明)凌迪知輯

明萬曆五年(1577)吳興凌氏桂芝館刻本

十六冊　40/1577.5

古今萬姓統譜一百四十卷歷代帝王姓系統譜六卷氏族博考十四卷

(明)凌迪知輯

明萬曆七年(1579)刻本

二十三冊

九行二十字,小字雙行同,白口,四周單邊。刻工有六李、王六、王張、仕張、英貞、時中、徐文、張李、漢元、漢六、趙漢、應漢、顧植、王伯才、吉甫補、何成德、沈玄龍、前七貞、振鄴堂、彭天恩、盧世清、戴仕瀛、魏國用等。鈐有"新會伍氏葆盦藏書"朱文印,"望月樓"、"屈氏望仙山房藏"白文印。

存一百四十八卷:卷一至四十五、五十至九十、九十八至一百三十九、附一至二十卷

40/1579.5

三才圖會一百六卷

(明)王圻撰

明萬曆三十七年(1609)刻王爾賓重修本

九十冊

九行二十二字,小字雙行同,白口,四周單邊。有圖。刻工吳雲軒、陶國臣。　40/1609

喻林一百二十卷

(明)徐元太輯

明萬曆四十三年(1615)自刻本

二十五冊

十行二十字,小字雙行同,白口,四周單邊。刻工有史椄、史模、汪旦、芮龍、張言、張梅、張梗、陳孝、劉朴、劉芳、劉極、劉榮、潘湘、王邦玉、王國瑞、李思禹、李應章、李繼聖、畢應豪、張文亮、陳瑞芝、陶有元、曾應宗、楊有臣、劉仕任、劉仕啓、劉汝忠、劉汝恩、劉應祥、潘以奉、潘省耕、潘省詞、談文韜、談志達、顧文演。

《中國古籍善本書目》子部9827　40/1615

又一部　二十六冊

經濟類編一百卷

(明)馮琦輯

明萬曆三十二年(1604)周家棟等刻本

五十冊

十行二十字,小字雙行同,白口,四周單邊。鈐有"玉魚生珍藏書畫之印"朱文印。

《中國古籍善本書目》子部9851　40/1604.6

同姓名録十二卷

(明)余寅撰

補一卷

(明)周應賓撰

清光緒孔氏嶽雪樓抄本

十冊

八行二十一字,無格。鈐有"孔氏嶽雪樓影鈔本"、"廣雅書局藏書樓圖籍"朱文印。

80/2.50.69

袁了九增訂群書備考四卷

(明)袁黄撰　(明)袁儼評　(明)沈昌世增

明崇禎七年(1634)青畏堂刻本

七冊

九行二十一字,白口,四周單邊。有刻工江介孚等。 40/1634.6

增訂二三場羣書備考四卷

(明)袁黃撰 (明)袁儼注 (明)沈昌世增訂

明崇禎刻本

四冊

九行二十一字,小字雙行同,白口,四周單邊。鈐有"丁氏家藏"白文印。

《中國古籍善本書目》子部 9887 40/1632.5

羣書備考四卷

(明)袁黃撰

明末刻本

一冊

九行二十一字,白口,四周單邊。

存一卷:卷四 40/1643.107

山堂肆考二百四十卷

(明)彭大翼輯

明萬曆二十三年(1595)刻萬曆四十七年(1619)張幼學重修本

四十九冊

十一行二十二字,白口,四周單邊。

《中國古籍善本書目》子部 9914 40/1595.4

唐類函二百卷目錄二卷

(明)俞安期輯

明萬曆三十一年(1603)刻萬曆四十六年(1618)重修本

五十六冊

十行二十字,小字雙行同,白口,四周單邊。第一部鈐有"珊瑚閣珍藏印"朱文印。第二部鈐有"潮州城南謝氏小草堂藏"、"鹺尹邑宰"、"帥府軍諮"、"梅湖"朱文印,"饒平陳沅"白文印。第三部鈐有"知足知不足館人王紹蘭記貝"朱文印。

《中國古籍善本書目》子部 9957 40/1603.4

又一部 六十四冊 缺三卷:卷六十八至七十

又一部 三十冊 缺六十七卷:卷三至六、二十九至四十七、六十二至七十七、八十六至一百零一、一百一十至一百一十三、一百六十至一百六十三、一百九十三至一百九十六

文苑彙雋二十四卷

(明)孫丕顯輯

明萬曆三十六年(1608)刻本

八冊

上下兩欄;下欄十一行二十一字,小字雙行同,上欄小字雙行七字,白口,四周單邊。第二部鈐有"燕京大學圖書館"朱文印,"燕京大學圖書館重本書依原價出讓之印記"紫長方印。

《中國古籍善本書目》子部 9974 40/1608.2

又一部 六冊

廣博物志五十卷

(明)董斯張輯

明萬曆高暉堂刻本

三十二冊

九行十八字,小字雙行同,白口,四周單邊。刻工有孟魁、蔣禮。第一部鈐有"石禪珍藏"白文印。第二部鈐有"節庵藏書"朱文印,"梁鼎芬印"白文印。

《中國古籍善本書目》子部 9993 40/1607

又一部 二十四冊

新鐫陳太史子史經濟言十二卷

(明)陳子壯撰 (明)陳鼎新訂

明天啓五年(1625)刻本

五冊

十行二十字,白口,四周單邊。鈐有"忠州李芋仙隨身書卷"、"黃氏憶江南館珍藏印"、"蔭普珍藏"朱文印,"禺山黃氏"白文印。 40/1625.2

八編類纂二百八十五卷

(明)陳仁錫輯

明天啓刻本 有抄配

六十四冊

十行二十字,小字雙行同,白口,四周單邊。有圖。鈐有"南海伍元菘字舲家藏書印"、"廣雅書院經籍金石書畫之印"朱文印。

存二百八十一卷:卷一至一百九十八、卷二百零三至二百八十五 40/1627.2

潛確居類書一百二十卷首一卷
(明)陳仁錫輯
明崇禎刻本
六十六冊
十行二十字,小字雙行十九字,白口,四周單邊。
《中國古籍善本書目》子部 10049　40/1630.4

四六鴛鴦譜十二卷新集十二卷
(明)陰化陽　蘇紫蓋輯
明崇禎書林呂太如刻本
八冊
九行十八字,小字雙行同,白口,四周單邊。鈐有"黄氏憶江南館珍藏印"、"蔭普珍藏"朱文印、"禺山黄氏"白文印。
《中國古籍善本書目》子部 10054　40/1634.3

博物典彙二十卷
(明)黄道周撰
明崇禎刻本
十二冊
九行十九字,小字雙行同,白口,左右雙邊。鈐有"藝香鑑賞"朱文印,"古黟胡氏"白文印。
《中國古籍善本書目》子部 10056　40/1635.5

茹古略集三十卷
(明)程良孺撰
明崇禎四年(1631)韻樓自刻本
十冊
九行二十字,白口,四周單邊。鈐有"林蕙軒藏書"、"可京"、"敬中"朱文印,"成大受印"、"陳"白文印。
《中國古籍善本書目》子部 10074
40/1643.96

五車韻瑞一百六十卷
(明)凌稚隆輯
明文茂堂刻本
二十四冊
十行二十字,小字雙行二十七字,白口,左右雙邊。刻工有公貞、仲元、仲目。鈐有"節庵藏書"朱文印,"梁鼎芬印"白文印。
《中國古籍善本書目》子部 10084
40/1619.44

尚友錄二十二卷
(明)廖用賢編纂　(明)張伯琮補輯
清初刻本
十冊
七行字數不等,小字雙行十八字,白口,四周單邊。　50/1644.3

新鐫雅俗通用珠璣藪八卷
題(明)西湖散人輯
明崇禎刻本
八冊
九行字數不等,白口,四周單邊。鈐有"許氏星台藏書"朱文印。
《中國古籍善本書目》子部 10108
40/1643.49

廣志一百十卷
清抄本
二十冊
十行十九字,白口,四周雙邊。鈐有"澄江朱氏"、"黄子靜先生贈書"朱文印,"湛華閣藏書印"白文印。
存七十九卷:卷一至七十九
《中國古籍善本書目》子部 10137
80/2.50.42

子史精華一百六十卷
(清)允祿　吳襄等纂
清雍正五年(1727)内府刻本
六十四冊
八行二十四字,小字雙行同,白口,四周雙邊。
50/1727

又一部　四十九冊　存一百二十二卷:卷一至五十五、六十二至七十一、七十五至一百一十九、一百四十九至一百六十

別號錄九卷
(清)葛萬里輯

清光緒孔氏嶽雪樓抄本
四冊
八行字數不等,無格。鈐有"孔氏嶽雪樓影鈔本"、"廣雅書局藏書樓圖籍"朱文印。
80/2.50.422

佩文韻府一百六卷
(清)張玉書 蔡升元等纂
清康熙五十年(1711)刻本
六十一冊
十二行二十五字,小字雙行同,白口,左右雙邊。鈐有"深省堂"朱文印。
缺五十卷:卷十二至十四,十七至二十一,四十二至五十一,五十六至六十九,七十,七十四,七十七至七十九,八十三至八十九,一百至一百零五 50/1711.4

韻府拾遺一百六卷
(清)張廷玉等纂
清康熙五十九年(1720)刻本
十五冊
十二行二十五字,小字雙行同,白口,左右雙邊。
存七十二卷:卷一至十一,二十至二十四,三十一至三十四,三十六至四十一,五十二至六十六,七十三至七十九,八十至八十六,九十至一百零六 50/1720.5

韻府拾遺一百六卷
(清)張廷玉等纂
清康熙五十九年(1720)刻本
二十四冊
十二行二十五字,小字雙行同,白口,左右雙邊。 50/1720.6

分類字錦六十四卷
(清)何焯等撰
清康熙六十一年(1722)刻本
四十九冊
八行二十二字,小字雙行同,白口,四周雙邊。鈐有"湘父學墅書藏之印"朱文印。
50/1722.83

古錦囊不分卷
稿本
六冊
十行字數不等,無格。鈐有"鑑古珍藏"、"南州書樓所藏"、"信符"朱文印,"蓮塘"、"白花園李清"、"南州後人"、"徐湯殷"白文印。
80/1.50.160

釋家類

大　藏

徑山藏六千九百五十六卷續藏十九函又續藏四十三函
明萬曆十七年(1589)至清康熙五臺、嘉興、徑山等地刻本
六百七十冊
十行二十字,白口,四周單邊。刻工有于德同、卞榧、王芝、王蘭、仇鵬、李珍、李熠、何秀、何科、周志、金喜、洪謀、俞方、徐成、彭元、黄櫝、萬志、萬鏞、鄒友、趙周、劉貴、潘沔、錢晉、戴伍、戴武、鍾惠、羅昊、毛有光、王起鳳、毛有倫、毛有爲、丘添祥、石仲松、朱彦鼇、朱家相、汪文旦、宋應選、芮一鶚、李一潮、李士甫、李文煒、李文舉、李再禎、李再興、李茂松、李茂枝、李國華、李應章、吕尚仁、吳文科、吳文輝、吳用先、吳守倫、吳廷海、吳智合、吳應泰、吳觀明、范時泰、金世科、周大秉、周子孝、洪以忠、洪以信、洪國輔、胡中立、胡之瑗、高向武、栢之梃、栢良武、栢良堦、晏承爵、徐文忠、徐世瀛、徐世繼、徐永祥、徐存禮、徐廷旻、徐廷祚、張應文、張應榜、陸應科、陳子達、陳邦彦、陳叔道、陳應武、陳繼光、陶文汜、陶仲義、陶邦本、陶邦立、陶孟禎、陶夢信、陶夢傑、陶夢禎、陶學周、陶學恭、陶學教、陶學詩、許一科、許可允、許應明、彭仕湘、彭國禎、黄一龍、黄國斌、黄夢禎、黄爾昌、傅正忠、傅汝禎、傅汝權、萬子美、鄒大成、馮文襄、楊友臣、楊文材、楊萬初、業

時進、端司禹、端師禹、端師堯、端學堯、端繼武、趙宗周、鄭大化、鄭智如、劉文元、劉仕任、劉仕啓、劉仲文、劉光彩、劉邦承、劉邦承、劉邦瀛、潘尚禮、潘省詞、潘繼德、戴允耀、戴仕瀛、戴仕麟、戴仕靈、戴汝茂、羅仕貴、羅仕顯、羅思貴、樂宗袞等。

《中國古籍善本書目》子部 10305

40/1643.80

譯 經

維摩詰所説經十四卷
（後秦釋）鳩摩羅什譯
釋迦如來成道記一卷
（唐）王勃撰
明凌濛初刻套印本
四冊
八行十八字，白口，四周單邊。有圖。鈐有“六湖”、“何氏抱素樓藏書記”、“抱素樓”、“順德馬賓父藏書記”、“馬賓父五十以後所得”、“恩藿閣”、“仍度堂”朱文印，“賓父所釘”、“東莞莫氏五十萬卷樓”、“黄子靜”白文印。 40/1619.24

金剛般若波羅蜜經一卷
（後秦釋）鳩摩羅什譯
金元間刻本
一冊
五行十四字，白口，上下單邊。有圖。經摺裝
37/1368.12

妙法蓮華經七卷
（後秦釋）鳩摩羅什譯
明刻本
六冊
十五行十七字，黑口，四周單邊。
40/1643.34

大乘起信論一卷
（梁釋）眞諦譯
梁啓超抄本
一冊
八行十六字，綠格，白口，四周單邊。鈐有“任公”朱文印，“飲冰室”、“梁啓超”白文印。
80/2.50.531

勝天王般若波羅密經七卷
（陳釋）月婆首那譯
清刻本
二冊
十行二十字，白口，四周單邊。 50/1735.9

佛説長者女庵提遮師子吼了義經一卷
佛説辨意長者子所問經一卷
（北魏釋）法場譯
佛説五王經一卷
無量義經一卷
（蕭齊釋）曇摩伽陀耶舍譯
佛説賢者五福德經一卷
（西晉釋）白法祖譯
清刻本
一冊
十行二十字，白口，四周單邊。 50/1735.13

善住意天子所問經三卷
（北魏釋）毗目智仙　流支譯
清刻本
一冊
十行二十字，白口，四周單邊。 50/1735.7

大阿羅漢難提蜜多羅所説法住記一卷
（唐釋）玄奘譯
明萬曆三十六年（1608）釋如鑑刻本
一冊
十行十九字，白口，四周單邊。 40/1608.9

楞伽阿跋多羅寶經四卷
（劉宋釋）求那跋陀羅譯
清刻本
二冊
十行二十字，白口，四周單邊。 50/1735.8

註　疏

大方廣佛華嚴經隨疏演義鈔六十三卷

（唐釋）澄觀撰

明嘉靖杭州刻本

一百零六冊

十一行二十一字，黑口，四周單邊。有刻工。鈐印“天如來眞子門生”、“新”、“余默”朱文印。

存六十二卷：卷一至三十五、三十六上、卷三十八至六十三　40/1563.3

妙法蓮華經玄義十卷

（隋釋）智顗撰

明刻本

十二冊

十行二十字，白口，四周單邊。刻工有方仕、王志、何序、何鯨、邵器、曹仕、戴孝、胡良玉、堵邦治、馮志逸等。鈐有“元浚”、“幻覺”白文印。

40/1613.2

妙法蓮華經大成九卷首一卷目錄一卷

（清釋）大義撰

清康熙四十八年（1709）王茂源等刻本

十一冊

十行二十一字，白口，四周雙邊。鈐有“悲智盦”朱白文印。　50/1709.3

首楞嚴經義海三十卷

（宋釋）咸輝撰

明抄本

十六冊

十行二十字，藍格，白口，四周雙邊。鈐有“寶翰齋”、“婁東畢瀧澗飛氏藏”、“巴陵方氏碧琳琅館珍藏秘篇”、“方家書庫”、“方功惠藏書印”朱文印，“巴陵方氏功惠柳橋甫印”、“東莞莫氏五十萬卷樓”白文印。

《中國古籍善本書目》子部 10951　80/2.40.3

大佛頂如來密因修證了義諸菩薩萬行首楞嚴經十卷

題（唐釋）般刺密帝　彌伽釋迦譯　（元釋）惟則會解

清順治十四年（1657）刻本

十冊

九行二十字，白口，四周雙邊。鈐有“偉鄉藏書”白文印。　50/1657

相宗八要解八卷

（明釋）明昱撰

明萬曆四十年（1612）刻本

四冊

十行二十字，白口，四周雙邊。鈐有“張智盦”朱白文印。　40/1612.5

又一部　一冊　存四卷：卷一至四

楞嚴正脉十卷

（明釋）眞鑑撰

明崇禎六年（1633）刻本

六冊

十行二十字，小字雙行二十字，白口，四周單邊。

《中國古籍善本書目》子部 10965　40/1633.4

大佛頂如來密因修證了義諸菩薩萬行首楞嚴經十卷

（明釋）界澄證疏　（明釋）弘沇　崇節等會譯

明天啓元年（1621）凌弘憲刻三色套印本

一冊

八行十八字，小字雙行同，白口，四周單邊。鈐有“西方之民”、“陳又山字隆平法名金剛”白文印。　40/1621.2

毗尼日用切要香乳記二卷

（清釋）書玉釋

清潭柘山岫雲寺釋證林刻本

二冊

十行二十字，小字雙行二十字，上白口，下黑口，左右雙邊。　50/1698.6

撰　述

禪宗永嘉集一卷

(唐釋)玄覺撰

永嘉眞覺大師證道歌一卷

(宋釋)彥琪注

明萬曆二十一年(1593)陸基志刻本

一冊

八行十七字,白口,四周單邊。

《中國古籍善本書目》子部11037　40/1593.4

人天眼目六卷

(宋釋)智昭撰

清初刻本

一冊

十行二十字,白口,四周雙邊。　50/1661.5

禪林寶訓珠類八卷拾遺一卷

(明釋)海光撰

明崇禎二年(1629)刻本

七冊

九行十八字,小字雙行同,白口,四周雙邊。

存七卷:卷一、卷三至八

《中國古籍善本書目》子部11071

40/1629.2

宗門玄鑑圖一卷

(明釋)虛一撰

明萬曆刻本

一冊

八行十八字,白口,左右雙邊。刻工沈君實。

《中國古籍善本書目》子部11076

40/1643.14

天然和尚同住訓略一卷

(明釋)函昰撰　(清釋)今應編

清汪宗衍抄本　汪宗衍題跋

一冊

七行十七字,無格。有圖。鈐有"宗衍"、"汪"、"玉蘭堂"白文印。　80/2.50.721

六道集五卷

(清釋)弘贊輯

清康熙二十一年(1682)刻本

二冊

十二行二十二字,小字雙行同,白口,四周雙邊。

50/1682.4

牧牛圖一卷

(釋)普明撰

明萬曆三十七年(1609)袾宏刻本

一冊

八行六字,白口,左右雙邊,上圖下文。

40/1585.2

語　錄

佛果圜悟禪師碧岩集十卷

(宋釋)克勤撰

明刻本

十冊

八行十八字,小字雙行同,白口,四周雙邊。鈐有"息庵"白文印。

《中國古籍善本書目》子部11139

40/1619.13

空谷集三卷

(明釋)景隆撰

明弘治十年(1497)刻本

三冊

十行二十一字,黑口,四周雙邊。鈐有"壽椿堂王氏家藏"、"黄梅花屋所藏"白文印。

《中國古籍善本書目》子部11190　40/1497

天然昰禪師語録十二卷

(明釋)函昰撰　(清釋)今辨重編

1944年顯霈抄本

六冊

八行十七字,無格。鈐有"玉蘭堂"、"訶林長"白文印。　80/2.60.42

史　傳

釋氏源流四卷

(明釋)寶成撰

明成化二十二年(1486)内府刻本

四冊

十二行二十四字,黑口,四周雙邊。鈐有“李思遲印”、“三十有三萬卷書堂”、“嶽雪樓”、“嶽雪樓鑑藏金石書畫圖籍章”朱文印,“嶽雪樓”白文印。

《中國古籍善本書目》子部 11253　　40/1486

法喜志四卷續四卷

(明)夏樹芳輯

明萬曆夏氏清遠樓刻本　清陳之鼒批校

四冊

七行十六字,白口,四周單邊。刻工楊同春。鈐有“崔氏珍藏”、“北村崔子讀書印記”、“景文”、“番禺大嶺陳永思堂藏書之章”、“雲浦”朱文印,“陳之鼒”白文印。

《中國古籍善本書目》子部 11310　　40/1606.6

續法喜志四卷

(明)夏樹芳輯

明刻本

二冊

七行十六字,白口,四周單邊。有刻工。鈐有“師貫”、“徐氏子遠”、“崔氏珍藏”、“番禺大嶺陳永思堂藏書之章”、“雲浦”朱文印,“陳之鼒”、“希子”、“景元手校”、“臣陳爾劭”、“柳波泛宅”、“許之衡印”、“馮國華印”白文印。

40/1619.49

指月錄三十二卷

(明)瞿汝稷撰

明萬曆三十年(1602)釋通一刻本

二十四冊

十一行二十一字,小字雙行同,白口,四周單邊。

《中國古籍善本書目》子部 11313

40/1627.13

指月錄三十二卷

(明)瞿汝稷撰

明林泉領募刻本

九冊

十一行二十一字,小字雙行同,白口,四周單邊。

存二十九卷:卷四至三十二　　40/1643.42

音　義

一切經音義一百卷

(唐釋)慧琳撰

日本元文二年(1737)刻本

五十五冊

十行二十字,小字雙行同,黑口,四周雙邊。鈐有“廣州私立聖心中學校圖書館”朱文印,“包氏遺硯堂藏書畫印”白文印。

90/1.7

重訂教乘法數十二卷

(明釋)圓瀞撰　(清釋)超海刪訂

清雍正十三年(1735)刻本

六冊

行數字數不等,白口,四周單邊。鈐有“福緣蓮社藏經”、“靈虛寶藏”朱文印,“佛弟子陳廷照敬藏印”白文印。　　50/1732.5

道家類

道德指歸論六卷

題(漢)嚴遵撰

明刻本

二冊

九行十八字,白口,左右雙邊。有刻工。鈐有“面城樓藏書印”、“六篆樓藏書印”、“遂之”、“季材”、“曾在李鹿山處”朱文印,“溫子遂之”、“囊山山君”、“寶拙齋”白文印。　　40/1619.9

道德寶章一卷

(宋)葛長庚撰

清光緒孔氏嶽雪樓抄本

一冊

八行二十一字,小字雙行同,無格。鈐有“孔氏

嶽雪樓影鈔本”、“廣雅書局藏書樓圖籍”朱文印。 80/2.50.448

老子翼三卷老子考異一卷

(明)焦竑撰

清光緒孔氏嶽雪樓抄本

三冊

八行二十一字,小字雙行同,無格。鈐有“孔氏嶽雪樓影鈔本”朱文印。 80/2.50.446

老子說略二卷

(清)張爾岐撰

清光緒孔氏嶽雪樓抄本

一冊

十一行二十二字,白口,四周雙邊。鈐有“孔氏嶽雪樓影鈔本”、“廣雅書局藏書樓圖籍”朱文印。 80/2.50.447

老子注一卷

(清)陳澧撰

1930年石氏抄本

一冊

十行字數不等,無格。 80/2.60.6

老子解不分卷

盧燮機撰

稿本

一冊

六行十六字,小字雙行同,綠格,白口,四周單邊。鈐有“南州書樓藏書”朱文印。

80/1.60.17

南華眞經十卷

(晉)郭象注 (唐)陸德明音義

明嘉靖十二年(1533)顧春世德堂刻《六子書》本

七冊

八行十七字,小字雙行同,白口,四周雙邊。有刻工。鈐有“勞氏珍藏”朱文印,“小山拜讀”白文印。

存七卷:卷三至八、卷十 40/1530

南華眞經十卷

(晉)郭象注 (唐)陸德明音義

明刻本

七冊

八行十七字,小字雙行同,白口,四周雙邊。鈐有“邵氏珍賞”、“冠臣”、“白傳父”、“高齋”朱文印,“朱家學印”白文印。

存五卷:卷一至二、卷七至八、卷十

40/1566.4

南華經十六卷

(晉)郭象注 (宋)林希逸口義 (宋)劉辰翁點校 (明)王世貞評點 (明)陳仁錫批注

明刻本四色套印本

八冊

八行十八字,小字雙行同,白口,四周單邊。鈐有“戊”朱文印,“爾衡”白文印,“雪松軒主人”朱白文印。

存十五卷:卷一至十五

《中國古籍善本書目》子部11736

40/1643.24

南華眞經副墨八卷讀南華眞經雜說一卷

(明)陸西星撰

明刻本

十八冊

九行十八字,白口,四周單邊。刻工有顧植、章右之等。鈐有“觀生館”、“燮廷”朱文印,“談存之印”、“談仁恭印”白文印。

《中國古籍善本書目》子部11763 40/1578

孫月峰先生批點南華眞經八卷

(明)孫鑛批點

明萬曆妮古齋刻本

二冊

九行十八字,白口,四周單邊。鈐有“光國”朱文印,“觀之”白文印。

存三卷:卷一、四至五 40/1619.43

列子沖虛眞經八卷音義一卷

明閔齊伋刻三子合刊套印本

四冊

九行十九字，白口，四周單邊。鈐有“南州書樓所藏”朱文印，“南齋後人”、“徐紹棨”、“徐湯殷”白文印。 40/1619.54

沖虚至德眞經八卷

（晉）張湛注　（唐）殷敬順釋文

明初刻本

三冊

十一行二十一字，黑口，四周雙邊。鈐有“鄂丘山”朱文印。

《中國古籍善本書目》子部11856 37/1367

沖虚至德眞經八卷

（晉）張湛注　（唐）殷敬順釋文

明刻本

八冊

八行十七字，小字雙行同，白口，左右雙邊。有刻工。第一部鈐有“經正堂”、“面城樓藏書印”、“曾釗之印”、“漱綠樓藏書記”、“漱綠樓書畫印”、“漱綠主人”、“漱綠”、“嶺南溫氏珍藏”、“溫氏珍藏”、“樹梁手校”、“樹梁”、“幼珊珍賞”、“溫棟臣秘笈記”、“棟臣”、“溫惜合閣”、“與久”、“蓉塘”、“王世銘印”朱文印，“溫樹梁第七別字棟臣”、“溫印”、“來葯”白文印。第二部鈐有“勞氏家藏”朱文印。 40/1533.5

又一部　三冊　存六卷：卷三至八

沖虚至德眞經解八卷

（宋）江遹撰

明刻本

四冊

九行二十字，小字雙行十九字，白口，左右雙邊或四周單邊。刻工有王冊、艾朋、宋堂、李良、章玉、高士、高品、高栢、高憲、盧經、盧綸、龔湜、宋世相、李元方、李玉海、李廷相、李廷益、李廷學、李春芳、李桂方、李連方、李朝東、肖上林、吳世芳、吳世華、胡一定、殷雲高、連守閏、高廷伯、黃金仔、楊廷應、蔡自先、蔣邦只、蔣邦右、蔣邦任、蔣邦賢、蔣承忠、蔣承惠、蔣承憲、蔣邦左、蔣繼孔、蔣繼武、鄭廷式、鄭秉元、羅應賢等。鈐有“順德何氏抱素樓”朱文印，“紹廉經眼”、“東莞莫氏五十萬卷樓”白文印。 40/1566.18

陰符經一卷

清抄本

一冊

行數字數不等，無格。有圖。 80/2.50.611

周易參同契解三卷

（宋）陳顯微撰

清光緒孔氏嶽雪樓抄本

一冊

八行二十一字，無格。鈐有“孔氏嶽雪樓影鈔本”朱文印。 80/2.50.121

周易參同契發揮三卷釋疑一卷

（宋）俞琰撰

清光緒孔氏嶽雪樓抄本

三冊

八行二十一字，無格。鈐有“孔氏嶽雪樓影鈔本”朱文印。 80/2.50.120

古註參同契分釋三卷

明刻本

二冊

十行二十字，小字雙行同，白口，左右雙邊。鈐有“竹節硯齋”、“雨棠審定”朱文印，“白恐”、“玉雨山房”、“許震”白文印。 40/1487.3

亢倉子注九卷

題（宋）何粲注　（明）黃諫音釋

清光緒孔氏嶽雪樓抄本

一冊

八行二十一字，小字雙行同，無格。鈐有“廣雅書局藏書樓圖籍”朱文印。 80/2.50.118

太上感應篇圖說八卷

（清）許纘曾撰

清康熙四十年（1701）朱作鼎刻本

八冊

十行二十字，白口，四周單邊。有圖。

50/1701.2

混元聖紀九卷

(宋)謝守灝編
清初抄本
六冊
九行二十三、四字不等,無格。鈐有"養一"、"李兆洛印"、"東莞莫氏五十萬卷樓"白文印。
存六卷:卷一至三、六、八至九 80/2.50.24

易外别傳一卷
(宋)俞琰撰
清抄本
二冊
八行二十一字,紅格,白口,四周雙邊。鈐有"乾隆御覽之寶"、"豐華堂書庫寶藏印"朱文印,"古稀天子之寶"白文印。 80/2.50.32

易外别傳一卷
(宋)俞琰撰
清光緒孔氏嶽雪樓抄本
一冊
八行二十一字,無格。有圖。鈐有"孔氏嶽雪樓影鈔本"、"廣雅書局藏書樓圖籍"朱文印。
80/2.50.449

清庵先生中和集前集三卷後集三卷
(元)李道純撰 (元)蔡志頤輯
明刻本
二冊
十一行二十一字,黑口,四周雙邊。鈐有"順德何氏抱素樓收藏"朱文印,"東莞莫氏五十萬卷樓"白文印。
《中國古籍善本書目》子部12180 40/1487

道經摘要內集二十卷
(明)黄省曾輯
明抄本
十冊
九行二十字,無格。
《中國古籍善本書目》子部12219
80/2.40.16

集　　部

楚辭類

楚辭章句十七卷
（漢）王逸撰　（宋）洪興祖補注
明刻本
八冊
九行十五字，小字雙行二十字，白口，左右雙邊。鈐有“仙井胡菊潭藏書印”朱文印。
《中國古籍善本書目》集部35　40/1566.8

楚辭十七卷附音義
（漢）王逸敘次　（明）陳深批點　（明）凌毓枏校
屈原賈生列傳
（漢）司馬遷撰
明刻朱墨套印本
三冊
八行十八字，白口，四周單邊。鈐有“塔景樓圖書記”、“弇州山叟”、“元美”、“葉君錫藏書印”、“屺鄉”、“守璞收藏”、“張氏六子”朱文印，“屺鄉收藏”、“凌毓枏印”、“殿卿父”、“紹昌之印”、“塔景樓”、“乃璧之章”白文印。　40/1627.14

楚辭十七卷
（漢）劉向編輯　（漢）王逸章句　（明）馮紹祖校正
附録一卷
明末本立堂據观妙齋刻重印本
八冊
九行十八字，小字雙行同，白口，左右雙邊。
40/1643.38

楚辭集註八卷辯證二卷後語六卷
（宋）朱熹撰
明成化十一年（1475）吳原明刻本
四冊
八行十七字，小字雙行同，白口，四周雙邊。刻工有李珍、謝記、王友奉等。鈐有“潤之”、“衡南陸潤之好讀書稽古”、“翠花軒收藏書畫圖記”、“東莞莫氏五十萬卷樓”朱文印，“陸時化”、“陸時化字潤之”、“聽松叟”白文印。
《中國古籍善本書目》集部65　40/1475

楚辭集註八卷辯證二卷後語六卷
（宋）朱熹撰
明刻本　有抄配
六冊
八行十七字，小字雙行同，白口，四周雙邊。刻工有長孫、相川等。鈐有“滄葦”、“楊州阮氏琅環仙館藏書印”、“南州書樓所藏”、“信孚”朱文印，“毛奇齡印”、“徐湯殷”白文印。
存十卷：楚辭集註卷一至四，後語卷一至六
《中國古籍善本書目》集部79　40/1368.11

楚辭集註八卷辨證二卷後語六卷
（宋）朱熹撰
明刻本
八冊
十行十八字，小字雙行同，白口，左右雙邊。鈐有“伊婁朱氏珍藏”、“受甘白齋”、“海朝”朱文印，“譚觀成”、“譚觀成印”白文印。
40/1644.5

山帶閣注楚辭六卷楚辭餘論二卷楚辭説韻一卷首一卷
（清）蔣驥撰

清光緒孔氏嶽雪樓抄本
四册
十行二十一字,小字雙行同,無格。鈐有"孔氏嶽雪樓影鈔本"朱文印。 80/2.50.268

漢魏六朝别集類

陸士衡文集十卷
(晉)陸機撰
明汪士賢刻《漢魏六朝二十一名家集》本
一册
九行二十字,白口,左右雙邊。鈐有"牧園書籍子孫是教鬻及錯入玆爲不孝"、"節庵藏書"朱文印,"臣梁鼎芬"白文印。 40/1643.51

陸士龍文集十卷
(晉)陸雲撰
明汪士賢刻《漢魏六朝二十一名家集》本
一册
九行二十字,白口,左右雙邊。鈐有"牧園書籍子孫是教鬻及錯入玆爲不孝"、"節庵藏書"朱文印,"臣梁鼎芬"白文印。 40/1643.50

陸士龍文集十卷
(晉)陸雲撰
明汪士賢刻《漢魏六朝二十一名家集》本 鄭文焯校並跋
二册
九行二十字,白口,左右雙邊。鈐有"秀州王氏珍藏之印"、"順德馬氏文庫"、"二十八宿研齋"、"蒼虯經眼"朱文印,"文焯私印"、"賓父信璽"、"東莞莫氏五十萬卷樓"白文印。
《中國古籍善本書目》集部271 40/1643.43

晉束廣微集不分卷
(晉)束晳撰
明刻《漢魏六朝一百三名家集》本
一册
九行十八字,白口,左右雙邊。 40/1643.48

支遁集二卷
(晉釋)支遁撰
清抄本
一册
九行十八字,無格。鈐有"蓉鏡收藏"白文印。 80/2.50.643

陶靖節先生集八卷
(晉)陶潛撰
附録一卷
明萬曆三十一年(1603)吳汝紀刻本
四册
九行十五字,白口,左右雙邊。鈐有"集虚齋賞印"、"硯巢書畫記"、"汪七敘貽子孫書畫印"朱文印,"長宜子孫"白文印,"體静全人"朱白文印。
《中國古籍善本書目》集部302 40/1603

陶靖節集八卷
(晉)陶潛撰 (宋)湯漢等箋注
總論一卷
明凌濛初刻朱墨套印本
四册
八行十八字,白口,四周單邊。 40/1619.19

陶淵明集十卷
(晉)陶潛撰
清康熙毛氏汲古閣刻本
三册
九行十五字,白口,左右雙邊。刻工有丁悦、才換、小陳、王茂、沈允、李忠、徐宗、徐通、陳才、陳用、陳於、陳榮、豐益、徐才刀、徐林刀等。鈐有"南州書樓所藏"、"徐紹棨"朱文印,"徐湯殷"、"南州後人"白文印。 50/1694.2

陶淵明詩集不分卷
(晉)陶潛撰
附録張齷政詩稿不分卷
清抄本
一册
八行二十一字,藍格,白口,四周單邊。鈐有"蔭堂珍藏"朱文印。 80/2.50.600

陶詩編年一卷
（清）陳澧撰
清抄本
一冊
七行十八字，無格。
《中國古籍善本書目》集部391　80/2.50.520

璿璣圖詩讀法一卷
（明）康萬民撰
清光緒孔氏嶽雪樓抄本
一冊
八行二十一字，小字雙行同，無格。鈐有"孔氏嶽雪樓影鈔本"朱文印。　80/2.50.160

謝宣城集不分卷
（南齊）謝朓撰
清有寒木齋抄本
一冊
九行二十二字，小字雙行同，黑口，左右雙邊。鈐有"蘭史珍藏不假不贈"、"潘飛聲藏於梧桐庭院"、"潘蘭家珍藏"朱文印，"梧桐庭院詞客平生快覩之章"、"有寒木齋印"白文印。
80/2.50.745

庾開府集十二卷
（北周）庾信撰
明刻本
六冊
九行二十字，白口，左右雙邊。鈐有"節庵藏書"朱文印，"臣梁鼎芬"白文印。　40/1643.23

庾子山集十六卷
（北周）庾信撰　（清）倪璠注
總釋一卷
（清）倪璠撰
清康熙二十六年（1687）崇岫堂刻本
十二冊
十行二十字，白口，左右雙邊。鈐有"何文廣藏書印"朱文印，"養餘書室所藏金石書畫圖籍"、"嫏嬛室"、"何文廣印"白文印。　50/1687.10

唐五代別集類

楊炯集二卷
（唐）楊炯撰
明萬曆三十一年（1603）刻《前唐十二家》本
一冊
九行十九字，白口，左右雙邊。鈐有"東莞莫氏五十萬卷樓"朱文印。　40/1603.6

王勃集二卷
（唐）王勃撰
明萬曆三十一年（1603）刻《前唐十二家》本
一冊
九行十九字，白口，左右雙邊。鈐有"東莞莫氏五十萬卷樓"朱文印。　40/1603.5

王子安集十六卷
（唐）王勃撰
明崇禎刻本
八冊
九行十八字，白口，左右雙邊。鈐有"湘潭曾紀岡子倫藏"朱文印，"又字逸官"、"宗聖耳孫"、"昭潭曾氏"、"經堂印"、"子倫己岡"、"葉德輝煥彬甫藏閱書"白文印。　40/1643.17

王子安集十六卷
（唐）王勃撰
清光緒孔氏嶽雪樓抄本
四冊
八行二十一字，無格。鈐有"孔氏嶽雪樓影鈔本"朱文印。　80/2.50.241

盧照鄰集二卷
（唐）盧照鄰撰
明刻本
一冊
九行十九字，白口，左右雙邊。鈐有"東莞莫氏五十萬卷樓"白文印。　40/1643.41

駱賓王集二卷
(唐)駱賓王
明萬曆三十一年(1603)刻《前唐十二家》本
一册
九行十九字,白口,左右雙邊。鈐有"東莞莫氏五十萬卷樓"白文印。 40/1603.7

駱賓王集不分卷
(唐)駱賓王撰
清抄本
一册
十三行三十字,小字雙行同,無格。鈐有"胡氏良佛"朱文印。 80/2.50.626

類選註釋駱丞全集四卷
(唐)駱賓王撰 (明)顧從敬輯 (明)陳繼儒注
明刻本
一册
九行二十字,小字雙行十九字,白口,四周單邊。鈐有"昭蘇堂記"白文印。
存一卷:卷一 40/1643.52

宋之問集二卷
(唐)宋之問撰
明刻本
一册
十行十八字,白口,左右雙邊。 40/1566.24

陳伯玉集二卷
(唐)陳子昂撰
杜審言集二卷
(唐)杜審言撰
明刻本
一册
十行十八字,白口,左右雙邊。鈐有"壽祺經眼"白文印。 40/1566.17

張燕公集二十五卷
(唐)張說撰
清乾隆三十九年(1774)武英殿《聚珍版叢書》本
八册
九行二十一字,白口,四周雙邊。 50/1774.4

唐丞相曲江張先生文集十二卷
(唐)張九齡撰
附錄一卷
明萬曆十二年(1584)王民順刻四十一年(1613)李延大重修本
四册
十行二十字,白口,四周雙邊。刻工有王辛、江忠、何有、何佑、麥應、黃生、趙模、江尚錦、江思恩、周應其、康瑞貞、黃振先。鈐有"葉德輝煥彬甫藏閱書"白文印。
《中國古籍善本書目》集部588 40/1613.3

唐丞相曲江張先生文集十二卷
(唐)張九齡撰
附錄一卷
明刻本
六册
九行十八字,白口,四周單邊。有刻工。鈐有"黃氏憶江南館珍藏印"、"蔭普珍藏"朱文印,"禺山黃氏"白文印。
《中國古籍善本書目》集部590 40/1613.4
又一部 六册

曲江張文獻先生文集十二卷
(唐)張九齡撰
附錄一卷
明萬曆四十四年(1616)謝正蒙刻本
四册
九行十八字,白口,四周單邊。鈐有"果園"、"蓉汀"、"容庚"朱文印,"郭恩孚印"白文印。
《中國古籍善本書目》集部592 40/1616.4

唐丞相曲江張先生文集十二卷
(唐)張九齡撰
明崇禎十一年(1638)張起龍刻本
六册
九行十八字,白口,四周單邊。
《中國古籍善本書目》集部594 40/1638.2

初唐張九齡詩集不分卷
(唐)張九齡撰　(明)畢效欽增定　(明)謝陛校正
明刻本
一冊
九行十九字,白口,四周雙邊。　40/1643.115

唐丞相曲江張文獻公集十二卷
(唐)張九齡撰
附録一卷
清雍正十二年(1734)刻本
十冊
九行十八字,白口,四周單邊。有圖。鈐有"南州書樓所藏"朱文印,"徐湯殷"、"南州後人"白文印。　50/1743.2

唐丞相曲江張文獻公集十二卷
(唐)張九齡撰
千秋金鑑録五卷
題(唐)張九齡撰
附録一卷
清古岡張氏刻本
六冊
九行二十字,白口,左右雙邊。　50/1735.2

類箋唐王右丞詩集十卷
(唐)王維撰　(明)顧起經注
文集四卷集外編一卷
(唐)王維撰　(明)顧起經輯
年譜一卷
(明)顧起經撰
唐諸家同詠集一卷贈題集一卷歷朝諸家評王右丞詩畫鈔一卷
(明)顧起經輯
明嘉靖三十五年(1556)顧氏奇字齋刻本
十二冊
九行十八字,小字雙行同,黑口,左右雙邊。刻工有王宷、王誥、李煥、何元、何亨、何昇、何瑞、何鈿、何節、何鈐、何鎡、何鑰、何鑑、夏昱、陸信、章亨、張本、應鍾、何大節、何朝忠、何應元、何應亨、何應貞、信袁宸、俞汝霆、夏文德、張邦本等。
《中國古籍善本書目》集部626　40/1556.2

類箋王右丞詩集四卷
(唐)王維撰　(宋)劉辰翁評　(明)顧起經注
清抄本
二冊
九行十八字,小字雙行同,白口,左右雙邊。鈐有"筱衡"、"貽令堂藏書記"朱文印,"嘉緒之印"白文印。　80/2.50.652

文忠集十六卷
(唐)顔眞卿撰
清乾隆四十七年(1782)武英殿《聚珍版叢書》本
四冊
九行二十一字,白口,四周雙邊。鈐有"玉笥山樓"白文印。　50/1782.3

李頎集三卷
(唐)李頎撰
明銅活字本
二冊
九行十七字,黑口,左右雙邊。鈐有"蟾陽"朱文印,"遊乎象帝之先"、"沈一誠印"、"家傳碧落清風"白文印。　40/1368.5

寒山子詩集一卷
(唐釋)寒山子撰
豐干拾得詩一卷
(唐釋)豐干　拾得撰
清光緒孔氏嶽雪樓抄本
一冊
八行二十一字,小字雙行同,無格。鈐有"孔氏嶽雪樓影鈔本"朱文印。　80/2.50.133

分類補注李太白詩二十五卷
(唐)李白撰　(宋)楊齊賢集注　(元)蕭士贇補注
明萬曆許自昌刻《李杜全集》本
六冊
九行二十字,小字雙行同,白口,左右雙邊。鈐有"許氏星臺藏書"朱文印。　40/1593

李詩選十卷
(唐)李白撰　(明)張含輯　(明)楊慎批點
明末朱墨套印本
二冊
八行十八字,白口,四周單邊。鈐有"詩有劍氣"、"桐圃詩群"、"梧桐庭院藏本"、"潘飛聲印"、"徐紹棨"朱文印,"蘭史珍藏不假不贈"、"長樂"、"南雪巢萬松山房齋雙桐圃三十六村草堂詩集之家"白文印。
存五卷:卷一至五　40/1627

李太白詩集不分卷
(唐)李白撰
清抄本
二冊
八行二十一字,藍格,白口,四周單邊。鈐有"蔭堂珍藏"朱文印,"屈向邦印"白文印。
80/2.50.601

李太白文集三十卷
(唐)李白撰
清康熙五十六年(1717)繆曰芑刻本
二冊
十一行二十字,小字雙行同,白口,左右雙邊。
存九卷:卷八至十六　50/1717.5

韋蘇州集十卷
(唐)韋應物撰
明萬曆四十年(1612)董伯起刻本
二冊
九行十八字,白口,四周單邊。刻工黄尚清。鈐有"蕉園焚稿慟哭遺臣"、"鄒崖子"、"曾登地球第二高峰"、"翩高"朱文印,"鄒崖逋者"、"淺持齋藏"、"瀕父重得善本"白文印。
《中國古籍善本書目》集部773　40/1612.4

韋蘇州集十卷拾遺一卷
(唐)韋應物撰
明刻朱墨套印本
四冊
八行十八字,白口,四周單邊。鈐有"張德延印"、"張氏秘玩"朱文印,"爽鳩氏"、"毋長氏"、"良哉氏"、"張氏家藏"、"張德延"、"濟南生"白文印。　40/1619.46
又一部　八冊

包何集一卷
(唐)包何撰
包佶集一卷
(唐)包佶撰
明銅活字刻本
一冊
九行十七字,白口,左右雙邊。鈐有"遊乎象帝之先"、"家傳碧落清風"白文印。　40/1643.29

集千家註杜工部詩集二十卷文集二卷
(唐)杜甫撰　(宋)黄鶴補注
附錄一卷
明嘉靖十五年(1536)玉幾山人刻本
二十冊
八行十七字,小字雙行同,白口,四周雙邊。刻工有李鳳、李耀、林甫、宗澄、啓明、張溱、朝用等。鈐有"東巖"、"藻翔"、"曾登地球第二高山"、"翩高"、"明詔"、"北固"、"蓉峰"朱文印,"何藻翔印"、"蕉園焚草稿動心"、"傳經堂鑑藏"、"寒碧莊之章"、"恕"、"曾在東山劉惺常處"、"君錫"、"傳經後人"、"徐紹棨"、"南州草堂"、"南州後人"、"徐湯殷"白文印。
存二十一卷:詩集十九卷,文集一卷,附錄一卷
《中國古籍善本書目》集部855　40/1566.31

杜詩選六卷
(唐)杜甫撰　(明)閔映璧集評
明烏程閔氏刻朱墨套印本
二冊
八行十八字,白口,四周單邊。鈐有"嶺海樓藏"、"香石讀"、"黄"、"徐紹棨"朱文印,"培芳"、"古狂"白文印。　40/1627.17

杜詩残卷不分卷
(唐)杜甫撰
明刻本
一冊
十行二十字,黑口,四周雙邊。鈐有"侯過之

印”。　40/1505.5

子美詩選十七卷

(唐)杜甫撰　(清)徐紹桓選

清抄本　徐信符題跋

四冊

十一行二十一字,無格。　80/2.50.751

杜工部集二十卷

(唐)杜甫撰　(清)錢謙益箋注

諸家詩話一卷唱酬題詠一卷附錄一卷

清康熙六年(1667)季氏靜思堂刻本　清端甫過錄清俞犀月、李因篤批校

六冊

十一行二十字,小字雙行二十九字,黑口,四周雙邊。第二部鈐有“芸葉香館藏書”、“涂氏”、“山仲”、“徐遵”、“南海程維增三十歲前所得圖籍記”朱文印。

《中國古籍善本書目》集部989　50/1667

又一部　六冊

又一部　十二冊

杜工部集二十卷

(唐)杜甫撰　(清)錢謙益箋注

清康熙六年(1667)刻本　清邵長蘅朱筆批點

六冊

十一行二十字,小字雙行二十八字,黑口,四周雙邊。鈐有“麟孫永寶用”、“朱麟孫收藏書畫之章”、“南州書樓所藏”、“信符”朱文印,“南州後人”、“徐湯殷”白文印。　50/1667.2

杜工部集二十卷

(唐)杜甫撰　(清)錢謙益箋注

清道光十四年(1834)芸葉盦刻五色套印本

八冊

八行二十字,黑口,左右雙邊。鈐有“曾藏潘贊思處”、“詩有劍氣”、“珠江顧曲”、“家在南田”、“潘飛聲藏於梧桐庭院”、“梧桐庭院藏本”朱文印,“蘭史珍藏不假不借”、“飛聲”、“進來海內爲長句”、“潘飛聲蘭史印”、“潘氏蘭史”、“南雪巢萬松山房黎齋雙桐圃三十六村草堂詩集之家”、“潘飛聲印”白文印。　50/1834

又一部八冊

杜工部集二十卷

(唐)杜甫撰　(清)錢謙益箋注

清光緒二年(1876)廣州翰墨園刻五色套印本

十冊

八行二十字,黑口,左右雙邊。　50/1876

辟疆園杜詩註解十七卷

(唐)杜甫撰　(清)顧宸注

清康熙四十八年(1709)吳門術林刻本

六冊

九行二十一字,白口,左右雙邊。鈐有“黃梅花屋所藏”白文印。

存五卷:五言律卷一至五　50/1783.2

杜詩鏡銓二十卷

(清)楊倫撰

年譜一卷附錄一卷

清乾隆九柏山房刻本

十冊

九行二十字,小字雙行三十字,白口,四周單邊。

《中國古籍善本書目》集部1079　50/1792.4

唐陸宣公集二十二卷

(唐)陸贄撰

明萬曆三十四年(1606)吳繼武光裕堂刻本

六冊

十行二十字,白口,四周單邊。

《中國古籍善本書目》集部1168　40/1606.7

唐陸宣公集二十二卷

(唐)陸贄撰

清雍正元年(1723)年羹堯刻本

六冊

十行二十字,白口,四周單邊。　50/1723.8

唐陸宣公集二十二卷

(唐)陸贄撰

清雍正元年(1723)積雪齋刻本

八冊

十行二十字，白口，四周單邊。 50/1723.2
又一部　三冊

王司馬集八卷
（唐）王建撰
清光緒孔氏嶽雪樓抄本
二冊
八行二十一字，小字雙行同，無格。鈐有“廣雅書局藏書樓圖籍”朱文印。 80/2.50.116

歐陽四門集二卷
（唐）歐陽詹撰　（清）劉爊芬重編
清抄本　清劉爊芬朱筆批校
二冊
九行二十三字，無格。鈐有“小蘇齋藏”、“第五之名”、“劉小衡所讀書”、“小衡讀”、“冷翁”、“芚鶵主人”、“南州書樓所藏”、“信符”朱文印，“香山劉爊芬印”白文印。 80/2.50.649

唐歐陽先生文集八卷
（唐）歐陽詹撰　（明）徐㶿輯
附録一卷
明萬曆三十四年（1606）葉向高等刻本
四冊
九行十八字，白口，左右雙邊。鈐有“復壁藏書”、“埽塵齋積書記”朱文印，“禮培私印”白文印。
《中國古籍善本書目》集部1282　40/1606.4

朱文公校昌黎先生文集四十卷外集十卷遺文一卷
（唐）韓愈撰　（宋）朱熹考異　（宋）王伯大音釋
傳一卷
明初刻本
十冊
十三行二十三字，小字雙行同，黑口，四周雙邊。刻工有六七、文人、元升、朱三、仲元、仲仁、吳朱、袁二、陸七、陸四、陳友、陳金、張春、葉伯、黃道、詹兵、蔡妥、劉旦、羅富、王伯福、吳甲郎等。鈐有“觀古堂”、“順德何氏抱素樓考藏”朱文印，“葉氏德輝鑑藏”、“東莞莫氏五十萬卷樓”白文印。
《中國古籍善本書目》集部1341　40/1368.2

朱文公校昌黎先生文集四十卷外集十卷遺文一卷
（唐）韓愈撰　（宋）朱熹考異　（宋）王伯大音釋
傳一卷
明萬曆朱崇沐刻本
十冊
九行十八字，小字雙行同，白口，四周雙邊。鈐有“施居竹印”朱文印，“鶴山施居竹藏”白文印。
《中國古籍善本書目》集部1353　40/1605.2
又一部　十冊

昌黎先生集四十卷外集十卷遺文一卷
（唐）韓愈撰　（宋）廖瑩中校正
朱子校昌黎先生集傳一卷
明萬曆長洲徐氏東雅堂刻本
十冊
九行十七字，小字雙行同，白口，四周雙邊。刻工有六先、六華、李清、李鳳、李綬、李潔、李潮、李澤、陸宣、陸奎、陸淮、張敖、章景華。第一部鈐有“世仙”、“何瑗玉印”、“柳浪”、“家有定武蘭亭黃子久富春大嶺圖式妙迹”、“蘧盦庚辰以後所得圖書印”、“番禺黃子安珍藏之印”、“蘧盦鑑藏金石書畫印”、“春嵐珍藏”、“敦柔印章”朱文印，“希聲”、“嘉茂”白文印。第二部鈐有“秀恭”、“南州書樓所藏”、“信符”、“南州書樓”朱文印，“章崖”、“南州後人”、“徐湯殷”白文印。
40/1619.18

又一部　十六冊

唐韓昌黎集四十卷外集十卷遺文一卷
（唐）韓愈撰　（明）蔣之翹輯注
附録一卷
明崇禎六年（1633）蔣氏刻本
八冊
九行十七字，小字雙行同，白口，左右雙邊。鈐有“觀古堂”朱文印，“葉氏德輝鑑藏”白文印。
40/1633.2

昌黎先生集四十卷
(唐)韓愈撰　(宋)廖瑩中校正
清同治九年(1870)廣東述古堂刻本　清朱啓璉批點
六冊
十行二十字,白口,四周雙邊。
《中國古籍善本書目》集部1399　　50/1870

昌黎先生集四十卷
(唐)韓愈撰　(宋)廖瑩中校正
清光緒十五年(1889)廣州萃文堂刻本　清陳慶桂評點
八冊
十行二十字,白口,四周雙邊。刻工有王亨、王壽、曹儀、斯從文、蔣正。鈐有"多慚過目釋卷便忘"朱文印,"番禺陳氏所藏"白文印。
《中國古籍善本書目》集部1400　　50/1889

韓筆酌蠡三十卷
(清)盧軒撰
清雍正八年(1730)程崟刻本
六冊
九行二十四字,白口,四周單邊。鈐有"中牟縣儒學記"、"賜書樓"、"宗呂夢寐以之"、"新安呂氏詩字非第七十八"朱文印,"卓犖觀群書"、"冶古堂"白文印,"溥仁元"朱白文印。
《中國古籍善本書目》集部1417　　50/1730.2

河東先生集四十五卷外集二卷龍城錄二卷
(唐)柳宗元撰　(宋)廖瑩中校正
附錄二卷傳一卷
明郭雲鵬濟美堂刻本
二十二冊
九行十七字,小字雙行同,黑口,四周雙邊。刻工有仲淵、章甫言等。鈐有"徐氏子遠"朱文印,"豹文氏"、"穎中氏馮士光珍藏"白文印。
《中國古籍善本書目》集部1479　　40/1643.54

河東先生集四十五卷外集二卷龍城錄二卷
(唐)柳宗元撰　(宋)廖瑩中校正
附錄二卷傳一卷
明郭雲鵬濟美堂刻本　清阮學濬集評　清丁晏批點並跋
三十六冊
九行十七字,小字雙行同,黑口,四周雙邊。刻工有仲淵、章甫言等。鈐有"丁晏"白文印。
《中國古籍善本書目》集部1480　　40/1566.25

劉賓客詩集九卷
(唐)劉禹錫撰
清雍正元年(1723)華亭趙氏涵碧齋刻本
四冊
十行十九字,黑口,左右雙邊。
《中國古籍善本書目》集部1552　　50/1723.4

夢得文集十卷劉賓客嘉話錄一卷
(唐)劉禹錫撰　(清)劉熽芬重編
清光緒二十六年(1900)抄本
六冊
八行二十二字,無格。有圖。鈐有"香山劉氏"、"香山劉熽芬印"、"小衡父"、"小衡過目"、"第五之名"、"小蘇齋"、"寶宋樓藏"、"信符"、"南州書樓所藏"朱文印,"熽芬私印"、"小衡秘笈"、"寶宋樓"、"徐湯殷"、"南州後人"白文印。
80/2.50.657

元氏長慶集六十卷補遺六卷
(唐)元稹撰
明萬曆三十二年(1604)刻本
十冊
十行二十一字,白口,左右雙邊。鈐有"曹氏珍藏"、"雲間第八峰周氏藏書"、"會稽鲁氏貴讀樓藏書印"朱文印。　　40/1604.2
又一部　五冊

孟東野詩集十卷
(唐)孟郊撰　(宋)朱國材　劉辰翁評
明刻朱墨套印本
六冊
八行十九字,白口,左右雙邊。第二部鈐有"湖上書藏"、"文獻足徵"、"文獻書樓藏品"朱文印,"曾振綺印"白文印。　　40/1619.8
又一部　二冊

孟東野集十卷
（唐）孟郊撰
明楊鶴刻本
二冊
十行二十字，白口，左右雙邊。
《中國古籍善本書目》集部 1585　　40/1619

白香山詩長慶集二十卷後集十七卷別集一卷補遺二卷
（唐）白居易撰
年譜一卷
（清）汪立名撰
年譜舊本一卷
（宋）陳振孫撰
清康熙四十一年（1702）至四十二年（1703）汪立名一隅草堂刻本
十六冊
十二行二十一字，白口，左右雙邊。第二部鈐有"人境廬藏書"朱文印。
《中國古籍善本書目》集部 1651　　50/1702.3
又一部　十二冊

沈下賢文集十二卷
（唐）沈亞之撰
清抄本　清陳鱣校
四冊
九行二十二字，無格。鈐有"小李山房"、"仲漁圖像"、"海寧陳鱣觀"朱文印，"柯溪藏書"白文印。
《中國古籍善本書目》集部 1727　　80/2.50.39

唐李義山詩集六卷
（唐）李商隱撰
明刻本
四冊
十行二十字，白口，左右雙邊。鈐有"稼軒"、"陳百斯藏書印"、"百斯"、"僥張變"朱文印，"錢維成"、"癸丑詞臣"白文印。
《中國古籍善本書目》集部 1799　　40/1573.3

李義山詩集十六卷
（唐）李商隱撰　（清）姚培謙箋注
清乾隆五年（1740）姚氏松桂讀書堂刻本
四冊
十行二十一字，小字雙行三十二字，白口，左右雙邊。鈐有"古吴許氏家藏"朱文印，"鍾騏石章"白文印。
《中國古籍善本書目》集部 1824　　50/1740.4

李義山文集十卷
（唐）李商隱撰　（清）徐樹穀箋　（清）徐炯注
清康熙四十七年（1708）徐氏花谿草堂刻本
三冊
十行二十一字，小字雙行三十一字，白口，左右雙邊。鈐有"玉笥山樓"白文印。
《中國古籍善本書目》集部 1846　　50/1708.4
又一部　四冊

文泉子集一卷
（唐）劉蛻撰
清光緒孔氏嶽雪樓抄本
一冊
八行二十一字，無格。鈐有"孔氏嶽雪樓影鈔本"朱文印。　　80/2.50.223

李文山詩集三卷
（唐）李羣玉撰
明崇禎十二年（1639）毛氏汲古閣刻《唐人八家詩》本
一冊
十二行二十字，白口，左右雙邊。鈐有"莘老"、"寶桓"、"番禺汪氏藏書"、"王華生"朱文印。　　40/1643.65

溫飛卿詩集七卷別集一卷集外詩一卷
（唐）溫庭筠撰　（明）曾益謙注　（清）顧予咸補注　（清）顧嗣立續注
清康熙三十六年（1697）顧氏秀野草堂刻本
三冊
十一行二十字，小字雙行三十一字，白口，左右雙邊。鈐有"何文廣藏書"朱文印，"何文廣印"白文印。　　50/1697.7

司空表聖文集十卷

（唐）司空圖撰
清初影宋抄本
二册
十二行二十一字，白口，左右雙邊。鈐有“席氏玉照”、“之印”、“蒐山珍本”、“海寧陳琰友年氏曾觀”朱文印，“席鑑”白文印，“席鑑之印”朱白文印。
《中國古籍善本書目》集部 2012
80/2.50.474

桂苑筆耕集二十卷
（朝鮮）崔致遠撰
朝鮮活字本
四册
十行十九字，黑口，左右雙邊。鈐有“觀古堂”朱文印，“葉氏德輝鑑藏”白文印。
90/2.1

桂苑筆耕集二十卷
（朝鮮）崔致遠撰
朝鮮銅活字本
六册
十行二十字，白口，四周雙邊，鈐有“梓琴所藏圖籍”朱文印，“是眞名士自風流”白文印，“闞子棻”朱白文印。
90/2.2

韓内翰香奩集三卷
（唐）韓偓撰
清康熙四十一年（1702）席氏琴川書屋刻《唐人百家詩》本
二册
十行十八字，黑口，左右雙邊。鈐有“擢倚天之劍彎落月之弓”、“檢亭”、“錢塘汪氏邁孫所得”、“曾念天理人倫否”朱文印，“幽人到處煙霞冷”、“汪襄”、“雨後栽松風中聽竹雪裏尋梅霜前賞菊”、“蕩胸生層雲”白文印。 50/1702.7

唐秘書省正字先輩徐公釣磯文集十卷
（唐）徐夤撰
清抄本　清熙元校並跋。
二册
十二行二十四字，無格。
《中國古籍善本書目》集部 2093
80/2.50.499

浣花集十卷
（唐）韋莊撰
明抄本
二册
十一行二十五字，藍格，白口，四周雙邊。鈐有“虞山錢曾遵王藏書”、“番禺鄧氏考藏”朱文印。
《中國古籍善本書目》集部 2099　80/2.40.15

莆陽黃御史集二卷
（唐）黃滔撰
明正德八年（1513）刻本
四册
十行二十字，白口，四周雙邊。刻工陳二、陳仰會等。鈐有“古松瘦石山房”、“沈盦校藏精鈔善本印”、“蟫華”、“繡穀熏習”、“敦宿好齋珍藏書畫印”、“沈鍀環卿”朱文印。
《中國古籍善本書目》集部 2115　40/1513.2

唐黃御史集八卷
（唐）黃滔撰
附錄一卷
明崇禎十一年（1638）黃鳴喬、黃鳴俊等刻本
四册
八行十八字，白口，左右雙邊。
《中國古籍善本書目》集部 2119　40/1638.3

廣成集十二卷
（前蜀）杜光庭撰
清光緒孔氏嶽雪樓抄本
四册
八行二十一字，無格。鈐有“孔氏嶽雪樓影鈔本”、“廣雅書局藏書樓圖籍”朱文印。
80/2.50.132

宋別集類

咸平集三十卷
(宋)田錫撰
清光緒孔氏嶽雪樓抄本
六冊
八行二十一字,無格。鈐有"孔氏嶽雪樓影鈔本"朱文印。 80/2.50.321

乖崖先生全集十二卷
(宋)張詠撰
附錄一卷
清抄本 佚名朱筆批校
二冊
十行二十字,無格。鈐有"東武李氏收藏"朱文印,"禮南校本"白文印。 80/2.50.691

南陽集六卷
(宋)趙湘撰
清乾隆四十二年(1777)武英殿《聚珍版叢書》本
二冊
九行二十一字,白口,四周雙邊。 50/1777.2

楊大年先生武夷新集二十卷
(宋)楊億撰
清康熙四十四年(1705)陳璋刻本
八冊
八行二十字,白口,四周單邊。刻工張君選。鈐有"小雅手校"、"小雅珍愛之籍"朱文印,"知非樓所藏書"、"知非樓祕笈"、"曾爲祝小雅閲"白文印。
《中國古籍善本書目》集部2253 40/1566.16

晏元獻遺文一卷
(宋)晏殊撰
清光緒孔氏嶽雪樓抄本
一冊
八行二十一字,無格。鈐有"孔氏嶽雪樓影鈔本"、"廣雅書局藏書樓圖籍"朱文印。
80/2.50.356

鉅鹿東觀集十卷補遺一卷
(宋)魏野撰
清抄本
二冊
十行十九字,無格。鈐有"萊陽張氏桐生藏書之印"、"東莞莫伯驥號天一藏書之印"、"東莞莫氏五十萬卷樓"朱文印。
《中國古籍善本書目》集部2329
80/2.50.485

武溪集二十卷首一卷
(宋)余靖撰
清康熙三十六年(1697)程氏刻本
六冊
九行二十字,白口,左右雙邊。鈐有"黄氏憶江南館珍藏印"、"蔭普珍藏"朱文印,"禺山黄氏"白文印。 50/1697.6

安陽集五十卷
(宋)韓琦撰
別錄三卷
(宋)王巖叟撰
遺事一卷
(宋)強至撰
忠獻韓魏王家傳十卷
明正德九年(1514)張士隆刻本
二十四冊
十一行十八字,白口,左右雙邊。鈐有"冰香樓"、"休寧汪季青家藏書籍"、"秀水莊氏蘭味軒收藏印"朱文印,"毛古愚藏"、"西河"白文印。
《中國古籍善本書目》集部2348 40/1514.3

宋文正范先生文集十卷
(宋)范仲淹撰 (明)康丕揚校
明刻本
二十四冊
九行十九字,白口,四周單邊。鈐有"得一步想書屋"朱文印。 40/1608.6

范文正公集二十卷别集四卷政府奏議二卷尺牘三卷
(宋)范仲淹撰
范文正公年譜一卷
(宋)樓鑰撰
范文正公年譜補遺
(元)范國俊輯
清康熙四十六年(1707)范氏歲寒堂刻本
九冊
十一行二十一字,小字雙行三十二字,白口,左右雙邊。
缺范文正公集一至四卷　50/1707.4

徂徠石先生全集二十卷
(宋)石介撰
附錄一卷
清康熙五十六年(1717)石鍵刻本
六冊
十行十九字,白口,左右雙邊。
《中國古籍善本書目》集部 2401　50/1716.5

宋端明殿學士蔡忠惠公文集四十卷
(宋)蔡襄撰
蔡端明别紀十卷
(明)徐𤊹輯
明萬曆陳一元刻四十三年(1615)朱謀㙔重修本
二十四冊
九行十九字,白口,左右雙邊。刻工有姜全、姜求、胡太、曾巽、萬奇、萬德、羅文、鄒元弼、楊文華、熊元銓。鈐有"璜川吳氏收藏圖書"、"侯官林勿村鑑藏之印"、"飛鴻延年"、"鴻年"朱文印,"玉笥山樓"白文印。
《中國古籍善本書目》集部 2407　40/1615.10

鐔津文集二十二卷
(宋釋)契嵩撰
明弘治十二年(1499)釋如巹刻本
四冊
十行十九字,黑口,四周雙邊。鈐有"燕庭藏書"、"劉"、"東莞莫伯驥號天一藏書之印"朱文印,"東莞莫氏五十萬卷樓"白文印。
《中國古籍善本書目》集部 2416　40/1499

蘇學士文集十六卷
(宋)蘇舜欽撰
滄浪小志二卷
(清)宋犖輯
清康熙三十七年(1698)徐惇孝、徐惇復白華書屋刻本
二冊
十行二十一字,白口,四周單邊。
《中國古籍善本書目》集部 2421。
50/1698.2
又一部　六冊

古靈集二十五卷
(宋)陳襄撰
清光緒孔氏嶽雪樓抄本
六冊
八行二十一字,無格。鈐有"孔氏嶽雪樓影鈔本"、"廣雅書局藏書樓圖籍"朱文印。
80/2.50.134

司馬文正公集略三十一卷詩集七卷
(宋)司馬光撰
明嘉靖四年(1525)呂柟刻本
十二冊
十一行二十二字,白口,左右雙邊。有刻工。鈐有"季振宜印"、"滄葦"、"季滄葦圖書記"、"精遠堂章"朱文印,"東莞莫氏五十萬卷樓"、"路過印"白文印。
《中國古籍善本書目》集部 2461　40/1525.2

趙清獻公集十卷目錄二卷
(宋)趙抃撰
明萬曆十六年(1588)詹思謙刻本
四冊
九行二十字,白口,四周單邊。
《中國古籍善本書目》集部 2467　40/1643.2
又一部　四冊

鄖溪集二十八卷
(宋)鄭獬撰

清抄本
十六冊
八行二十一字，無格。鈐有“海昌陳琰”、“陳立炎”、“拾遺補闕”、“古書流通處”、“荃孫”、“雲輪閣”朱文印，“友年所見”白文印。
《中國古籍善本書目》集部 2509　80/2.50.5

鄖溪集二十八卷
（宋）鄭獬撰
清光緒孔氏嶽雪樓抄本
六冊
八行二十一字，無格。鈐有“孔氏嶽雪樓影鈔本”、“廣雅書局藏書樓圖籍”朱文印。
80/2.50.406

華陽集四十卷
（宋）王珪撰
清乾隆四十六年（1781）武英殿《聚珍版叢書》本
十冊
九行二十一字，白口，四周雙邊。　50/1780.3

南豐先生元豐類藁五十卷
（宋）曾鞏撰
集外文二卷
（宋）曾鞏撰　（清）顧崧齡輯
續附一卷
清康熙五十六年（1717）顧崧齡刻本
八冊
十行二十一字，白口，四周雙邊。
《中國古籍善本書目》集部 2553　50/1722.34

南豐曾先生文粹十卷
（宋）曾鞏撰
明嘉靖二十八年（1549）安如石刻本
八冊
十行二十一字，白口，左右雙邊。鈐有“高郵董伯純所藏善本圖記”、“激面軒董氏藏書之印”、“董氏”、“董增儒印”、“何氏抱素樓藏書記”、“小娜嬛室鑑藏”、“海綃樓”、“東莞莫氏五十萬卷樓”朱文印，“董伯尊收藏圖籍印記”白文印。
《中國古籍善本書目》集部 2560　40/1549.2

又一部　五十七冊

宛陵先生文集六十卷拾遺一卷
（宋）梅堯臣撰
清康熙四十一年（1702）徐惇復白華書屋刻本
六冊
十一行二十一字，白口，左右雙邊。鈐有“百斯”、“陳百斯藏書印”、“鹽官吳氏寶雲樓珍藏書畫印”朱文印。
《中國古籍善本書目》集部 2587　50/1702.5

無爲集十五卷
（宋）楊傑撰
清抄本　佚名批校
四冊
十行十八字，無格。鈐有“知足者常樂”、“虞山埜老”、“醴陵文浚讀有用書齋藏書印”朱文印，“蕭散在琴書”、“墨池淺淺深如海”白文印。
《中國古籍善本書目》集部 2597　80/2.50.59

太史范公文集五十五卷
（宋）范祖禹撰
清光緒孔氏嶽雪樓抄本
十冊
十二行二十字，小字雙行同，無格。鈐有“孔氏嶽雪樓影鈔本”朱文印。　80/2.50.250

南陽集三十卷
（宋）韓維撰
附錄一卷
清光緒孔氏嶽雪樓抄本
六冊
十行二十一字，無格。鈐有“孔氏嶽雪樓影鈔本”朱文印。　80/2.50.256

節孝語錄一卷
（宋）徐積撰
清光緒孔氏嶽雪樓抄本
一冊
十行二十一字，無格。鈐有“孔氏嶽雪樓影鈔本”朱文印。　80/2.50.433

歐陽文集五十卷
（宋）歐陽修撰
年譜一卷
（宋）胡柯撰
明嘉靖二十二年（1543）李冕刻本
十二册
十行二十字，白口，四周雙邊。刻工有大富、朱三、危高、妥三、余一、余四、余環、官一、官二、官成、金郎、華福、陳友、陳金、葉妥、葉伯、葉陶、黄五、黄三、黄道、詹兵、蔡三、蔡友、蔡和、劉旦、熊楚、興七、謝四、羅富、羅興、王廷生、余天壽、吴甲郎、葉再生、葉再興、葉尾郎、熊伕照等。鈐有“杉盦藏書”白文印。
《中國古籍善本書目》集部 2668　　40/1543

歐陽文忠公集一百五十三卷
（宋）歐陽修撰
年譜一卷
（宋）胡柯撰
附録五卷
明正德七年（1512）劉喬刻嘉靖十六年（1537）季本詹治三十九年（1560）何遷遞修本
六十一册
十行二十字，小字雙行十九字，白口，四周雙邊。有刻工。鈐有“幼樵秘笈”、“家私萬卷手藏書”、“遲雲樓印”、“秋水”朱文印，“寶稼”、“王村芮氏珍藏”、“臣溶之印”、“楊守敬印”白文印。
《中國古籍善本書目》集部 2689　　40/1512

歐陽文忠公全集一百五十三卷
（宋）歐陽修撰
附録五卷
清乾隆五十七年（1792）惇敘堂刻本
二十四册
九行二十字，白口，左右雙邊。　　50/1792.7

范忠宣公集二十卷奏議二卷遺文一卷補編一卷附録一卷
（宋）范純仁撰
清康熙四十六年（1707）范氏歲寒堂刻本
六册
十一行二十一字，白口，左右雙邊。
《中國古籍善本書目》集部 2737　　50/1707.3

臨川先生文集一百卷目録二卷
（宋）王安石撰
宋紹興二十一年（1151）兩浙西路轉運司王珏刻元明遞修本
二十册
十二行二十字，白口，左右雙邊。刻工有乙成、方通、王份、王翁、牛志、丙孟、史祥、李祥、金昇、金益、屈旻、章宇、章忠、徐安、徐明、陳忠、項中、葉先、惠立、趙宗、戴安、嚴富、黄延年等。鈐有“乾學”朱文印、“徐建庵”白文印。
《中國古籍善本書目》集部 2779　　30/1151

臨川先生文集一百卷目録二卷
（宋）王安石撰
明刻本
三十二册
十二行二十字，白口，左右雙邊。刻工有仁七、釗四、貴一、楊宣、頭三、付仁九、楊模三等。鈐有“瑤華鑑賞”、“瑤華道人”、“娱清書屋鑑賞圖書”、“胡薊門藏書印”、“胡錫燕印”朱文印。
《中國古籍善本書目》集部 2787　　40/1546

宋王荆公文集摘粹四卷首一卷
（宋）王安石撰　（明）慎蒙輯
明刻本
六册
九行二十字，白口，四周雙邊。刻工有三太、王大、王接、周明、黄朝等。鈐有“曾在汪芙之處”、“飲和堂”、“研樵眼福”朱文印，“明善堂覽書畫印記”白文印。　　40/1643.116

王荆文公詩五十卷
（宋）王安石撰　（宋）李壁箋注
清乾隆五年（1740）至六年（1741）張宗松清綺齋刻本
八册
十一行二十一字，小字雙行三十一字，黑口，左右雙邊。第二部鈐有“吉人氏”朱文印。
《中國古籍善本書目》集部 2804　　50/1741.3
又一部　八册

宋大家蘇文忠公文抄二十八卷
(宋)蘇軾撰　(明)茅坤選
明崇禎刻本
七冊
九行二十字,白口,四周單邊。
存九卷:卷一至九　40/1628.5

東坡先生全集七十五卷
(宋)蘇軾撰
明末項煜刻本
四十冊
十行十九字,白口,左右雙邊。鈐有"雙梧桐館金石書畫印"、"又彰之印"朱文印。
《中國古籍善本書目》集部2858　40/1643.45

蘇東坡題跋雜書六卷
(宋)蘇軾撰
明刻本
三冊
九行十九字,白口,四周單邊。第一部鈐有"閩樨香室藏書"朱文印。第二部鈐有"南州書樓所藏"、"信符"朱文印,"南州後人"、"徐湯殷"白文印。　40/1643.22
又一部　三冊

蘇東坡詩集注三十二卷
(宋)蘇軾撰　題(宋)呂祖謙分編　題(宋)王十朋纂集
年譜一卷
(宋)王宗稷撰
清康熙三十七年(1698)朱從延文蔚堂刻本
十二冊
十行十九字,小字雙行二十八字,白口,左右雙邊。鈐有"葉氏風滿樓印"朱文印。
《中國古籍善本書目》集部2895　50/1698.5

施註蘇詩四十二卷總目二卷
(宋)蘇軾撰　(宋)施元之　顧禧注　(清)邵長蘅　顧嗣立　宋至刪補
蘇詩續補遺二卷
(宋)蘇軾撰　(清)馮景補注
王注正僞一卷
(清)邵長蘅撰
東坡先生年譜一卷
(宋)王宗稷撰
清康熙三十八年(1699)宋犖刻本
十冊
十行二十一字,小字雙行三十一字,黑口,四周單邊。鈐有"人境廬藏書"朱文印。
《中國古籍善本書目》集部2901　50/1699.4

施註蘇詩四十二卷總目二卷
(宋)蘇軾撰　(宋)施元之　顧禧注　(清)邵長蘅　顧嗣立　宋至刪補
蘇詩續補遺二卷
(宋)蘇軾撰　(清)馮景補注
王注正僞一卷
(清)邵長蘅撰
東坡先生年譜一卷
(宋)王宗稷撰
清大文堂刻本
十二冊
十行二十一字,黑口,四周單邊。
缺蘇詩續補遺卷下　50/1795.36

古香齋鑑賞袖珍施注蘇詩四十二卷總目二卷補遺二卷
(宋)蘇軾撰　(宋)施元之注　(清)邵長蘅刪補
清乾隆古香齋刻巾箱本
十二冊
十行二十一字,小字雙行三十一字,白口,四周雙邊。有肖像。鈐有"南州後人"朱文印,"徐湯殷"白文印。　50/1795.33

東坡先生編年詩五十卷
(宋)蘇軾撰　(清)查慎行補注
清乾隆二十六年(1761)查開香雨齋刻本　佚名朱筆過錄清紀昀批校
十八冊
十行二十一字,小字雙行三十一字,白口,左右雙邊。鈐有"十笏草堂"、"順德李氏藏書"白文印。　50/1761.4

蘇文忠詩合注五十卷
(宋)蘇軾撰　(清)馮應榴輯注
清嘉慶二十四年(1819)刻本
二十四冊
十一行二十六字,小字雙行三十三字,白口,左右雙邊。
存二十一卷:卷一至六、十九至二十、二十二至三十三、三十五至四十　50/1819

重編東坡先生外集八十六卷
(宋)蘇軾撰
年譜一卷
明萬曆三十六年(1608)康丕揚刻本
八冊
十行二十字,白口,四周雙邊。刻工有邢吉、邢育、朱大、李明、肖夆、范盛、范德、金科、洪仁、施元、郭鳳、張元、張李、盛名、業元、熊盤、吳應芳、施惟售、穆國珍。鈐有"紅茶"、"香示浦"、"曾歸徐氏強誃"朱文印,"潘恭辰印"、"飛霞臺"、"雲閣秘帙"白文印。
存六十五卷:卷一至二十、四十二至八十六
《中國古籍善本書目》集部2951　40/1608.3

東坡詩選十二卷
(宋)蘇軾撰　(明)譚元春輯
明末文盛堂刻本
六冊
八行十七字,小字雙行同,白口,四周單邊。鈐有"節庵藏書"朱文印,"梁鼎芬印"白文印。
40/1621.10

東坡集選五十卷集餘一卷
(宋)蘇軾撰　(明)陳夢槐輯
年譜一卷
(宋)王宗稷撰
外紀二卷
(明)王世貞撰
外紀逸編一卷
(明)璩之璞撰
明刻本
十二冊
九行十九字,白口,四周單邊。鈐有"東萊煬書堂呂氏鏡宇收藏書畫金石之印"、"鏡宇"、"大司馬章"朱文印,"呂海寰印"白文印。
40/1643.101
又一部　十二冊

蘇長公合作不分卷
(宋)蘇軾撰　(明)鄭圭輯
明末刻本
八冊
九行二十字,白口,四周單邊。
《中國古籍善本書目》集部2988　40/1633.3

蘇長公密語十六卷
(宋)蘇軾撰　(明)吳京輯
首一卷
明天啓四年(1624)刻朱墨套印本
十二冊
八行十九字,白口,四周單邊。鈐有"悟巳道人"、"千印樓所藏書畫金石文字"、"峴睓子"朱文印,"吳懷私印"白文印。
《中國古籍善本書目》集部3003　40/1624.4

宋大家蘇文忠公文抄二十八卷
(宋)蘇軾撰
明萬曆七年(1579)茅一桂刻《唐宋八大家文鈔》本
十二冊
九行十九字,白口,左右雙邊。　40/1579.7

陶山集十六卷
(宋)陸佃撰
清抄本
六冊
十一行二十三字,小字雙行同,黑口,左右雙邊。鈐有"益齋圖章"白文印。　80/2.50.613

重刻黃文節山谷先生文集三十卷外集十四卷別集二十卷
(宋)黃庭堅撰
伐檀集二卷
(宋)黃庶撰

年譜十五卷

（宋）黄罃撰

明萬曆三十一年（1603）四十二年（1614）方沆、周希令、李友梅刻本

十二册

十一行二十字，白口，四周單邊。刻工有守吾、而秀、光寰、周祥、南癸、陽學孟、鄒天衢。第一部鈐有“寶峰”、“紅白雲樹山莊”、“墨樓”、“介石堂圖書”朱文印，“酒熟思才子”、“介石堂圖書”、“周在延印”、“研田墨莊受用不盡”、“淡明”白文印。第二部鈐有“北海孫氏萬卷樓圖書”、“孫氏萬卷樓印”、“北平黄氏萬卷樓圖書”、“經德堂印”、“曾在汪芙處”朱文印，“半窗修竹”白文印。

《中國古籍善本書目》集部 3037　　40/1614.4

又一部　六册

宋黄文節公文集正集三十二卷外集二十四卷別集十九卷首四卷

（宋）黄庭堅撰

伐檀集二卷

（宋）黄庶撰

清乾隆三十年（1765）緝香堂刻本

十六册

九行二十字，白口，左右雙邊。

《中國古籍善本書目》集部 3042　　50/1765.6

後山先生集二十四卷

（宋）陳師道撰

清雍正八年（1730）趙駿烈刻本

四册

十行十九字，黑口，左右雙邊。鈐有“百斯眼福”、“陳百斯藏書印”、“藝甫”朱文印。

《中國古籍善本書目》集部 3086　　50/1730.3

陳後山詩補註不分卷

（宋）陳師道撰　（宋）任淵注　李滄萍補注

李滄萍稿本

一册

十行字數不等，紅格，白口，四周單邊。鈐有“滄萍印信”、“高齋”、“黄氏憶江南館珍藏印”、“蔭普珍藏”朱文印，“禺山黄氏”白文印。

80/1.60.11

具茨晁先生詩集一卷

（宋）晁沖之撰

清抄本

二册

十行二十字，無格。鈐有“胡裳珍藏”、“白純手校”、“惕甫經眼”、“冠軍侯印”、“激面軒董氏藏書之印”、“曼壽閣經眼”朱文印，“董增儒所得金石文字”、“黄坡胡氏藏書之印”白文印。

《中國古籍善本書目》集部 3227　　80/2.50.34

樂圃餘稿十卷附錄一卷

（宋）朱長文撰

清光緒孔氏嶽雪樓抄本

一册

十一行二十一字，小字雙行同，無格。鈐有“孔氏嶽雪樓影鈔本”、“廣雅書局藏書樓圖籍”朱文印。

80/2.50.306

龍雲集三十二卷

（宋）劉弇撰

清光緒孔氏嶽雪樓抄本

八册

八行二十一字，無格。鈐有“孔氏嶽雪樓影鈔本”、“廣雅書局藏書樓圖籍”朱文印。

80/2.50.338

雲溪居士集三十卷附錄一卷

（宋）華鎮撰

清光緒孔氏嶽雪樓抄本

六册

八行二十一字，小字雙行同，無格。鈐有“孔氏嶽雪樓影鈔本”、“廣雅書局藏書樓圖籍”朱文印。

80/2.50.409

道鄉先生鄒忠公文集四十卷

（宋）鄒浩撰

外紀一卷

明萬曆四十六年（1618）鄒忠胤刻本

二册

十行二十字，白口，四周單邊。鈐有“桐軒主人藏書印”、“屺瞻”、“留爲永寶”、“月查藏書”朱文

印,“何焯之印”、“太原叔子藏書記”白文印。
存十四卷:卷一至十四
《中國古籍善本書目》集部 3276　40/1619.31

竹隱畸士集二十卷
(宋)趙鼎臣撰
清墨格抄本
八冊
八行二十一字,小字雙行同,黑口,左右雙邊。鈐有“巴陵方氏碧琳瑯館珍藏秘篇”、“方家書庫”、“熙微私印”朱文印,“巴陵方氏功惠柳橋甫紀”、“誠齋居士”白文印。　80/2.50.14

東窗集十六卷
(宋)張擴撰
清光緒孔氏嶽雪樓抄本
四冊
八行二十一字,無格。鈐有“孔氏嶽雪樓影鈔本”、“廣雅書局藏書樓圖籍”朱文印。
存十四卷:卷一至十、卷十三至十六
80/2.50.332

樂靜集三十卷
(宋)李昭玘撰
清光緒孔氏嶽雪樓抄本
四冊
八行二十一字,無格。鈐有“孔氏嶽雪樓影鈔本”朱文印。　80/2.50.394

宋李忠定公奏議選十五卷文集選二十九卷
(宋)李綱撰　(明)左光先　李春熙等輯
首四卷
明崇禎刻本
九冊
十行二十字,白口,四周單邊。
《中國古籍善本書目》集部 3420　40/1639.6

宋李忠定公奏議選十五卷文集選二十九卷
(宋)李綱撰　(明)左光先　李春熙等輯
首四卷
明崇禎刻清康熙補刻本
十六冊
十行二十字,白口,四周單邊。　40/1639.5

宋丞相李忠定公別集三卷
(宋)李綱撰　(明)鄭鄤評點
明崇禎刻本
三冊
九行十八字,小字雙行同,白口,四周單邊。鈐有“玉笥山樓”白文印。　40/1628.3

西渡詩集一卷
(宋)洪炎撰
清抄本
一冊
十行二十字,無格。鈐有“翌鳳鈔藏”、“松溪草堂”朱文印,“古歡堂”、“黃梅花屋所藏”白文印。
《中國古籍善本書目》集部 3432
80/2.50.514

浮溪文粹十五卷
(宋)汪藻撰
清光緒孔氏嶽雪樓抄本
二冊
八行二十一字,無格。鈐有“孔氏嶽雪樓影鈔本”、“廣雅書局藏書樓圖籍”朱文印。
80/2.50.349

灌園集二十卷
(宋)呂南公撰
清光緒孔氏嶽雪樓抄本
四冊
八行二十一字,無格。鈐有“孔氏嶽雪樓影鈔本”、“廣雅書局藏書樓圖籍”朱文印。
80/2.50.330

石林居士建康集八卷
(宋)葉夢得撰
清陸香圃三間草堂抄本
四冊
十行二十一字,藍格,黑口,左右雙邊。鈐有“慈谿馮氏醉經閣圖籍”、“三間草堂傳鈔秘本”朱文印,“五橋珍藏”、“東莞莫氏五十萬卷樓”白文印。

《中國古籍善本書目》集部3483　80/2.50.37

筠溪集二十四卷

(宋)李彌遜撰

清光緒孔氏嶽雪樓抄本

六冊

八行二十一字,無格。鈐有"孔氏嶽雪樓影鈔本"、"廣雅書局藏書樓圖籍"朱文印。

80/2.50.407

華陽集四十卷

(宋)張綱撰

清光緒孔氏嶽雪樓抄本

六冊

八行二十一字,無格。鈐有"孔氏嶽雪樓影鈔本"、"廣雅書局藏書樓圖籍"朱文印。

80/2.50.254

苕溪集五十五卷

(宋)劉一止撰

目錄三卷

清抄本

十二冊

十行二十字,無格。鈐有"玉雨堂印"、"小亮"朱文印,"韓泰華"、"韓氏藏書"、"仲寅父"白文印。

《中國古籍善本書目》集部3540　80/2.50.31

苕溪集五十五卷

(宋)劉一止撰

清光緒孔氏嶽雪樓抄本

八冊

八行二十一字,小字雙行同,無格。鈐有"孔氏嶽雪樓影鈔本"、"廣雅書局藏書樓圖籍"朱文印。　80/2.50.365

相山集三十卷

(宋)王之道撰

清光緒孔氏嶽雪樓抄本

六冊

八行二十一字,小字雙行同,無格。鈐有"孔氏嶽雪樓影鈔本"、"廣雅書局藏書樓圖籍"朱文印。　80/2.50.412

大隱集十卷

(宋)李正民撰

清光緒孔氏嶽雪樓抄本

二冊

八行二十一字,無格。鈐有"孔氏嶽雪樓影鈔本"、"廣雅書局藏書樓圖籍"朱文印。

80/2.50.375

初寮集八卷

(宋)王安中撰

清光緒孔氏嶽雪樓抄本

三冊

八行二十一字,小字雙行同,無格。鈐有"孔氏嶽雪樓影鈔本"、"廣雅書局藏書樓圖籍"朱文印。　80/2.50.259

丹陽集二十四卷

(宋)葛勝仲撰

清光緒孔氏嶽雪樓抄本

六冊

八行二十一字,無格。鈐有"孔氏嶽雪樓影鈔本"、"廣雅書局藏書樓圖籍"朱文印。

80/2.50.195

忠惠集十卷附錄一卷

(宋)翟汝文撰

清光緒孔氏嶽雪樓抄本

四冊

八行二十一字,無格。鈐有"孔氏嶽雪樓影鈔本"、"廣雅書局藏書樓圖籍"朱文印。

80/2.50.388

澹齋集十八卷

(宋)李流謙撰

清光緒孔氏嶽雪樓抄本

四冊

八行二十一字,無格。鈐有"孔氏嶽雪樓影鈔本"、"廣雅書局藏書樓圖籍"朱文印。

80/2.50.68

定庵類稿四卷
(宋)衛博撰
清光緒孔氏嶽雪樓抄本
二冊
八行二十一字,無格。鈐有"孔氏嶽雪樓影鈔本"、"廣雅書局藏書樓圖籍"朱文印。
80/2.50.296

盧溪集五十卷
(宋)王庭珪撰
清光緒孔氏嶽雪樓抄本
六冊
八行二十一字,小字雙行同,無格。鈐有"孔氏嶽雪樓影鈔本"朱文印。 80/2.50.75

北海集四十六卷
(宋)綦崇禮撰
附錄三卷
清光緒孔氏嶽雪樓抄本
八冊
八行二十一字,無格。鈐有"孔氏嶽雪樓影鈔本"、"廣雅書局藏書樓圖籍"朱文印。
80/2.50.368

崧庵集六卷
(宋)李處權撰
清光緒孔氏嶽雪樓抄本
一冊
十行二十一字,白口,左右雙邊。鈐有"孔氏嶽雪樓影鈔本"、"廣雅書局藏書樓圖籍"朱文印。
80/2.50.191

豫章羅先生文集十七卷
(宋)羅從彥撰
年譜一卷
(元)曹道振撰
明元季恭刻本
四冊
十一行二十一字,黑口,四周雙邊。鈐有"枯匏"、"白衣居士"、"吳蓮暗所藏書"朱文印,"海豐吳重熹印"、"楊灝之印"白文印。
存十六卷:卷二至十七
《中國古籍善本書目》集部3661 40/1424.3

尹和靖先生文集十卷附錄二卷
(宋)尹焞撰
清抄本
六冊
十行十八字,小字雙行十六字,無格。鈐有"鳴野山房"朱文印。 80/2.50.733

高東溪先生文集二卷
(宋)高登撰
附錄一卷
清抄本 清查慎行校並跋
一冊
十二行二十字,無格。鈐有"得樹樓藏書"、"查慎行印"、"萊陽張氏桐生藏書之印"、"東莞莫伯驥號天一藏書之印"朱文印,"南書房史官"、"櫨岐昌印"、"東莞莫氏五十萬卷樓"白文印。
《中國古籍善本書目》集部3703 80/2.50.4

鄱陽集四卷
(宋)洪皓撰
清光緒孔氏嶽雪樓抄本
一冊
八行二十一字,小字雙行同,無格。鈐有"廣雅書局藏書樓圖籍"朱文印。 80/2.50.198

岳集五卷
(宋)岳飛撰 (明)徐階輯
明嘉靖十五年(1536)焦煜刻本
二冊
九行十八字,白口,左右雙邊。鈐有"商城張氏孯之珍藏"、"味菽園"、"味菽園子孫永保"、"汝南張氏嘉善堂印記"、"汝南張氏閑存堂私印"、"張押"、"致虛極守靜篤吾觀復"、"冉客"、"持其志無暴其氣"、"東莞莫氏五十萬卷樓"朱文印,"光黃閒人"、"恒齋心賞"白文印。
《中國古籍善本書目》集部3707 40/1536.3

東萊詩集二十卷附錄一卷

(宋)吕本中撰
清光緒孔氏嶽雪樓抄本
四冊
八行二十一字,小字雙行同,無格。鈐有“孔氏嶽雪樓影鈔本”朱文印。 80/2.50.219

五峯集五卷
(宋)胡宏撰
清光緒孔氏嶽雪樓抄本
四冊
八行二十一字,無格。鈐有“孔氏嶽雪樓影鈔本”、“廣雅書局藏書樓圖籍”朱文印。
80/2.50.77

斐然集三十卷
(宋)胡寅撰
清光緒孔氏嶽雪樓抄本
十四冊
八行二十一字,無格。鈐有“孔氏嶽雪樓影鈔本”、“廣雅書局藏書樓圖籍”朱文印。
80/2.50.327

汪文定公集十三卷
(宋)汪應辰撰
附録一卷
明嘉靖二十五年(1546)夏浚刻本
六冊
十行二十字,白口,左右雙邊。刻工有六旺、天得、仕昴、和三、陸旺、蔡三、蔡六、蔡友、蔡和、蔡榮、王元名、王廷生、王元明、范興負、蔡仕榮、蔡仕賢等。
存十三卷:汪文定公集卷一至十三
《中國古籍善本書目》集部3768 40/1546.3

默堂集二十二卷
(宋)陳淵撰
清光緒孔氏嶽雪樓抄本
六冊
八行二十一字,無格。鈐有“孔氏嶽雪樓影鈔本”朱文印。 80/2.50.322

太倉稊米集七十卷
(宋)周紫芝撰
清光緒孔氏嶽雪樓抄本
十二冊
十行十八字,無格。鈐有“廣雅書局藏書樓圖籍”朱文印。 80/2.50.439

莆陽知稼翁文集十一卷詞一卷
(宋)黄公度撰
清抄本
四冊
十行十八字,無格。鈐有“玉笥山樓藏本”朱文印。 80/2.50.753

唯室集四卷
(宋)陳長方撰
附録一卷
清光緒孔氏嶽雪樓抄本
一冊
十一行二十一字,無格。鈐有“廣雅書局藏書樓圖籍”朱文印。 80/2.50.181

漢濱集十六卷
(宋)王之望撰
清光緒孔氏嶽雪樓抄本
六冊
八行二十一字,無格。鈐有“孔氏嶽雪樓影鈔本”、“廣雅書局藏書樓圖籍”朱文印。
80/2.50.193

拙齋文集二十卷拾遺一卷附録一卷
(宋)林之奇撰
清光緒孔氏嶽雪樓抄本
四冊
八行二十一字,無格。鈐有“孔氏嶽雪樓影鈔本”、“廣雅書局藏書樓圖籍”朱文印。
80/2.50.207

鄮峯眞隱漫録五十卷
(宋)史浩撰 (宋)周鑄編
清光緒孔氏嶽雪樓抄本
十二冊
九行十八字,無格。鈐有“孔氏嶽雪樓影鈔

本”、“廣雅書局藏書樓圖籍”朱文印。

80/2.50.386

海陵集二十三卷外集一卷

（宋）周麟之撰

清光緒孔氏嶽雪樓抄本

六冊

八行二十一字，小字雙行同，無格。鈐有“孔氏嶽雪樓影鈔本”朱文印。 80/2.50.265

竹洲文集二十卷

（宋）吴儆撰

附録一卷

明弘治六年（1493）吴雷亨刻本　葉德輝跋

四冊

十一行二十一字，黑口，四周雙邊。刻工有黄文迪、黄文通、黄永旻、黄永昇、黄永畐、黄道明、黄道齊等。鈐有“焕份”、“父”、“麗樓珍藏”、“麗樓主人”朱文印，“葉德輝印”、“德輝”、“焕彬”、“葉德輝焕份父長壽章”白文印。

《中國古籍善本書目》集部3831　　40/1493

竹洲文集二十卷

（宋）吴儆撰

附録一卷

棣華雜著一卷

（宋）吴俯撰

清光緒孔氏嶽雪樓抄本

四冊

八行二十一字，無格。鈐有“孔氏嶽雪樓影鈔本”、“廣雅書局藏書樓圖籍”朱文印。

80/2.50.199

高峯文集十二卷

（宋）廖剛撰

清光緒孔氏嶽雪樓抄本

四冊

八行二十一字，小字雙行同，無格。鈐有“孔氏嶽雪樓影鈔本”朱文印。 80/2.50.76

羅鄂州小集五卷

（宋）羅願撰

附録一卷

清汪氏裘杼樓抄本

二冊

十一行二十一字，白口，左右雙邊。鈐有“休陽汪氏裘杼樓藏書印”、“平陽藏書”、“東莞莫氏福功堂藏書”朱文印，“碧巢秘笈定本”、“敬翼堂印”白文印。

《中國古籍善本書目》集部3852　　80/2.50.40

羅鄂州小集六卷

（宋）羅願撰

羅郢州遺文一卷

（宋）羅頌撰

清康熙五十二年（1713）程哲七略書堂刻本

四冊

十一行二十一字，白口，左右雙邊。鈐有“璜川吴氏收藏圖書”朱文印，“馬廣榮印”、“蟄公”白文印。

《中國古籍善本書目》集部3855　　50/1713.3

晦菴先生朱文公文集一百卷目録二卷續集十一卷別集十卷

（宋）朱熹撰

明嘉靖十一年（1532）張大輪、胡嶽等刻本　有抄配（卷一至九）

五十四冊

十二行二十二字，白口，四周單邊。刻工有王榮、田富、江茂、江盛、朱名、朱明、宋信、李福、余立、余宗、余海、余員、余堅、余進、余富、余道、余景、余還、官一、吴春、周章、周進、周榮、袁連、華福、陸文、陸四、陸青、陸壽、陸榮、陳丁、陳友、陳信、陳珪、許達、張春、張隆、張鸞、曾成、曾春、黄其、黄祿、黄詳、黄寶、葉毛、葉采、葉金、葉旋、葉雄、葉順、葉福、葉壽、程亨、程通、楊壽、詹弟、詹蓬、蔡傑、蔡福、羅椿、蔡儀、熊山、熊文、熊林、劉四、劉榮、王元明、王進富、王榮四、江文高、江元眞、江元通、江元貴、江元壽、江永厚、江長深、李崇福、余大目、余天進、余本立、余郎七、余添理、余道宗、余景旺、余鐵隆、官一清、范元升、吴元清、吴友八、吴求成、吴長春、吴福郎、周仕榮、周記清、周進六、施文興、張元隆、范元福、范元壽、陸八郎、陸大郎、陳才郎、陸文清、陸文進、陸仲興、陸記清、陸基郎、陸景得、陸壽進、陸榮郎、張毛一、張尾郎、葉文招、葉文輝、葉毛奴、葉再生、葉伯起、黄文余、黄永進、黄道祥、熊文林、蔡元生、蔡福應、劉官生、劉景福、劉順堅、劉觀生、謝元林、羅仲仁等。鈐有"幔亭野史"朱文印。

《中國古籍善本書目》集部 3874　　40/1532

朱子文集目録不分卷

清抄本　清陳澧批校

四冊

九行字數不等,無格。鈐有"蘭甫"朱文印,"陳澧之印"白文印。

《中國古籍善本書目》集部 3901

80/2.50.503

方舟集二十四卷

(宋)李石撰

清光緒孔氏嶽雪樓抄本

八冊

九行二十一字,無格。鈐有"孔氏嶽雪樓影鈔本"、"廣雅書局藏書樓圖籍"朱文印。

80/2.50.472

香山集十六卷

(宋)喻良能撰

清光緒孔氏嶽雪樓抄本

二冊

八行二十一字,小字雙行同,無格。鈐有"孔氏嶽雪樓影鈔本"、"廣雅書局藏書樓圖籍"朱文印。　　80/2.50.255

燕堂詩稿一卷

(宋)趙公豫撰

清光緒孔氏嶽雪樓抄本

一冊

八行二十一字,無格。鈐有"孔氏嶽雪樓影鈔本"、"廣雅書局藏書樓圖籍"朱文印。

80/2.50.185

蒙隱集二卷

(宋)陳棣撰

清光緒孔氏嶽雪樓抄本

一冊

八行二十一字,無格。鈐有"廣雅書局藏書樓圖籍"朱文印。　　80/2.50.307

樂軒集八卷

(宋)陳藻撰

清光緒孔氏嶽雪樓抄本

二冊

八行二十一字,無格。鈐有"孔氏嶽雪樓影鈔本"、"廣雅書局藏書樓圖籍"朱文印。

80/2.50.329

澹軒集八卷

(宋)李呂撰

清光緒孔氏嶽雪樓抄本

二冊

八行二十一字,無格。鈐有"孔氏嶽雪樓影鈔本"、"廣雅書局藏書樓圖籍"朱文印。

80/2.50.110

尊白堂集六卷

(宋)虞儔撰

清光緒孔氏嶽雪樓抄本

四冊

八行二十一字,小字雙行同,無格。鈐有"孔氏嶽雪樓影鈔本"、"廣雅書局藏書樓圖籍"朱文印。　　80/2.50.112

象山先生全集三十六卷

(宋)陸九淵撰

附録少湖徐先生學則辯一卷

(明)徐階撰

明嘉靖四十年(1561)何遷刻本

十六冊

十行二十字,白口,四周雙邊。刻工有王春、王寅、王貫、高志、高昇、高明、高忠、高貴、高節、高録、釗四、陳仕、楊忠、楊重、崔榮、閆堦、張文、王尚仁、高子正、陳思忠等。鈐有"抱素樓"、"何氏抱素樓藏書記"、"順德何氏抱素樓收藏"、"曹以密印"朱文印,"智樞氏"、"東莞莫氏五十萬卷樓"白文印。

《中國古籍善本書目》集部 4059　　40/1561.2

慈湖遺書十八卷
（宋）楊簡撰
清光緒孔氏嶽雪樓抄本
八冊
八行二十一字，無格。鈐有“孔氏嶽雪樓影鈔本”、“廣雅書局藏書樓圖籍”朱文印。
80/2.50.369

雲莊集二十卷
題（宋）劉爚撰
清光緒孔氏嶽雪樓抄本
四冊
八行二十一字，無格。鈐有“孔氏嶽雪樓影鈔本”、“廣雅書局藏書樓圖籍”朱文印。
80/2.50.316

定齋集二十卷
（宋）蔡戡撰
清光緒孔氏嶽雪樓抄本
四冊
八行二十一字，無格。鈐有“孔氏嶽雪樓影鈔本”朱文印。 80/2.50.399

盤洲文集八十卷
（宋）洪适撰
清嘉慶十九年（1814）洪振安影宋抄本　清洪振安跋
二十四冊
十行二十字，白口，左右雙邊。
《中國古籍善本書目》集部4093　80/2.50.10

石湖居士詩集三十四卷
（宋）范成大撰
清康熙二十七年（1688）顧氏依園刻本
四冊
十一行二十一字，白口，左右雙邊。鈐有“書帶草堂藏本”、“予聞”、“思贊”朱文印，“然旃之印”、“吳興鄭宜輅章”、“鄭宜輅印”、“錢襄之印”白文印。
《中國古籍善本書目》集部第4136條
50/1688.3

誠齋集一百三十二卷附錄一卷
（宋）楊萬里撰
清光緒孔氏嶽雪樓抄本
二十四冊
十行二十字，小字雙行同，無格。鈐有“孔氏嶽雪樓影鈔本”朱文印。 80/2.50.413

批點分類誠齋先生文膾前集十二卷後集十二卷
（宋）楊萬里撰　（宋）李誠父輯
明刻本　有補版有抄配
四冊
十行二十三字，白口，四周單邊。鈐有“丹銘”、“止齋”朱文印，“宜秋館藏書”白文印。
存十二卷：後集全　40/1572.7

劍南詩藁八十五卷
（宋）陸游撰
明末毛氏汲古閣刻本
十二冊
八行十八字，白口，左右雙邊。　40/1643.92

放翁詩選前集十卷
（宋）陸游撰　（宋）羅椅輯
後集八卷
（宋）陸游撰　（宋）劉辰翁輯
別集一卷
清光緒孔氏嶽雪樓抄本
二冊
八行二十一字，無格。鈐有“孔氏嶽雪樓影鈔本”、“廣雅書局藏書樓圖籍”朱文印。
80/2.50.318

渭南文集五十卷
（宋）陸游撰
明毛氏汲古閣刻本
十二冊
八行十八字，白口，左右雙邊。　40/1643.103

華亭百詠一卷
（宋）許尚撰

清光緒孔氏嶽雪樓抄本
一册
八行二十字,小字雙行同,無格。鈐有"孔氏嶽雪樓影鈔本"、"廣雅書局藏書樓圖籍"朱文印。
80/2.50.246

九華詩集一卷
(宋)陳巖撰
清光緒孔氏嶽雪樓抄本
一册
八行二十一字,小字雙行同,無格。鈐有"孔氏嶽雪樓影鈔本"、"廣雅書局藏書樓圖籍"朱文印。
80/2.50.245

東塘集二十卷
(宋)袁説友撰
清光緒孔氏嶽雪樓抄本
八册
八行二十一字,無格。鈐有"孔氏嶽雪樓影鈔本"、"廣雅書局藏書樓圖籍"朱文印。
80/2.50.124

雲莊集五卷
(宋)曹協撰
清光緒孔氏嶽雪樓抄本
二册
八行二十一字,無格。鈐有"孔氏嶽雪樓影鈔本"、"廣雅書局藏書樓圖籍"朱文印。
80/2.50.411

客亭類稿十四卷
(宋)楊冠卿撰
清光緒孔氏嶽雪樓抄本
四册
八行二十一字,無格。鈐有"孔氏嶽雪樓影鈔本"、"廣雅書局藏書樓圖籍"朱文印。
80/2.50.469

涉齋集十八卷
(宋)許綸撰
清光緒孔氏嶽雪樓抄本
四册
八行二十一字,小字雙行同,無格。鈐有"孔氏嶽雪樓影鈔本"、"廣雅書局藏書樓圖籍"朱文印。
80/2.50.247

石屏詩集十卷
(宋)戴復古撰
清初抄本
三册
九行十九字,無格。鈐有"硯錄山房藏書善本"、"謙牧堂書畫記"朱文印,"謙牧堂藏書記"白文印。
《中國古籍善本書目》集部4220　80/2.50.7

蓮峯集十卷
(宋)史堯弼撰
清光緒孔氏嶽雪樓抄本
四册
八行二十一字,無格。鈐有"孔氏嶽雪樓影鈔本"、"廣雅書局藏書樓圖籍"朱文印。
80/2.50.137

江湖長翁文集四十卷
(宋)陳造撰　(明)李之藻校
明萬曆四十六年(1618)李之藻刻本　有抄配
六册
九行二十一字,白口,左右雙邊。刻工有付清、朱信、朱珠、周克、郭純、葉正、梅廷玉。
存十卷:卷一至十　40/1618.2
又一部　十九册

南軒文集節要八卷
(宋)張栻撰　(明)聶豹輯
明嘉靖十年(1531)聶豹刻本
四册
十行十八字,白口,四周單邊。鈐有"何氏抱素樓藏書"、"海綃樓"朱文印,"朱彝尊錫鬯文"、"陳洵長壽"、"東莞莫氏五十萬卷樓"白文印。
《中國古籍善本書目》集部4240　40/1531

山房集九卷
(宋)周南撰
清光緒孔氏嶽雪樓抄本

四冊

八行二十一字,無格。鈐有“孔氏嶽雪樓影鈔本”、“廣雅書局藏書樓圖籍”朱文印。

80/2.50.83

校注橘山四六二十卷

(宋)李廷忠撰　(明)孫雲翼注

明萬曆三十五年(1607)刻本

十二冊

十行二十一字,小字雙行同,白口,左右雙邊。

《中國古籍善本書目》集部4261　40/1607.3

後樂集二十卷

(宋)衛涇撰

清光緒孔氏嶽雪樓抄本

八冊

八行二十一字,小字雙行同,無格。鈐有“孔氏嶽雪樓影鈔本”、“廣雅書局藏書樓圖籍”朱文印。　80/2.50.366

竹齋先生詩集四卷

(宋)裘萬頃撰

清康熙四十八年(1709)裘奏刻本

二冊

十一行二十一字,白口,左右雙邊。鈐有“詩龕書畫印”、“詩裏求人龕中取友我懷如何王孟韦桃”朱文印。

《中國古籍善本書目》集部4272　50/1709

梅山續稿十七卷

(宋)姜特立撰

清光緒孔氏嶽雪樓抄本

三冊

八行二十一字,小字雙行同,無格。鈐有“孔氏嶽雪樓影鈔本”、“廣雅書局藏書樓圖籍”朱文印。　80/2.50.240

信天巢遺藁一卷

(宋)高翥撰　(清)高士奇輯

林湖遺藁一卷

(宋)高鵬飛撰

江村遺藁一卷

(宋)高選　高邁等撰　(清)高士奇輯

疏寮小集一卷

(宋)高似孫撰

清光緒孔氏嶽雪樓抄本

一冊

八行二十一字,小字雙行同,無格。鈐有“廣雅書局藏書樓圖籍”朱文印。　80/2.50.304

漫塘文集三十六卷

(宋)劉宰撰

清光緒孔氏嶽雪樓抄本

十二冊

八行二十一字,無格。鈐有“孔氏嶽雪樓影鈔本”、“廣雅書局藏書樓圖籍”朱文印。

80/2.50.550

洺水集三十卷

(宋)程珌撰

清光緒孔氏嶽雪樓抄本

六冊

八行二十一字,小字雙行同,無格。鈐有“孔氏嶽雪樓影鈔本”、“廣雅書局藏書樓圖籍”朱文印。　80/2.50.297

重校鶴山先生大全集一百十卷

(宋)魏了翁撰

清光緒孔氏嶽雪樓抄本

二十四冊

十三行十六字,無格。鈐有“孔氏嶽雪樓影鈔本”、“廣雅書局藏書樓圖籍”朱文印。

存一百九卷:卷一至一百九　80/2.50.400

海瓊玉蟾先生文集六卷續集二卷

(宋)葛長庚撰

明刻本

十冊

九行二十字,白口,左右雙邊。鈐有“慕齋鑑定”、“黃氏憶江南館珍藏印”朱文印,“蔭普”藍文印,“宛平王氏家藏”、“憶江南館”白文印。

40/1442

姜白石詩詞合集十五卷

(宋)姜夔撰
清乾隆八年(1743)陸鍾輝刻三十六年(1771)江春增刻本
二冊
十一行十九字,白口,左右雙邊。鈐有"過雲詞人"、"竹聲夜泉山館"、"夔生之章"、"煬生手校"、"廣雅書局藏書樓圖籍"朱文印。"眉目古人作"白文印。
子目:
白石道人詩集二卷集外詩一卷附錄諸賢酬贈詩一卷投贈詩詞補遺一卷
白石道人詩說一卷
白石道人歌曲四卷別集一卷
白石詩詞評論一卷補遺一卷
白石道人集事一卷集事補遺一卷　50/1771.6

康範集一卷附錄三卷
(宋)汪晫撰
清光緒孔氏嶽雪樓抄本
一冊
八行二十一字,小字雙行同,無格。鈐有"廣雅書局藏書樓圖籍"朱文印。　80/2.50.305

鶴林集四十卷
(宋)吳泳撰
清光緒孔氏嶽雪樓抄本
十冊
八行二十一字,無格。鈐有"孔氏嶽雪樓影鈔本"、"廣雅書局藏書樓圖籍"朱文印。
80/2.50.111

東澗集十四卷
(宋)許應龍撰
清光緒孔氏嶽雪樓抄本
四冊
八行二十一字,無格。鈐有"孔氏嶽雪樓影鈔本"、"廣雅書局藏書樓圖籍"朱文印。
80/2.50.337

浣川集十卷
(宋)戴栩撰
清光緒孔氏嶽雪樓抄本
二冊
十行二十一字,小字雙行同,白口,左右雙邊。鈐有"孔氏嶽雪樓影鈔本"、"廣雅書局藏書樓圖籍"朱文印。　80/2.50.380

滄洲缶編十四卷
(宋)程公許撰
清光緒孔氏嶽雪樓抄本
四冊
八行二十一字,小字雙行同,無格。鈐有"孔氏嶽雪樓影鈔本"朱文印。　80/2.50.392

友林乙藁一卷
(宋)史彌寧撰
附談裁線雙句隸書拓本
懷舊樓抄本
一冊
八行十六字,無格。鈐有"懷舊樓景鈔"、"懷舊樓補鈔"、"梅人庵"、"袁克文"、"蓮花精舍"、"佞宋"、"開卷一樂"、"三吡"、"唯康寅吾以降"朱文印,"人間孤本"、"上第二子"白文印。
80/2.60.41

鐵庵集三十七卷
(宋)方大琮撰
清光緒孔氏嶽雪樓抄本
八冊
十行二十一字,無格。鈐有"孔氏嶽雪樓影鈔本"、"廣雅書局藏書樓圖籍"朱文印。
80/2.50.125

壺山四六一卷
(宋)方大琮撰
清光緒孔氏嶽雪樓抄本
一冊
九行二十字,無格。鈐有"孔氏嶽雪樓影鈔本"、"廣雅書局藏書樓圖籍"朱文印。
80/2.50.184

默齋遺稿二卷
(宋)游九言撰
清光緒孔氏嶽雪樓抄本

一册
八行二十一字，無格。鈐有"孔氏嶽雪樓影鈔本"、"廣雅書局藏書樓圖籍"朱文印。
80/2.50.308

臞軒集十六卷
（宋）王邁撰
清光緒孔氏嶽雪樓抄本
六册
八行二十一字，無格。鈐有"孔氏嶽雪樓影鈔本"、"廣雅書局藏書樓圖籍"朱文印。
80/2.50.331

敝帚稿畧八卷
（宋）包恢撰
清光緒孔氏嶽雪樓抄本
二册
十行二十一字，白口，左右雙邊。鈐有"孔氏嶽雪樓影鈔本"、"廣雅書局藏書樓圖籍"朱文印。
80/2.50.313

清正存稿六卷
（宋）徐鹿卿撰
附錄一卷
清光緒孔氏嶽雪樓抄本
四册
八行二十一字，無格。鈐有"孔氏嶽雪樓影鈔本"、"廣雅書局藏書樓圖籍"朱文印。
80/2.50.220

可齋雜藁三十四卷續藁八卷續藁後十二卷
（宋）李曾伯撰
清光緒孔氏嶽雪樓抄本
十六册
十行二十字，無格。鈐有"孔氏嶽雪樓影鈔本"朱文印。 80/2.50.206

澗泉集二十卷
（宋）韓淲撰
清抄本
六册
八行二十一字，無格。鈐有"獨山莫棠讀過"、"蒼虹經眼"、"王氏二十八宿研齋秘笈之印"朱文印，"莫棠之印"、"雙氏起生樹屋"白文印。
80/2.50.25

矩山存稿五卷
（宋）徐經孫撰
清光緒孔氏嶽雪樓抄本
二册
八行二十一字，無格。鈐有"孔氏嶽雪樓影鈔本"、"廣雅書局藏書樓圖籍"朱文印。
80/2.50.395

秋聲集六卷
（宋）衛宗武撰
清光緒孔氏嶽雪樓抄本
二册
八行二十一字，無格。鈐有"孔氏嶽雪樓影鈔本"、"廣雅書局藏書樓圖籍"朱文印。
80/2.50.298

雪窗集二卷附錄一卷
（宋）孫夢觀撰
清光緒孔氏嶽雪樓抄本
一册
八行二十一字，無格。鈐有"孔氏嶽雪樓影鈔本"、"廣雅書局藏書樓圖籍"朱文印。
80/2.50.248

東山詩集二卷
（宋）葛紹體撰
清光緒孔氏嶽雪樓抄本
一册
十行二十一字，無格。鈐有"廣雅書局藏書樓圖籍"朱文印。 80/2.50.310

楳埜集十二卷
（宋）徐元杰撰
清光緒孔氏嶽雪樓抄本
四册
八行二十一字，無格。鈐有"孔氏嶽雪樓影鈔本"、"廣雅書局藏書樓圖籍"朱文印。
80/2.50.263

靈巖集十卷

（宋）唐士耻撰

清光緒孔氏嶽雪樓抄本

四冊

八行二十一字，無格。鈐有"孔氏嶽雪樓影鈔本"、"廣雅書局藏書樓圖籍"朱文印。

80/2.50.377

秋崖先生小藁四十五卷又三十八卷

（宋）方岳撰

明嘉靖五年（1526）方謙刻本

八冊

十二行二十字，白口，四周單邊。刻工有仇用、仇向、仇源、徐廣、黃琥等。

《中國古籍善本書目》集部4590　　40/1526

在軒集一卷

（宋）黃公紹撰

清光緒孔氏嶽雪樓抄本

一冊

八行二十一字，無格。鈐有"孔氏嶽雪樓影鈔本"、"廣雅書局藏書樓圖籍"朱文印。

80/2.50.300

雪坡姚舍人文集五十卷

（宋）姚勉撰

清光緒孔氏嶽雪樓抄本

八冊

八行二十一字，無格。鈐有"孔氏嶽雪樓影鈔本"、"廣雅書局藏書樓圖籍"朱文印。

80/2.50.393

文山先生全集二十卷

（宋）文天祥撰

明嘉靖三十九年（1560）張元諭刻本

二十冊

十行二十二字，白口，四周單邊。刻工有文六、月四、王文、王計、杜四、肖文、明四、曾昌、黃文、黃四、黃兵等。第一部鈐有"成都胡延岫經室藏書"朱文印，"葉啓芳丁酉六十藏書"白文印。第二部鈐有"閑莊藝文"、"芷齋圖籍"、"顧廷藩"、"海寧陳氏向山閣圖書"朱文印。

《中國古籍善本書目》集部4667　　40/1560

又一部　六冊

文山先生集杜詩二卷

（宋）文天祥撰

附錄一卷

明成化二十年（1484）劉遜刻本

一冊

十一行二十二字，黑口，四周雙邊。鈐有"吳興姚氏邃雅堂鑑藏書畫圖籍之印"朱文印，"姚氏藏書"白文印。

《中國古籍善本書目》集部4677　　40/1465

陳本堂先生文集九十四卷

（宋）陳著撰

清光緒孔氏嶽雪樓抄本

八冊

十行二十七字，無格。鈐有"孔氏嶽雪樓影鈔本"、"廣雅書局藏書樓圖籍"朱文印。

80/2.50.323

竹溪鬳齋十一稿續集三十卷

（宋）林希逸撰

清光緒孔氏嶽雪樓抄本

八冊

八行二十一字，小字雙行同，無格。鈐有"孔氏嶽雪樓影鈔本"朱文印。　　80/2.50.93

柳塘外集二卷

（宋釋）道璨撰

清初抄本　清鮑廷博批校

一冊

十行十九字，無格。鈐有"知不足齋鮑以文藏書"朱文印。

《中國古籍善本書目》集部4728　　80/2.50.64

蘭皐集三卷

（宋）吳錫疇撰

清光緒孔氏嶽雪樓抄本

一冊

十行二十一字，無格。鈐有"廣雅書局藏書樓

圖籍”朱文印。 80/2.50.192

則堂集六卷

(宋)家鉉翁撰

清光緒孔氏嶽雪樓抄本

二冊

八行二十一字,小字雙行同,無格。鈐有“孔氏嶽雪樓影鈔本”、“廣雅書局藏書樓圖籍”朱文印。 80/2.50.410

碧梧玩芳集二十四卷

(宋)馬廷鸞撰

清光緒孔氏嶽雪樓抄本

四冊

八行二十一字,無格。鈐有“廣雅書局藏書樓圖籍”朱文印。 80/2.50.205

牟氏陵陽集二十四卷

(宋)牟巘撰

清光緒孔氏嶽雪樓抄本

六冊

八行二十一字,無格。鈐有“孔氏嶽雪樓影鈔本”、“廣雅書局藏書樓圖籍”朱文印。

80/2.50.312

潛齋集十一卷

(宋)何夢桂撰

鐵牛翁遺稿一卷

(宋)何景福撰

清光緒孔氏嶽雪樓抄本

四冊

八行二十一字,無格。鈐有“孔氏嶽雪樓影鈔本”、“廣雅書局藏書樓圖籍”朱文印。

存十一卷:潛齋集全 80/2.50.336

梅巖集十卷

(宋)胡次焱撰

清光緒孔氏嶽雪樓抄本

二冊

八行二十一字,小字雙行同,無格。鈐有“孔氏嶽雪樓影鈔本”、“廣雅書局藏書樓圖籍”朱文印。 80/2.50.249

四如集四卷附錄一卷

(宋)黃仲元撰

清光緒孔氏嶽雪樓抄本

三冊

八行二十一字,小字雙行同,無格。鈐有“孔氏嶽雪樓影鈔本”、“廣雅書局藏書樓圖籍”朱文印。 80/2.50.177

霽山先生集二卷

(宋)林景熙撰

清抄本

一冊

九行二十二字,小字雙行同,無格。

80/2.50.695

熊勿軒先生文集八卷

(宋)熊禾撰

勿軒先生傳一卷

清初抄本

二冊

九行十七字,無格。鈐有“謙牧堂書畫記”朱文印,“謙牧堂藏書記”、“禮南過眼”白文印。

《中國古籍善本書目》集部4838 80/2.50.21

佩韋齋集十六卷

(宋)俞德鄰撰

清光緒孔氏嶽雪樓抄本

四冊

八行二十一字,無格。鈐有“孔氏嶽雪樓影鈔本”、“廣雅書局藏書樓圖籍”朱文印。

80/2.50.370

葦航漫遊稿四卷

(宋)胡仲弓撰

清光緒孔氏嶽雪樓抄本

一冊

八行二十一字,無格。鈐有“孔氏嶽雪樓影鈔本”、“廣雅書局藏書樓圖籍”朱文印。

80/2.50.244

潛山集十二卷

(宋釋)文珦撰
清光緒孔氏嶽雪樓抄本
二冊
八行二十一字,無格。鈐有“孔氏嶽雪樓影鈔本”、“廣雅書局藏書樓圖籍”朱文印。
80/2.50.405

心史七卷
(宋)鄭思肖撰
明崇禎十二年(1639)張國維刻本
四冊
九行二十字,小字雙行同,白口,左右雙邊。鈐有“玉瓏松閣”朱文印。
《中國古籍善本書目》集部4953 40/1639

存雅堂遺稿五卷
(宋)方鳳撰
清光緒孔氏嶽雪樓抄本
一冊
八行二十一字,小字雙行同,無格。鈐有“孔氏嶽雪樓影鈔本”、“廣雅書局藏書樓圖籍”朱文印。
80/2.50.243

鐵牛翁遺稿一卷
(宋)何景福撰
清光緒孔氏嶽雪樓抄本
一冊
八行二十一字,無格。鈐有“廣雅書局藏書樓圖籍”朱文印。
80/2.50.197

玉笥山人花外集不分卷
(宋)王沂孫撰
清抄本
一冊
十行二十字,黑口,四周單邊。鈐有“孤雲軒”、“陳”、“乾”、“則庵”、“東莞莫伯驥字天一藏書之印”朱文印,“乾無咎”、“潤同”、“東莞莫氏五十萬卷樓”白文印。
80/2.50.604

金別集類

閑閑老人滏水集二十卷
(金)趙秉文撰
附錄一卷
清抄本
六冊
十一行字數不等,無格。鈐有“磨兜堅室”、“荻谿章紫伯珍賞”、“紫伯”、“章紫伯鑑藏”、“荻谿章紫伯珍藏善本”朱文印,“章綬銜印”、“紫伯秘說”、“紫伯所藏”、“蕭笙”、“瓜鱸外史”、“徐紹棨”、“徐湯殷”、“南州後人”白文印。
80/2.50.762

滏水文集二十卷
(金)趙秉文撰
附錄一卷
清抄本
四冊
十行二十一字,無格。鈐有“督元楊氏審定書畫之印”、“復壁藏書”、“埽塵齋積書記”朱文印,“家在渭水之旁”、“禮培私印”白文印。
《中國古籍善本書目》集部4991
80/2.50.508

遺山先生詩集二十卷
(金)元好問撰
明崇禎十一年(1638)毛氏汲古閣刻《元人集十種》本
四冊
九行十九字,白口,左右雙邊。鈐有“雙梧桐館”朱文印。
40/1643.73

元別集類

張淮陽詩集一卷樂府一卷
(元)張弘範撰 (明)周越校

清抄本
二冊
十行十八字，黑口，左右雙邊。鈐有“丹鉛精舍”、“勞權之印”、“蟫盦”朱文印，“季滄葦收藏書畫印”白文印。
《中國古籍善本書目》集部5079　80/2.50.11

郝文忠公陵川文集三十九卷
(元)郝經撰
附錄一卷
清乾隆三年(1738)王鏐刻本
八冊
十行二十二字，白口，左右雙邊。
《中國古籍善本書目》集部5090　50/1738.2

張文忠公文集二十八卷
(元)張養浩撰
附錄一卷
清乾隆四十一年(1776)邵晉涵家抄本
五冊
十行十八字，無格。鈐有“林溪山房藏書”朱文印，“傳之其人”白文印，“積書原本”、“晉”、“涵”朱白文印。
《中國古籍善本書目》集部5098
80/2.50.498

稼村類藁三十卷
(元)王義山撰
清光緒孔氏嶽雪樓抄本
六冊
八行二十一字，無格。鈐有“孔氏嶽雪樓影鈔本”、“廣雅書局藏書樓圖籍”朱文印。
80/2.50.335

養蒙集十卷
(元)張伯淳撰
清光緒孔氏嶽雪樓抄本
二冊
八行二十一字，無格。鈐有“孔氏嶽雪樓影鈔本”、“廣雅書局藏書樓圖籍”朱文印。
80/2.50.376

牆東類稿二十卷
(元)陸文圭撰
清光緒孔氏嶽雪樓抄本
六冊
十行二十一字，小字雙行同，無格。鈐有“孔氏嶽雪樓影鈔本”、“廣雅書局藏書樓圖籍”朱文印。　80/2.50.404

青山集八卷
(元)趙文撰
清光緒孔氏嶽雪樓抄本
二冊
八行二十一字，無格。鈐有“孔氏嶽雪樓影鈔本”、“廣雅書局藏書樓圖籍”朱文印。
80/2.50.454

桂隱詩集四卷
(元)劉詵撰
附錄一卷
清光緒孔氏嶽雪樓抄本
二冊
十二行二十四字，小字雙行二十一字，無格。鈐有“孔氏嶽雪樓影鈔本”、“廣雅書局藏書樓圖籍”朱文印。　80/2.50.324

桂隱文集四卷
(元)劉詵撰
清光緒孔氏嶽雪樓抄本
二冊
十二行二十四字，無格。鈐有“孔氏嶽雪樓影鈔本”、“廣雅書局藏書樓圖籍”朱文印。
80/2.50.354

巴西文集一卷
(元)鄧文原撰
清光緒孔氏嶽雪樓抄本
二冊
八行二十一字，無格。　80/2.50.215

玉斗山人集三卷
(元)王奕撰
清光緒孔氏嶽雪樓抄本

一册

八行二十一字,無格。鈐有"孔氏嶽雪樓影鈔本"、"廣雅書局藏書樓圖籍"朱文印。

80/2.50.213

谷響集三卷

(元釋)善住撰

清光緒孔氏嶽雪樓抄本

二册

八行二十一字,無格。鈐有"孔氏嶽雪樓影鈔本"、"廣雅書局藏書樓圖籍"朱文印。

80/2.50.357

東菴集四卷

(元)滕安上撰

清光緒孔氏嶽雪樓抄本

一册

八行二十一字,小字雙行同,無格。鈐有"廣雅書局藏書樓圖籍"朱文印。 80/2.50..287

臨川吴文正公集四十九卷外集三卷

(元)吴澄撰

清抄本

二十二册

九行二十四字,白口,四周雙邊。鈐有"自獨齋藏書"白文印。 80/2.50.672

魯齋遺書十四卷

(元)許衡撰

清初抄本　清查慎行跋

六册

十行二十一字,無格。鈐有"字曰師藥"、"萊陽張氏桐生藏書之印"、"得樹樓藏書"、"初白庵主"、"東莞莫氏五十萬卷樓"朱文印,"查慎行印"、"初白葊老人"、"臣名岐昌"白文印,"石友過眼"朱白文印。

《中國古籍善本書目》集部5281　　80/2.50.1

青崖集五卷

(元)魏初撰

清光緒孔氏嶽雪樓抄本

三册

八行二十一字,小字雙行同,無格。鈐有"孔氏嶽雪樓影鈔本"、"廣雅書局藏書樓圖籍"朱文印。 80/2.50.163

存悔齋詩一卷

(元)龔璛撰

補遺一卷

清抄本

二册

八行二十一字,無格。鈐有"周氏家藏"、"方瑻藏書之印"、"王懿榮印"朱文印,"陶齋鑑藏"白文印。 80/2.50.620

白雲許先生文集四卷

(元)許謙撰

附錄一卷

清抄本

四册

八行十八字,無格。鈐有"眞州吴氏有福讀書堂藏書"朱文印,"許焞收藏"白文印。

80/2.50.659

畏齋集六卷

(元)程端禮撰

清光緒孔氏嶽雪樓抄本

二册

八行二十一字,無格。鈐有"孔氏嶽雪樓影鈔本"、"廣雅書局藏書樓圖籍"朱文印。

80/2.50.95

默庵安先生文集五卷

(元)安熙撰

附錄一卷

清抄本

一册

十行二十字,無格。鈐有"石林後裔"、"拾經樓藏書記"、"葉啓發家藏書"、"觀古堂"、"葉德輝"、"葉啓發"、"東莞莫氏福功堂"朱文印,"葉啓發讀書記"、"啓勳珍賞"、"曾在葉啓勳處"、"葉啓勳"、"葉啓發藏"白文印。

《中國古籍善本書目》集部5337

80/.2.50.489

默庵集五卷
（元）安熙撰
附錄一卷
清光緒孔氏嶽雪樓抄本
一冊
十行二十一字，小字雙行同，無格。鈐有“廣雅書局藏書樓圖籍”朱文印。 80/2.50.455

雲峯集十卷
（元）胡炳文撰
清光緒孔氏嶽雪樓抄本
二冊
十一行二十一字，無格。鈐有“孔氏嶽雪樓影鈔本”、“廣雅書局藏書樓圖籍”朱文印。
80/2.50.303

曹文貞詩集十卷
（元）曹伯啓撰
後錄一卷
清光緒孔氏嶽雪樓抄本
二冊
八行二十一字，無格。鈐有“孔氏嶽雪樓影鈔本”、“廣雅書局藏書樓圖籍”朱文印。
80/2.50.221

芳谷集二卷
（元）徐明善撰
清光緒孔氏嶽雪樓抄本
二冊
八行二十一字，無格。鈐有“孔氏嶽雪樓影鈔本”、“廣雅書局藏書樓圖籍”朱文印。
80/2.50.242

蘭軒集十六卷
（元）王旭撰
清光緒孔氏嶽雪樓抄本
四冊
八行二十一字，無格。鈐有“孔氏嶽雪樓影鈔本”、“廣雅書局藏書樓圖籍”朱文印。
80/2.50.216

周此山詩集四卷
（元）周權撰
清抄本
四冊
十行十六字，無格。鈐有“訪梅氏”朱文印，“宋上潛藏書章”、“秀水朱氏擁百廬珍藏圖書印”、“部曲將印”白文印。 80/2.50.509

此山先生詩集十卷
（元）周權撰
清道光刻紅印本
五冊
十一行十九字，白口，左右雙邊。 50/1850.3

霞外詩集十卷
（元）馬臻撰
清光緒孔氏嶽雪樓抄本
四冊
八行二十一字，無格。鈐有“孔氏嶽雪樓影鈔本”、“廣雅書局藏書樓圖籍”朱文印。
80/2.50.346

西巖集二十卷
（元）張之翰撰
清光緒孔氏嶽雪樓抄本
四冊
八行二十一字，無格。鈐有“孔氏嶽雪樓影鈔本”、“廣雅書局藏書樓圖籍”朱文印。
80/2.50.397

蒲室集十五卷
（元釋）大訢撰
清光緒孔氏嶽雪樓抄本
二冊
八行二十一字，無格。鈐有“孔氏嶽雪樓影鈔本”、“廣雅書局藏書樓圖籍”朱文印。
80/2.50.186

弁山小隱吟錄二卷
（元）黃玠撰
清光緒孔氏嶽雪樓抄本
一冊

八行二十一字，無格。鈐有“孔氏嶽雪樓影鈔本”、“廣雅書局藏書樓圖籍”朱文印。
80/2.50.214

弁山小隱吟錄二卷
(元)黄玠撰
清抄本
二冊
九行十八字，無格。 80/2.50.754

陳定宇先生文集十七卷
(元)陳櫟撰
清康熙三十三年(1694)刻本
六冊
十行二十二字，黑口，左右雙邊。 50/1694

定宇集十六卷附錄一卷
(元)陳櫟撰
清光緒孔氏嶽雪樓抄本
六冊
八行二十一字，無格。鈐有“孔氏嶽雪樓影鈔本”、“廣雅書局藏書樓圖籍”朱文印。
80/2.50.174

艮齋詩集十四卷
(元)侯充中撰
清光緒孔氏嶽雪樓抄本
二冊
八行二十一字，無格。鈐有“孔氏嶽雪樓影鈔本”、“廣雅書局藏書樓圖籍”朱文印。
80/2.50.457

雲林集六卷
(元)貢奎撰
附錄一卷
清光緒孔氏嶽雪樓抄本
二冊
八行二十一字，無格。鈐有“孔氏嶽雪樓影鈔本”、“廣雅書局藏書樓圖籍”朱文印。
80/2.50.74

中庵集二十卷
(元)劉敏中撰
清光緒孔氏嶽雪樓抄本
六冊
八行二十一字，無格。鈐有“孔氏嶽雪樓影鈔本”、“廣雅書局藏書樓圖籍”朱文印。
80/2.50.261

惟實集八卷附錄二卷
(元)劉鶚撰
清光緒孔氏嶽雪樓抄本
二冊
十行二十一字，無格。鈐有“廣雅書局藏書樓圖籍”朱文印。 80/2.50.462

勤齋集八卷
(元)蕭𣂏撰
清光緒孔氏嶽雪樓抄本
二冊
八行二十一字，小字雙行同，無格。鈐有“廣雅書局藏書樓圖籍”朱文印。 80/2.50.383

榘庵集十五卷附錄一卷
(元)同恕撰
清光緒孔氏嶽雪樓抄本
四冊
八行二十一字，無格。鈐有“孔氏嶽雪樓影鈔本”、“廣雅書局藏書樓圖籍”朱文印。
80/2.50.402

揭文安公文集九卷補遺一卷詩集三卷續集二卷
(元)揭傒斯撰
清抄本　清方功惠過錄清何焯批校
二冊
十一行二十六字，無格。鈐有“歙西長塘鮑氏知不足齋藏書印”、“老屋三間賜書萬卷”、“欽獎世守陳編之家”、“方家文庫”、“巴陵方氏碧琳琅館珍藏秘篇”朱文印。 80/2.50.629

伊濱集二十四卷
(元)王沂撰
清光緒孔氏嶽雪樓抄本

六冊

八行二十一字,無格。鈐有“孔氏嶽雪樓影鈔本”、“廣雅書局藏書樓圖籍”朱文印。

80/2.50.138

淵穎吳先生集十二卷

(元)吳萊撰　(明)宋濂編

附錄一卷

明嘉靖元年(1522)祝鑾刻本

十冊

十一行二十二字,白口,左右雙邊。有刻工。鈐有“醉墨珍藏”白文印。

《中國古籍善本書目》集部 5602　40/1522

存心堂遺集十二卷

(元)吳萊撰　(明)宋濂輯

附錄一卷

明萬曆三十九年(1611)吳邦彥刻本

八冊

十行二十二字,白口,四周單邊。刻工有萬炘。鈐有“天又庆”朱文印,“慧海樓藏書印”、“查瑩私印”白文印。

《中國古籍善本書目》集部 5605　40/1612.3

閒居叢稿二十六卷

(元)蒲道源撰

清光緒孔氏嶽雪樓抄本

六冊

八行二十一字,無格。鈐有“孔氏嶽雪樓影鈔本”、“廣雅書局藏書樓圖籍”朱文印。

80/2.50.441

燕石集十五卷

(元)宋褧撰

清光緒孔氏嶽雪樓抄本

四冊

九行二十一字,小字雙行同,黑口,左右雙邊。鈐有“孔氏嶽雪樓影鈔本”、“廣雅書局藏書樓圖籍”朱文印。　80/2.50.471

安雅堂集十三卷

(元)陳旅撰

清康熙年間抄本

二冊

十行二十一字,無格。鈐有“謙牧堂書畫記”、“別業小長蘆之南殳史山之東東西陝石大妙横山之北”、“竹銘藏書之印”、“竹銘所藏”朱文印,“朱彝尊錫鬯父”、“謙牧堂藏書記”、“世傑印信長壽”、“世傑之印”白文印。

《中國古籍善本書目》集部 5743　80/2.50.6

安雅堂集十三卷

(元)陳旅撰

清光緒孔氏嶽雪樓抄本

四冊

十行二十一字,小字雙行同,無格。鈐有“孔氏嶽雪樓影鈔本”、“廣雅書局藏書樓圖籍”朱文印。　80/2.50.253

瓢泉吟稿五卷

(元)朱晞顔撰

清光緒孔氏嶽雪樓抄本

二冊

八行二十字,小字雙行同,無格。鈐有“廣雅書局藏書樓圖籍”朱文印　80/2.50.373

竢庵集三十卷

(元)李存撰

清光緒孔氏嶽雪樓抄本

六冊

八行二十一字,無格。鈐有“孔氏嶽雪樓影鈔本”、“廣雅書局藏書樓圖籍”朱文印。

80/2.50.429

滋溪文稿三十卷

(元)蘇天爵撰

清抄本　佚名朱墨批校

十冊

十一行二十字,無格。鈐有“雲輪閣”、“荃孫”、“抱經堂印”、“陳立炎”、“聊城楊承訓藏書畫印”、“海昌陳琰”、“古書流通處”朱文印。

《中國古籍善本書目》集部 5791　80/2.50.16

青陽集四卷

(元)余闕撰
清光緒孔氏嶽雪樓抄本
二冊
八行二十一字,無格。鈐有"孔氏嶽雪樓影鈔本"、"廣雅書局藏書樓圖籍"朱文印。
80/2.50.187

圭峯集二卷
(元)盧琦撰
清光緒孔氏嶽雪樓抄本
一冊
八行二十一字,無格。鈐有"孔氏嶽雪樓影鈔本"、"廣雅書局藏書樓圖籍"朱文印。
80/2.50.353

五峯集六卷
(元)李孝光撰
清光緒孔氏嶽雪樓抄本
一冊
八行二十一字,無格。鈐有"孔氏嶽雪樓影鈔本"、"廣雅書局藏書樓圖籍"朱文印。
80/2.50.135

夢觀集五卷
(元釋)大圭撰
清光緒孔氏嶽雪樓抄本
一冊
八行二十一字,無格。鈐有"孔氏嶽雪樓影鈔本"、"廣雅書局藏書樓圖籍"朱文印。
80/2.50.360

子淵詩集六卷
(元)張仲深撰
清光緒孔氏嶽雪樓抄本
一冊
八行二十一字,無格。鈐有"孔氏嶽雪樓影鈔本"、"廣雅書局藏書樓圖籍"朱文印。
80/2.50.456

午溪集十卷
(元)陳鎰撰
清光緒孔氏嶽雪樓抄本
二冊
八行二十一字,無格。鈐有"孔氏嶽雪樓影鈔本"、廣雅書局藏書樓圖籍"朱文印。
80/2.50.378

羽庭集六卷
(元)劉仁本撰
清光緒孔氏嶽雪樓抄本
四冊
八行二十一字,無格。鈐有"孔氏嶽雪樓影鈔本"、"廣雅書局藏書樓圖籍"朱文印。
80/2.50.339

不繫舟漁集十五卷附錄一卷
(元)陳高撰
清光緒孔氏嶽雪樓抄本
四冊
八行二十一字,無格。鈐有"孔氏嶽雪樓影鈔本"、"廣雅書局藏書樓圖籍"朱文印。
80/2.50.340

居竹軒集四卷
(元)成廷珪撰
清抄本
八冊
九行十八字,無格。鈐有"鳴野山房"、"長塘"、"以文"朱文印,"眞州吳氏多福讀書堂藏書印"白文印,"知不足齋鈔傳秘冊"朱白文印。
《中國古籍善本書目》集部5926　80/2.50.36

居竹軒集四卷
(元)成廷珪撰
清光緒孔氏嶽雪樓抄本
一冊
十二行二十一字,無格。鈐有"廣雅書局藏書樓圖籍"朱文印。　80/2.50.314

傲軒吟稿一卷
(元)胡天游撰
清光緒孔氏嶽雪樓抄本
一冊
九行二十一字,白口,四周單邊。鈐有"孔氏嶽

雪樓影鈔本"朱文印。 80/2.50.424

師山文集八卷遺文五卷
(元)鄭玉撰
附錄一卷
清光緒孔氏嶽雪樓抄本
四冊
八行二十一字,無格。鈐有"孔氏嶽雪樓影鈔本"、"廣雅書局藏書樓圖籍"朱文印。
80/2.50.361

友石山人遺稾一卷
(元)王翰撰
附錄一卷
(元)吴海撰
清鮑氏知不足齋抄本
一冊
十行二十字,黑口,左右雙邊。鈐有"原流傳勿損汙"、"遺稿而留"朱文印,"黄梅花屋所藏"白文印。
《中國古籍善本書目》集部5988
80/2.50.488

北郭詩集六卷補遺一卷
(元)許恕撰
清光緒孔氏嶽雪樓抄本
一冊
八行二十一字,無格。鈐有"廣雅書局藏書樓圖籍"朱文印。 80/2.50.423

青村遺稿一卷
(元)金涓撰
清初抄本
二冊
十行十七字,黑口,四周單邊。鈐有"翰林院印"、"結一廬藏書印"、"叢書樓"、"臣璐私印"、"東莞莫氏福功堂藏書"朱文印,"半查"、"燕庭"白文印。
《中國古籍善本書目》集部6027
80/2.50.481

華陽貞素文集四卷
(元)舒頔撰 (明)蔡朝陽編次 (明)蔡旭輯
誦芬堂抄本
四冊
十行二十一字,白口,四周單邊。鈐有"東莞莫氏福功堂藏書"朱文印。 80/2.60.8

山窗餘稿一卷
(元)甘復撰
清光緒孔氏嶽雪樓抄本
一冊
八行二十一字,無格。鈐有"孔氏嶽雪樓影鈔本"、"廣雅書局藏書樓圖籍"朱文印。
80/2.50.442

吾吾類稿三卷
(元)吴皐撰
清光緒孔氏嶽雪樓抄本
一冊
八行二十一字,無格。鈐有"孔氏嶽雪樓影鈔本"、"廣雅書局藏書樓圖籍"朱文印。
80/2.50.190

九靈山房集三十卷補編二卷
(元)戴良撰
清乾隆三十七年(1772)戴氏傳經書屋刻本
八冊
十行二十一字,黑口,左右雙邊。鈐有"曾在汪芙之處"朱文印。
《中國古籍善本書目》集部6124 50/1772.2

雲陽集十卷
(元)李祁撰
清光緒孔氏嶽雪樓抄本
四冊
八行二十一字,無格。鈐有"孔氏嶽雪樓影鈔本"、"廣雅書局藏書樓圖籍"朱文印。
80/2.50.139

佩玉齋類稿十卷
(元)楊翮撰
清光緒孔氏嶽雪樓抄本
二冊

八行二十一字，無格。鈐有“孔氏嶽雪樓影鈔本”、“廣雅書局藏書樓圖籍”朱文印。

80/2.50.204

清閟閣全集十二卷

（元）倪瓚撰

清康熙五十二年（1713）曹培廉城書室刻本

六冊

十一行二十一字，白口，四周單邊。

《中國古籍善本書目》集部6162　　50/1713

雲松巢集三卷

（元）朱希晦撰

清光緒孔氏嶽雪樓抄本

一冊

十行二十一字，無格。鈐有“孔氏嶽雪樓影鈔本”朱文印。　　80/2.50.117

樗隱集六卷

（元）胡行簡撰

清光緒孔氏嶽雪樓抄本

一冊

八行二十一字，無格。鈐有“廣雅書局藏書樓圖籍”朱文印。　　80/2.50.320

庸菴集十四卷

（元）宋禧撰

清光緒孔氏嶽雪樓抄本

二冊

八行二十一字，無格。鈐有“孔氏嶽雪樓影鈔本”、“廣雅書局藏書樓圖籍”朱文印。

80/2.50.302

可閑老人集四卷

（元）張昱撰

清光緒孔氏嶽雪樓抄本

四冊

八行二十一字，無格。鈐有“孔氏嶽雪樓影鈔本”、“廣雅書局藏書樓圖籍”朱文印。

80/2.50.115

小亨集六卷

（元）楊弘道撰

清光緒孔氏嶽雪樓抄本

一冊

八行二十一字，小字雙行同，無格。鈐有“孔氏嶽雪樓影鈔本”朱文印。　　80/2.50.315

麟原後集十二卷

（元）王禮撰

清光緒孔氏嶽雪樓抄本

三冊

八行二十一字，無格。鈐有“孔氏嶽雪樓影鈔本”、“廣雅書局藏書樓圖籍”朱文印。

80/2.50.384

學言稿六卷

（元）吳當撰

清光緒孔氏嶽雪樓抄本

二冊

八行二十一字，無格。鈐有“孔氏嶽雪樓影鈔本”、“廣雅書局藏書樓圖籍”朱文印。

80/2.50.396

知非堂稿六卷

（元）何中撰

清光緒孔氏嶽雪樓抄本

一冊

八行二十一字，無格。鈐有“孔氏嶽雪樓影鈔本”、“廣雅書局藏書樓圖籍”朱文印。

80/2.50.299

桐山老農四卷

（元）魯貞撰

清光緒孔氏嶽雪樓抄本

一冊

十二行二十一字，無格。鈐有“孔氏嶽雪樓影鈔本”、“廣雅書局藏書樓圖籍”朱文印。

80/2.50.301

明别集類

癖草集十卷
(明)陳鑑撰
羅江集一卷
(明)陳珪撰
清抄本
一册
八行二十一字,無格。鈐有"葧箎"朱文印,"陳棣森印"朱白文印。 80/2.50.535

宋學士文集八編七十五卷
(明)宋濂撰
明正德九年(1514)張縉刻本
二册
十四行二十三字,白口,左右雙邊。鈐有"赤美"朱文印,"綠"、"江東"、"鴻全"白文印。
存五卷:朝京稿卷一至五。 40/1514

石門集七卷
(明)梁寅撰
清光緒孔氏嶽雪樓抄本
一册
八行二十一字,無格。鈐有"孔氏嶽雪樓影鈔本"、"廣雅書局藏書樓圖籍"朱文印。
80/2.50.229

太師誠意伯劉文成公集二十卷
(明)劉基撰
明隆慶六年(1572)謝廷傑、陳烈刻本
八册
十行二十三字,白口,四周雙邊。刻工有丁三、子元、文恩、六一、江員、宋仕、李三、余二、余仕、余林、余賜、吳四、許明、張二、張乎、張興、陸於、陸奇、陸林、陸旺、葉立、葉助、鄒孫、蔡四、龔林、龔華、丁大有、六丁洪、王以才、余子盛、茹子凌、張汝美、張汝德等。鈐有"思贊"、"友龍"朱文印,"寒中"、"名教有樂地詩書皆雅言"、"黄志之印"、"吳下阿師"、"馬思贊印"、"祖師"、"查琼繼字寅工"、"中"白文印。
存十四卷:卷一至十四
《中國古籍善本書目》集部6358 40/1572.2

唐愚士詩四卷會稽懷古詩一卷
(明)唐之淳撰
清光緒孔氏嶽雪樓抄本
三册
八行二十一字,無格。鈐有"孔氏嶽雪樓影鈔本"、"廣雅書局藏書樓圖籍"朱文印。
80/2.50.262

明況太守龍岡公治蘇政績全集十六卷續集十二卷首一卷末一卷
(明)況鍾撰
清乾隆二十九年(1764)況廷秀刻本
六册
九行二十二字,白口,左右雙邊。 50/1764.2

密菴集八卷
(明)謝肅撰
清光緒孔氏嶽雪樓抄本
二册
八行二十一字,無格。鈐有"孔氏嶽雪樓影鈔本"、"廣雅書局藏書樓圖籍"朱文印。
80/2.50.459

白雲稿十一卷
(明)朱右撰
清光緒孔氏嶽雪樓抄本
四册
八行二十一字,無格。鈐有"孔氏嶽雪樓影鈔本"、"廣雅書局藏書樓圖籍"朱文印。
80/2.50.98

清江貝先生詩集十卷文集三十卷
(明)貝瓊撰
清康熙五十八年(1719)金檀燕翼堂刻本
十二册
十一行二十一字或二十二字,白口,左右雙邊。
《中國古籍善本書目》集部6456 50/1719

始豐稿十四卷

(明)徐一夔撰
清光緒孔氏嶽雪樓抄本
六冊
十行二十一字,無格。鈐有"孔氏嶽雪樓影鈔本"、"廣雅書局藏書樓圖籍"朱文印。
80/2.50.465

滄螺集六卷
(明)孫作撰
清光緒孔氏嶽雪樓抄本
一冊
八行二十一字,無格。鈐有"廣雅書局藏書樓圖籍"朱文印。 80/2.50.460

缶鳴集十二卷
(明)高啓撰
明介石堂刻本
十二冊
九行二十字,白口,左右雙邊。鈐有"董伯純圖書記"、"曾藏董伯純家"、"卓犖觀群書"、"小娜嬛室鑑藏"、"丹鉛精舍"、"泉塘耀松楊祚昌經眼"、"書圃"、"受孔子戒"、"長嘯"、"光風霽月"、"書香"、"大石山房"、"文師"朱文印,"悔不十年讀書"、"德中之印"白文印。
《中國古籍善本書目》集部6511 40/1643.35
又一部 四冊

高季迪先生大全集十八卷
(明)高啓撰
清康熙竹素園刻本 清張廷濟批校 葉德輝跋
八冊
十行二十字,白口,左右雙邊。鈐有"嘉興張廷濟字叔未行式居履仁鄉張邨里藏經籍金石書畫印"、"郎園過目"、"葉德輝鑑藏善本書籍"、"遊戲翰墨"、"甯湖"、"閒充"朱文印,"張甯湖印"、"香齋圖書"、"張廷濟印"、"張"、"張叔未"白文印。
《中國古籍善本書目》集部6528 50/1662.7

青邱高季迪先生詩集十八卷遺詩一卷
(明)高啓撰 (清)金檀輯注

扣舷集一卷鳧藻集五卷
(明)高啓撰 (清)金檀輯
清雍正七年(1728)刻本
十冊
十一行二十二字,小字雙行字數不等,白口,左右雙邊。鈐有"季材"朱文印,"溫樹梁印"白文印。 50/1728
又一部 七冊

春草齋集十卷附錄一卷
(明)烏斯道撰
清光緒孔氏嶽雪樓抄本
三冊
八行二十一字,無格。鈐有"孔氏嶽雪樓影鈔本"、"廣雅書局藏書樓圖籍"朱文印。
80/2.50.345

藍山先生詩集六卷
(明)藍仁撰
明抄本
二冊
九行二十一字,蓝格,白口,四周雙邊。鈐有"蔗林藏書"、"蒼巖山人書屋記"朱文印。
《中國古籍善本書目》集部6578 80/2.40.9

南海新聲五卷
(明)歐著撰
清荔枝莊刻本
一冊
九行十八字,白口,四周雙邊。
《中國古籍善本書目》集部6585 50/1722.25

望雲集五卷
(明)郭奎撰
清光緒孔氏嶽雪樓抄本
一冊
八行二十一字,無格。鈐有"廣雅書局藏書樓圖籍"朱文印。 80/2.50.458

竹齋集三卷續集一卷附錄一卷
(明)王冕撰
清光緒孔氏嶽雪樓抄本

二冊

八行二十一字,無格。鈐有“孔氏嶽雪樓影鈔本”、“廣雅書局藏書樓圖籍”朱文印。

80/2.50.440

蚓竅集十卷

(明)管時敏撰

清光緒孔氏嶽雪樓抄本

一冊

十行二十一字,小字雙行同,無格。鈐有“孔氏嶽雪樓影鈔本”朱文印。 80/2.50.161

西郊笑端集二卷

(明)董紀撰

清光緒孔氏嶽雪樓抄本

二冊

八行二十一字,無格。鈐有“孔氏嶽雪樓影鈔本”、“廣雅書局藏書樓圖籍”朱文印。

80/2.50.97

虛舟集五卷

(明)王偁撰

清抄本

二冊

九行二十字,藍格,白口,四周雙邊。鈐有“蕉林藏本”朱文印。

《中國古籍善本書目》集部6708

80/2.50.523

滎陽外史集一百卷

(明)鄭眞撰

清光緒孔氏嶽雪樓抄本

十二冊

十行二十一字,無格。鈐有“孔氏嶽雪樓影鈔本”朱文印。 80/2.50.398

全室外集九卷續集一卷

(明釋)宗泐撰

明永樂刻本

二冊

十二行二十一字,黑口,四周雙邊。鈐有“東莞莫氏福功堂藏書”朱文印,“汪士鐘藏”白文印。

《中國古籍善本書目》集部6721 40/1566.23

遜志齋集二十四卷

(明)方孝孺撰

附錄一卷

明正德十五年(1520)顧璘刻本

十六冊

十行二十字,白口,四周單邊。鈐有“古輪廖山館”、“面城樓藏書印”、“嶺南溫樹梁幼珊珍藏”、“岭南溫氏珍藏”、“漱綠樓書畫印”、“漱綠主人”、“樹梁”、“漱綠樓印”、“楝臣”朱文印,“中行獨得齋”、“曾釗珍藏”、“溫印”、“惜芬陰閣”、“梁梅珍藏”白文印。

《中國古籍善本書目》集部6763 40/1520

東里文集二十五卷

(明)楊士奇撰

明刻本

八冊

十行二十字,白口,四周雙邊。鈐有“童鈺藏書”、“借庵書畫記”白文印。

《中國古籍善本書目》集部6814 40/1566.3

逃虛子詩集不分卷

(明)姚廣孝撰

清抄本

三冊

九行二十字,無格。鈐有“竹垞藏本”、“子敬過眼”朱文印。 80/2.50.480

頤庵文選二卷

(明)胡儼撰

清光緒孔氏嶽雪樓抄本

四冊

八行二十一字,無格。鈐有“孔氏嶽雪樓影鈔本”、“廣雅書局藏書樓圖籍”朱文印。

80/2.50.72

抑庵文前集十三卷後集三十七卷

(明)王直撰

清光緒孔氏嶽雪樓抄本

十八冊

八行二十一字,無格。鈐有"孔氏嶽雪樓影鈔本"朱文印。 80/2.50.257

于忠肅集十三卷
(明)于謙撰
清光緒孔氏嶽雪樓抄本
九册
八行二十一字,無格。鈐有"孔氏嶽雪樓影鈔本"、"廣雅書局藏書樓圖籍"朱文印。
存:卷一至十、十一下至十三 80/2.50.230

倪文僖集三十二卷
(明)倪謙撰
清光緒孔氏嶽雪樓抄本
八册
十行二十一字,無格。鈐有"孔氏嶽雪樓影鈔本"、"廣雅書局藏書樓圖籍"朱文印。
80/2.50.367

白沙子八卷
(明)陳獻章撰
明嘉靖十二年(1533)卞萊刻本
十六册
九行十八字,白口,左右雙邊。鈐有"黄氏憶江南館珍藏印"、"蔭普珍藏"、"黄蔭普印"朱文印,"禺山黄氏"、"憶江南館"白文印。
《中國古籍善本書目》集部 7044 40/1533.2
又一部 四册

白沙子全集九卷
(明)陳獻章撰
附錄一卷
清順治十二年(1655)黄之正刻本
十册
九行十八字,白口,四周單邊。第一部鈐有"蔭普珍藏"朱文印,"禺山黄氏"白文印。第三部鈐有"新會伍氏葆盦藏書"、"倜基"朱文印,"閻廷倬"、"九當自立"白文印。
《中國古籍善本書目》集部 7048 50/1655
又一部 十册
又一部 六册
又一部 十六册
又一部 九册

竹巖集二卷
(明)柯潛撰
清光緒孔氏嶽雪樓抄本
二册
十一行二十一字,無格。鈐有"孔氏嶽雪樓影鈔本"、"廣雅書局藏書樓圖籍"朱文印。
80/2.50.387

清風亭稿八卷
(明)童軒撰
清光緒孔氏嶽雪樓抄本
二册
八行二十一字,無格。鈐有"孔氏嶽雪樓影鈔本"、"廣雅書局藏書樓圖籍"朱文印。
80/2.50.96

瓊臺詩文會稿重編二十四卷
(明)丘濬撰
明天啓元年(1621)丘爾穀等刻本
八册
九行二十字,小字雙行同,白口,四周單邊。有刻工。第一部鈐有"黄氏憶江南館珍藏印"、"蔭普珍藏"朱文印,"禺山黄氏"白文印。第二部鈐有"菊農"、印"、"滄萍"、"臣士瑮印"白文印。
《中國古籍善本書目》集部 7090 40/1621.3
又一部 六册

方洲張先生文集四十卷
(明)張寧撰
明弘治五年(1492)許清刻本
十二册
十二行二十三字,黑口,四周雙邊。鈐有"曾釗之印"、"面城樓藏書"、"漱綠樓藏書印"、"漱綠樓"、"棟臣"、"嶺南溫氏珍藏"、"幼珊"朱文印,"曾釗之印"、"溫樹梁印"、"順德溫氏家藏"白文印。
《中國古籍善本書目》集部 7092 40/1492

東園文集十三卷附錄一卷
(明)鄭紀撰

清光緒孔氏嶽雪樓抄本
四冊
八行二十一字,無格。鈐有"孔氏嶽雪樓影鈔本"、"廣雅書局藏書樓圖籍"朱文印。
80/2.50.352

西涯擬古樂府註三卷
(明)李東陽撰　(明)何孟春音注
朝鮮抄本
三冊
十行十七字,小字雙行同,白口,四周雙邊。鈐有"杺蔭宧圖書印"、"印廬所藏精品"朱文印,"王文燾印"、"華陽王氏耆德堂圖書"、"籀廡"白文印。　80/2.50.638

林文安公文集□□卷
(明)林瀚撰
明嘉靖刻本
二冊
九行二十字,白口,左右雙邊。鈐有"絅臣家藏"、"蔣絅臣曾經校藏"、"閩中蔣玢"、"東莞莫氏福功堂藏書"朱文印,"冶南何氏瑞室圖書"白文印。
存九卷:卷一至四、十五至十九
《中國古籍善本書目》集部 7175　40/1524

式齋文集三十七卷
(明)陸容撰
附錄四卷
清抄本
八冊
十二行二十三字,無格。鈐有"少筠"朱文印,"姚寯求印"白文印。
《中國古籍善本書目》集部 7191　80/2.50.35

桂軒稿十卷
(明)江源撰
明弘治四年(1491)刻本
四冊
十行二十字,黑口,四周雙邊。鈐有"鞠園藏書"、"溫陵張氏藏書"朱文印。
《中國古籍善本書目》集部 7233　40/1491

匏翁家藏集七十七卷補遺一卷
(明)吳寬撰
明正德三年(1508)吳奭刻本
七冊
十二行二十四字,白口,左右雙邊。鈐有"平江張氏如月樓藏書"、"掃塵齋積書記"朱文印,"禮培私印"白文印。
存六十五卷:卷一至六、十九至七十七、補遺一卷
《中國古籍善本書目》集部 7236　40/150

王文恪公集三十六卷
(明)王鏊撰
�音一卷白社詩草一卷
(明)王禹聲撰
名公筆記一卷
明萬曆王氏三槐堂刻本
八冊
九行二十字,白口,四周單邊。
《中國古籍善本書目》集部 7256　40/1599
又一部　十五冊

鬱洲遺稿十卷首一卷
(明)梁儲撰
清光緒孔氏嶽雪樓抄本
四冊
八行二十一字,無格。鈐有"孔氏嶽雪樓影鈔本"朱文印。　80/2.50.119

南海雜詠十卷
(明)張詡撰
明弘治十八年(1505)袁賓刻本
二冊
九行十八字,黑口,四周雙邊。鈐有"徐信符"朱文印。
《中國古籍善本書目》集部 7310　40/1505.2

石田先生集十一卷
(明)沈周撰
明萬曆四十三年(1615)陳仁錫刻本
六冊

九行十九字,白口,四周雙邊。
《中國古籍善本書目》集部 7361　40/1643.6

空同集六十三卷
(明)李夢陽撰
明嘉靖十一年(1532)曹嘉刻三十一年(1552)朱睦㮮增修本
十六冊
十一行二十字,白口,左右雙邊。鈐有"幾度堂"、"何氏抱素樓藏書記"、"海綃翁"朱文印,"陳洵長壽"、"東莞莫氏五十萬卷樓"白文印。
《中國古籍善本書目》集部 7433　40/1566.14

空同先生集六十三卷
(明)李夢陽撰
明嘉靖刻本
二十二冊
十一行二十字,白口,左右雙邊。刻工有六三、唐瓊、袁電、陸鍳、陸潮、章悅、章祥、王師禹等。鈐有"中行獨得齋"、"梁梅珍藏"白文印。
《中國古籍善本書目》集部 7436　40/1530.2

空同先生集六十三卷
(明)李夢陽撰
明萬曆七年(1579)思山堂徐應瑞刻本
十六冊
十一行二十字,白口,四周雙邊。刻工徐東山。鈐有"山中道紆之印"白文印。
《中國古籍善本書目》集部 7442　40/1579.3

空同子集六十六卷目錄三卷
(明)李夢陽撰
附錄二卷
明萬曆三十年(1602)鄧雲霄刻本
二十二冊
十行二十字,白口,左右雙邊。
《中國古籍善本書目》集部 7444　40/1602
又一部　十二冊
又一部　十冊

北燕巖集四卷
(明)黄公輔撰
清咸豐八年(1858)刻本
三冊
九行二十二字,白口,四周雙邊。有圖。鈐有"黄蔭普"朱文印,"憶江南館"白文印。
50/1858

梧山王先生集二十卷
(明)王縝撰
清乾隆二十九年(1764)刻本
五冊
十行二十字,白口,四周雙邊。
《中國古籍善本書目》集部 7464　50/1764

顧華玉集三十九卷
(明)顧璘撰
清光緒孔氏嶽雪樓抄本
十二冊
八行二十一字,無格。鈐有"廣雅書局藏書樓圖籍"朱文印。　80/2.50.333

邊華泉集八卷
(明)邊貢撰　(明)劉天民輯
明嘉靖十七年(1538)司馬魯瞻刻本
八冊
十一行二十字,白口,左右雙邊。
《中國古籍善本書目》集部 7494　40/1538.3

華泉先生集選四卷
(明)邊貢撰　(清)王士禛選
邊仲子詩選不分卷
(明)邊習撰　(清)徐夜　王士禛選
清康熙三十九年(1700)刻本
一冊
十行十九字,黑口,左右雙邊。　50/1700.4
又一部　一冊

韓五泉詩四卷
(明)韓邦靖撰
附录二卷
韓安人遺詩
(明)屈氏撰　(明)屈受善選
清康熙十六年(1677)刻本

二冊

九行十八字,白口,四周雙邊。鈐有"李氏伯子"、"桐蔭書屋藏書"、"黄梅花屋所藏"白文印。

50/1677

沙溪集二十三卷

(明)孫緒撰

清光緒孔氏嶽雪樓抄本

四冊

八行二十一字,無格。鈐有"孔氏嶽雪樓影鈔本"朱文印。　80/2.50.436

陽明先生文録五卷外集九卷别録十四卷

(明)王守仁撰

明嘉靖二十九年(1550)間東刻本

二十冊

十行二十字,白口,左右雙邊。

《中國古籍善本書目》集部7505　40/1535.2

唐伯虎集四卷

(明)唐寅撰　(明)沈思輯

外集一卷紀事一卷

明萬曆四十年(1612)曹元亮翠竺山房刻本

四冊

八行十八字,白口,四周單邊。

《中國古籍善本書目》集部7545　40/1612.2

康對山先生集四十五卷

(明)康海撰

清康熙馬逸姿貽穀堂刻本

六冊

十行二十字,白口,左右雙邊。鈐有"上海徐渭仁收藏印"、"潘菽坡圖書印"、"菽坡藏書"、"介繁印信"、"潘氏桐西書屋之印"朱文印。

50/1712.6

何栢齋文集八卷

(明)何瑭撰

明嘉靖三十三年(1554)周鎬刻本

四冊

十行二十二字,白口,四周單邊。鈐有"禮培私印"白文印,"歸塵齋積書記"朱文印。

《中國古籍善本書目》集部7562　40/1554.3

何文定公文集十一卷

(明)何瑭撰

明萬曆四年(1576)賈待問等刻本

四冊

十行二十一字,白口,左右雙邊。

《中國古籍善本書目》集部7564　40/1576.5

竹澗集十二卷

(明)潘希曾撰

清光緒孔氏嶽雪樓抄本

四冊

八行二十一字,無格。鈐有"孔氏嶽雪樓影鈔本"、"廣雅書局藏書樓圖籍"朱文印。

80/2.50.201

何大復先生集三十八卷

(明)何景明撰

附録一卷

明萬曆五年(1577)陳堂、胡秉性刻本

十二冊

十行二十字,白口,四周單邊。刻工有大穀、文訓、方甫、王文、王武、王東、付高、邦訓、存武、朱序、朱桂、朱貴、李坤、李淮、林時、吳序、吳廷、吳金、吳科、易玄、易先、易兹、易銑、洪平、洪侖、胡存、胡機、胡學、郭才、郭仁、郭奇、郭明、柴福、晏述、馮玉、黄茂、黄昱、黄朝、黄幹、黄裹、楊玉、楊育、蔣寅、裴時、裴魁、裴龍、劉士、劉卞、劉見、劉受、劉逵、劉義、劉壽、劉龍、鄧秦、鄧欽、鄧漢、戴谷、戴訓、戴樬、羅六、付汝光、易正文、黄友仁、溫志明、楊文炳、蔣應寅等。

《中國古籍善本書目》集部7583　40/1577

何大復先生集三十八卷

(明)何景明撰

附録一卷

明萬曆刻本

四冊

十行二十字,白口,四周單邊。鈐有"目耕堂易氏藏書印"朱文印。　40/1619.10

中峯文選六卷應制稿一卷

（明）董玘撰　（明）唐順之輯

明刻本

四册

十行十九字，黑口，間有白口，四周單邊，間有左右雙邊。鈐有"虞山錢曾遵王藏書"、"激面軒董氏藏書之印"、"董"、"增儒"、"抱素樓"、"何氏抱素樓藏書記"朱文印，"東莞莫氏五十萬卷樓"白文印。

《中國古籍善本書目》集部 7601　40/1552.2

洹詞十二卷

（明）崔銑撰

明趙府味經堂刻本

六册

十行二十字，黑口，四周雙邊。鈐有"南州書樓所藏"朱文印，"抱素樓"、"徐紹棨"白文印。

40/1567.4

鈐山堂集四十卷

（明）嚴嵩撰

附錄一卷

明嘉靖刻本

十六册

十行二十字，小字單行同，白口，左右雙邊。有刻工。鈐有"慕齋鑒定"、"洪頤煊印"朱文印，"宛平王氏家藏"、"臨海洪氏蘭雪軒藏書"白文印。

《中國古籍善本書目》集部 7608　40/1566.30

湛甘泉先生文集三十二卷

（明）湛若水撰

清康熙二十年（1681）刻本

十册

十行二十一字，白口，四周雙邊。鈐有"黃氏憶江南館珍藏印"、"蔭普珍藏"朱文印，"禺山黃氏"白文印。　50/1681.2

甘泉先生兩都風詠四卷

（明）湛若水撰

明嘉靖十四年（1535）朱敬之刻本

二册

十行二十字，白口，左右雙邊

《中國古籍善本書目》集部 7622　40/1535

徐文敏公集五卷

（明）徐縉撰

明隆慶二年（1568）刻本

六册

九行十八字，白口，左右雙邊。鈐有"修遠"朱文印，"辟疆園印"白文印。

存四卷：卷一至四。

《中國古籍善本書目》集部 7637　40/1568

鄉賢區西屏集十卷

（明）區越撰

明嘉靖四十四年（1565）刻本

三册

九行二十字，白口，四周雙邊。　40/1565.2

西樵遺稿八卷

（明）方獻夫撰

清康熙三十五年（1696）方林鶴刻本　有抄配

六册

九行二十字，白口，左右雙邊。鈐有"勉士"白文印。

《中國古籍善本書目》集部 7676　50/1696.3

小鳴稿十卷

（明）朱誠泳撰

清光緒孔氏嶽雪樓抄本

四册

八行二十一字，無格。鈐有"孔氏嶽雪樓影鈔本"、"廣雅書局藏書樓圖籍"朱文印。

80/2.50.94

鳥鼠山人小集十六卷

（明）胡纘宗撰

明嘉靖十八年（1539）刻本

十四册

十一行二十字，白口，四周單邊。鈐有"桂林張氏獨志堂藏"朱文印。

《中國古籍善本書目》集部 7718　40/1539.1

太史升菴文集八十一卷

(明)楊慎撰
明萬曆十年(1582)張士佩等刻本
四十冊
十行二十字,白口,四周單邊。有刻工。鈐有“邵氏三雲”、“鳴野山房”朱文印。
《中國古籍善本書目》集部 7763　　40/1582

升菴先生文集八十一卷目錄四卷
(明)楊慎撰
明萬曆二十九年(1601)王藩臣、蕭如松刻本
十六冊
十行二十字,白口,左右雙邊。鈐有“曾登地球第二高峰”、“蕉園焚稿慟哭遺臣”、“藻翔”、“翽高”、“梅夏”、“南州書樓所藏”、“漢堡傅吾康藏”朱文印,“徐紹棨”、“南州後人”、“徐湯殷”白文印。
《中國古籍善本書目》集部 7769　　40/1601.2
又一部　十六冊

東郭先生文集九卷
(明)鄒守益撰
明嘉靖十七年(1538)洪垣刻本
三冊
九行十八字,白口,四周雙邊。
《中國古籍善本書目》集部 7779　　40/1538

薛考功集十卷
(明)薛蕙撰
附集一卷
明嘉靖刻本
四冊
九行十八字,小字雙行同,白口,左右雙邊。鈐有“季振宜印”、“滄葦”朱文印,“御史之章”、“古潭州袁臥雪廬收藏”白文印。
《中國古籍善本書目》集部 7826　　40/1566.21

梓溪文鈔內集八卷外集十卷
(明)舒芬撰
明萬曆四十八年(1620)舒瓅刻本
十二冊
九行十八字,白口,四周雙邊。鈐有“四明碱街李氏”、“芝”朱文印,“李況之印”白文印。
《中國古籍善本書目》集部 7873　　40/1620.4

崔東洲集二十卷續集十一卷
(明)崔桐撰
明嘉靖二十九年(1550)曹金刻續集三十四年(1555)周希哲刻本
十四冊
十行二十字,白口,左右雙邊。鈐有“碧梧棲老鳳凰枝”朱文印,“苕溪沈氏所藏”白文印。
《中國古籍善本書目》集部 7877　　40/1555

夢澤集十七卷
(明)王廷陳撰
明嘉靖四十一年(1562)王廷瞻刻本
二冊
十行二十字,白口,四周單邊。鈐有“金星軺藏書記”、“愛閒居士”、“桐軒主人藏書印”、“范木犀香館藏”、“結社溪山”、“留爲永保”朱文印,“文瑞樓”、“家在黃山白嶽間”白文印。
《中國古籍善本書目》集部 7884　　40/1562

夢澤集二十三卷
(明)王廷陳撰
清光緒孔氏嶽雪樓抄本
四冊
十行二十字,無格。鈐有“孔氏嶽雪樓影鈔本”、“廣雅書局藏書樓圖籍”朱文印。
80/2.50.443

小山類稿二十卷
(明)張岳撰
清光緒孔氏嶽雪樓抄本
六冊
八行二十一字,白口,左右雙邊。鈐有“孔氏嶽雪樓影鈔本”、“廣雅書局藏書樓圖籍”朱文印。
80/2.50.551

中離先生文稿十一卷
(明)薛侃撰
清抄本
六冊
九行二十五字,無格。

《中國古籍善本書目》集部 7925　80/2.50.53

少華山人文集八卷詩集十二卷
(明)許宗魯撰
明抄本
六冊
十行十八字,無格。鈐有"東莞莫伯驥號天一藏書之印"、"東莞莫氏五十萬卷樓"朱文印。
《中國古籍善本書目》集部 7931　80/2.40.4

泰泉集六十集
(明)黄佐撰
清康熙二十一年(1682)黄逵卿刻本
十八冊
十行二十字,白口,四周雙邊。鈐有"東莞莫伯驥號天一藏書之印"朱文印,"東莞莫氏五十萬卷樓"、"宗衍"白文印。
《中國古籍善本書目》集部 7944　40/1579.2
又一部　十四冊

愚谷集十卷
(明)李舜臣撰
明隆慶刻本
四冊
十行二十一字,白口,四周單邊。鈐有"眞州吳氏有福讀書堂藏書"朱文印,"豫儀周雪客藏密暗藏書之印"白文印。
《中國古籍善本書目》集部 8035　40/1570.2

天馬山房遺集八卷
(明)朱淛撰
清光緒孔氏嶽雪樓抄本
四冊
八行二十一字,無格。鈐有"孔氏嶽雪樓影鈔本"、"廣雅書局藏書樓圖籍"朱文印。
80/2.50.114

衡藩重刻胥臺先生集二十卷
(明)袁袠撰
明萬曆十二年(1584)衡藩刻本
八冊
十行十八字,白口,四周雙邊。
《中國古籍善本書目》集部 8091　40/1584.3

趙浚谷文集十卷詩集六卷疏案一卷
(明)趙時春撰
永思錄一卷
明嘉靖刻萬曆補刻本
十六冊
九行二十一字,白口,四周單邊。鈐有"張"朱文印。
《中國古籍善本書目》集部 8094　40/1565

翁東涯集十七卷
(明)翁萬達撰
明嘉靖三十五年(1556)朱睦㮮刻本
十六冊
九行十八字,白口,左右雙邊。
《中國古籍善本書目》集部 8103　40/1556

遵巖先生文集四十二卷
(明)王愼中撰
清康熙五十年(1711)閩中同人書社刻本
十二冊
九行十九字,黑口,四周單邊。
《中國古籍善本書目》集部 8108　50/1711.2
又一部　三冊
又一部　三冊

楊夢羽南宮小集一卷七檜山人詞一卷
(明)楊儀撰
清抄本
三冊
八行十六字,小字雙行同,白口,左右雙邊。鈐有"上党"朱文印,"查氏子伊珍藏"、"隱文居士收藏圖書之記"、"馮舒之印"白文印。
《中國古籍善本書目》集部 8139　80/2.50.2

念菴羅先生集十三卷
(明)羅洪先撰
明嘉靖四十三年(1564)甄津刻本
十二冊
十一行二十字,白口,四周單邊。有刻工。
《中國古籍善本書目》集部 8160　40/1563

荆川文集十八卷
(明)唐順之撰
清康熙五十一年(1712)唐執玉刻本
八冊
十行二十一字,黑口,左右雙邊。鈐有"學須靜室"朱文印,"琴伯珍藏"白文印。
《中國古籍善本書目》集部 8177　50/1712.5

洞庭集五十三卷
(明)孫宜撰
明嘉靖三十二年(1553)孫宗刻本
十六冊
十行二十字,白口,四周單邊。
《中國古籍善本書目》集部 8247　40/1553

羅司勳文集八卷外集一卷
(明)羅虞臣撰
清康熙刻本
三冊
十行二十一字,白口,四周雙邊。鈐有"黄氏憶江南館珍藏印"、"蔭普珍藏"朱文印,"禺山黄氏"白文印。　50/1711

東莆先生文集五卷
(明)林大欽撰
清刻本
四冊
八行或九行二十至二十五字不等,白口,四周雙邊。鈐有"黄氏憶江南館珍藏印"、"蔭普珍藏"朱文印,"禺山黄氏"白文印。
《中國古籍善本書目》集部 8256　50/1722

海石先生文集二十八卷目錄二卷
(明)錢薇撰
侍御公奏疏一卷遺詩一卷
(明)錢嘉徵撰
明萬曆四十一年(1613)至四十二年(1614)錢端映等刻清錢燔、錢焞增修本
十冊
九行十九字,白口,左右雙邊。有刻工。
《中國古籍善本書目》集部 8286　40/1614.7

龍谿王先生全集二十二卷
(明)王畿撰
明萬曆四十三年(1615)刻本
一冊
十行二十字,白口,左右雙邊。刻工劉賢。鈐有"廣雅書院經籍金石書畫之印"朱文印。
存三卷:卷一至三　40/1615.2

王氏存笥稿二十卷
(明)王維楨撰
明嘉靖三十七年(1558)趙忻刻本
八冊
十行二十字,白口,左右雙邊。
《中國古籍善本書目》集部 8348　40/1558.2

天山草堂存稿六卷
(明)何維柏撰
清沙滘何氏抄本
七冊
九行二十字,紅格,白口,四周雙邊。鈐有"徐紹棨"朱文印。
《中國古籍善本書目》集部 8358　80/2.50.52

瑤石山人詩稿十六卷
(明)黎民表撰
明萬曆十六年(1588)黎君華刻本
四冊
九行十八字,白口,左右雙邊。刻工有禮六、姜伯勝、鄒邦達等。鈐有"桃花塢"、"徐紹棨"朱文印。
《中國古籍善本書目》集部 8372　40/1588

李駕部集二卷續編詩集一卷續編文集一卷青霞漫稿一卷
(明)李時行撰
清乾隆二十八年(1763)李文炳刻本
六冊
九行十七字,白口,左右雙邊。
存三卷:李駕部集二卷、續編文集一卷。
《中國古籍善本書目》集部 8440　50/1763.3

滄溟先生集三十卷附録一卷
（明）李攀龍撰
明隆慶六年（1572）刻本
六冊
十行二十字，白口，左右雙邊。 40/1572.5

滄溟先生集三十卷
（明）李攀龍撰
附録一卷
明萬曆三年（1575）胡來貢刻本
六冊
十行二十字，白口，左右雙邊。鈐有“壽補齋鑑存”、“冀牛氏鑑藏印”、“勳宗”、“梁海珍藏”朱文印，“中行獨得齋”、“許道基印”、“游藝軒珍藏”白文印。
《中國古籍善本書目》集部8488 40/1575

滄溟先生集三十卷
（明）李攀龍撰 （明）張弘道校
附録一卷
明萬曆二十六年（1598）刻本
六冊
十行二十二字，白口，四周單邊。鈐有“陳百斯藏書印”、“南州書樓所藏”朱文印，“臥龍”、“陳百斯印”、“徐紹棨”、“徐湯殷”白文印。
《中國古籍善本書目》集部8492 40/1598.5

林居集四卷
（明）惲紹芳撰 （明）惲厥初輯
明萬曆刻本
四冊
八行十八字，白口，四周雙邊。鈐有“三唐石齋藏書”朱文印，“悍騑之印”白文印。
40/1591.4

繕部集略文不分卷
（明）蕭禹臣撰
清蕭氏刻本
一冊
十行十九字，白口，四周單邊。 50/1649

新刻張太岳先生文集四十七卷
（明）張居正撰
清乾隆刻本
十二冊
十行二十字，白口，左右單邊。 50/1795.35

弇州山人四部稿一百七十四卷目録十二卷
（明）王世貞撰
明萬曆五年（1577）王氏世經堂刻本
四十九冊
十行二十字，白口，四周雙邊。刻工有唐尹。鈐有“佐佰文庫”朱文印，“毋妄思齋藏本”白文印。
存一百三十四卷：卷一至五十四、六十六至一百零六、一百二十一至一百二十三、一百三十九至一百七十四
《中國古籍善本書目》集部8535 40/1577.3

弇州山人四部稿選十六卷
（明）王世貞撰 （明）沈一貫輯
明刻本
六冊
十行二十一字，白口，四周單邊。鈐有“慕慈軒珍藏”朱文印。
存六卷：卷一至六 40/1619.47

方麓居士集十三卷
（明）王樵撰
清光緒孔氏嶽雪樓抄本
四冊
十行二十字，小字雙行同，無格。鈐有“孔氏嶽雪樓影鈔本”朱文印。 80/2.50.264

太函集一百二十卷目録六卷
（明）汪道昆撰
明萬曆刻本
三十冊
十行二十字，白口，左右雙邊。鈐有“安樂堂藏書記”、“葉氏藏書”朱文印，“明善堂覽書畫印記”白文印。
《中國古籍善本書目》集部8573 40/1591.2

青蘿館詩前集四卷續集二卷

(明)徐中行撰
明萬曆刻本
二冊
九行十八字,白口,四周單邊。有刻工。鈐有"子贊"朱文印,"子贊氏"白文印。
《中國古籍善本書目》集部 8633　40/1576.4

天目先生集二十一卷
(明)徐中行撰
附錄一卷
(明)郭造卿撰
明萬曆十二年(1584)張佳胤刻本
十冊
九行十八字,白口,左右雙邊。有刻工。
《中國古籍善本書目》集部 8634　40/1584.2

甔甀洞藁五十四卷目錄二卷
(明)吳國倫撰
明萬曆刻本
二十冊
十行二十字,白口,四周單邊。刻工有李煥、吳成、郭才、夏元、陸孝、陳朝、陶賢、張雲、萬接、傅魁、劉卞、劉然、鄧欽、鄧漢、傅崇禮等。
《中國古籍善本書目》集部 8647　40/1584

井丹先生集十八卷首一卷
(明)林大春撰
附錄一卷
明萬曆十九年(1591)林克鳴刻四十一年(1613)增修本
十二冊
九行二十字,白口,四周單邊。鈐有"廣東肇陽羅道關防"、"蔭普珍藏"、"黃氏憶江南館珍藏印"朱文印,"禺山黃氏"白文印。
《中國古籍善本書目》集部 8657　40/1591

海忠介公文集十卷
(明)海瑞撰
明刻本
四冊
九行十七字,白口,四周單邊。
存九卷:卷一至十
《中國古籍善本書目》集部 8664　40/1618.3

海忠介公全集十二卷
(明)海瑞撰
明天啓五年(1625)梁子璠刻本
六冊
九行二十字,白口,四周單邊。刻工有士高、王明、汝芝、范曉、李興、何仲、佘元、佘光、佘明、佘昱、梁洪、梁從、馮吉、馮念、馮昌、馮惺、馮義、黃昌、黃侯、羅曰、李生明、何尚俊、何祖毓、周宇恒、溫日昭。鈐有"東莞莫氏福功堂藏書"朱文印,"語溪桂花里蔡氏硯香主人珍藏之印"白文印。
《中國古籍善本書目》集部 8666　40/1626.2

海忠介先生備忘集十卷
(明)海瑞著　(清)王元士補遺　(清)朱子虛輯
清康熙十九年(1680)海廷芳補刻本
十冊
九行十九字,白口,四周雙邊。　50/1680
又一部　五冊

海忠介公集六卷首一卷
(明)海瑞撰
清康熙刻本
二冊
十行二十二字,白口,四周雙邊。　50/1662.5

海忠介公集六卷首一卷
(明)海瑞撰　(明)焦映漢等選編
清乾隆刻本
二冊
十行二十二字,白口,四周雙邊。　50/1736.8

李氏焚書六卷
(明)李贄撰
明刻本
八冊
九行二十字,白口,四周單邊。鈐有"峻封氏"朱文印。
《中國古籍善本書目》集部 8704　40/1619.40

震川先生集十卷
(明)歸有光撰
清康熙十二年(1673)虞山景氏刻本
十冊
十行二十字,白口,左右雙邊。鈐有"香山草堂"、"吳起朋"朱文印。 50/1673.2

四溟山人全集二十四卷
(明)謝榛撰
明萬曆二十四年(1596)趙府冰玉堂刻重修本
十一冊
十行二十字,白口,左右雙邊。刻工有仲臣、李福、崔俊、崔恩、崔德、崔聰、張奉、沈祈知。
存十六卷:卷三至十二、十七至十九、二十一、二十二、二十四
《中國古籍善本書目》集部 8871 40/1604

四溟山人全集二十四卷
(明)謝榛撰
清據明萬曆三十二年(1604)趙府冰玉堂刻本抄本
十二冊
八行二十五字,無格。 80/2.50.654

蟣蠓集五卷
(明)盧柟撰
明萬曆三十年(1602)刻清乾隆十年(1745)補刻本
六冊
九行十八字,白口,四周雙邊。鈐有"藻翔"、"南州書樓所藏"朱文印,"徐紹棨"、"徐湯殷"、"南州後人"白文印。 40/1602.2

貢西園集三卷遺訓六卷
(明)貢鏞撰 (明)貢汝成輯
明隆慶六年(1572)刻本
四冊
十行二十字,白口,左右雙邊。鈐有"光"、"董增儒"、"激面軒董氏藏書堂印"朱文印,"增儒"白文印。
《中國古籍善本書目》集部 8897 40/1572

黃淳父先生全集二十四卷
(明)黃姬水撰
明萬曆十三年(1585)顧九思刻本
六冊
十行十九字,白口,左右雙邊。刻工有子秀、子登、文壹、甫言、朱子淨、吳應元、張文元、郭泰原、章右之、錢世英、顧子美等。鈐有"菦穀"、"長白敷槎氏堇齋昌齡圖書印"朱文印,"孔繼涵印"白文印。
《中國古籍善本書目》集部 8911 40/1585.3

海岱集十二卷
(明)王逢年撰
清抄本
八冊
十行二十一字,白口,左右雙邊。鈐有"幽賞"、"鶚起"、"文毅公孫"朱文印,"王廷謌印"、"清眞"白文印。
《中國古籍善本書目》集部 8946 80/2.50.56

徐文長文集三十卷四聲猿一卷
(明)徐渭撰 (明)袁宏道評點
明萬曆四十二年(1614)鍾人傑刻本
六冊
九行二十字,白口,四周單邊。第一部鈐有"廣雅書院經籍金石書畫之印"。第二部鈐"蘭畦"朱文印,"球亭"、"倪黃山館"白文印。
《中國古籍善本書目》集部 8968 40/1614
又一部 十冊
又一部 六冊

十嶽山人詩集四卷
(明)王寅撰
明萬曆程開泰、項仲連刻本
三冊
九行十八字,白口,四周單邊。鈐有"濠堂藏本"朱文印,"壽穀堂"、"遊方之外"白文印。
存三卷:卷一至三
《中國古籍善本書目》集部 8981 40/1585

屠先生評釋謀野集四卷
(明)王穉登撰 (明)屠隆評釋

明程德符刻本
三冊
十行二十一字，白口，四周單邊。
存三卷：卷一至三
《中國古籍善本書目》集部 9017　40/1619.36

穀城山館詩集二十卷文集四十二卷
（明）于慎行撰
清光緒孔氏嶽雪樓抄本
十八冊
九行二十字，無格。鈐有"孔氏嶽雪樓影鈔本"朱文印。　80/2.50.258

勾漏集五卷詠史詩一卷
（明）鄭學醇撰
清康熙六十一年（1722）鄭時達刻本
三冊
九行十八字，黑口，四周單邊。鈐有"玉笥山樓"白文印。
《中國古籍善本書目》集部 9071　50/1722.13
又一部　三冊　存詠史詩一卷

宗伯集六卷
（明）馮琦撰
明萬曆三十九年（1611）書林余泗泉萃慶堂刻本
八冊
九行二十字，小字雙行同，白口，四周單邊。鈐有"佐伯文庫"朱文印。
《中國古籍善本書目》集部 9234　40/1611.2

馮用韞先生北海集四十六卷
（明）馮琦撰
明萬曆林有麟刻本
十二冊
九行二十字，白口，四周單邊。鈐有"眞州吳氏有福讀書堂藏書"朱文印。
《中國古籍善本書目》集部 9236　40/1616.3
又一部　二十七冊

梅谷莊先生文集十六卷
（明）莊履豐撰
明萬曆二十四年（1596）張寧刻本
十二冊
九行二十字，白口，四周雙邊。
《中國古籍善本書目》集部 9244　40/1596.16

由拳集二十三卷
（明）屠隆撰
明萬曆八年（1580）馮夢禎刻本
十四冊
九行十九字，白口，左右雙邊。刻工有朱仁、夏雲、章華。鈐有"聿修書室汪氏珍藏"朱文印。
《中國古籍善本書目》集部 9260　40/1580.2

抱膝居存稿二卷
（明）謝與思撰
清乾隆三十五年（1770）謝敦源刻本
二冊
九行二十一字，黑口，左右雙邊。
《中國古籍善本書目》集部 9307　50/1770.4

鐫蒼霞草十二卷
（明）葉向高撰
明萬曆三十四年（1606）刻本
十二冊
十行二十字，白口，四周雙邊。刻工有于畢、沈明、沈儒、尚文、張、陳貴、萬二、戴文、羅伍等。鈐有"漢堡傅吾康藏"朱文印，"傅吾康藏"白文印。
《中國古籍善本書目》集部 9326　40/1606.5
又一部　二十四冊
又一部　十一冊

林忠宣公全集二十一卷
（明）林熙春撰
清康熙八年（1669）刻乾隆五十七年（1792）補刻本
十二冊
九行二十字，白口，四周雙邊。
《中國古籍善本書目》集部 9352　50/1792.3

焦氏澹園集四十九卷
（明）焦竑撰
明萬曆三十四年（1606）黃雲蛟刻本

二十四冊
九行十九字,白口,四周單邊。刻工戴惟孝。
《中國古籍善本書目》集部 9410　40/1606.3

歇菴集二十卷
(明)陶望齡撰
附錄三卷
明萬曆喬時敏、王應遴刻本
十冊
九行十九字,白口,四周單邊。
《中國古籍善本書目》集部 9417　40/1611

馮少墟集二十二卷
(明)馮從吾撰
明萬曆四十年(1612)畢懋康刻天啓元年(1621)馮嘉年增修本
二十三冊
九行十八字,白口,四周單邊。
《中國古籍善本書目》集部 9455　40/1621.9

馮恭定全書不分卷
(明)馮從吾撰
明崇禎刻本
一冊
九行十八字,白口,四周單邊。鈐有"張"朱文印。　40/1643.18

居東集六卷
(明)謝肇淛撰
明刻本
四冊
九行十八字,白口,左右雙邊。
存四卷:卷一至四
《中國古籍善本書目》集部 9489　40/1619.30

瀟碧堂集二十卷
(明)袁宏道撰
明萬曆三十六年(1608)袁氏書種堂刻本
十六冊
九行十八字,白口,四周單邊。鈐有"鶯湖吳氏漱芳齋藏書畫之記"朱文印,"吳氏二涪"白文印。
《中國古籍善本書目》集部 9511　40/1610

解脱集四卷
(明)袁宏道撰
明萬曆三十八年(1610)袁氏書種堂刻本
一冊
九行十八字,白口,四周單邊。刻工李光遠。
《中國古籍善本書目》集部 9516　40/1610.3

袁中郎全集四十卷
(明)袁宏道撰
明崇禎二年(1629)武林佩蘭居刻本
八冊
九行二十字,白口,四周單邊。鈐有"小山氏藏書"、"藕漢清舍"、"鶯溪新收"、"北學堂圖書館收藏印"朱文印。
《中國古籍善本書目》集部 9522　40/1629.3

鶴汀詩集十卷
(明)李之世撰
清乾隆涉園刻本
四冊
九行二十字,白口,四周雙邊。鈐有"劉氏家藏"、"參山"、"徐紹棨"朱文印。
存七卷:卷一至七　50/1795.2

建霞樓詩集二卷
(明)李孫宸撰
清抄本
二冊
十四行三十字,綠格,白口,左右雙邊。
80/2.50.660

鄧詩選十卷
(明)鄧雲霄著
清初刻本　有抄配
十冊
九行二十字,白口,四周單邊。　50/1722.8

翠娛閣評選陳明卿先生小品二卷
(明)陳仁錫撰
吹萬樓抄《皇明十六名家小品》本

一冊

十行二十四字，藍格，黑口，左右雙邊。鈐有“吹萬樓主”、“復堪所藏”朱文印，“李洸長年”白文印。

存卷一　80/2.60.19

韓文恪公文集二十一卷首一卷末一卷詩集十卷

（明）韓日纘撰

清康熙刻本

二十四冊

九行十九字，白口，四周單邊。鈐有“信符”、“徐紹棨”朱文印，“徐石卿印”白文印。

50/1669

緱山先生集二十七卷

（明）王衡撰

明萬曆刻本

二十冊

九行十八字，白口，四周單邊。

《中國古籍善本書目》集部9664　40/1617.2

隱秀軒集三十三卷

（明）鍾惺撰

明天啓二年（1622）沈春澤刻本

四冊

八行十七字，小字雙行十五字，白口，四周單邊。鈐有“秋圃”、“傳桂堂”朱文印。

存十二卷：天至昃集　40/1622

無欲齋詩鈔一卷

（明）鹿善繼撰

清乾隆刻本

二冊

八行十九字，白口，左右雙邊。　50/1790.4

自娱集十卷詩餘一卷

（明）俞琬綸撰

明萬曆四十六年（1618）刻本

二冊

九行十八字，白口，四周單邊。鈐有“節庵藏書”、“藏山”、“敷”朱文印，“臣梁鼎芬”白文印。

《中國古籍善本書目》集部9856　40/1618.4

鹿裘石室集六十五卷

（明）梅鼎祚撰

明天啓三年（1623）玄白堂刻本

四十冊

九行十八字，白口，左右雙邊。刻工徐道甫。

子目：

詩二十五卷

文二十五卷

書牘十五卷

《中國古籍善本書目》集部10088　40/1623

眉公先生晚香堂小品二十四卷

（明）陳繼儒撰

明湯大節簡綠居刻本

十六冊

九行二十字，白口，四周單邊。

《中國古籍善本書目》集部10110

40/1627.11

鼇峰集二十八卷

（明）徐𤊹撰

明天啓五年（1625）南居益刻本

十冊

九行十八字，白口，左右雙邊。鈐有“閒雅堂秘藏記”、“有造館記”、“草山瑞光蘭若”朱文印，“元政”白文印。

《中國古籍善本書目》集部10118　40/1625

區羅陽集一卷

（明）區大倫撰

清初刻本　有抄配

一冊

九行十八字，白口，四周雙邊。鈐有“南海黃氏秩南任恒”、“信古閣”朱文印。　50/1644.9

歐子建集十八卷

（明）歐必元撰

清刻本

七冊

九行十九字，白口，四周雙邊。鈐有“黃氏憶江南館珍藏印”、“蔭普珍藏”朱文印,“蔭普”藍文印,“憶江南館”、“禹山黄氏”白文印。

子目:

球玉齋稿十四卷

羅浮稿二卷

溪上草一卷

勾漏草一卷

《中國古籍善本書目》集部 10145　50/1662.8

謝耳伯先生全集二十四卷

(明)謝兆申撰

明刻本

二冊

九行十八字,白口,左右雙邊。鈐有“赤董山人”朱文印,“東莞莫氏五十萬卷樓”白文印。

存詩集八卷:卷一至八　40/1643.40

鴻寶應本十七卷

(明)倪元璐撰

明崇禎刻本

十六冊

八行二十字,白口,四周單邊。鈐有“眞州吳氏有福讀書堂藏書”朱文印。

《中國古籍善本書目》集部 10249　40/1642

蓮鬚閣文鈔十八卷

(明)黎遂球撰

清抄本

四冊

九行二十五字,無格。

《中國古籍善本書目》集部 10369

80/2.50.49

三易集二十卷

(明)唐時升撰

明崇禎刻本

十冊

十行十八字,白口,左右雙邊。　40/1643.36

松圓浪淘集十八卷松圓偈庵集二卷

(明)程嘉燧撰

明崇禎三年(1630)刻本

四冊

十行十八字,白口,左右雙邊。有刻工。

40/1630.3

史閣部遺集不分卷補篇一卷

(明)史可法撰

清道光竹請山房抄本

三冊

十行二十四字,白口,左右雙邊。

《中國古籍善本書目》集部 10478

80/2.50.512

張煌言詩文集不分卷

(明)張煌言撰　(清)海濱遺老輯

清抄本

一冊

行款字數不等,無格。　80/2.50.724

宛在堂詩十九集

(明)郭之奇撰

附賦銘箴操詩餘

清初刻本　有眉批

四冊

十一行二十一字,黑口,四周雙邊。

存馬上一集、舟中二集、遂初三集、所思十三集、徂東十四集、稽古十五集、內文十九集、賦銘箴橾詩餘集　50/1722.5

澹寧居文集十卷詩集三卷

(明)馬世奇撰

蝶園詩集一卷

(清)馮翀撰

山香集一卷

(清)馬壬玉撰

清初刻本

二冊

九行二十一字,白口,左右雙邊。

存三卷:詩集三卷

《中國古籍善本書目》集部 10488　50/1654

已吾集十四卷

(明)陳際泰撰

壺山集三卷
(清)陳孝威撰
癡山集六卷
(清)陳孝逸撰
清順治李來泰刻本
六冊
十二行二十四字,白口,四周單邊。
《中國古籍善本書目》集部10529。 50/1656

喻園集四卷
(明)梁朝鍾撰
清順治刻重修本
四冊
八行十五字,白口,四周單邊。第一部鈐有"徐紹棨"朱文印。第二部鈐有"敬中"朱文印。
《中國古籍善本書目》集部10573 50/1644.2
又一部 四冊

影園詩稿文稿一卷
(明)鄭元勳撰 (清)鄭開基輯
清乾隆二十七年(1762)鄭開基拜影樓刻本
一冊
九行二十字,小字雙行同,白口,左右雙邊。
《中國古籍善本書目》集部10581 50/1762.4

默菴遺稿八卷
(明)馮舒撰
清抄本
一冊
十二行二十二字,無格。
《中國古籍善本書目》集部10655。
80/2.50.501

嶠雅二卷
(明)鄺露撰
清海雪堂刻本
二冊
八行十五字,白口,四周單邊。鈐有"曾留櫪園故堆"、"櫪園居士印記"、"唇江鄧氏"、"字字离骚屈宋心"、"徐紹棨"朱文印。 50/1644.5
又一部 二冊
又一部 二冊
又一部 二冊
又一部 三冊

玄超堂藏藁一卷
(明)區懷年撰
清初刻本
一冊
九行十九字,白口,四周單邊。鈐有"南海黃氏秩南任恒"、"信古閣藏"、"守雌"朱文印,"臣熀"白文印。
《中國古籍善本書目》集部10702。
50/1662.4

太古園詩集一卷
(明)王偶撰
清乾隆刻本
一冊
九行二十二字,白口,左右雙邊。鈐有"黃梅花屋所藏"白文印。
《中國古籍善本書目》集部10741 50/1736

千山詩集二十卷首一卷補遺一卷
(明釋)函可撰
清刻本
四冊
十行二十一字,白口,四周雙邊。
《中國古籍善本書目》集部10759 50/1703.4

嘯樓詩集十九卷
(明)李雲龍撰
清抄本
四冊
十行二十一字,白口,四周單邊。
80/2.50.780

嘯樓詩集四集
(明)李雲龍撰
北京榮寶齋抄本
三冊
十行二十一字,白口,四周單邊。鈐有"黃氏憶江南館珍藏印"、"蔭普珍藏"朱文印,"禺山黃氏"白文印。 80/2.60.7

嘯樓遺稿不分卷
(明)李雲龍撰
抄本
一冊
七行十七字,無格。鈐有"玉蘭堂"、"宗衍"白文印。 80/2.60.53

嘯樓後集不分卷
(明)李雲龍撰
抄本
二冊
七行十七字,無格。 80/2.60.54

嘯樓別稿不分卷
(明)李雲龍撰
汪宗衍抄本
一冊
七行十七字,無格。 80/2.60.20

不去廬集十四卷附一卷
(明)何絳撰
汪宗衍抄本
四冊
八行十七字,無格。鈐有"宗衍"白文印。 80/2.60.10

清別集類

壺山集三卷
(清)陳孝威撰
清康熙五十五年(1716)刻本
一冊
十二行二十四字,白口,四周單邊。鈐有"桐堪"白文印。 50/1716

牧齋有學集五十一卷
(清)錢謙益撰
清抄本
十二冊
九行二十五字,無格。
存三十七卷:卷十四至五十一
80/2.50.640

石臼前集九卷後集七卷
(清)邢昉撰 (清)宋至 王孚校
清乾隆十六年(1751)刻本
六冊
十行十九字,白口,四周單邊。鈐有"掃尘齋讀書記"朱文印,"禮培私印"白文印。
50/1751.2

留耕堂詩集不分卷
(清)殷嶽撰
清抄本
一冊
十行二十二字,無格。鈐有"黃梅花屋所藏"白文印。 80/2.50.645

瀑音四卷碧濤笈逸存一卷
(清)苗蕃撰
清康熙四年(1665)自刻本
八冊
八行十八字,白口,左右雙邊。
《中國古籍善本書目》集部10887 50/1666

青溪遺稿二十八卷
(清)程正揆撰
清康熙五十四年(1715)程大畢、程光珠刻本
十二冊
九行十九字,黑口,左右雙邊。
《中國古籍善本書目》集部10990 50/1715.3

讓竹亭詩編一卷
(清)林蕙撰
清康熙九年(1670)刻本
二冊
八行十八字,白口,左右雙邊。鈐有"閩中郭兼秋藝文金石記"朱文印,"黃梅花屋所藏"、"胸中多了一塊鋏"白文印。 50/1670

昭潭雜撰一卷還山文稿一卷

（清）陳衍虞撰
清康熙刻本
一冊
八行二十字，白口，四周單邊。 50/1672

種墨亭尺牘二卷
（清）陳衍虞著
附補遺一卷
清康熙二十五年（1686）刻本
二冊
八行二十字，黑口，四周雙邊。 50/1686.3

吳詩集覽二十卷補注二十卷
（清）吳偉業撰　（清）靳榮藩注
談藪二卷拾遺一卷
（清）靳榮藩輯
清乾隆四十年（1775）凌雲亭刻本
十冊
九行二十一字，小字雙行同，黑口，四周雙邊。
50/1775.2

曹倦圃未刻編年佚詩不分卷
（清）曹溶撰
清抄本
五冊
九行二十一字，無格。
《中國古籍善本書目》集部 11186
80/1.50.35

靜惕堂詩集四十四卷詞集不分卷
（清）曹溶撰
清雍正三年（1725）李維鈞刻本
八冊
十一行二十一字，白口，左右雙邊。鈐有“太子少保”、“葉志詵印”、“葉氏東卿”、“漢陽葉氏藏書”、“漢陽葉氏藏書”朱文印，“漢陽葉名澧潤臣甫印”、“葉東卿再閱記”白文印。 50/1725.4

賴古堂集二十四卷
（清）周亮工撰
附錄一卷
清康熙十四年（1675）周在浚刻本
十二冊
十一行十九字，黑口，四周單邊。鈐有“黃石翁”、“玉佛龕”、“曾在印廬”、“一蜚”朱文印，“吳之聯印”、“柳村”白文印。
《中國古籍善本書目》集部 11207 50/1675

徧行堂集四十九卷目錄二卷續集十六卷
（清釋）今釋撰
清乾隆五年（1740）釋繼祖募刻本
二十四冊
十行二十字，白口，四周雙邊。鈐有“黃氏憶江南館珍藏印”、“蔭普珍藏”、“徐信符藏”朱文印，“禺山黃氏”、“憶江南館”白文印。
《中國古籍善本書目》集部 11299 50/1681
又一部　六冊　存十四卷：續集卷一至十三、十六

徧行堂續集十六卷
（清釋）今釋撰
清抄本
十二冊
十行二十字，綠格，白口，四周雙邊。鈐有“蔭普珍藏”、“禺山黃氏”、“黃氏憶江南館珍藏印”朱文印，“憶江南館”白文印。
存十六卷：卷二至十六 80/2.50.477

丘邦士文集十七卷
（清）丘維屏撰
清方功惠碧琳琅館抄本
八冊
九行二十字，白口，左右雙邊。鈐有“滇生過眼”朱文印。
《中國古籍善本書目》集部 11314
80/2.50.483

陋軒詩三卷
（清）吳嘉紀著
清抄本
一冊
十二行二十四字，無格。鈐有“二雅”朱文印，“王香之印”白文印。 80/2.50.705

蕉林詩集十八卷
(清)梁清標撰
清康熙十七年(1678)梁允植刻本
十六册
九行十九字,白口,左右雙邊。
《中國古籍善本書目》集部11478
50/1722.19

耳鳴集十四卷
(清)王邦畿撰
清初古厚堂刻本
四册
八行十八字,白口,四周單邊。鈐有"黄氏憶江南館珍藏印"、"蔭普珍藏"朱文印,"禺山黄氏"、"憶江南館"白文印,"蔭普"藍文印。
《中國古籍善本書目》集部11486。
50/1660.2

耳鳴集十七卷
(清)王邦畿撰
黄梅花屋抄本
一册
九行二十一字,白口,左右雙邊。
80/2.60.24

翀緣館十一草一卷
(清)薛始亨撰
清抄本
一册
十二行二十五字,紅格,黑口,四周雙邊。鈐有"寧雙硯堂"、桐庵借看"、"哲夫傾城同觀"、"哲夫讀既"、"牟軒藏本"、"葉恭綽印"、"遐翁"、"黄氏憶江南館珍藏印"、"黄蔭普印"、"禺山黄氏"、"蔭普珍藏"、"禺山黄氏觀"朱文印,"梁鼎芬印"、"藏山"、"三水陸丹林印"、"陸丹林之璽"、"憶江南館"白文印。
《中國古籍善本書目》集部11528
80/2.50.519

南枝堂稿不分卷
(清)薛始亨撰
抄本
一册
十二行二十五字,紅格,黑口,四周雙邊。鈐有"梁鼎芬觀"、"哲夫讀既"、"黄蔭普印"、"牟軒鈔本"、"宋雙硯堂"、"葉恭綽印"、"禺山黄氏"、"哲夫頃城同觀"、"子軒鈔本"朱文印,"憶江南館"、"梁鼎芬印"、"藏山"、"宠恩"、"丹林信璽"白文印。
80/2.60.3

寒松堂全集十二卷
(清)魏象樞撰
清康熙刻本
八册
十行二十字,黑口,左右雙邊。第二部鈐有"節庵藏書"朱文印,"臣梁鼎芬"白文印。
《中國古籍善本書目》集部11692　50/1708.2
又一部　十二册

兼濟堂詩選十卷文選十四卷疏稿二卷
(清)魏裔介撰
清康熙七年(1668)刻本
六册
九行十九字,白口,左右雙邊。鈐有"經德堂汪氏所藏經籍碑板圖籍"、"曾在汪芙之處"朱文印。
《中國古籍善本書目》集部11695。
50/1668.3

嶼舫詩集七卷
(清)魏裔介撰
清康熙刻本
三册
九行二十字,白口,四周單邊。鈐有"黄梅花屋所藏"白文印。
存五卷:卷三至七。　50/1722.50

微泉閣文集十六卷詩集十四卷
(清)董文驥撰
清康熙二十五年(1686)董元起刻本
六册
九行十九字,白口,左右雙邊。鈐有"濛說"、"劉鴻謨印"朱文印。
《中國古籍善本書目》集部11748　50/1687.2

阮亭選志壑堂詩十五卷
（清）唐夢賚撰　（清）王士禛輯並評
清康熙刻本
四冊
十一行二十字，小字雙行同，黑口，四周單邊。
《中國古籍善本書目》集部11762。
50/1691.3

范忠貞公文集五卷
（清）范承謨撰
首一卷
清康熙四十七年（1708）刻本
四冊
十行十九字，黑口，四周單邊。
《中國古籍善本書目》集部11770　50/1708.3

林臥遙集二卷
（清）趙吉士撰　（清）于漢翔　汪灝評
清康熙萬青閣刻本
四冊
九行十九字，白口，四周雙邊。　50/1697.5

王西樵詩選六卷
（清）王士禄撰　（清）顧有孝輯
詩話一卷
清康熙刻本
一冊
十一行二十一字，黑口，左右雙邊。
《中國古籍善本書目》集部11840　50/1722.9

哲次齋稿十二卷
（清）梁熙撰
哲次齋名家贈什一卷哲次齋同人尺牘一卷
清康熙刻本
八冊
九行十九字，黑口，四周雙邊。鈐有"眞州吳氏有福讀書堂藏書"、"蘇門"朱文印，"蘇門所藏"白文印。
《中國古籍善本書目》集部11843
50/1722.11

蠶尾集十卷
（清）王士禛撰
清康熙三十五年（1696）刻本
六冊
十行十九字，小字雙行二十九字，黑口，左右雙邊。鈐有"鶴巢藏書"朱文印，"百城侯"白文印。
50/1696.2

帶經堂集九十二卷
（清）王士禛撰
清康熙四十九年（1710）至五十年（1711）程氏七略書堂刻本
二十八冊
十行十九字，白口，左右雙邊。鈐有"七略書堂"朱文印。
《中國古籍善本書目》集部11881　50/1711.3
又一部　二十冊

漁洋山人精華錄十卷
（清）王士禛撰　（清）林佶編
清康熙三十九年（1700）林佶寫刻本
十冊
十一行二十一字，白口，左右雙邊。鈐有"飲杜陶氏珍藏記"、"長白熙徵珍藏之印"朱文印，"許彭壽印"白文印。
《中國古籍善本書目》集部11883。
50/1700.2

漁洋山人精華錄訓纂十二卷目錄一卷
（清）王士禛撰　（清）惠棟編
清紅豆齋刻本
十二冊
十行二十一字，小字雙行同，白口，四周雙邊。鈐有"廣雅書局藏書樓圖籍"、"宣統元年收置廣雅書局"、"廣雅書院經籍金石書畫之印"朱文印。　50/1795.19

漁洋山人精華錄箋注十二卷補注一卷
（清）王士禛撰　（清）金榮箋注
清乾隆鳳翽堂刻本
六冊
十一行二十字，小字雙行三十字，白口，左右雙

行。鈐有"羅氏六湖"、"龔衡齡章"朱文印,"荔鄉藏書"、"陳蘭甫"白文印。 50/1795.16

松存軒集二卷

(清)蕭翱材撰

清康熙刻本

二册

九行二十字,白口,四周雙邊。

《中國古籍善本書目》集部 11934

50/1722.36

秋笳集八卷

(清)吳兆騫撰

清康熙徐乾學刻雍正四年(1726)吳桭臣增刻本

四册

十一行二十字,小字雙行同,黑口,左右雙邊。

《中國古籍善本書目》集部 11940 50/1726.3

世德堂文集四卷

(清)王鉞撰

清康熙四十年(1701)刻本

四册

十行二十二字,白口,左右雙邊。鈐有"陶淑精舍收藏"、"徐石卿印"白文印。 50/1701.5

葉忠節公遺稿十二卷

(清)葉映榴撰

清乾隆十年(1745)刻本

六册

十一行二十一字,黑口,左右雙邊。鈐有"山陽何竹薌震無咎齋藏印"朱文印。

《中國古籍善本書目》集部 11984 50/1745.3

六瑩堂二集八卷

(清)梁佩蘭撰 (清)方正玉編

清康熙四十四年(1705)刻本

四册

十行十九字,黑口,四周雙邊。鈐有"蔭普珍藏"、"黃氏憶江南館珍藏印"、"晉芬"朱文印,"禺山黃氏"白文印。 50/1705.4

翁山詩外十八卷

(清)屈大均撰

清康熙刻本[卷十八原注嗣刻]

十二册

十一行十九字,黑口,四周單邊。鈐有"可觀"、"琴飛衡"朱文印。

《中國古籍善本書目》集部 12103。

50/1662.2

翁山詩外十五卷

(清)屈大均撰

清康熙刻本

十六册

十一行十九字,黑口,四周單邊。鈐有"南海式生蘇氏所藏"、"蔭普珍藏"、"黃氏憶江南館珍藏印"、"徐紹棨"朱文印,"禺山黃氏"白文印。

50/1662

翁山詩略四卷

(清)屈大均撰

清康熙刻本

一册

十一行二十三字,小字雙行同,黑口,四周單邊。鈐有"蔡植蘭藏書"朱文印。 50/1662.6

翁山詩略四卷

(清)屈大均撰

清抄本

三册

九行十八字,藍格,白口,四周雙邊。鈐有"黃氏憶江南館珍藏印"、"蔭普珍藏"朱文印,"禺山黃氏"白文印。 80/2.50.583

翁山文外二十卷

(清)屈大均撰

清康熙刻本[卷六、十至二十原注嗣刻]

六册

十一行十九字,黑口,四周單邊。鈐有"黃氏憶江南館珍藏印"、"蔭普珍藏"朱文印,"禺山黃氏"白文印。

存十六卷:卷一至五、七至十七

《中國古籍善本書目》集部 12107 50/1688.2

翁山文鈔十卷
(清)屈大均撰　(清)薛熙評
清康熙刻本
七冊
十行十九字,黑口,左右雙邊。第一部鈐有"蔡植蘭藏書"朱文印。第二部鈐有"黄蔭普印"朱文印,"憶江南館"白文印。
《中國古籍善本書目》集部 12109　50/1662.3
又一部　四冊

翁山佚文輯三卷
(清)屈大均撰　徐信符輯
徐信符稿本
四冊
八行二十五字,綠格,白口,四周雙邊。
80/1.60.13

藤塢詩集九卷
(清)梁允植撰
清康熙刻本
二冊
九行十八字,白口,左右雙邊。鈐有"黄梅花屋所藏"白文印。
《中國古籍善本書目》集部 12122
50/1722.22

溉堂前集九卷後集六卷續集六卷文集五卷詩餘二卷
(清)孫枝蔚撰
清康熙刻康熙六十年(1721)增刻本
十二冊
十一行二十一字,白口,四周單邊。鈐有"一簾花景半床書"朱文印,"黄梅花屋所藏"白文印。
《中國古籍善本書目》集部 12125　50/1721

溉堂文集五卷續集六卷後集六卷詩餘二卷
(清)孫枝蔚撰
清康熙刻本
十二冊
十一行二十一字,小字雙行同,白口,四周單邊。　50/1722.10

獨漉堂稾七卷
(清)陳恭尹撰
清康熙刻本
四冊
九行十九字,白口,左右雙邊。鈐有"貽令堂藏書記"、"徐紹棨"朱文印。
《中國古籍善本書目》集部 12126　50/1674

陪集十三卷續陪四卷
(清)方中通撰
文閣詩選一卷
(清)陳舜英撰
清康熙繼聲堂刻本
十二冊
九行二十字,白口,左右雙邊。鈐有"黄梅花屋所藏"白文印。
存十六卷:陪古三卷、陪詩七卷、陪詞一卷、繼陪四卷、陪時一卷
《中國古籍善本書目》集部 12177　50/1722.4

綿津山人詩集三十四卷
(清)宋犖撰
清康熙刻本
四冊
十行十九字,白口,四周單邊。鈐有"曾在汪芙生處"、"經德堂汪氏所藏經籍碑板圖籍"朱文印。　50/1722.18

西陂類稿五十卷
(清)宋犖撰
清康熙刻本
四十八冊
十行十九字,白口,四周單邊。
存四十八卷:卷一至四十八。
60/1917.2

墨井詩鈔二卷別集一卷外集一卷
(清)吳歷撰
李氏吹萬樓抄本
一冊
十行二十四字,黑口,左右雙邊。鈐有"李洸長

年”白文印。 80/2.50.688

未菴初集文稿四卷詩稿四卷

（清）曹禾撰

清康熙十二年（1673）翁叔元等刻本

三冊

九行十九字，黑口，四周單邊。鈐有“江南曹子”朱文印。

《中國古籍善本書目》集部12250

50/1722.43

未庵詩鈔一卷

（清）曹禾撰

清抄本

一冊

十行二十一字，無格。

《中國古籍善本書目》集部12251

80/2.50.553

百尺梧桐閣集詩十六卷文十卷

（清）汪懋麟撰

清康熙十七年（1678）自刻增刻本

十二冊

十一行二十字，小字雙行同，黑口，四周雙邊。鈐有“貴陽景氏”、“景氏珍藏”朱文印。

《中國古籍善本書目》集部12273 50/1678.2

健松齋集二十四卷

（清）方象瑛撰

清康熙世美堂刻本

七冊

十行二十字，白口，左右雙邊。鈐有“菊農”朱文印，“黃梅花屋所藏”、“臣士瓅印”白文印。

存十六卷：卷一至十六

《中國古籍善本書目》集部12284 50/1687

瓦註草一卷課士論文一卷

（清）林世榕撰

清康熙刻本

一冊

九行二十字，黑口，四周單邊。

《中國古籍善本書目》集部12293 50/1696

搴華堂文集不分卷

（清）楊鍾岳撰　（清）梁佩蘭選

清康熙三十一年（1692）搴華堂刻本

一冊

八行二十字，白口，四周雙邊。鈐有“冷香館圖書”、“蔡植蘭藏書”朱文印，“澄海蔡氏”白文印。

存一卷：卷上 50/1692.2

憺園文集三十六卷

（清）徐乾學撰

清康熙三十六年（1697）冠山堂刻本

十冊

十行十九字，白口，左右雙邊。鈐有“錫山顧氏”朱文印，“琅圃藏書”白文印。

《中國古籍善本書目》集部12295 50/1697.2

萊園詩稿不分卷萊園文稿不分卷詩餘一卷二懷堂詩草不分卷

（清）韓棐撰

清康熙刻本

六冊

九行十八字，白口，四周單邊。

《中國古籍善本書目》集部12310

50/1722.35

鷗寄堂詩一卷

（清）曾華蓋撰

清康熙刻本

一冊

十行十八字，黑口，左右雙邊。

《中國古籍善本書目》集部12313 50/1689

征車草一卷

（清）曾華蓋撰

清康熙刻本

一冊

八行二十二字，白口，左右雙邊。

《中國古籍善本書目》集部12314 50/1698

鴻跡猿聲不分卷

（清）曾華蓋撰

清抄本
一冊
十二行二十五字，無格。 80/2.50.647

有懷堂文藁二十二卷詩藁六卷
（清）韓菼撰
清康熙四十二年（1703）刻本
八冊
十一行二十一字，白口，四周單邊。鈐有“凜四知”白文印。
《中國古籍善本書目》集部12318 50/1703
又一部 二冊

鳳池園文集八卷
（清）顧汧撰
清康熙五十一年（1712）刻本
二冊
九行十九字，白口，左右雙邊。 50/1712.4

查吟集四卷
（清）朱維熊撰
清雍正四年（1726）朱芾刻本
四冊
十行二十一字，白口，左右雙邊。鈐有“眞州吳氏有福讀書堂藏書”朱文印。
《中國古籍善本書目》集部12336 50/1726.2

賜硯齋詩存四卷首一卷
（清）沈涵撰
清乾隆二十二年（1757）沈柱臣刻本
四冊
十行十九字，黑口，左右雙邊。
《中國古籍善本書目》集部12344 50/1757

飲水詩集二卷詞集三卷
（清）納蘭性德撰
清康熙三十年（1691）張純修刻本
二冊
九行二十字，白口，左右雙邊。鈐有“花間草堂之句”、“淑躬堂藏書”朱文印，“見陽”、“敬齋”、“是書曾藏問山亭”、“人境廬”白文印。
《中國古籍善本書目》集部12348 50/1691.4

賀蘭雪樵詩集四卷
（清）張榕端撰
清康熙刻本
五冊
十行二十一字，白口，四周單邊。
《中國古籍善本書目》集部12355 50/1699.2

受祺堂詩集三十五卷
（清）李因篤撰
清康熙三十八年（1699）田少華刻本［卷四原注未出］
十冊
十行十九字，小字雙行同，黑口，四周雙邊。鈐有“玉如”、“玉函山房藏書”朱文印，“光熙印信”、“黃梅花屋所藏”白文印。
《中國古籍善本書目》集部12361 50/1699.3

柳塘詩集十二卷
（清）吳祖修撰
清康熙四十四年（1705）刻本
二冊
十一行二十二字，白口，左右雙邊。
50/1705.7

湖海樓詩集八卷迦陵詞全集三十卷
（清）陳維崧撰
陳迦陵儷體文集十卷
（清）陳維崧撰
清康熙二十八年（1689）宜興陳氏患立堂刻本
十冊
十二行二十二字，黑口，左右雙邊。鈐有“一字鄭辰”、“叔美經眼”朱文印，“肝膽一古劍”、“臣吳壽照”白文印。 50/1689.4

陳檢討集二十卷
（清）陳維崧撰 （清）程師恭注
清康熙刻本
十二冊
十行二十二字，小字雙行同，黑口，左右雙邊。鈐有“含英書屋”、“秦人”、“仲魚圖像”朱文印。
《中國古籍善本書目》集部12365。 50/1693

曝書亭集八十卷
(清)朱彝尊撰
附錄一卷笛漁小稿十卷
(清)朱昆田撰
清康熙五十三年(1714)刻本
十六冊
十二行二十三字,白口,左右雙邊。鈐有“滇生乃普”、“許氏滇翁所藏”朱文印。 50/1714.2

曝書亭詩錄十二卷
(清)朱彝尊撰
清抄本
二冊
十行二十一字,無格。鈐有“雙梧桐館”、“貞勝精廬”朱文印。 80/2.50.709

笛漁小稿十卷
(清)朱昆田撰
清康熙刻本
四冊
十二行二十三字,白口,左右雙邊。
50/1722.48

遂初堂文集二十卷
(清)潘耒撰
清抄本
七冊
十行二十一字,白口,四周雙邊。
80/2.50.554

趙秋谷詩選不分卷
(清)趙執信輯
清抄本
三冊
六行二十字,小字雙行同,無格。
80/2.50.679

傅弘烈書劄
(清)傅弘烈撰
清抄本
一冊
十行二十字,無格。鈐有“聶崇一印”朱文印。
80/2.50.544

不遮山閣詩鈔前集六卷後集十卷詩餘二卷
(清)沈朝初撰
清康熙懷雲亭刻本
四冊
十行十九字,白口,四周雙邊。鈐有“讀書三餘”朱文印。
《中國古籍善本書目》集部12447 50/1722.6

盤隱山樵詩集八卷
(清)李孚青撰
清康熙刻本
二冊
十行十九字,白口,左右雙邊。鈐有“陶淑精舍收藏”、“孝親”、“青陽山人”、“徐石卿”、“徐石卿印”、“金臺私印”白文印。
《中國古籍善本書目》集部12450
50/1722.32

野香亭集十三卷
(清)李孚青撰
清康熙刻本
四冊
十行十九字,黑口,四周單邊。鈐有“陶淑精舍收藏”、“孝親”、“青陽山人”、“徐石卿”、“徐石卿印”、“石卿珍藏”白文印。
《中國古籍善本書目》集部12451
50/1722.31

半溪詩草十二卷
(清)錢二白撰
揖秋集詩草一卷
(清)錢大經撰
曉風集詩餘一卷
(清)錢大猷撰
長吟集雜著一卷
(清)錢大鏞撰
清康熙刻本
四冊
十行二十一字,黑口,左右雙邊。

存十二卷:半溪詩草全
《中國古籍善本書目》集部 12454
50/1722.28

焦冥集二卷
(清)苗君稷撰
清康熙十九年(1680)知白齋刻本
四冊
九行十九字,白口,左右雙邊。
《中國古籍善本書目》集部 12509 50/1680.2

載雲舫集十卷
(清)閔奕仕撰
清康熙二十三年(1684)程牧刻本
六冊
八行十六字,白口,四周雙邊。鈐有"載雲舫詩集"、"古文嗣出"、"影嵐自書"朱文印,"眞州吳氏有福讀書堂藏書"白文印。
《中國古籍善本書目》集部 12529 50/1684

寤言堂詩五卷
(清)莊天錦撰
清康熙刻本
四冊
十行十九字,黑口,左右雙邊。鈐有"陽湖陶氏涉園所有書籍之記"朱文印。
《中國古籍善本書目》集部 12550
50/1722.15

離六堂集十二卷近稿一卷
(清釋)大汕撰
清康熙懷古樓刻本
六冊
九行十九字,黑口,四周單邊。鈐有"徐紹棨"朱文印。
《中國古籍善本書目》集部 12561 50/1699

過江集四卷
(清)史申義撰
清康熙四十七年(1708)刻本
一冊
十行十九字,黑口,左右雙邊。鈐有"黃梅花屋所藏"白文印。 50/1708.5

蓮洋集十二卷補遺一卷
(清)吳雯撰
清乾隆十五年(1750)劉組曾刻十六年(1751)宋弼增刻本
六冊
九行十九字,白口,左右雙邊。
《中國古籍善本書目》集部 12585 50/1750

與梅堂遺集十二卷耳書一卷鮓話一卷
(清)佟世思撰
清康熙四十年(1701)佟世集刻本
四冊
十行十九字,白口,四周單邊。
《中國古籍善本書目》集部 12621 50/1723.6

嶺雲集六卷
(清)顧天朗撰
清康熙五十六年(1717)刻本
六冊
六行十六字,白口,左右雙邊。鈐有"緩卿過目"、"聊以自娛"朱文印,"王氏緩卿"、"緩卿珍藏"白文印。 50/1717.7

二十七松堂文集二十四卷
(清)廖燕撰
清康熙刻本
六冊
九行二十字,白口,左右雙邊。
存十八卷:卷一至十八
《中國古籍善本書目》集部 12633 50/1690

二十七松堂文集十六卷
(清)廖燕撰
日本文久二年(1862)東京柏悅堂刻本
十冊
十行十九字,白口,四周單邊。 90/1.8

二十七松堂文集二十二卷
(清)廖燕撰
抄本

四冊
八行二十字，無格。 80/2.60.33

白溇集十卷
（清）沈受宏撰
清康熙四十四年（1705）刻本
四冊
十行十九字，白口，左右雙邊。
《中國古籍善本書目》集部 12642 50/1705

湖海集十三卷
（清）孔尚任撰
清康熙孔氏介安堂刻本
十二冊
九行十九字，小字雙行同，白口，左右雙邊。鈐有"李氏藏書"朱白文印。
《中國古籍善本書目》集部 12680 50/1689.2

春藹堂集十八卷
（清）陳奕禧撰
清康熙四十六年（1707）刻本
四冊
十一行十九字，小字雙行同，白口，左右雙邊。
《中國古籍善本書目》集部 12685 50/1697

四牧齋詩集一卷
（清）黄華撰
清康熙四十一年（1702）黄巘刻本
一冊
八行二十字，白口，左右雙邊。
《中國古籍善本書目》集部 12710 50/1702

采飲集十卷
（清）藍漣撰
清康熙五十二年（1713）趙光榮等刻本
二冊
十行十八字，小字雙行同，白口，左右雙邊。鈐有"黄梅花屋所藏"白文印。
《中國古籍善本書目》集部 12721 50/1713.5

醫匪西北域記一卷醫匪居業集一卷匪以學集一卷
（清）謝濟世撰
清乾隆十三年（1748）抄本
一冊
十行二十八字，無格。鈐有"匡淇之印"白文印。 80/2.50.18

御製文第四集三十六卷總目四卷
（清）聖祖玄燁撰
清雍正内府刻本
九冊
六行十六字，白口，四周雙邊。
《中國古籍善本書目》集部 12741 50/1732.3

懷清堂集二十卷
（清）湯右曾撰
首一卷
清乾隆十一年（1746）湯學基等刻本
十冊
十行二十一字，白口，左右雙邊。
《中國古籍善本書目》集部 12800 50/1746.4
又一部 四冊

長吟閣詩集十卷
（清）黄子雲撰
清乾隆十八年（1753）刻本
十冊
九行十九字，白口，左右雙邊。 50/1753.5

西齋集十卷
（清）吳暻撰
清乾隆三十六年（1771）吳霦刻本
四冊
十行十九字，白口，左右雙邊。
《中國古籍善本書目》集部 12813 50/1771.3

寒村詩文選三十六卷
（清）鄭梁撰
清康熙紫蟾山房刻續刻本
十冊
九行二十字，黑口，左右雙邊。
子目：
見黄稿詩刪五卷

五丁詩稿五卷
安庸集一卷
玉堂集一卷
歸省偶錄一卷
還朝詩存一卷
玉堂後集一卷
竇善堂集二卷
白雲軒集二卷
南行雜錄一卷
高州詩集一卷
見黄稿二卷
五丁集二卷
安庸集二卷
雜錄二卷
雜錄補一卷
半生亭集一卷
息尚編四卷
《中國古籍善本書目》集部 12834　　50/1685

企南軒文集三卷詩集一卷
(清)楊之徐撰
清雍正刻本
一冊
十行二十二字,黑口,左右雙邊。
50/1735.12

道榮堂文集六卷
(清)陳鵬年撰
首一卷
清乾隆二十七年(1762)刻本
八冊
十行十九字,白口,左右雙邊。
《中國古籍善本書目》集部 12856　　50/1762

雄雉齋選集六卷
(清)顧圖河撰
清康熙刻本
二冊
十行二十一字,黑口,左右雙邊。鈐有"江西風月"朱文印,"畢盛鉅印"、"碧海青天"白文印。
《中國古籍善本書目》集部 12872。
50/1692.5

容安軒詩抄不分卷
(清)王先吉撰
清抄本
一冊
九行十九字,小字雙行同,無格。
80/2.50.738

夢月巖詩集二十卷詩餘一卷
(清)呂履恒撰
清雍正三年(1725)呂憲曾、呂宣曾刻本
四冊
十行十九字,白口,左右雙邊。鈐有"天又樓"朱文印,"沈蘭坡印"白文印。
《中國古籍善本書目》集部 12875　　50/1736.2

夢月巖詩集二十卷附詩餘一卷
(清)呂履恒撰
清乾隆刻本
六冊
十行十九字,白口,左右雙邊。鈐有"慈溪畊余樓藏"、"武昌柯逢時考藏圖記"、"柯逢時藏"朱文印,"馮氏辨齋藏書"白文印。　　50/1795.28

陳清端文集八卷紀恩錄一卷
(清)陳瓆撰
清乾隆三十年(1765)兼山堂刻本
四冊
九行二十一字,白口,四周雙邊。鈐有"黄氏憶江南館珍藏印"、"蔭普珍藏"朱文印,"禺山黄氏"白文印。
《中國古籍善本書目》集部 12887　　50/1765.2

受宜堂集四十卷目錄四卷
(清)納蘭常安撰
清雍正十三年(1735)自刻本
二十冊
九行二十字,白口,四周單邊。
《中國古籍善本書目》集部 12898　　50/1735.6

姜西溟先生文鈔四卷
(清)姜宸英撰

清乾隆四年(1739)南蘭趙氏匪懈堂刻本
四冊
十二行二十四字,黑口,四周雙邊。鈐有"谷臣曾讀"、"太子少保"、"葉志詵印"、"葉氏東卿"朱文印,"漢陽葉名澧潤臣甫印"白文印。
50/1739.3

湛園未定稿不分卷
(清)姜宸英撰
清刻本
一冊(六冊合訂一冊)
十行二十字,白口,左右雙邊。 50/1644.10

雙清閣詩稿八卷
(清)勵廷儀撰
清乾隆三年(1738)勵宗萬刻本
二冊
九行十八字,白口,左右雙邊。鈐有"南湖令式"、"餘事作詩人"朱文印。
《中國古籍善本書目》集部 12939 50/1738.3

觀樹堂詩集十六卷
(清)朱樟撰
清乾隆刻本
七冊
十行十九字,白口,左右雙邊。
子目:
叱馭集一卷
問絹集一卷
白舫集二卷
古廳集四卷
冬秀亭集四卷
剡曲集一卷
一半勾留集二卷
郎潛集一卷
《中國古籍善本書目》集部 12959
50/1795.17

章江集二卷濯纓集一卷
(清)朱載震撰
清康熙刻本
二冊
十行十九字,白口,四周單邊。
《中國古籍善本書目》集部 12980 50/1691.2

學耨堂文集八卷詩稿九卷詩餘二卷
(清)王崇炳撰
清乾隆刻本
四冊
十行二十字,白口,四周單邊。 50/1760.4

秀濯堂詩初集七卷二集七卷三集七卷
(清)吳啓元撰
清康熙雍正刻本
六冊
九行二十字,白口,四周雙邊。
《中國古籍善本書目》集部 13050 50/1698.4

據梧詩集十五卷小遊仙集一卷
(清)管棆撰
清康熙刻嘉慶管學洛補修本
十冊
十行二十一字,白口,四周單邊。
《中國古籍善本書目》集部 13079
50/1722.29

楝亭詩鈔四卷
(清)曹寅撰
清康熙刻本
二冊
十行十九字,白口,左右雙邊。 50/1705.5

楝亭詩別集四卷
(清)曹寅撰
清康熙刻本
二冊
十行十九字,白口,左右雙邊。 50/1705.2

柯庭文藪不分卷
(清)汪文柏撰
清康熙刻本
二冊
九行二十字,白口,四周單邊。鈐有"黃梅花屋所藏"白文印。 50/1701

青桐軒詩集六卷破山集一卷秋風集一卷片雲集一卷西山爽氣集三卷
(清)蔣廷錫撰
清康熙刻本
三冊
十行十八字,白口,左右雙邊。
《中國古籍善本書目》集部 13154　50/1702.6

緯蕭草堂詩六卷
(清)宋至撰
清康熙刻本
四冊
八行十八字,白口,四周單邊。　50/1722.39

二十四泉草堂集十二卷
(清)王苹撰
清康熙五十六年(1717)于熙學刻本
四冊
十二行二十二字,白口,左右雙邊。鈐有"冬涵"、"黄梅花屋詩話"、"黄梅花屋圖籍印記"朱文印,"怡怡園"、"星階珍藏"白文印,"李氏藏書"朱白文印。
《中國古籍善本書目》集部 13194
50/1722.33

北墅緒言四卷
(清)陸次雲撰　(清)高士奇　汪霦評
清康熙刻本
四冊
九行十九字,白口,左右雙邊。鈐有"巡海使者"、"淥園"、"篤素堂張曉漁校藏圖籍之章"、"皖南張師亮筱漁氏校書於篤素堂"、"積書以貽子孫"朱文印,"陳受漣印"、"令德藏書"、"聖恩汪濊"、"黄梅花屋所藏"白文印。　50/1686
又一部五冊

硯齋詩談八卷
(清)張謙宜撰
清康熙刻本
四冊
十行二十一字,白口,左右雙邊。　50/1710.2

街南文集二十卷續集四卷
(清)吳肅公撰
清康熙昧塵軒活字本　有抄配
二十四冊
九行二十字,白口,左右雙邊。　50/1689.3

嚶響一卷餘響一卷
(清)陶蔚撰
清雍正元年(1723)刻本
四冊
十行十九字,黑口,左右雙邊。　50/1723.7

匠門書屋文集三十卷
(清)張大受撰
清雍正七年(1729)顧詒祿刻本
十冊
十行二十一字,白口,左右雙邊。鈐有"臣祐"白文印。
《中國古籍善本書目》集部 13239　50/1729.1

雲川閣集詩十四卷詞七卷
(清)杜詔撰
清雍正刻本
七冊
十行二十一字,白口,四周單邊。
《中國古籍善本書目》集部 13255　50/1731.2
又一部　一冊

湖陵江集七卷首一卷末一卷
(清)江八斗撰
清乾隆二年(1737)八斗堂刻本
八冊
九行二十字,白口,左右雙邊。鈐有"眞州吳氏有福讀書堂藏書"、"黄梅花屋所藏"朱文印。
50/1737

碧山堂詩鈔十六卷黔苗竹枝詞一卷
(清)田榕撰
清乾隆刻本
八冊
十行十九字,白口,左右雙邊。鈐有"蜀雨樓"

朱文印,“黄梅花屋所藏”白文印。 50/1767.5

蔗塘未定稿九卷外集八卷

(清)查爲仁撰並輯

清乾隆刻本

六册

十行二十一字,小字雙行同,白口,四周單邊。鈐有“番禺大嶺陳永思堂藏書之章”朱文印。

子目:

蔗塘未定稿

花影庵集二卷

無題詩二卷

是夢集一卷

抱甕集一卷

竹村花塢集一卷

山遊集一卷

押簾詞一卷

外集

賞菊倡和詩一卷

花影庵雜記二卷

芸書閣賸稿一卷 (清)金至元撰

遊盤日紀一卷

蓮坡詩話三卷

《中國古籍善本書目》集部 13276 50/1743

尺木樓詩集四卷

(清)程世繩撰

清乾隆二十五年(1760)程志隆刻本

四册

九行二十字,白口,四周雙邊。鈐有“黄梅花屋所藏”白文印。

《中國古籍善本書目》集部 13310 50/1760

敬亭詩草七卷

(清)沈起元撰

清乾隆十九年(1754)刻本

一册

十行十九字,白口,左右雙邊。

《中國古籍善本書目》集部 13317 50/1754.3

墨麟詩十二卷

(清)馬維翰撰

清刻本

六册

十行二十二字,黑口,左右雙邊。鈐有“眞州吳氏有福讀書堂藏書”朱文印,“際龍”、“黄梅花屋所藏”白文印。

《中國古籍善本書目》集部 13334

50/1722.20

崇雅堂詩鈔十一卷

(清)李開葉著

清乾隆刻本

四册

九行十九字,白口,左右雙邊。鈐有“叔齋”白文印。 50/1741.9

湖船錄不分卷

(清)厲鶚輯

清抄本

一册

七行十五字,黑口,左右雙邊。 80/2.50.682

南堂詩鈔十二卷詞賦一卷

(清)施世綸撰

清雍正四年(1726)施廷翰刻本

六册

十行十九字,白口,左右雙邊。鈐有“幾生修得到梅花”朱文印。

《中國古籍善本書目》集部 13374 50/1726

空明子全集六十六卷

(清)張榮撰

清康熙雍正遞刻本

子目:

空明子詩集十卷文集二卷雜錄一卷 (清)張榮撰

續集

空明子詩集八卷文集六卷詩餘二卷 (清)張榮撰

挹青軒詩稿一卷詩餘一卷自怡錄一卷 (清)華浣芳撰

後集

空明子詩集八卷文集二卷雜錄一卷茸城賦注

一卷崇川節孝錄六卷　(清)張榮撰
崇川贈言一卷　(清)張榮輯
餘集
空明子詩集八卷文集二卷偶吟雜稿一卷家乘私志一卷　(清)張榮撰
諸子贈言一卷張允諧年譜誄文挽章一卷　(清)張榮輯
八冊
十一行二十一字,黑口,左右雙邊。
《中國古籍善本書目》集部 13388　50/1718

三農外集詩草四卷
(清)朱雝模撰
清乾隆元年(1736)刻本
二冊
九行二十字,小字雙行同,黑口,左右雙邊。
《中國古籍善本書目》集部 13396　50/1736.3

陶雲詩鈔十二卷
(清)張大緒撰
清康熙刻本
六冊
十行十九字,小字雙行字數不等,黑口,四周單邊。
《中國古籍善本書目》集部 13404　50/1712.2

恒齋詩集十六卷
(清)周龍藻撰
清刻本
四冊
十一行二十一字,白口,左右雙邊。鈐有"眞州吳氏有福讀書堂藏書"朱文印。
《中國古籍善本書目》集部 13414
50/1795.13

之溪老生集八卷勸影堂詞三卷
(清)先著撰
清康熙刻本
八冊
十一行二十一字,白口,四周單邊。鈐有"李石臣珍藏書畫印"朱文印。
存八卷:之溪老生集全

《中國古籍善本書目》集部 13480
50/1722.12

字香亭梅花百詠一卷
(清)吳立撰　(清)吳本涵　吳本厚注
清康熙字香亭自刻本
一冊
七行二十字,小字雙行同,白口,左右雙邊。
《中國古籍善本書目》集部 13493　50/1719.2

白坡詩選四卷
(清)章琦撰
清康熙刻本
四冊
十行十九字,黑口,左右雙邊。鈐有"隨山館"朱文印,"存璞"朱白文印。
《中國古籍善本書目》集部 13510
50/1722.17

醉耕軒詩鈔不分卷
(清)雷鐃撰
清乾隆十四年(1749)孫塄刻本
一冊
十行十九字,黑口,左右雙邊。鈐有"黃梅花屋所藏"白文印。
《中國古籍善本書目》集部 13526　50/1749

非水舟遺集二卷
(清)梁錫珩撰
清乾隆四年(1739)梁濬刻本
一冊
九行十八字,白口,左右雙邊。
《中國古籍善本書目》集部 13556　50/1741.6

鶴關詩集四卷二集一卷黃山紀日一卷
(清)吳邦治撰
清康熙乾隆遞修本
二冊
九行十九字,白口,左右雙邊。鈐有"鶴關子"、"大自在"、"爪疇芋區"朱文印,"吳邦治"、"恭則壽"、"眞州吳氏有福讀書堂藏書"、"黃梅花屋所藏"白文印,"誦芬堂"朱白文印。

《中國古籍善本書目》集部 13580　50/1716.2

郄嘯文集二卷詩集十卷集唐二卷

(清)張叔珽撰

清康熙凝和堂刻本

六冊

九行十九字,白口,左右雙邊。鈐有"張"朱文印,"徐璽"白文印。

存十二卷:郄嘯文集二卷詩集十卷

《中國古籍善本書目》集部 13588　50/1735.3

郄嘯詩二集十卷集唐二卷

(清)張叔珽撰

清雍正刻本

六冊

九行十九字,白口,左右雙邊。

《中國古籍善本書目》集部 13589　50/1735.4

渚陸鴻飛集一卷

(清)吳焯撰

清抄本　清徐衡批校並跋

一冊

十行二十一字,白口,左右雙邊。鈐有"徐聖秋讀書記"朱文印,"黃梅花屋所藏"白文印。

《中國古籍善本書目》集部 13605

80/2.50.497

貞一齋集十卷詩説一卷

(清)李重華撰

清乾隆刻本

四冊

十行十九字,白口,左右雙邊。鈐有"海豐吳氏石蓮盦"、"素文"朱文印。

《中國古籍善本書目》集部 13643　50/1746.3

海珊詩鈔十一卷補遺二卷

(清)嚴遂成撰

清乾隆刻本

二冊

十行二十一字,小字雙行同,白口,四周雙邊。鈐有"義州李氏圖籍"白文印。

《中國古籍善本書目》集部 13653　50/1757.3

續刻心喜集三卷

(清)衛藹倫撰

清抄本

一冊

八行十九字或二十一字,無格。鈐有"士藹"、"梁"、"士藹書肆"白文印。

存二卷:卷一至二　80/2.50.19

匊芳園詩鈔八卷

(清)何夢瑤撰

清乾隆崔錕士等刻本

三冊

十行十九字,小字雙行同,白口,左右雙邊。第一部鈐有"蔭普珍藏"、"黃氏憶江南館珍藏印"朱文印,"禺山黃氏"白文印。第三部鈐有"槓綽"朱文印,"崔迹初印"白文印。

《中國古籍善本書目》集部 13712　50/1752.2

又一部　二冊

又一部　一冊

華山集三卷

(清)桑調元撰

清乾隆十七年(1752)修汲堂刻《弢甫五嶽集》本

二冊

十一行二十字,白口,四周單邊。　50/1752.4

恒山集七卷

(清)桑調元撰

清乾隆十七年(1752)修汲堂刻《弢甫五嶽集》本

四冊

十一行二十字,白口,四周單邊。　50/1756

衡山集五卷

(清)桑調元撰

清乾隆十七年(1752)修汲堂刻《弢甫五嶽集》本

三冊

十一行二十字,白口,四周單邊。　50/1755.7

泰山集三卷
(清)桑調元撰
清乾隆十七年(1752)修汲堂刻《弢甫五嶽集》本
二冊
十一行二十字,白口,四周單邊。 50/1754.5

蘗房詩稿七卷
(清)梁麟生撰
清雍正式穀堂刻本
三冊
九行十九字,黑口,左右雙邊。鈐有"保元堂"朱文印,"槐園"、"董凌波印"白文印。
《中國古籍善本書目》集部13749 50/1725.2

靜便齋集十卷
(清)王曾祥撰
清乾隆二十八年(1763)刻本
二冊
十行二十一字,白口,四周單邊。鈐有"黄梅花屋所藏"白文印。
《中國古籍善本書目》集部13758 50/1763.2

鹿洲初集二十卷
(清)藍鼎元撰
清雍正刻本
十八冊
九行二十字,白口,左右雙邊。刻工有麥嵩、麥興、馮士、馮和、馮秉、馮會、羅文、馮雲龍。
《中國古籍善本書目》集部13760 50/1732.7

浩氣集十二卷
(清)王濤撰
清乾隆十年(1745)寫刻本
四冊
九行十九字,黑口,左右雙邊。鈐有"眞州吳氏有福讀書堂藏書"白文印。 50/1745

宮巖詩集四卷
(清)李予望撰
清乾隆寶樹堂刻本
一冊
十行十九字,黑口,左右雙邊。
《中國古籍善本書目》集部13785 50/1770.2

卜硯山房後集不分卷
(清)周焯撰
清抄本
一冊
十行十八或十九字,無格。 80/2.50.701

練江詩鈔八卷
(清)程之鵕撰
清乾隆十八年(1753)王鳴刻本
六冊
十行十九字,白口,左右雙邊。鈐有"潯陽陶氏藏"朱文印。
《中國古籍善本書目》集部13803 50/1755

玉華集十二卷
(清)趙弘恩撰
清雍正十二年(1734)刻本
四冊
九行二十四字,白口,四周單邊。
子目:
玉華堂時藝一卷
玉華堂雜著一卷
玉華堂宦遊誌一卷
玉華堂近體九卷
玉華堂座箴一卷
《中國古籍善本書目》集部13807 50/1734

聞青堂詩集十卷
(清)朱倫瀚撰
附錄一卷
清乾隆刻本
二冊
十行二十二字,小字雙行同,白口,左右雙邊。 50/1778.2

蝸廬詩存七卷
(清)翁志琦撰
清乾隆三年(1738)刻本
二冊

九行十九字，黑口，四周雙邊。鈐有“迪莊珍藏”白文印。
《中國古籍善本書目》集部13825　50/1738.4

掬芷園集不分卷
（清）王隨悅撰
清乾隆九年（1744）刻本
一冊
八行二十字，黑口，四周雙邊。鈐有“光熙所藏”白文印。　50/1744.3

萃芳集不分卷
（清）鄒儒撰
清抄本
三冊
十行二十六字，無格。
《中國古籍善本書目》集部13841
80/2.50.490

欠山集不分卷
（清）趙侗斅撰
清乾隆刻本
四冊
十二行二十四字，黑口，四周雙邊。
《中國古籍善本書目》集部13854　50/1739

固哉草亭詩一卷
（清）高斌撰
清乾隆五年（1740）自刻本
一冊
九行二十一字，白口，四周雙邊。鈐有“黃梅花屋所藏”白文印。
《中國古籍善本書目》集部13856　50/1740

古劍書屋詩鈔八卷文鈔二卷
（清）吳廷楨撰
清乾隆二十一年（1756）刻本
四冊
十行十九字，白口，四周雙邊。　50/1756.2

崇德堂稿八卷
（清）王植撰
清乾隆二十四年（1759）刻本
八冊
八行二十字，白口，四周雙邊或四周單邊。
50/1759.2

立齋遺詩六卷
（清）郭家駒撰
附錄一卷
清乾隆三十一年（1766）刻本
二冊
九行十八字，白口，左右雙邊。鈐有“施氏子頎”朱文印。　50/1766

澹初詩稿八卷年譜一卷
（清）沈翼機撰
清乾隆三十四年（1769）刻本
四冊
十行二十字，白口，左右雙邊。鈐有“平山”、“韓城師氏珍藏圖書”朱文印，“阮元之印”朱白文印。　50/1757.4

陶人心語六卷
（清）唐英撰
清乾隆三十七年（1772）古柏堂刻本
八冊
九行十八字，白口，左右雙邊。鈐有“玉如”朱文印，“光熙之印”、“光熙所藏”白文印。
50/1772

御製盛京賦一卷
（清）高宗弘曆撰　（清）鄂爾泰等注
清乾隆內府刻朱墨套印本
一冊
七行十八字，小字雙行十八字，白口，四周雙邊。鈐有“日新齋書畫記”朱文印。
《中國古籍善本書目》集部13955　50/1743.3

御製盛京賦一卷
（清）高宗弘曆撰
清乾隆年間汪由敦寫本
一冊
八行十三字，白口，四周單邊，藍底金字。經摺裝。鈐有“乾隆御覽之寶”、“徐湯殷”朱文印。

《中國古籍善本書目》集部 13956

80/2.50.730

皇考聖德神功全韻詩四卷

(清)高宗弘曆撰

清嘉慶內府刻本

四冊

七行十六字,小字雙行二十四字,白口,四周雙邊。 50/1820.2

道古堂文集四十八卷

(清)杭世駿撰

清乾隆四十一年(1776)刻本

八冊

十行二十一字,白口,左右雙邊。鈐有“廣雅書院經籍金石書畫之印”朱文印。 50/1776.2

依光集七編一卷

(清)曹秀先撰

清乾隆綠陰堂刻本

二冊

十行十九字,白口,左右雙邊。鈐有“蘇齋”朱文印,“光熙所藏”白文印。

《中國古籍善本書目》集部 13996

50/1795.12

花妥樓詩二十卷

(清)葛祖亮撰

清乾隆刻本

六冊

十行二十字,白口,四周雙邊,卷二左右雙邊。鈐有“黃梅花屋所藏”白文印。

《中國古籍善本書目》集部 14000　50/1752.3

鮚埼亭集外編五十卷

(清)全祖望撰

清抄本

一冊

十行二十一字,無格。

存三十二卷:卷一至三十二　80/2.50.524

瘦暈山房詩鈔十卷

(清)羅天尺撰

清乾隆刻本

十冊

十行十九字,黑口,左右雙邊。鈐有“南事”、“霚最”、“信符”、“南州書樓所藏”朱文印,“其秀之印”、“徐湯殷”、“南州後人”白文印。第二部鈐有“黃氏憶江南館珍藏印”、“蔭普珍藏”朱文印,“禺山黃氏”白文印。 50/1753.4

又一部　八冊

瘦暈山房詩刪十三卷續編一卷

(清)羅天尺撰

清乾隆二十五年(1760)石湖刻三十一年(1766)續刻本

四冊

十行二十一字,白口,左右雙邊。“黃氏憶江南館珍藏印”、“蔭普珍藏”朱文印,“禺山黃氏”白文印。

《中國古籍善本書目》集部 14060　50/1760.2

一一齋詩十卷

(清)沈德潛撰

清刻本

二冊

九行十八字,黑口,左右雙邊。鈐有“博壽藏書”、“簡盦所藏”朱文印,“印侯藏書之印”白文印。

《中國善本書目》集部 14069　50/1722.47

沈歸愚詩文全集七十四卷

(清)沈德潛撰

清乾隆教忠堂遞刻本

二十四冊

十行十九字,白口,左右雙邊。

子目:

歸愚詩鈔二十卷

詩鈔餘集十卷

詩餘一卷

歸愚文鈔二十卷

文鈔餘集八卷

說詩晬語二卷

浙江通省志圖說一卷
歸田集一卷
投贈一卷
矢音集四卷
八秩壽序壽詩一卷
九秩壽序壽詩一卷
黄山遊草一卷
台山遊草一卷
南巡詩一卷
自訂年譜一卷
《中國古籍善本書目》集部 14070　　50/1767.4

雲逗樓集二卷
(清)楊度汪撰
清乾隆刻本
二册
九行十九字,白口,左右雙邊。鈐有"黄梅花屋所藏"白文印。　　50/1764.6

蘭藻堂集十二卷
(清)舒瞻撰
清乾隆刻本
四册
九行十九字,白口,左右雙邊。鈐有"九峰三泖萬壑千巒"朱文印,"眞州吳氏有福讀書堂藏書"、"宦情不掩林泉色詩句深於蘊藉人"白文印。
《中國古籍善本書目》集部 14081　　50/1753

灌園餘事八卷悼往詩一卷
(清)崔謨撰
問花樓遺稿三卷
(清)許權撰
清乾隆二十三年(1758)夢緋亭刻本
四册
十行十八字,白口,四周雙邊。
《中國古籍善本書目》集部 14087　　50/1758.4

紀行詩十卷
(清)熊爲霖撰
清乾隆熊氏心松書屋刻本
六册
九行十九字,白口,四周雙邊。
子目:
歸程紀詠一卷
修水游草一卷
匡廬游草一卷
虔汀游草一卷
嶺南游草一卷
使黔紀詠一卷
使秦紀詠一卷
歸帆紀詠一卷
湘南遊草一卷
衡游草一卷
《中國古籍善本書目》集部 14088　　50/1785.2

方綱致秋盦殘不分卷
(清)翁方綱撰
稿本
一册
四行字數不等,無格。　　80/1.50.14.

復初齋詩集二卷
(清)翁方綱撰
清抄本
二册
十一行二十一字,小字雙行同,藍格,白口,四周雙邊。　　80/2.50.646

石研齋集十二卷
(清)秦贇撰
清嘉慶十六年(1811)秦恩復刻本
四册
十一行二十字,白口,左右雙邊。
《中國古籍善本書目》集部 14147　　50/1811.2

江上怡雲集八卷
(清)丁廷彥撰
清乾隆江上草堂刻本
四册
十行十九字,白口,左右雙邊。
《中國古籍善本書目》集部 14232　　50/1754

睫巢集六卷

(清)李鍇撰
清乾隆六年(1741)洪肇楙刻本
四冊
十行二十一字,白口,左右雙邊。鈐有"眞州吳氏有福讀書堂藏書"朱文印。
《中國古籍善本書目》集部 14240　50/1741.4
又一部　四冊

睫巢後集三卷
(清)李鍇撰
清乾隆十年(1745)杜甲刻本
二冊
十行二十一字,白口,左右雙邊。鈐有"樹聲過眼"朱文印。
《中國古籍善本書目》集部 14241　50/1745.2

沙河逸老小稿六卷嶰谷詞一卷
(清)馬曰琯撰
清乾隆二十三年(1758)馬曰璐刻本
二冊
十行十九字,白口,四周單邊。
《中國古籍善本書目》集部 14254　50/1758.2

半畝山房詩存不分卷
(清)樊雄楚撰
稿本
四冊
九行二十一字,無格。鈐有"羅元印"朱文印。
80/1.50.154

湘蘅詩草十四卷
(清)張湘蘅撰
稿本
六冊
九行十九字,無格。鈐有"南海謝家玉字蔭墀所藏金石書畫之章"、"香香書屋"、"映雪"、"中孚"、"得失寸心知"朱文印,"天祿永昌"、"第一春"、"山經世守"、"昜春白叟"、"佩芳"、"閑情"、"壽儂"、"惜寸"白文印。　80/1.50.109

陳子遺書二十五卷
(清)陳昌齊撰
清嘉慶二十四年(1819)刻本
六冊
十行二十一字,黑口,左右雙邊。鈐有"浚浦"白文印,"學而時習之"朱文印。
子目:
賜書堂集鈔六卷
賜書堂詩鈔一卷
淮南子正誤十二卷
臨池瑣語一卷
測天約術一卷
呂氏春秋正誤一卷
楚辭音義一卷
新論正誤一卷
經典釋文附錄一卷　50/1819.2

張如農稿一卷
(清)張惟勤撰
稿本
一冊
七行字數不等,白口,四周單邊。鈐有"鈕琇家藏"、"伊秉綬印"、"葉氏風滿樓印"、"葉氏鳳香"、"大樹後人"朱文印,"馮銓之印"、"聽帆樓藏"、"方聲宏印"、"葉夢龍鑑賞"白文印。
80/1.50.87

天章閣詩鈔五卷附行狀一卷
(清)龍應時撰
清嘉慶四年(1799)刻本
四冊
九行十九字,白口,四周雙邊。　50/1799.2

莊滋圃中丞詩鈔不分卷
(清)莊有恭撰
清抄本
一冊
十二行二十三字,白口,四周雙邊。
80/2.50.653

唾餘越吟不分卷
(清)車家錦撰
清抄本
四冊

九行字數不等,黑口,四周雙邊。鈐有"卓山珍藏"、"讀書樓鑑賞"朱文印,"王景孟印"、"繡谷王家十二郎"、"餐霞飲瀣"、"詩卷長留天地間"、"經書不可不讀"、"賢者而後樂此"、"黃梅花屋所藏"白文印。 80/2.50.625

復齋詩鈔不分卷
(清)陳華封撰
清抄本
一冊
九行二十一字,無格。 80/2.50.658

春鳧小稿十二卷
(清)符曾撰
清乾隆刻本
二冊
十行二十一字,白口,四周單邊。鈐有"舊燕堂"、"四香"朱文印。
《中國古籍善本書目》集部 14257 50/1795

南齋集六卷南齋詞二卷
(清)馬曰璐撰
清乾隆刻本
二冊
十行十九字,白口,左右雙邊。
《中國古籍善本書目》集部 14266 50/1761.2

補瓢存稿六卷
(清)韓騏撰
清乾隆二十三年(1758)南蔭書屋刻本
四冊
八行十八字,白口,左右雙邊。
《中國古籍善本書目》集部 14337 50/1758.3
又一部 四冊

素舫齋詩鈔七卷
(清)耿國藩撰
清乾隆三十六年(1771)刻本
二冊
八行十八字,白口,左右雙邊。
存四卷:卷一至四 50/1771.7

吹萬閣詩鈔五卷文鈔六卷詞鈔一卷
(清)顧詒祿撰
清乾隆刻本
二冊
十行二十一字,白口,左右雙邊。鈐有"海豐吳氏"朱文印,"石蓮閣"白文印。
《中國古籍善本書目》集部 14366 50/1740.2

嶺南林睡廬詩選二卷
(清)林良銓撰
清乾隆二十年(1755)詠春堂刻本
二冊
九行十九字,白口,左右雙邊。
《中國古籍善本書目》集部 14368 50/1755.2

海峰詩集六卷
(清)劉大櫆撰
清乾隆刻本
二冊
九行十九字,白口,左右雙邊。鈐有"黃梅花屋所藏"白文印。 50/1795.25

學福齋詩集三十七卷首一卷文集二十卷近遊詩鈔二卷
(清)沈大成撰
清乾隆刻本
八冊
十行二十一字,黑口,左右雙邊。鈐有"總督關防"朱文印。
《中國古籍善本書目》集部 14380 50/1774.3

產鶴亭詩十藁十卷
(清)曹庭棟撰
清乾隆遞刻本
七冊
十行二十一字,黑口,左右雙邊。
《中國古籍善本書目》集部 14383
50/1795.20

看山閣集六十八卷
(清)黃圖珌撰
清乾隆看山閣刻本

二十册
十行十九字,黑口,左右雙邊。 50/1795.4

悦亭詩稿初集二卷
(清)李豫撰
清乾隆刻本
二册
九行十八字,白口,左右雙邊。
《中國古籍善本書目》集部 14400 50/1755.3

王萝樓詩不分卷
(清)王文治撰
清抄本
一册
九行字數不等,藍格,白口,四周單邊。
80/2.50.716

嶺南詩集八卷
(清)李文藻撰
清乾隆間家刻本
二册
九行二十一字,白口,左右雙邊。鈐有"潤臣"、"風雨懷人館"、"東莞莫氏五十萬卷樓"朱文印,"葉名澧"、"王貴忱印"、"貴忱印信"白文印。
子目:
恩平集一卷
潮陽集三卷
桂林集四卷 50/1722.

香亭文稿十二卷續編一卷
(清)吳玉綸撰
清乾隆六十年(1795)滋德堂刻本
四册
九行二十一字,白口,四周雙邊。
《中國古籍善本書目》集部 14490 50/1795.9

朱笠亭集九卷
(清)朱琰撰
清乾隆刻本
四册
十一行二十一字,黑口,左右雙邊。
子目:
章江集一卷
先庚集一卷
小冰壺集一卷
驂鸞集一卷
妙門集一卷
桐花集一卷
後桐花集一卷
書畫船集一卷
書畫船後集一卷 50/1774.2

太庵詩草不分卷
(清)和瑛撰
清抄本
三册
八行二十字,小字雙行同,紅格,白口,四周雙邊。 80/2.50.518

南雪巢詩鈔二卷
(清)潘有爲撰
稿本　清陳曇校並跋
一册
九行二十一字,無格。鈐有"黃氏憶江南館珍藏印"、"蔭普珍藏"朱文印,"禺山黃氏"、"仲","卿"朱白文印。
《中國古籍善本書目》集部 14589
80/1.50.13

戢思堂詩鈔二卷
(清)李宏撰
清乾隆五十七年(1792)刻本
二册
九行十八字,黑口,左右雙邊。鈐有"黃梅花屋所藏"白文印。
《中國古籍善本書目》集部 14619 50/1792.2

稽古齋全集八卷
(清)弘晝撰
清乾隆十一年(1746)自刻本
五册
八行十八字,白口,四周雙邊。鈐有"輪瑩園嫡系圖記"朱文印,"黃梅花屋所藏"白文印。

《中國古籍善本書目》集部 14649　50/1746.6

蘆溪詩鈔三卷
(清)楊震青撰
清乾隆三十七年(1772)抱璞堂刻本
六冊
九行十八字,白口,左右雙邊。
《中國古籍善本書目》集部 14738　50/1773

半廬文稿不分卷
(清)李騰蛟撰
清抄本
四冊
十行二十字,紫格,白口,四周單邊。鈐有"東莞莫伯驥號天一藏書之印"、"東莞莫氏五十萬卷樓"朱文印。
《中國古籍善本書目》集部 14806
80/2.50.486

獨學廬初稿十一卷
(清)石韞玉撰
清乾隆六十年(1795)吳中石氏刻本
九冊
十行十八字,黑口,左右雙邊。鈐有"博古齋收藏善本書籍"朱文印,"吾竹"、"張勳"、"無功"、"家泉珍藏"白文印。　50/1795.5

典裘購書吟不分卷
(清)吳騫輯
清乾隆刻本
一冊
八行二十字,白口,左右雙邊。　50/1795.11

粵東懷古二卷
(清)吳騫撰　(清)孫勷評　(清)吳立桉　(清)吳本厚編
清刻本
二冊
八行二十字,小字雙行同,白口,左右雙邊。
50/1795.10

靜齋小稾一卷
(清)陳廣遜撰
清乾隆刻本
一冊
九行十九字,黑口,左右雙邊。鈐有"面城樓藏書印"、"漱綠樓藏書印"朱文印。
《中國古籍善本書目》集部 14996　50/1795.3

廣輿吟稿六卷附編一卷
(清)宋思仁撰
清乾隆四十一年(1776)刻五十年(1785)、五十七年(1792)遞修本
二冊
八行十七字,小字雙行同,白口,四周雙邊。有圖。
《中國古籍善本書目》集部 15033　50/1792

墨莊詩鈔四卷
(清)周羲撰
稿本
二冊
十行十九字,無格。鈐有"羲"白文印,"跂之"朱文印。　80/1.50.156

小書巢詩課偶存註略四卷
(清)陸以莊撰　(清)楊錡注
清玉筍山房抄本
二冊
九行二十字,小字雙行同,白口,四周雙邊。鈐有"方功惠藏書印"、"巴陵方功惠藏"朱文印,"巴陵方氏珍藏印"白文印。
《中國古籍善本書目》集部 15120
80/2.50.493

吉堂詩稿八卷文稿十二卷
(清)欽善撰
清抄本
六冊
九行二十一字,無格。
存十七卷:詩稿全,文稿卷一至九
80/2.50.612

求眞是齋詩鈔不分卷詩餘一卷

(清)顔伯燾撰
清抄本
一冊
九行二十一字,無格。鈐有"黄蔭普印"朱文印,"憶江南館"白文印。
《中國古籍善本書目》集部 15292
80/2.50.13

嶺海樓詩鈔四卷
(清)黄培芳撰
清孔繼昌抄本
二冊
八行十六字,綠格,白口,四周雙邊。鈐有"覃溪"朱文印,"翁方綱印"、"粵嶽山人"白文印。
《中國古籍善本書目》集部 15375
80/2.50.41

雪舡吟初稿四卷補編一卷
(清)謝秀嵐撰 (清)陳左民批注
清乾隆刻本
二冊
九行二十一字,白口,左右雙邊。鈐有"史氏八行後人"朱文印,"善長字□仁"白文印。
50/1795.14

四素餘珍不分卷
(清)黄濬撰
稿本
二冊
九行二十至二十二字,無格。
《中國古籍善本書目》集部 15522
80/1.50.28

鐵樹堂詩鈔一卷
(清)李光昭撰
清道光二年(1822)稿本
一冊
七行十八字,無格。鈐有"鐵髓"、"鐵嶺徐榮讀過"朱文印,"南無心聲大乘佛"、"李光昭印"、"鐵樹堂"白文印。 80/1.50.159

荔莊書屋詩鈔不分卷
(清)陳銘珪撰
稿本 清陳伯陶跋
一冊
八行二十二字,無格。鈐有"黄氏憶江南館珍藏印"朱文印。 80/1.50.95

五雲詩鈔不分卷
(清)尤步星撰
清道光二年(1822)刻本
二冊
七行二十字,綠格,白口,四周雙邊。鈐有"徐氏南州書樓寄託"藍印。 50/1822

選選樓遺詩五卷
(清)岑徵撰
清道光十一年(1831)緝熙堂刻本
一冊
九行十九字,黑口,四周雙邊。鈐有"黄氏憶江南館珍藏印"、"蔭普珍藏"、"蔭普"朱文印,"憶江南館"、"禺山黄氏"白文印。 50/1831

仙屏書屋初集詩錄十六卷後錄二卷
(清)黄爵滋撰
清道光二十六年(1846)翟金生泥活字印本
三冊
九行二十一字,白口,左右雙邊。鈐有"黄梅花屋所藏"白文印。
《中國古籍善本書目》集部 15529 50/1846

韓齋槀四卷
(清)孔憲彝撰
稿本
四冊
十行二十一字,綠格,白口,左右雙邊。鈐有"澹如讀過"朱文印,"曜孫之印"、"潤臣讀過"、"泰初曾讀"白文印。
《中國古籍善本書目》集部 15542
80/1.50.25

陳蘭甫先生未刊稿不分卷
(清)陳澧撰
葉恭綽抄本

一册
十一行二十一字,白口,四周雙邊。
80/2.60.46

敦夙好齋詩集四卷
(清)葉名澧撰
稿本 清孔繼鑅批
二册
十一行二十二字,綠格,黑口,左右雙邊。鈐有"肖齋"朱文印。
《中國古籍善本書目》集部15662
80/1.50.30

馮孟文二卷
(清)馮龍官撰
清道光十三年(1833)刻本
一册
十行十九字,白口,左右雙邊。有刻工。
50/1833

九十九峰草堂試吟一卷
(清)邱晉昕撰
稿本
一册
九行十七字,紅格,白口,四周雙邊。鈐有"節子讀過"白文印。
80/1.50.117

東江別集三卷
(清)沈謙撰
清抄本
一册
十行二十字,無格。鈐有"惜陰堂藏書記"、"珍重藏詞"、"浚儀永寶"朱文印。
80/2.50.702

蟫紅集二卷
(清)樊封撰
清抄本
二册
八行二十字,無格。鈐有"南州書樓所藏"朱文印,"徐紹棨"、"南州後人"、"徐湯殷"白文印。
80/2.50.598

庵摩遺詩一卷附錄一卷
(清)朱瑞增撰
清光緒三年(1877)抄本
二册
九行二十五字,白口,四周單邊。鈐有"亦園"、"昌錞"朱文印,"陶紹煌印"、"陳稚仲"、"鴻舫"白文印。
80/2.50.582

泥版試印初編十一卷
(清)翟金生撰
清道光二十四年(1844)翟氏泥活字印本
二册
八行十八字,黑口,左右雙邊。
《中國古籍善本書目》集部15922
50/1844

懷古田舍詩鈔不分卷
(清)徐榮撰
稿本
一册
行款字數不等,無格。鈐有"憶江南館"、"蔭普"朱文印。
80/1.50.77

海陀華館詩草不分卷
(清)何若瑤撰
稿本
二册
九行字數不等,紅格,白口,四周雙邊。鈐有"壽如金石"、"石卿"朱文印,"何俊豪印"、"何硯潤堂"白文印。
80/1.50.92

補讀書齋詩鈔一卷
(清)劉慎之撰
清抄本
二册
九行二十一字,白口,左右單邊。
80/2.50.624

世貽堂詩鈔一卷
(清)何瑞齡撰
清抄本
一册

八行二十四字，白口，四周單邊。鈐有“履𦮭記迹”朱文印。 80/2.50.616

李介節先生全集四種十三卷

（清）李天植撰

清刻本

六冊

九行二十字，白口，四周單邊。鈐有“秋隱山房馬氏珍藏”、“少匏盦”、“別號秋潯”、“馬泰榮印”、“馬牧騶”朱文印。

子目：

蜃園詩前集五卷

蜃園詩後集五卷

蜃園詩續集二卷

梅花百詠一卷 50/1850.2

凝雅軒詩稿四卷

（清）錢照撰

稿本

二冊

九行十九字，無格。鈐有“松下清齋”、“花泉重開”、“秋濤”朱文印，“文浩之印”、“逋梅問事”白文印。

《中國古籍善本書目》集部15939

80/1.50.27

知非堂未定稿不分卷

（清）招廣濤撰

稿本

一冊

九行二十三字，小字雙行同，無格。鈐有“信古閣藏”、“南海黃氏秩南任恒”朱文印。

80/1.50.116

實事求是齋文鈔一卷

（清）楊懋建撰

稿本

一冊

九行二十五字，無格。

子目：

留香小閣詩詞鈔

實事求是齋雜存 80/1.50.96

守恕堂詩鈔四卷

（清）易其晃撰

稿本　黃任恒題識

一冊

十行二十四字，無格。鈐有“南海黃氏秩南任恒”、“廖赤”朱文印，“保粹堂校學服齋讀信古閣藏述窠摘錄”、“易其彬印”白文印。

80/1.50.84

瑯環仙館六卷

（清）招衡玉撰

稿本

四冊

七行字數不等，無格。鈐有“南州書樓所藏”朱文印，“招衡玉印”、“衡玉”、“朗山”、“徐紹棨”、“徐湯殷”、“南州後人”白文印。

80/1.50.135

蟄庵詩錄不分卷

（清）曾習經撰

稿本　羅惇曧補抄詩五首

一冊

九行字數不等，白口，左右單邊。鈐有“曾”朱文印，“羅惇曧印”白文印。 80/1.50.69

舫樓詩草四卷

（清）唐大經撰

稿本

一冊

九行字數不等，無格。鈐有“陶冶性靈”、“文教�中是我家”朱文印，“臣唐大經印”白文印，“二酉山樵”朱白文印。 80/1.50.73

李夢醒遺著不分卷

（清）李夢醒撰

稿本

一冊

八行字數不等，無格。鈐有“杳冥君室”朱文印。 80/1.50.76

譚風月軒詩鈔一卷

(清)徐同善撰
稿本
一冊
九行二十一字,藍格,白口,四周雙邊。鈐有"鑑成"白文印,"眉君"朱白文印。
80/1.50.74

談風月軒詩鈔一卷
(清)徐同善撰
稿本
一冊
七行二十一字,紫格,白口,四周單邊。鈐有"蔭普珍藏"、"黄"朱文印,"鑑成"、"憶江南館"、"禹山黄氏"白文印,"眉"、"君"朱白文印。
80/1.50.72

寄雲遊草二卷
(清)方鍾撰
清抄本
二冊
八行二十字,無格。鈐有"黄梅花屋圖書印記"朱文印。 80/2.50.479

南雪草堂詩鈔三卷
(清)石經撰
清咸豐二年(1852)刻本
二冊
十行二十一字,黑口,四周雙邊。鈐有"徐紹棨"朱文印。 50/1852

碧樹山房集一卷
(清)葉官桃撰
清抄本
一冊
九行二十五字,無格。鈐有"黄氏憶江南館珍藏印"、"蔭普珍藏"朱文印,"禹山黄氏"白文印。
80/2.50.670

一心草堂吟稿一卷
(清)徐慮善撰
清抄本
一冊
八行十八字,小字雙行同,無格。
80/2.50.72

風硯齋詩稿一卷
清抄本
一冊
八行二十三字,無格。 80/2.50.748

汪悔庵先生詩文集不分卷
(清)汪士鐸撰
清抄本
二冊
九行二十字,無格。鈐有"黄梅花屋圖書印記"朱文印。 80/2.50.586

子廉居士詩全集五卷
(清)姚斌敏撰
稿本 清謝桂馨跋
五冊
八行二十字或二十一字,無格。鈐有"兩乙山房"、"子廉"、"臣敏印"、"瘦居士"朱文印。
子目:
紅樹書堂詩鈔附翠涼詞一卷
木瘦庵詩存二卷
天風海濤庵詩錄一卷
兩乙山房詩稿一卷 80/1.50.81

白華十稿甲編文稿二卷詩稿二卷
(日本)管野潔撰
日本明治二年(1869)兵庫縣明親館室刻本
四冊
九行十八字,白口,四周雙邊。 50/1869

一壺吟稿不分卷
(清)何文涵撰
清抄本
一冊
八行二十一字,無格。 80/2.50.699

養眞齋詩集不分卷
(清)張其翻撰
清抄本

四冊

十行二十一字,無格。鈐有"黄氏憶江南館珍藏印"、"蔭普珍藏"朱文印,"禺山黄氏"白文印。 80/2.50.669

希古堂詩存九卷

(清)黄炳堃撰

稿本

九冊

九行十九字,無格。 80/1.50.68

希古堂稿八卷

(清)黄炳堃撰

稿本

八冊

九行十九字,無格。 80/1.50.67

荔灣漁笛二卷

(清)黄炳堃撰

稿本

一冊

八行二十二字,紫格,白口,四周單邊。鈐有"壽如金石"、"石卿"朱文印,"何俊豪印"、"何硯潤堂"白文印。 80/1.50.92

問學堂文五卷詞一卷

(清)俞思穆撰

稿本

三冊

九行二十一字,無格。鈐有"黄梅花屋所藏"白文印。 80/1.50.10

清聞堂詩集五卷

(清)俞思穆撰

稿本　清林承藻批校

三冊

九行二十一字,小字雙行同,無格。鈐有"黄梅花屋所藏"白文印。 80/1.50.91

懷清樓詩草不分卷

(清)徐希謝撰

清李有壬抄本

一冊

九行二十字,白口,四周單邊。 80/2.50.743

紅薇館學吟稿不分卷

(清)何珮玉撰

清抄本

一冊

九行字數不等,紅格,白口,四周雙邊。鈐有"古萬川溫氏藏"、"劍秋"朱文印。 80/2.50.730

魯庵詩草不分卷

(清)張魯庵撰

稿本

二冊

九行字數不等,紅格,白口,四周雙邊。鈐有"黄梅花屋所藏"白文印。 80/1.50.161

懺花盦文存六卷

(清)宋澤元撰

稿本

二冊

八行二十二字,無格。鈐有"南海黄氏秩南任恒"、"信古閣藏"朱文印。 80/1.50.151

懷清閣詩鈔二卷嶽麓草堂詩集二卷

(清)陳如龍撰

稿本

一冊

九行二十四字,無格。鈐有"嶽麓山人"、"紫清"朱文印,"陳如龍印"白文印。 80/1.50.140

東洋事物記詞不分卷

(清)息景主人撰

稿本

一冊

十行二十四字,紅格,白口,四周雙邊。 80/1.50.138

芙蓉館集十四卷隨筆六卷詩鈔四卷文鈔四卷

(清)張紹齡撰

稿本
四冊
十一行二十一字，無格。鈐有“湘西張紹齡作”朱文印。 80/1.50.90

鄧和簡公墨寶六卷
（清）鄧華熙撰
稿本
六冊
六行十八字，無格。鈐有“鄧又同藏書畫”朱文印，“又同”白文印。 80/1.50.125

閟翠山房吟草不分卷
（清）邱誥桐撰
稿本
二冊
七行字數不等，無格。 80/1.50.97

紫璲山房遺集不分卷
（清）陳子瑞撰
稿本　1931年朱念慈、詹憲慈、汪兆鏞題跋
一冊
九行二十五字，花格，白口，四周雙邊。鈐有“南秀堂”、“憲慈”、“微尚齋”朱文印，“羅浮道人永覺”、“念慈長壽”、“汪兆鏞印”白文印。
80/1.50.144

鶴山新會知縣信稿
（清）楊介康著
稿本
一冊
行數字數不等，無格。鈐有“已贍”、“已發”朱文印。 80/1.50.46

張汝梅劄稿不分卷
（清）鄒道沂擬稿　（清）張汝梅簽發
稿本
一冊
九行字數不等，紅格，白口，四周雙邊。鈐有“自非多福”朱文印，“臣印之洞”白文印。
80/1.50.45

巴里客餘生詩草六卷
（清）延清撰
稿本
四冊
九行二十二字，無格。鈐有“南齋侍從”朱文印，“臣福元印”、“臣琪之印”白文印。
《中國古籍善本書目》集部16126
80/1.50.12

香雪堂詩稿不分卷
（清）徐鑄撰
清抄本
二冊
六行十七字或十八字，綠格，白口，四周單邊。鈐有“黃氏憶江南館珍藏印”、“黃蔭普印”、“蔭普”、“黃蔭普先生贈書”朱文印，“憶江南館”白文印。 80/2.50.763

葵霜閣遺詩不分卷
（清）梁鼎芬撰
清抄本
一冊
八行二十字，綠格，白口，四周雙邊。
80/2.50.3

蕭齋餘事約刊不分卷
（清）蕭籛常撰　（清）梁鍾華編次　（清）潘飛聲考證　（清）黃純熙校
稿本
二冊
十二行二十四字，小字雙行二十三字，無格。鈐有“黃氏憶江南館珍藏印”朱文印。
存三卷：卷一至三 80/1.50.47

求克駃齋詩鈔不分卷
（清）姚彭年撰
清刻本
一冊
八行字數不等，紅格，白口，四周雙邊。鈐有“黃梅花屋圖書記印”朱文印。 80/2.50.713

魯軒詩稿不分卷

清抄本
二冊
九行二十一字,紅格,白口,四周雙邊。鈐有“黄梅花屋圖書印記”朱文印。 80/2.50.683

蟲吟詩草不分卷
(清)□覺菴撰
清抄本
一冊
十一行二十四字,黑口,左右雙邊。鈐有“吹萬樓”白文印。 80/2.50.623

龍佩荃詩集不分卷
(清)龍祝齡撰
稿本
一冊
十行十七字,綠格,白口,四周雙邊。鈐有“梁汝洪”白文印。 80/1.50.134

鑄強齋稿不分卷
(清)呂冠雄撰
稿本
二冊
十行字數不等,紅格,白口,四周雙邊。
80/1.50.124

葵誠草一卷
(清)陳伯陶撰
稿本
一冊
八行二十字,紅格,白口,四周雙邊。鈐有“伯陶私印”白文印。 80/1.50.70

何丹溪眞跡詩草不分卷
(清)何儒莊撰
稿本
一冊
九行字數不等,無格。鈐有“何俊豪印”、“何硯潤堂”白文印。 80/1.50.102

秋室吟社詩錄□□卷
稿本
一冊
六行十八字,紅格白口,四周單邊。
80/1.50.137

三香山館集不分卷
梅峰文存不分卷
廖道傳撰
稿本
八冊
十一行二十三字,紅格,白口,四周單邊;梅峰文存六行字數不等,無格。鈐有“叔度”、“足廬珍藏書畫金石印”朱文印,“廖道傳”、“潘錫基印”白文印。 80/1.50.132

浣雪山房詩鈔不分卷
陳之修撰
抄本
一冊
八行二十四字,白口,四周單邊。
80/2.60.21

隨天廬詩鈔四卷
侯節撰
抄本
五冊
十行二十四字,紅格,白口,四周單邊。
80/2.60.44

獧齋叢鈔四卷
馮願撰
稿本
五冊
十行十八字,白口,左右雙邊。 80/1.60.6

保暗詩選一卷
崔斯哲著
稿本
一冊
九行十九字,無格。 80/1.60.19

總集類

叢　編

漢魏六朝諸家文集二十二種一百二十九卷

明刻本

三十七冊

九行十八字或二十字，白口，左右雙邊或四周單邊。鈐有“新”、“伍家”、“高氏”、“葆庵藏書”、“葆庵珍賞”、“梁鼎芬印”朱文印，“伍銓萃讀”白文印。

《中國古籍善本書目》集部 16298

子目：

董仲舒集一卷　（漢）董仲舒撰

司馬長卿集一卷　（漢）司馬相如撰

東方先生集一卷　（漢）東方朔撰

揚子雲集三卷　（漢）揚雄撰

蔡中郎集八卷　（漢）蔡邕撰

陶靖節集十卷　（晉）陶潛撰　（宋）湯漢等箋注　总論一卷

嵇中散集十卷　（魏）嵇康撰

陸士衡集十卷　（晉）陸機撰

曹子建集十卷　（魏）曹植撰

陸士龍文集十卷　（晉）陸雲撰

阮嗣宗集二卷　（魏）阮籍撰

潘黃門集六卷　（晉）潘岳撰

謝康樂集四卷　（劉宋）謝靈運撰

顏延之集一卷　（劉宋）顏延之撰

謝惠連集一卷　（劉宋）謝惠連撰

謝宣城集五卷　（南齊）謝朓撰

梁昭明太子文集五卷　（梁）蕭統撰

任彥升集六卷　（梁）任昉撰

江文通文集十卷　（梁）江淹撰

陶貞白集二卷　（梁）陶弘景撰

鮑明遠集十卷　（劉宋）鮑照撰

庾開府集十二卷　（北周）庾信撰　40/1619.6

詩詞雜俎二十五卷

（明）毛晉編

明天啓崇禎毛氏汲古閣刻本

七冊

八行十八字，白口，左右雙邊。

存二十卷

子目：

衆妙集一卷　（宋）趙師秀輯

剪綃集二卷　（宋）李龏撰

石湖詩集一卷　（宋）范成大撰

月泉吟社一卷　（宋）吳渭輯

谷音二卷　（元）杜本輯

河汾諸老詩集八卷　（元）房祺輯

三家宮詞三卷　（明）毛晉輯

王建宮詞一卷　（唐）王建撰

花蕊夫人宮詞一卷　（後蜀）花蕊夫人撰

王珪宮詞一卷　（宋）王珪撰

二家宮詞二卷　（明）毛晉輯

宋徽宗宮詞一卷　（宋）徽宗趙佶撰

楊太后宮詞一卷　（宋）楊皇后撰

元宮詞一卷　（明）蘭雪軒主人撰

漱玉詞一卷　（宋）李清照撰

斷腸詞一卷　（宋）朱淑眞撰

女紅餘志二卷　（元）龍輔撰　40/1625.6

漢魏六朝百三名家集一百十八卷

（明）張溥輯

明婁東張氏刊本

十三冊

九行十八字，白口，左右雙邊。鈐有“許亮字著工號玄玉”白文印。

存二十九卷

子目：

王諫議集一卷　（漢）王褒撰

揚侍郎集一卷　（漢）揚雄撰

漢褚先生集一卷　（漢）褚少孫撰

漢劉子駿集一卷　（漢）劉歆撰

漢劉中壘集一卷　（漢）劉向撰

馮曲陽集一卷　（漢）馮衍撰

漢蘭臺令李伯仁集一卷　（漢）李尤撰

東漢馬季長集一卷　（漢）馬融撰

東漢荀侍中集一卷　（漢）荀悅撰

郭弘農集二卷　（晉）郭璞撰

晉王右軍集二卷　（晉）王羲之撰

晉王大令集一卷　(晉)王獻之
孫廷尉集一卷　(晉)孫綽撰
陶彭澤集一卷　(晉)陶潛撰
晉張司空集一卷　(晉)張華撰
孫馮翊集一卷　(晉)孫楚撰
潘太常集一卷　(晉)潘尼撰
陸平原集二卷　(晉)陸機撰
陸清河集二卷　(晉)陸雲撰
晉成公子安集一卷　(晉)成公綏撰
晉張孟陽集一卷　(晉)張載撰
晉張景陽集一卷　(晉)張協撰
晉劉越石集一卷　(晉)劉琨撰
宋何衡陽集一卷　(劉宋)何承天撰
宋傅光禄集一卷　(劉宋)傅亮撰
又一部　十三冊

晉二俊文集二十卷

明刻本
四冊
十行二十七字,白口,四周單邊。有刻工。
子目:
陸士衡文集十卷　(晉)陸機撰
陸士龍文集十卷　(晉)陸雲撰
《中國古籍善本書目》集部 16383
40/1643.93

二張集四卷

(明)高叔嗣編
明刻本
一冊
十一行十八字,白口,四周單邊。第一部鈐有"拾經樓"、"定侯審定"、"定侯所藏"、"定侯珍藏"、"東明所藏"、"觀古堂"、"黄氏憶江南館珍藏印"朱文印,"拾經主人"、"葉啓發讀書記"、"葉啓藩藏"、"葉德輝"、"石林後裔"白文印。第二部鈐有"獨志堂印"朱文印。
子目:
張曲江集二卷　(唐)張九齡撰
張燕公集二卷　(唐)張說撰
《中國古籍善本書目》集部 16391　40/1537
又一部　二冊

唐人選唐詩八種二十三卷

(明)毛晉編
明崇禎元年(1628)毛氏汲古閣刻本
八冊
八行十九字,白口,左右雙邊。
子目:
御覽詩一卷　(唐)令狐楚輯
篋中詩一卷　(唐)元結輯
國秀集三卷　(唐)芮挺章輯
河嶽英靈集三卷　(唐)殷璠輯
中興間氣集二卷　(唐)高仲武輯
搜玉小集一卷
極玄集二卷　(唐)姚合輯
才調集十卷　(唐)韋穀輯
《中國古籍善本書目》集部 16431　40/1628.4

唐人六集四十二卷

(明)毛晉編
明末毛氏汲古閣刻本
六冊
九行二十一字,白口,左右雙邊。鈐有"沈韻初珍藏記"朱文印。
子目:
常建詩集三卷　(唐)常建撰　附録一卷
韋蘇州集十卷拾遺一卷　(唐)韋應物撰
王建詩八卷　(唐)王建撰
鮑溶詩六卷集外詩一卷　(唐)鮑溶撰
姚少監詩集十卷　(唐)姚合撰
韓内翰别集一卷補遺一卷　(唐)韓偓撰
《中國古籍善本書目》集部 16440
40/1643.57

十種唐詩選十七卷

(清)王士禛删纂
清康熙三十一年(1692)刻本
六冊
十行十九字,黑口,左右雙邊。鈐有"順德馬濱父藏書記"、"黄子静先生贈書"朱文印。
存八種十三卷
子目:
唐文粹詩選六卷
國秀集選一卷

篋中集選一卷
搜玉集選一卷
御覽詩集選一卷
極玄集選一卷
又玄集選一卷
才調集選一卷 50/1692.7

韓柳文一百卷
(明)游居敬編
明嘉靖三十五年(1556)莫如士刻本
三十二冊
十一行二十二字,白口,左右雙邊。
子目:
韓文四十卷外集十卷遺集一卷　(唐)韓愈撰
集傳一卷
柳文四十三卷別集二卷外集二卷　(唐)柳宗元撰
附錄一卷
《中國古籍善本書目》集部16513 40/1556.3

韓柳全集一百四卷
(明)蔣之翹編
明崇禎六年(1633)蔣氏三徑草堂刻本
十冊
九行十七字,小字雙行同,白口,左右雙邊。鈐有"觀古堂"朱文印,"葉氏德輝鑑藏"白文印。
子目:
唐韓昌黎集四十卷外集十卷遺文一卷　(唐)韓愈撰　(明)蔣之翹輯注
附錄一卷
唐柳河東集四十五卷外集五卷遺文一卷(唐)柳宗元撰　(明)蔣之翹輯注
附錄一卷
存唐柳河東集四十五卷外集五卷遺文一卷
《中國古籍善本書目》集部16514
40/1643.19

元白長慶集一百四十一卷
(明)馬元調編
明萬曆馬元調魚樂軒刻本
十七冊
十行二十一字,白口,左右雙邊。鈐有"會稽魯氏貴讀樓藏書印"朱文印。
子目:
元氏長慶集六十卷補遺六卷附錄一卷　(唐)元稹撰　明萬曆三十二年馬元調魚樂軒刻本
白氏長慶集七十一卷目錄二卷附錄一卷(唐)白居易撰
存白氏長慶集七十一卷目錄二卷附錄一卷
《中國古籍善本書目》集部16520
40/1606
又一部　二十四冊
又一部　十一冊
又一部　七冊:存元氏長慶集六十卷補遺六卷

南宋群賢小集一百二十九卷
(宋)陳起撰
清光緒孔氏嶽雪樓抄本
二十五冊
九行十八字,小字雙行同,無格。鈐有"廣雅書局藏書樓圖籍"朱文印。
子目:
巽齋小集一卷　(宋)危稹撰
雪坡小稿二卷　(宋)羅與之撰
菊磵小集一卷　(宋)高翥撰
梅屋吟一卷　(宋)鄒登龍撰
北牕詩稿一卷　(宋)余觀復撰
歐渚微吟一卷　(宋)趙崇鉘撰
學吟一卷　(宋)朱南傑撰
雅林小稿一卷　(宋)王琮撰
菊潭詩集一卷　(宋)吳仲孚撰
庸齋小集一卷　(宋)沈說撰
學詩初稿一卷　(宋)王同祖撰
西麓詩稿一卷　(宋)陳允平撰
橘潭詩稿一卷　(宋)何應龍撰
吾竹小稿一卷　(宋)毛珝
皇荂曲一卷　(宋)鄧林撰
梅屋詩稿一卷融春小綴一卷梅屋三稿一卷梅屋四稿一卷(宋)許棐撰
竹莊小稿一卷　(宋)胡仲參撰
東齋小集一卷　(宋)陳鑒之撰
芸隱横舟稿一卷倦遊稿一卷　(宋)施樞撰
竹所吟稿一卷　(宋)徐集孫撰
雲臥詩集一卷　(宋)吳汝弌撰

適安藏拙餘稿一卷乙稿一卷　（宋）武衍撰
疏寮小集一卷　（宋）高似孫撰
靖逸小集一卷　（宋）葉紹翁撰
秋江煙草一卷　（宋）張弋撰
雪林刪餘一卷　（宋）張至龍撰
癖齋小集一卷　（宋）杜旃撰
招山小集一卷　（宋）劉仙倫撰
看雲小集一卷　（宋）黄文雷撰
抱拙小稿一卷　（宋）趙希槢撰
檜庭吟稿一卷　（宋）葛起耕撰
骳稿一卷　（宋）利登撰
雲泉詩一卷　（宋）薛嵎撰
無懷小集一卷　（宋）葛天民撰
漁溪詩稿一卷乙稿一卷　（宋）俞桂撰
小山集一卷　（宋）劉翰撰
雪牕小集一卷　（宋）張良臣撰
臞翁詩集一卷　（宋）敖陶孫撰
靜佳乙稿一卷靜佳龍尋稿一卷　（宋）朱繼芳撰
門野稿支卷一卷　（宋）張蘊撰
露香拾稿一卷　（宋）黄大受撰
竹溪十一稿詩選一卷　（宋）林希逸撰
山居存稿一卷　（宋）陳必復撰
端隱吟稿一卷　（宋）林尚仁撰
雪蓬稿一卷　（宋）姚鏞撰
心遊摘稿一卷　（宋）劉翼撰
雪巖吟草一卷　（宋）宋伯仁撰
石屏續集四卷　（宋）戴復古撰
順適堂吟稿五卷　（宋）葉茵撰
龍洲集一卷　（宋）劉過撰
白石道人詩一卷詩説一卷　（宋）姜夔撰
孝詩一卷　（宋）林同撰
蒙家詩稿一卷　（宋）李濤撰
方泉先生詩集三卷　（宋）周文璞撰
瓜廬詩一卷　（宋）薛師石撰
野穀詩集六卷　（宋）趙汝鐩撰
端平詩集四卷　（宋）周弼撰
梅花衲一卷　（宋）李龏撰
翦綃集二卷　（宋）李龏撰
亞愚江浙紀行集句七卷　（宋釋）紹嵩撰
采芝集一卷　（宋釋）斯植撰
采芝續集一卷　（宋）佚名撰
雲泉詩集一卷　（宋釋）永頤撰
芸居乙稿一卷　（宋）陳起撰
增廣高僧詩選前集一卷後集三卷續集一卷（宋）陳起編
前賢小集拾遺五卷　（宋）陳起編
雪磯叢稿五卷　（宋）雷樂發撰
退庵遺集二卷　（宋）吳淵撰
葦碧軒集一卷　（宋）翁卷撰
清苑齋集一卷　（宋）趙師秀撰
芳蘭軒集一卷　（宋）徐照撰
二薇亭集一卷　（宋）徐璣撰
中興群公吟稿戊集七卷　（宋）陳起撰
群賢小集補遺　（清）鮑廷博輯　80/2.50.414

江湖後集二十四卷

（宋）陳起編
清光緒孔氏嶽雪樓抄本
六册
九行二十一字，小字雙行同，無格。鈐有“孔氏嶽雪樓影鈔本”、“廣雅書局藏書樓圖籍”朱文印。　80/2.50.536

元詩四大家二十七卷

（明）毛晉編
明崇禎毛氏汲古閣刻本
五册
九行十九字，白口，左右雙邊。鈐有“息景”、“吉公”、“曾在汪芙之處”、“汪”、“經德堂印”、“經德堂汪氏所藏經籍碑版圖書”朱文印，“漢陽葉名澧潤臣甫印”白文印。
子目：
虞伯生詩八卷補遺一卷　（元）虞集撰
楊仲弘詩八卷　（元）楊載撰
范德機詩七卷　（元）范梈撰
揭曼碩詩三卷　（元）揭傒斯撰
存三種十八卷
《中國古籍善本書目》集部16582
40/1643.60

元人集十種六十二卷

（明）毛晉編
明崇禎十一年（1638）毛氏汲古閣刻清初增刻

本

二十册

九行十九字,白口,左右雙邊。鈐有"方功惠藏書印"、"巴陵方氏碧琳館珍藏秘篇"朱文印,"碧琳琅館"白文印。

子目:

遺山先生詩集二十卷　(金)元好問撰

薩天錫詩集三卷集外詩一卷　(元)薩都剌撰

金臺集二卷　(元)迺賢撰

玉山草堂集二卷集外詩一卷　(元)顧瑛撰

翠寒集一卷　(元)宋旡撰

啽囈集一卷　(元)宋旡撰

倪雲林先生詩集六卷集外詩一卷　(元)倪瓚撰　附録一卷

南邨詩集四卷　(明)陶宗儀撰

句曲外史集三卷集外詩一卷補遺三卷　(元)張雨撰　附録一卷附一卷

霞外詩集十卷　(元)馬臻撰

《中國古籍善本書目》集部 16585

40/1638.4

鴛鴦湖櫂歌四卷

(清)朱彝尊等撰

清乾隆四十年(1775)刻本

一册

九行二十字,黑口,四周單邊。鈐有"潤州吳辛眉孫藏書"朱文印。

子目:

鴛鴦湖櫂歌一卷　(清)朱彝尊撰

鴛鴦湖櫂歌和韻一卷　(清)譚吉璁撰

鴛鴦湖櫂歌次朱太史竹垞原韻一卷　(清)陸以誠撰

續鴛鴦湖櫂歌一卷　(清)譚吉璁撰

50/1775.4

通　代

文選六十卷

(梁)蕭統輯　(唐)李善注

明成化二十三年(1487)唐藩朱芝址刻本

六十二册

十行二十二字,小字雙行同,黑口,四周雙邊。第一部鈐有"樹德莫如滋"朱文印。

《中國古籍善本書目》集部 16687　40/1505

又一部　六十册

文選六十卷

(梁)蕭統輯　(唐)李善注

明嘉靖元年(1522)汪諒刻本

六十册

十行二十一字,白口,左右雙邊間左右單邊。刻工有李俊、周見、季堂、張英、黄祿、楊洪、趙奉、寧山等。鈐有"海平世家"、"南州書樓所藏"、"徐信符"朱文印,"尹濠仲和"、"徐紹棨"、"南州後人"、"徐湯殷"白文印。　40/1522.2

六家文選六十卷

(梁)蕭統輯　(唐)李善　吕延濟　劉良　張銑　吕向　李周翰注

明嘉靖十三年(1534)至二十八年(1549)袁褧嘉趣堂刻本

三十一册

十一行十八字,小字雙行二十六字,白口,左右雙邊。刻工有李宅、陸儒、啓明等。鈐有"陳藝甫書庫印"白文印,"陳百斯藏書印"朱白文印。第二部鈐有"莚白"、"百越過眼永遠之寶"、"叟藏寶玩"朱文印,"晝錦堂印"、"嘉興吳鎮仲圭書畫記"白文印,"張乃熊"朱白文印。

《中國古籍善本書目》集部 16756　40/1549

又一部　五十七册

六臣註文選六十卷

(梁)蕭統輯　(唐)李善　吕延濟　劉良　張銑　吕向　李周翰注

明萬曆二年(1574)崔孔昕刻本

三十一册

十九行十八字,小字雙行同,白口,四周雙邊。鈐有"樹東"、"錢石"、"月横秋水"朱文印。

存三十九卷:八至十五、十七至十九、二十一至二十七、三十二至三十八、四十至四十五、四十七、五十至五十六

《中國古籍善本書目》集部 16761　40/1574

六臣註文選六十卷

(梁)蕭統撰　(唐)李善　呂延濟　劉良　張銑　呂向　李周翰注

明刻本

一冊

九行十八字,小字雙行同,白口,左右雙邊。有刻工。鈐有"紀彭藏書"朱文印。

存一卷:卷二十八　40/1643.108

六臣註文選六十卷

(梁)蕭統編　(唐)李善等注

日本寬文二年(1662)刻本

六十冊

九行十八字,小字雙行同,黑口,四周單邊。鈐有"廣雅書院藏書"、"廣雅書院經籍金石圖畫之印"朱文印。　90/1.13

文選十二卷

(梁)蕭統輯　(明)張鳳翼纂注

明萬曆刻本

十二冊

十一行二十二字,小字雙行同,白口,左右雙邊。鈐有"順德緝農黃潛績珍藏"、"南海式之蘇氏所藏"白文印。　40/1580.3

文選十二卷

(梁)蕭統輯　(明)張鳳翼纂注

明萬曆刻本

十二冊

十一行二十二字,小字雙行同,白口,四周單邊。　40/1580.5

文選纂注評苑前後集二十六卷

(明)張鳳翼纂注　(明)陸弘祚輯訂

明刻本

二十三冊

九行十八字,小字雙行同,白口,四周單邊。

存二十五卷:卷一至二十五　40/1596.7

選詩七卷

(梁)蕭統輯　(明)郭正域批點　(明)凌濛初輯評

詩人世次爵里一卷

明凌濛初朱墨套印本

八冊

八行十八字,白口,四周單邊。第一部鈐有"陳百斯藏書印"、"長白劉炣心泉氏平生鑑賞圖書之印"朱文印。第二部鈐有"汪氏家藏圖書"朱文印,"心與道俱"白文印。

存七卷:選詩卷一至七

《中國古籍善本書目》集部16818

40/1619.16

又一部　六冊

文館詞林一千卷

(唐)許敬宗等輯

清抄本　清侯康、陳澧朱墨筆批校

一冊

十行二十字,無格。鈐有"陳蘭甫所讀書"朱文印。

存四卷:卷六百六十二、六百六十四、六百六十八、六百九十五　80/2.50.558

文苑英華一千卷

(宋)李昉等輯

明隆慶元年(1567)胡維新、戚繼光刻明隆慶六年(1571)、萬曆六年(1578)、三十六年(1608)遞修本

一百一十二冊

十一行二十二字,白口,四周單邊。刻工有一太、二太、七太、乃成、六山、六付、六生、六郎、六桀、六富、文力、文世、文吉、文炳、文達、太長、太榮、友貴、友貴、王仁、王生、王用、王成、王員、王時、王堅、王煜、王興、王鎮、王獻、北斗、江定、江宣、江恩、永生、成右、朱五、朱成、朱仁、朱牛、朱生、朱用、朱交、朱先、朱多、朱良、朱明、朱茂、朱高、朱卿、朱清、朱銑、朱儉、仲富、仲貴、良四、李三、李子、李右、助富、伯太、伯奇、余三、余五、余六、余毛、余生、余吉、余成、余宗、余明、余林、余祐、余政、余要、余海、余清、余啓、余堅、余傑、余當、余賜、官一、范文、范志、范洪、范福、吳三、吳四、吳昭、吳郎、吳富、周八、周三、周在、周同、周昊、周欽、周壽、周聲、後進、海六、陸七、陸文、陸生、陸奇、陸旺、陸雪、陸華、陸達、陸賜、陳七、陳

九、陳二、陳三、陳四、陳生、陳成、陳長、陳能、陳孫、陳得、陳富、陳貴、陳興、進郎、崇勝、張七、張三、張子、張成、張旺、張明、張員、張清、張貴、張祿、張福、張興、曾一、曾七、曾佛、曾保、曾洪、曾軌、葉二、葉八、葉三、葉六、葉太、葉尾、葉東、葉張、葉脩、葉智、葉興、黄乃、黄六、黄文、黄四、黄安、黄成、黄亨、黄旻、黄春、黄秋、黄釜、黄朝、楊高、虞四、虞應、詹八、詹六、詹毛、詹世、詹四、詹宏、詹弟、詹良、詹林、詹卿、詹崇、鄭四、鄭成、蔡三、蔡友、蔡希、蔡昷、蔡時、蔡榮、蔡謙、蔡顯、劉五、劉五、劉友、劉正、劉目、劉有、劉亨、劉張、劉壽、劉興、榮建、熊四、熊清、熊興、魏三、龔相、六仲達、王妳成、王定還、朱成郎、余文吉、余仕宗、余伕堅、長劉和、吳茂森、陳添福、張福興、葉再興、楊順之等。

存六百零九卷

《中國古籍善本書目》集部16844

40/1567.2

又一部　二百冊

古文苑二十一卷

(宋)章樵注

明成化十八年(1482)張世用刻本

八冊

十行十八字,小字雙行同,白口,四周單邊。鈐有“北平翁方綱藏書印”朱文印,“陳鴻壽印”、“翁白石”白文印。

《中國古籍善本書目》集部16875　　40/1482

古文苑二十一卷

(宋)章樵注

明萬曆刻本

十冊

八行十八字,小字雙行同,白口,左右雙邊。鈐有“南州書樓所藏”、“信符”朱文印,“養餘書屋所藏金石書畫圖籍”、“瑯嬛室”、“東莞莫氏五十萬卷樓”、“南州後人”、“徐湯殷”白文印。

40/1593.6

廣文選六十卷

(明)劉節編

明嘉靖十六年(1537)陳蕙刻本

四十冊

十一行二十一字,白口,四周單邊。刻工有一里、三矣、大用、文華、王五、王文、王禾、王和、王武、王倫、王賢、王爵、李昆、何免、廷佩、吳文、易昆、易里、周全、周宣、周相、胡之、高一、張明、張經、張潮、萬章、劉六、劉卞、劉正、劉順、劉濟等。鈐有“安樂堂藏書記”、“玉笥山樓藏書印”、“隱岑曾讀”朱文印,“明善堂覽書畫印記”白文印。

《中國古籍善本書目》集部16892　　40/1537.2

玉臺新詠十卷

(陳)徐陵編

清康熙保元堂刻本

六冊

九行十九字,白口,四周雙邊。鈐有“面城樓藏書印”、“漱綠樓藏書印”、“溫樹梁藏書印”、“漱綠主人觀”、“漱綠主人”、“漱綠樓書畫印”、“棟臣”、“惜花主人”、“竇彝齋”朱文印,“惜花之章”白文印,“溫樹梁印”朱白文印。　　50/1722.2

樂府詩集一百卷目錄二卷

(宋)郭茂倩輯

明毛氏汲古閣刻本

十二冊

十一行二十一字,黑口,左右雙邊。

40/1643.61

古詩類鈔不分卷

(宋)陳師道等撰

清光緒十七年(1891)抄本

二冊

九行二十五字,小字雙行同,無格。

80/2.50.710

漢魏詩乘二十卷

(明)梅鼎祚輯

明萬曆刻本

三冊

十行二十字,白口,左右雙邊。鈐有“拙窠藏書”、“葆廣藏本”、“南州書樓所藏”朱文印,“葆廣珍秘”、“伍銓萃讀”、“徐湯殷”白文印。

40/1583.3

六朝選詩定論十八卷
（清）吳淇撰
清康熙九年（1669）雨蕉齋刻本
八冊
九行二十二字，白口，左右雙邊。鈐有“目耕堂易氏藏書印”、“若谷”朱文印，“容之”白文印。
《中國古籍善本書目》集部 17034　50/1669.2

瀛奎律髓四十九卷
（元）方回撰
清康熙五十一年（1712）刻本
十六冊
十行十九字，小字雙行二十五字，黑口，左右雙邊。鈐有“攖寧館”、“房仲”、“潮陽郭氏輔仁堂藏書之圖記”、“養齋藏書”、“滇生”朱文印。
50/1712

四家宮詞二卷
（明）楊慎評
明刻本
二冊
九行十八字，白口，四周單邊。鈐有“成都胡延紬經室藏書”朱文印，“愓庵珍藏”、“乙堂”白文印。
《中國古籍善本書目》集部 17094
40/1643.53

詩所五十六卷歷代名氏爵里一卷
（明）臧懋循輯
明萬曆三十一年（1603）雕蟲館刻本
二十四冊
十行二十一字，小字雙行同，白口，四周單邊。
《中國古籍善本書目》集部 17134
40/1619.33

唐詩歸三十六卷
（明）鍾惺　譚元春評選
明三色套印本
七冊
九行十八字，白口，四周單邊。
存十一卷：卷一、二、四、五、八至十三、十六
40/1619.15

詩鏡九十二卷
（明）陸時雍輯並評
明刻本
二十四冊
九行十八字，小字雙行同，白口，左右雙邊。鈐有“寶德堂藏書”朱文印。
子目：
古詩鏡三十六卷
唐詩鏡五十四卷目錄二卷
《中國古籍善本書目》集部 17178
40/1643.94

宋金元詩永二十卷補遺二卷
（清）吳綺輯
清廣陵千古堂刻本
十冊
九行十九字，白口，左右雙邊。鈐有“淳春”朱文印，“于霖逢印”白文印。　50/1678.3

榕村詩選八卷首一卷
（清）李光地輯
清雍正七年（1729）方觀刻本
五冊
九行十九字，小字雙行二十七字，白口，左右雙邊。鈐有“課忠堂”朱文印。　50/1729

佩文齋詠物詩選四百八十六卷
（清）張玉書　汪霦輯
清康熙四十六年（1707）內府刻本
六十四冊
十一行二十一字，白口，左右雙邊。
《中國古籍善本書目》集部 17237　50/1706.3

御定歷代題畫詩類一百二十卷
（清）陳邦彥輯
清康熙四十六年（1707）內府刻本
三十冊
十一行二十三字，黑口，左右雙邊。鈐有“郭光焯印”、“樓峰郭氏之章”、“綠天書屋之章”白文

印,"世守勿丟"、"臥雲居士書畫之章"朱文印。第二部鈐有"廣雅書院藏書"、"廣雅書院經籍金石書畫之印"朱文印。

《中國古籍善本書目》集部 17238　　50/1707

又一部　十八册

又一部　二十四册

御選唐宋詩醇四十七卷

(清)高宗弘曆輯

清乾隆十五年(1750)内府刻套印本

四册

九行十九字,白口,四周單邊。

存十三卷:卷一至四、十五至十七、二十一至二十三、二十六至二十八、四十四　　50/1750.10

又一部　存一册

宋金元詩選六卷

(清)吳翌鳳輯

清乾隆五十八年(1793)吳氏古歡堂刻本

六册

九行十九字,黑口,左右雙邊。鈐有"盧子樞藏"朱文印。

《中國古籍善本書目》集部 17269　　50/1793

古今女史詩集八卷

(明)趙世傑選輯

明末刻本

四册

九行二十字,白口,四周單邊。　　40/1643.39

歷朝名媛詩詞十二卷

(清)陸昶評選

清乾隆三十八年(1773)紅樹樓刻本

八册　有圖

九行十九字,白口,左右雙邊。　　50/1773.2

五律英華八卷

(清)王隼編　(清)梁佩蘭　吳文韋輯

清初刻本

二册

十一行二十一字,小字雙行同,黑口,左右雙邊。　　50/1722.40

文苑綜雅十八卷

(清)王隼輯

清刻本

四册

十行二十一字,黑口,左右雙邊。鈐有"徐紹棨"朱文印。　　50/1911.19

廣三百首詩選一卷

(清)黄培芳輯

清黄氏嶺海樓抄本

一册

十行二十一字,小字雙行同,綠格,白口,四周單邊。鈐有"香石"、"磁孫"、"磁孫寶玩"朱文印,"黄氏珍藏"白文印。

《中國古籍善本書目》集部 17279

80/2.50.496

百名家詩鈔一卷

(清)劉維楨等著　(清)魏憲選

清抄本

一册

九行二十一字,無格。鈐有"石壁劉仁厚堂記"朱文印,"劉申錫印"白文印。

80/2.50.628

西山先生眞文忠公文章正宗二十四卷

(宋)眞德秀輯

明嘉靖十五年(1536)朱鴻漸刻本　清葉夢龍跋

二十二册

十行二十一字,小字雙行同,白口,四周單邊。有刻工。鈐有"雲谷"、"鄒蘭生曾藏過"、"浓州北縣矢部氏藏書"朱文印,"孫承澤觀"、"南海蘇氏式之曾藏"白文印。

《中國古籍善本書目》集部 17373　40/1536.2

西山先生眞文忠公文章正宗二十四卷

(宋)眞德秀輯

明嘉靖四十三年(1566)杜陵蔣氏家塾刻本

二十四册

十行二十一字,小字雙行同,白口,左右雙邊。

刻工有下郭、以信、何序、何昇、何殷、何鑰、邵埴、陳信、陳𡌥、孫能、猷之、顯明、王子明、金子承等。鈐有“書帶草堂”白文印。　40/1566.13

妙絕古今不分卷

（宋）湯漢輯

明顧氏英賢堂刻本

六冊

八行十七字，小字雙行同，白口，左右雙邊。鈐有“盇齋珍藏書畫之印”、“求放心齋所藏”、“盇齋珍藏”、“海潮”朱文印，“馬彤萱”、“放存古意”白文印，“譚觀成印”四靈印。　40/1566.27

群英珠玉五卷

（明）范士衡輯

明抄本

二冊

十一行二十字，無格。鈐有“嘉禾王氏收藏圖書”朱文印。

《中國古籍善本書目》集部17440　80/2.40.7

六藝流別二十卷

（明）黄佐撰

明嘉靖四十一年（1562）歐大任刻本

二十四冊

十行二十字，小字雙行同，白口，四周雙邊。鈐有“梁氏業香草堂珍藏”、“恕字終身可行”、“若周”、“澹逋丙辰所得”、“孫心庵”、“十六世書香”、“黄氏憶江南館珍藏印”、“禺山黄氏”、“黄蔭普印”、“蔭普”朱文印，“雙門道人藏書之印”、“樹垣之印”、“憶江南館”白文印。　40/1562.2

文編六十四卷

（明）唐順之輯

明天啓刻本　有抄配

二十二冊

十行二十一字，白口，四周單邊。鈐有“祈純之印”、“傳家寶玩”白文印。

《中國古籍善本書目》集部17486

40/1643.28

唐宋元名表四卷

（明）胡松編

清光緒孔氏嶽雪樓抄本

四冊

八行二十一字，無格。鈐有“孔氏嶽雪樓影鈔本”、“廣雅書局藏書樓圖籍”朱文印。

80/2.50.341

新刊名世文宗三十卷

（明）胡時化輯

明萬曆八年（1580）常存仁刻本

十二冊

十行二十二字，白口，四周雙邊。刻工有王元、王眞、朱問、沈都、沈智、郎中、郝平、陸倫、陸渭、陳連、楊義、崔恩、張相、張學、裴中、潘臣、王友祿、王廷召、王養元、毛師義、朱心召、朱心熙、朱繼祖、李一德、吴守禮、岳天祐、金濟民、胡復初、陳志金、崔仲臣、張邦奇、張良中、張良志、裴世壘、潘子冬、潘子秋、潘子夏、潘良貴、潘宗明、潘宗昷、潘宗顯、顧文彬。

《中國古籍善本書目》集部17553　40/1580

詞致錄十六卷

（明）李天麟輯

明萬曆十五年（1587）自刻本

八冊

十行二十字，白口，四周單邊。刻工有王典、王時、史化、史洪、朱成、朱軒、任正、余亨、余滔、俞亨、夏隆、夏雲、夏鳳、徐安、陸野、陳才、陳武、陶坤、陶乾、陶惠、陶節、孫宗、張玄、趙其、蔡貞、蔡朝、蔡學、王朝明、王鳳翔、沈應奎、俞北亨、唐天佐、夏大賓、夏尚容、徐志道、陶九成、陶世成、陶世承、陶仕承、陶汝成、孫應科、趙惟孝、黄德明、劉大郎等。

《中國古籍善本書目》集部17575　40/1587

古文品外錄二十四卷

（明）陳繼儒輯

明刻本

六冊

九行二十字，小字雙行同，白口，四周單邊。鈐有“直與天地争春回”白文印。

存十二卷：卷一至十二

《中國古籍善本書目》集部 17643　40/1628.7

文字會寶不分卷
(明)朱文治撰
明萬曆三十六年(1608)刻本
四冊
行數字數不等,白口,四周單邊。鈐有"南州書樓所藏"朱文印,"徐湯殷"白文印。
40/1608.1C

秦漢文鈔六卷
(明)閔邁德等輯　(明)楊融博批點
明萬曆四十八年(1619)刻朱墨套印本
十冊
九行十九字,白口,四周單邊。鈐有"祖望"朱文印,"山陰徐趣園"、"冷雲書屋"白文印。
《中國古籍善本書目》集部 17660
40/1619.11

古文奇賞二十二卷續古文奇賞三十四卷奇賞齋廣文苑英華二十六卷四續古文奇賞五十三卷
(明)陳仁錫輯
明萬曆四十六年(1618)至天啓刻本
四十冊
十行二十字,小字雙行同,白口,四周單邊。
存二十二卷:古文奇賞全
《中國古籍善本書目》集部 17663　40/1627.3

奇賞齋廣文苑英華二十六卷
(明)陳仁錫評選
明天啓四年(1624)奇賞齋刻本
十六冊
十行二十字,白口,四周單邊。　40/1624.2

古文五刪五十二卷
(明)張溥輯
明末段君定刻本
二十二冊
九行十九字,白口,左右雙邊。
子目:
文選刪十二卷
廣文選刪十四卷
唐文粹刪十卷
宋文鑑刪十二卷
元文類刪四卷
存二十六卷:文選刪十二卷、廣文選刪十四卷
《中國古籍善本書目》集部 17680
40/1643.78

古今風謠二卷
(明)楊慎編
明刻本
二冊
九行十六字,白口,四周雙邊。　40/1643.47

文致不分卷
(明)劉士鏻輯　(明)閔無頗、閔昭明集評
明天啓元年(1621)閔元衢刻朱墨套印本
六冊
八行十八字,白口,四周單邊。刻工有石鍾、趙飛、毛穎、李長、陳金、方山、倉庚、查八、徐文長、周儀、石曼、紀錦等。第二部鈐有"笑讀古人書"朱文印。
存:賦、序、記、傳、碑、書、表、文彈文、秘文、禱文、贊、銘、墓銘祭文、哀文、弔文、紀、書跋、題跋等。
《中國古籍善本書目》集部 17684　40/1621.7
又一部　一冊

春花集十二卷
(明釋)行岡輯
清順治刻本
六冊
十一行二十一字,白口,左右雙邊。鈐有"讀易樓秘笈印"、"空谷"、"池北書庫"、"濠堂藏本"朱文印,"行素之印"白文印。
《中國古籍善本書目》集部 17735。
50/1661.3

古文淵鑑六十四卷
(清)徐乾學等輯並注
清康熙内府刻五色套印本
二十四冊
九行二十字,小字雙行同,黑口,四周單邊。鈐

有“水南山人溫汝造鑑藏印”、“子子孫孫其永保用”、“曼青珍藏”、“曼青”、“睡足軒”、“海綃樓”朱文印,“秦更年”、“水南山人圖書”、“溫叔子造”、“通隱堂印”、“陳洵長壽”白文印。

《中國古籍善本書目》集部 17737

50/1722.30

又一部　二十八冊

御選唐宋文醇五十八卷

(清)高宗弘曆輯

清乾隆三年(1738)内府刻四色套印本

二十冊

九行二十二字,白口,四周單邊。鈐有“印廬珍藏”朱文印,“臣許乃普”白文印。

《中國古籍善本書目》集部 17763　50/1738

文轍二卷

(清)程巖輯並評

清存真堂刻本　清黄培芳批校

二冊

九行二十五字,白口,左右雙邊。鈐有“香石”朱文印,“香石讀”、“培芳”白文印。

《中國古籍善本書目》集部 17767　50/1820

歷代詩詞選注一卷

清抄本

一冊

九行二十五字,無格。　80/2.50.593

古文辭類纂序目不分卷

(清)姚鼐撰

清抄本　清陳澧批校

一冊

九行字數不等,無格。　80/2.50.650

憑山閣新輯尺牘寫心集四卷

(清)陳枚輯

清康熙十九年(1680)刻本

八冊

九行二十四字,白口,四周單邊。鈐有“至樂莫如讀書”、“盍齋珍藏”朱文印,“楊啓遵堂藏”、“譚觀成”白文印。　50/1680.3

斷　代

周文歸二十卷

(明)鍾惺輯

明崇禎刻本

十冊

九行十九字,小字雙行同,白口,四周單邊。鈐有“鶯溪新收”、“楓樹屋秘笈記”、“藕濆精舍”朱文印。

存十九卷:卷一至十、十二至二十

《中國古籍善本書目》集部 17873　40/1640.2

三國志文類六十卷

清光緒孔氏嶽雪樓抄本

六冊

八行二十一字,小字雙行同,無格。鈐有“孔氏嶽雪樓影鈔本”朱文印。　80/2.50.328

南朝宋文二十八卷

(明)張采輯

明崇禎刻本

十二冊

九行十九字,小字單行同,白口,左右雙邊或四周單邊。鈐有“南州書樓所藏”、“信符”朱文印,“南州後人”、“徐湯殷”白文印。

《中國古籍善本書目》集部 17928　40/1638.5

唐文粹一百卷

(宋)姚鉉輯

明嘉靖八年(1529)晉府養德書院刻本

二十冊

十三行二十一字,白口,四周單邊。刻工有劉白、李樂、陳每等。第二部鈐有“抱素樓”、“養眞書院之記”、“曾在汪芙之處”、“番禺汪氏藏書”、“汪大”朱文印,“東莞莫氏五十萬卷樓”白文印。

《中國古籍善本書目》集部 17956　40/1529

又一部　二十冊

中興間氣集二卷附遺二卷

(唐)高仲武輯

自怡集一卷
（明）劉孟藻撰
清光緒孔氏嶽雪樓抄本
一冊
十一行二十一字，無格。鈐有"廣雅書局藏書樓圖籍"朱文印。 80/2.50.260

王荊公唐百家詩選二十卷
（宋）王安石編
清康熙四十二年（1703）雙清閣刻本
八冊
十行十八字，白口，左右雙邊。第二部鈐有"观古堂"朱文印，"葉德輝焕彬甫藏園印"、"葉德輝鉴藏"白文印。 50/1703.3
又一部 四冊

萬首唐人絕句一百一卷
（宋）洪邁輯
明嘉靖十九年（1540）陳敬學德星堂刻本
三十冊
十一行二十字，白口，左右雙邊。刻工有子明、天秀、仲威、廷珮、林浦、信之、師禹、起高、起溟、啓明、葉惟大、陸華、濟之等。鈐有"曹士穀堂"、"二勞山樵"、"純庵"朱文印，"東吳世家"、"左將軍司馬"、"芝蘭室"白文印。
《中國古籍善本書目》集部18031 40/1540

宋洪魏公進萬首唐人絕句四十卷目錄四卷
（宋）洪邁輯 （明）趙宧光 黃習遠補
明萬曆三十五年（1607）趙宧光刻本
二十冊
十行十八字，白口，左右雙邊。鈐有"閩南黃熥肖巖圖籍"、"肖巖熥印"、"人境廬藏書"朱文印，"東治黃生"白文印。 40/1607.2

唐人萬首絕句選七卷
（宋）洪邁原本 （清）王士禛選
清康熙玉壺堂刻本
四冊
十行十九字，黑口，左右雙邊。鈐有"藝蘭仙館"、"何氏家藏"、"介如所藏"、"朱介如"、"有恒居士"朱文印，"念慈"白文印。 50/1722.37

衆妙集不分卷
（宋）趙師秀編
明崇禎九年（1636）毛氏汲古閣刻本
一冊
八行十九字，白口，左右雙邊。鈐有"平陽儀氏半耕草堂藏書之印"朱文印。 40/1636

唐詩品彙九十卷拾遺十卷
（明）高棅輯
明刻本
十八冊
十行二十字，小字雙行同，白口，左右雙邊。有刻工。鈐有"巴陵方氏傳經堂藏書印"、"方功惠藏書印"、"古萬川溫氏藏"、"丹銘"朱文印，"溫氏丹銘"白文印。
《中國古籍善本書目》集部18111 40/1398

唐詩品彙九十卷拾遺十卷
（明）高棅撰 （明）張恂重訂
明末張恂刻本
二十四冊
十行二十字，小字雙行同，白口，左右雙邊。鈐有"神谷氏圖書記"、"子朗氏"朱文印，"神谷高印"、"高印"、"子朗"白文印。 40/1628.5

唐詩類鈔八卷
（明）顧應祥輯
明嘉靖三十一年（1552）自刻本
六冊
九行十八字，白口，四周單邊。鈐有"果親王府圖書記"朱文印。
《中國古籍善本書目》集部18134 40/1552.5

唐詩類苑二百卷
（明）張之象纂輯 （明）顧成憲編次 （明）王徹補訂
明萬曆曹仁孫刻本
一冊
十行二十字，白口，四周雙邊。
存二卷：卷七十六至七十七 40/1601.3

李于鱗唐詩廣選七卷
(明)李攀龍輯　(明)凌瑞森　凌南榮輯評
明萬曆三年(1575)凌氏盟鷗館刻朱墨套印本
六冊
八行十八字,白口,四周單邊。鈐有"玉壺冰"、"西郵"朱文印,"紫門月色"白文印。
《中國古籍善本書目》集部18167
40/1627.15

唐詩紀一百七十卷目錄三十四卷
(明)方一元編　(明)方天眷重訂
明萬曆吳琯翻刻本　有抄配
四十八冊
九行十九字,白口,四周雙邊。　40/1619.35

全唐詩九百卷
(清)聖祖玄燁御定　(清)曹寅校刻
清内府刻本
一百二十冊
十一行二十一字,黑口,左右雙邊。
50/1707.9

御選唐詩三十二卷目錄三卷
(清)聖祖玄燁輯　(清)陳廷敬等注
清康熙五十二年(1713)内府刻朱墨套印本
五十冊
七行字數不等,小字雙行同,無格。鈐有"蘇陸齋"、"繼辰"朱文印,"翰林院編修"白文印。
《中國古籍善本書目》集部18232　50/1713.4

中晚唐詩叩彈集十二卷續集三卷
(清)杜詔　杜庭珠輯
清康熙四十三年(1704)采山亭刻本
六冊
十一行二十字,小字雙行字數不等,白口,左右雙邊。刻工有芮宇涵、君甫、呂元貞、顯公、張玉、陳章、陳茂園。鈐有"子伊讀過"、"世倓私印"、"蘇齋珍藏"朱文印,"別字訒堂"、"碧梧翠竹山房"、"墨香樓圖書"白文印。
《中國古籍善本書目》集部18266　50/1704.2

晚唐詩鈔二十六卷
(清)查克弘　凌紹乾輯
清康熙四十二年(1703)棲鳳閣刻本
五冊
十行十九字,小字雙行字數不等,白口,左右雙邊。鈐有"曾歸徐氏疆誃"朱文印。
《中國古籍善本書目》集部18268　50/1703.2

唐詩別裁集十卷
(清)沈德潛　陳培脈輯
清康熙五十六年(1717)碧梧書屋刻本　清趙信圈點　清佚名過錄清朱琰批校
十冊
十行十九字,黑口,左右雙邊。鈐有"意林"朱文印,"俊焯之印"白文印。
《中國古籍善本書目》集部18278　50/1717.2

唐僧弘秀集十卷
(宋)李龏編
清光緒孔氏嶽雪樓抄本
二冊
八行二十一字,無格。鈐有"孔氏嶽雪樓影鈔本"朱文印。　80/2.50.309

南嶽唱酬集一卷附錄一卷
(宋)朱熹撰
清光緒孔氏嶽雪樓抄本
一冊
十行二十一字,無格。　80/2.50.468

宋百家詩存二十卷
(清)曹庭棟編
清乾隆六年(1741)二六書堂刻本
二十八冊
十一行二十一字,白口,左右雙邊。鈐有"藝甫氏賞奇"、"番禺陳百斯藏書"朱文印,"陳百斯印"白文印。　50/1741.7

宋文鑑一百五十卷目錄三卷
(宋)呂祖謙輯
明嘉靖五年(1526)晉藩養德書院刻本
六十冊
十三行二十一字,黑口,左右雙邊。鈐有"曾在汪芙之處”、“經德堂汪氏所藏經碑版圖書”、“汪兆銓觀”、“平陽”朱文印。

《中國古籍善本書目》集部 18406　40/1464

中州集十卷首一卷樂府一卷

(金)元好問編

明末毛氏汲古閣刻本

二十二册

八行十九字,白口,左右雙邊。鈐有“靖輿”、“璞蒪”、“東莞張炳坤藏”、“至元經目”朱文印、“張炳坤”、“爰樂樓”、“王氏蘊璘之章”白文印。

《中國古籍善本書目》集部 18452

40/1643.56

又一部　六册

又一部　二册

御訂全金詩增補中州集七十二卷首二卷

(金)元好問輯　(清)郭元釪補輯

清康熙五十年(1711)内府刻本

三十二册

八行十九字,黑口,四周單邊。鈐有“又雲”、“淵清堂”、“詒晉齋印”朱文印,“繼震”白文印。

《中國古籍善本書目》集部 18465　50/1722.7

元詩選初集一百十四卷首一卷二集一百三卷三集一百三卷

(清)顧嗣立輯

清康熙三十三年(1694)至五十九年(1720)顧氏秀野草堂刻本

四十六册

十三行二十三字,白口,左右雙邊。鈐有“古之禺心也直”、“毛世楷印”、“恒思於物有濟”、“養素齋”、“一拳古愚”朱文印,“思敬齋眞賞印”、“爲世作楷”、“德林”白文印。

《中國古籍善本書目》集部 18560　50/1720.3

又一部　二十册

元文類七十卷目錄三卷

(元)蘇天爵輯

明嘉靖十六年(1537)晉藩刻遞修本

二十册

十行十九字,白口,四周單邊。刻工有周欒等。第一部鈐“天都陳氏承雅堂圖籍”、“遁暗”、“子壽手校”、“陳氏藏書子孫永寶”、“林汲山房藏書”、“汪兆銓觀”、“經德堂汪氏所藏經籍碑版圖書”朱文印,“彭年之印”、“黃彭年印”、“籍書園本”、“借書園”、“傳之其人”白文印。第二部鈐有“子壽”、“陳叔崖讀書記”朱文印。

《中國古籍善本書目》集部 18579　40/1537.3

又一部　十三册

元文類七十卷目錄三卷

(元)蘇天爵輯

明末修德堂刻本

二十四册

九行二十字,白口,四周單邊。

《中國古籍善本書目》集部 18582　40/1643.9

明文分類小題貫新編不分卷

(明)董其昌撰　(清)樓季美評點

抄本

一册

九行二十五字,無格。　80/2.50.581

明音類選十二卷

(明)黃佐　黎民表輯

明嘉靖三十七年(1558)潘光統刻本

六册

十行二十字,白口,四周單邊。鈐有“徐紹棨”朱文印。

《中國古籍善本書目》集部 18605　40/1558

皇明詩選十三卷

(明)陳子龍等輯

明崇禎十六年(1643)刻本

十册

九行十八字,白口,四周單邊。第二部鈐有“簡臣”、“坐花”朱文印,“省齋”、“東莞莫氏五十萬卷樓”白文印,“端臨之印”朱白文印。

《中國古籍善本書目》集部 18643　40/1643.4

又一部　四册

蓮香集五卷

(明)張喬撰　(明)彭日貞輯

清乾隆三十年(1765)西域草堂刻本　有抄補

二冊

八行十八字,白口,四周單邊。鈐有"蔡寒瓊談月色"、"蔡嵐"朱文印,"牟軒夫婦同觀"白文印,"牟軒"藍文印。

《中國古籍善本書目》集部 18766　　50/1765

明殉難諸臣遺集一卷

清抄本

一冊

八行二十四字,無格。鈐有"蔡植蘭藏書"、"彝京氏人錄"朱文印。　　80/2.50.534

列朝詩集乾集二卷甲集前編十一卷甲集二十二卷乙集八卷丙集十六卷丁集十六卷閏集六卷

(清)錢謙益輯

清順治九年(1652)毛氏汲古閣刻本

六十冊

十五行二十八字,白口,四周雙邊。鈐有"杉恒簃珍藏記"、"博古知今堂"、"新宮城書藏"朱文印。

《中國古籍善本書目》集部 18774　　50/1644.7

又一部　十八冊

翠樓集一卷二集一卷新集一卷

(清)劉雲份輯

清康熙十二年(1673)野香堂刻本

六冊

九行十九字,白口,左右雙邊。

《中國古籍善本書目》集部 18804　　50/1673

明詩別裁集十二卷

(清)沈德潛　周準輯

清乾隆四年(1739)刻本

二冊

十行十九字,小字雙行二十八字,白口,左右雙邊。鈐有"草草亭藏"、"黃裳珍藏善本"、"黃裳藏本"、"木雁齋"朱文印,"容家書库"白文印。

《中國古籍善本書目》集部 18816　　50/1739.4

又一部　十二冊

明人詩鈔十四卷續集十四卷

(清)朱琰輯

清乾隆二十五年(1760)樊桐山房刻本

八冊

十行十九字,小字雙行同,白口,左右雙邊。鈐有"瓠尊書堂"、"梁溪孫氏晴梅館藏"、"抱寶懷珍"、"伯亮讀過"朱文印。　　50/1760.6

明文奇賞四十卷

(明)陳仁錫輯

明天啓三年(1623)刻本　眉上鐫評

二十二冊

十行二十一字,白口,四周單邊。鈐有"湘父學塾書藏之印"、"新日吉藏"朱文印。

《中國古籍善本書目》集部 18870　　40/1623.4

皇明十大家文選二十五卷

(明)陸弘祚編

明刻本

十三冊

九行二十字,白口,四周單邊。

子目:

空同文選四卷　(明)李夢陽撰

鳳洲文選四卷　(明)王世貞撰

陽明文選三卷　(明)王守仁撰

鹿門文選二卷　(明)茅坤撰

槐野文選二卷　(明)王維楨撰

潯陽文選二卷　(明)董份撰

南明文選三卷　(明)汪道昆撰

滄溟文選二卷　(明)李攀龍撰

遵巖文選二卷　(明)王愼中撰

荆川文選二卷　(明)唐順之撰　　40/1643.77

幾社壬申合稿二十卷

(明)杜騏徵　徐鳳彩　盛翼進輯

清初小樊堂刻本

二十冊

九行十九字,白口,左右雙邊。鈐有"彝佰鑑藏書畫"朱文印,"吳樹英印"白文印。

《中國古籍善本書目》集部 18878

40/1643.30

恕銘朱先生彙選當代名公四六新函十二卷

(明)朱錦輯　(明)徐榛等注
明萬曆四十二年(1614)金陵王氏車書樓刻本
六册
七行二十字,小字單行字數不等,白口,四周雙邊。鈐有"禮注館圖書印"、"天橋文庫"朱文印。
《中國古籍善本書目》集部18897　40/1614.9

車書樓彙輯皇明四六叢珠四卷
(明)許以忠選　(明)王世茂　虞邦譽注
明天啓金陵傅籛龍刻本
三册
九行十九字,小字雙行同,白口,四周單邊。
存三卷:卷二至四　40/1627.19

精選當代各名公短劄字字珠不分卷
(明)許以忠選
清抄本
二册
七行十九字,無格。鈐有"玉笥山樓"白文印,"顒園所藏"朱文印。　80/2.50.588

黄牡丹狀元故事四卷
(明)黎遂球等撰　(清)亦吾廬輯
清同治二年(1863)拜鵑草堂抄本
一册
九行二十一字,無格。鈐有"拜鵑草堂"朱文印。
子目:
影園花榜一卷
南園花信一卷
花榜叢談一卷
傳贊附錄一卷　80/2.50.723

明文海四百八十二卷
(清)黄宗羲撰
清乾隆《四庫全書》本
一册
八行二十一字,紅格,白口,四周雙邊。鈐有"古稀天子之寶"白文印,"賜書德清徐氏珍藏"朱白文印。
存二卷　80/2.50.476

詩持三集十卷
(清)魏憲評選
清康熙十九年(1680)魏氏枕江堂刻本
八册
九行十八字,白口,四周單邊。鈐有"少垣經眼"朱文印。
存八卷:卷一至八　50/1722.42

篋衍集十二卷
(清)陳維崧輯
清康熙三十六年(1697)蔣國祥刻本
四册
十行十九字,黑口,左右雙邊。
《中國古籍善本書目》集部19159　50/1692.3

國朝詩選十四卷
(清)彭廷梅輯
清乾隆十二年(1747)刻本
六册
九行十八字,白口,四周單邊。鈐有"許氏星台藏書"朱文印。
《中國古籍善本書目》集部19195　50/1747

覲華集詩不分卷
(清)王隨悦輯
清乾隆十五年(1750)刻本
一册
八行二十字,黑口,四周雙邊。
《中國古籍善本書目》集部19198　50/1750.4

瀛海珊瑚六卷
(清)王炳水選輯
稿本
六册
十行二十字,綠格,白口,四周雙邊。鈐有"陸氏"、"棣州畫史"、"武定慶恩堂印"、"瑯邪世家"、"鐵泉氏"、"牧庵"朱文印,"潤庠"、"王謙之印"、"王炳浮水印"白文印。　80/1.50.50

西城別墅唱和集不分卷
(清)王啓涑等撰
清康熙刻本

二册

十行二十字,小字雙行同,黑口,左右雙邊。鈐有"天下第二癡人"、"王孫梅印"、"江山風月"、"昆貽"朱文印,"畢盛鉅印"、"鳳闈藏書"、"黄梅花屋所藏"白文印。

《中國古籍善本書目》集部 19277　50/1692.4

法性禪院倡和詩六卷續集六卷

(清)周瓠輯

清康熙四十一年(1702)薝蔔樓刻本

四册

九行十九字,白口,左右雙邊。鈐有"黄氏憶江南館珍藏印"、"蔭普珍藏"朱文印,"憶江南館"、"禺山黄氏"白文印,"蔭普"藍文印。

《中國古籍善本書目》集部 19286　50/1702.4

衛藏和聲集一卷

(清)和琳　和瑛撰

清抄本

一册

八行二十字,紅格,白口,四周雙邊。

《中國古籍善本書目》集部 19326

80/2.50.30

本朝應制和聲集六卷

(清)沈德潛輯

清乾隆九年(1744)鴻遠堂刻本

八册

十行十九字,白口,左右雙邊。　50/1744.4

杏莊題詠初集四卷

(清)鄧大林輯

清道光二十六年(1846)刻本

二册

九行二十一字,白口,四周雙邊。鈐有"第五之名"、"竟醫"朱文印,"景伊珍賞"白文印。

50/1853

又一部　二册

杏莊題詠二集二卷

(清)鄧大林輯

清道光二十九年(1849)羊城藝芳齋刻本

一册

九行二十一字,白口,四周雙邊。　50/1853.2

又一部　二册

杏林莊杏花詩四卷

(清)鄧大林輯

清咸豐元年(1851)羊城藝芳齋刻本

一册

九行二十一字,白口,四周雙邊。鈐有"景伊徐氏"、"莘農"、"藏園"朱文印,"徐印莘農"白文印。

50/1853.4

又一部　一册

杏莊題詠三集六卷

(清)鄧大林輯

清咸豐三年(1853)羊城藝芳齋刻本

二册

九行二十一字,白口,四周雙邊。　50/1853.3

又一部　二册

學海堂課卷不分卷

(清)佚名撰

稿本　清陳澧朱筆評改

一册

六行十六字,無格。鈐有"陳澧之印"白文印。

80/1.50.86

地方藝文

影園瑤華集三卷

(明)鄭元勳輯

清乾隆二十七年(1762)鄭開基刻本

一册

九行二十字,白口,左右雙邊。

《中國古籍善本書目》集部 19448　50/1763

吴都文粹十卷

(宋)鄭虎臣輯

清抄本

十册

九行二十一字,無格。鈐有"抱經堂藏"、"無竟先生独志堂物”、“東莞莫氏福功堂藏書”朱文印。

《中國古籍善本書目》集部 19503

80/2.50.65

國朝松陵詩徵二十卷

(清)袁景輅輯

清乾隆三十二年(1767)愛吟齋刻本

十册

十行二十一字,白口,左右雙邊。

《中國古籍善本書目》集部 19559　50/1767.2

松風餘韻五十卷末一卷

(清)姚宏緒輯

清乾隆八年(1743)寶善堂刻本

十册

十一行二十一字,白口,左右雙邊。

《中國古籍善本書目》集部 19567　50/1743.5

雲巖詩集六卷

(明)朱素和輯

明正德九年(1514)刻本

四册

九行二十一字,黑口,四周雙邊間有四周單邊。鈐有“壽祺經眼”白文印。

《中國古籍善本書目》集部 19609　40/1514.4

新安文獻志先賢事略二卷

(明)程敏政輯

明萬曆刻本

一册

九行二十字,白口,四周單邊。鈐有“穀士”、“古𠸄挹百城樓主人珍藏書畫印記”朱文印。

40/1614.3

晉詩選雅九卷附錄一卷

(明)呂陽輯

明萬曆八年(1580)刻本

六册

十行十八字,白口,四周雙邊。鈐有“拱垣氏珍藏”朱文印。

《中國古籍善本書目》集部 19632　40/1580.4

魯蜀文獻二卷

(清)陳蘭芝撰

清乾隆五十年(1785)自刻本

二册

九行十九字,小字雙行同,白口,左右雙邊。鈐有“壽昌”、“黃氏憶江南館珍藏印”、“蔭普珍藏”朱文印,“禺山黃氏”白文印。

《中國古籍善本書目》集部 19646　50/1785

又一部　二册

梁園風雅二十七卷

(明)趙彥復輯

清康熙四十三年(1704)陸廷燦刻本

十二册

十行十九字,白口,左右雙邊。鈐有“黃梅花屋所藏”白文印。　50/1704

中州名賢文表三十卷

(明)劉昌輯

清康熙四十五年(1706)汪立名刻本

八册

十二行二十二字,小字雙行字數不等,黑口,左右雙邊。鈐有“棠曇書屋藏書之章”朱文印。

《中國古籍善本書目》集部 19673　50/1706.2

四明四友詩六卷

(清)鄭梁輯

清康熙四十八年(1709)刻本

二册

十一行十九字,白口,四周單邊。

子目:

東門閑閑閣草一卷寄軒草一卷　(清)李暾撰

南谿僅眞集一卷　(清)鄭性撰

北溟見山集一卷　(清)謝緒章撰

西郭苦吟一卷冰雪集一卷　(清)萬承勳撰

《中國古籍善本書目》集部 19770

50/1709.2

閩中十子詩十种三十卷

(明)袁表　馬熒編

明萬曆刻本

四冊

九行十九字，白口，四周單邊。鈐有“曾在陳鶴田處”、“番禺梁氏葵霜閣捐藏廣東圖書館”、“節庵藏書”朱文印，“方言圖書”、“方綖之印”、“梁鼎芬印”白文印。

子目：

閩周祠部詩集一卷　（明）周玄撰

閩唐觀察詩集一卷　（明）唐泰撰

閩林膳部詩集五卷　（明）林鴻撰

閩黄博士詩集一卷　（明）黄玄撰

閩王翰林詩集二卷　（明）王褒撰

閩陳徵君詩集四卷　（明）陳亮撰

閩高待詔詩集五卷　（明）高廷禮撰

閩王典籍詩集五卷　（明）王恭撰

閩鄭博士詩集一卷　（明）鄭定撰

閩王檢討詩集五卷　（明）王偁撰

存五種十一卷：　閩林膳部詩集五卷、閩王翰林詩集二卷、閩周祠部詩集一卷、閩黄博士詩集一卷、閩唐觀察詩集一卷

《中國古籍善本書目》集部 19922

40/1575.2

有兩冊無碼

嶺南文獻三十二卷

（明）張邦翼輯

明萬曆四十三年（1615）至四十四年（1616）刻本

二十六冊

十行二十字，白口，四周單邊。刻工有子標、梁文、梁元、梁太、梁玉、梁旦、梁生、梁江、梁初、梁肖、梁吳、梁南、梁昭、梁祥、梁賓。鈐有“黄葉村莊”、“信符”、“徐紹棨”朱文印。

《中國古籍善本書目》集部 19941　　40/1616

又一部　二十七冊

嶺南文獻三十二卷

（明）張邦翼輯

清抄本

三十二冊

十行二十字，白口，四周單邊。鈐有“番禺屈氏所藏”朱文印。　　80/2.50.492

嶺南文獻軌範補遺六卷

（明）楊瞿崍輯

明刻本

六冊

九行十八字，白口，四周單邊。鈐有“信符”、“徐紹棨”朱文印，“巴陵方氏碧琳琅館藏書”、“功惠珍藏”白文印。

《中國古籍善本書目》集部 19942　　40/1627.8

廣東詩粹十二卷

（清）梁善長輯

清乾隆十二年（1747）達朝堂寫刻本

六冊

十行二十一字，黑口，左右雙邊。

《中國古籍善本書目》集部 19945　　50/1747.2

又一部　六冊

粵東詩海一百卷補遺六卷

（清）溫汝能輯

清嘉慶十八年（1813）文畬堂刻本

三十四冊

十行二十一字，白口，四周雙邊。鈐有“徐信符藏”、“香港圖書館管理”朱文印。　　50/1813.2

粵東詩海一百卷補遺六卷

（清）溫汝能輯

清刻本　有抄配

四十冊

十行二十一字，白口，四周雙邊。鈐有“黄氏憶江南館珍藏印”、“蔭普珍藏”朱文印，“禺山黄氏”白文印。　　50/1911.10

粵東文海六十六卷

（清）溫汝能輯

清嘉慶十八年（1813）文畬堂刻本

六冊

十行二十字，白口，左右雙邊。第二部鈐有“蔭普”、“憶江南館”、“黄氏憶江南館珍藏印”朱文印。　　50/1813.3

又一部　五十冊

又一部　五十三冊

又一部　五十六冊

嶺南風雅三卷

(清)陳蘭芝輯

清乾隆五十年(1785)自刻本

六冊

九行十九字,白口,左右雙邊。鈐有"徐信符藏"朱文印。

《中國古籍善本書目》集部 19947　50/1785.4

嶺南群雅初集三卷二集三卷

(清)劉彬華輯

清嘉慶十八年(1813)玉壺山房刻本

六冊

十二行二十四字,黑口,四周單邊。第一部鈐有"吾生有涯"、"六湖山房"白文印。第二部鈐有"黃氏憶江南館珍藏印"、"蔭普珍藏"朱文印,"禺山黃氏"白文印。　50/1813

又一部　六冊

嶺南三大家詩選二十四卷

(清)王隼輯

清康熙刻本

六冊

十行十九字,黑口,四周單邊。鈐有"花江伊氏家藏"、"蘋園精賞"、"蘋園"、"畊道堂書畫印"、"伊氏耕道堂藏"、"蔭普珍藏"、"黃氏憶江南館珍藏印"朱文印,"積善之印"、"禺山黃氏"白文印。

《中國古籍善本書目》集部 19949。

子目:

六瑩堂詩八卷　(清)梁佩蘭撰

道援堂詩八卷　(清)屈大均撰

獨漉堂詩八卷　(清)陳恭尹撰　50/1692

南園五先生詩二卷

(清)李琯朗輯

清康熙五十九年(1720)自刻本

二冊

八行二十字,白口,左右雙邊。鈐有"蔡植蘭藏書"朱文印。

子目:

臨清先生詩選　(明)趙介撰

西菴先生詩選　(明)孫蕡撰　以上合一卷

聽雨先生詩選　(明)王佐撰

易菴先生詩選　(明)李德撰

雪蓬先生詩選　(明)黃哲撰　以上合一卷

50/1720

南園五先生詩二卷

(清)李琯朗輯

清劉華東、陳曇刻本

二冊

八行二十字,白口,左右雙邊。　50/1720.4

岡州遺稿六卷

(清)顧嗣協編

清康熙四十九年(1710)綠屏書屋刻本

二冊

十一行二十一字,白口,左右雙邊。鈐有"許星台藏書印"朱文印。

《中國古籍善本書目》集部 19955　50/1710

廣東文選四十卷

(清)屈大均輯

清康熙二十六年(1687)三閭書院刻本

十五冊

十一行十九字,白口,四周單邊。鈐有"信符"、"南州書樓所藏"朱文印。

《中國古籍善本書目》集部 19960　50/1687.7

廣東文徵八十一卷

(清)吳道鎔編

稿本

八十冊

十一行二十一字,紅格,白口,左右雙邊。鈐有"漢三"朱文印,"張學華印"、"闇道人"白文印。

80/1.60.28

粵西詩載二十五卷

(清)汪森編

清康熙四十三年(1704)刻本

十二冊

十一行二十一字,黑口,左右雙邊。

50/1704.4

粵西叢載三十卷
(清)汪森編
清康熙四十四年(1705)刻本　卷三十配鈔
十二冊
十一行二十一字,黑口,左右雙邊。
50/1705.3

國朝嶺海詩鈔二十四卷
(清)凌揚藻評輯
清道光六年(1826)狎鷗亭刻本
二十二冊
十行十九字,白口,四周單邊。 50/1826

梅關步武圖詠一卷
(清)伍竹樓輯
清道光十八年(1838)刻本
一冊　有圖
行款字數不等,白口,左右雙邊。 50/1838

端溪詩述六卷
(清)黃登瀛編
清道光二十四年(1844)廣州六榕書屋刻本
二冊
十行二十一字,黑口,四周雙邊。鈐有"冬涵閱過"、"星階過眼"朱文印,"李氏藏書"朱白文印。
50/1844.2

增補古瀛詩苑前集不分卷
清抄本
二冊
八行二十四字,無格。 80/1.50.115

石門詩存五卷
(清)石門修志局編
清咸豐、同治稿本
六冊
十行二十三字,紫格,白口,左右雙邊。
80/1.50.143

桐城三家文鈔八卷
(清)劉燫芬編
清光緒四年(1878)稿本
六冊
九行二十三字,無格。鈐有"小衡書畫"、"小衡"、"南州書樓所藏"朱文印,"臣劉燫芬"、"徐紹棨"、"徐湯殷"、"南州後人"白文印。
子目:
方望溪文鈔二卷　(清)方苞撰
劉海峯文鈔二卷　(清)劉大櫆撰
姚惜抱文鈔四卷　(清)姚鼐撰　80/1.50.157

津門詩鈔二卷
清冷香室抄本
二冊
十二行二十五字,無格。 80/2.50.707

家　集

竇氏聯珠集不分卷
(唐)褚藏言編
清知足知不足館抄本
一冊
十行十九字,白口,四周雙邊。鈐有"次風"朱文印,"齊召南印"白文印。 80/2.50.57

三孔先生文集五卷
(宋)孔文仲　孔武仲　孔平仲撰
明孔尚斌刻本
六冊
八行二十字,白口,四周單邊。鈐有"牧齋"、"牧翁蒙叟"、"曾經東山柳蓉村過眼印"、"小考槃"朱文印。 40/1643.15

香山黃氏詩略二十二卷
(清)黃映奎撰
稿本
五冊
十一行二十二字,紅格,白口,左右雙邊。鈐有"朱謙之藏書記"、"朱謙之印"朱文印。
80/1.50.123

詩文評類

歷代詩話五十七卷考索一卷

(清)何文煥編

清乾隆三十五年(1770)刻本

十六册

九行十八字,小字雙行同,黑口,左右雙邊。鈐有“消搖主人”、“梁逸過目”朱文印,“文奐”、“十闌所號所閑字爾塾各何姓”白文印。

子目:

詩品三卷　(梁)鍾嶸撰

詩式一卷　(唐釋)皎然撰

二十四詩品一卷　(唐)司空圖撰

全唐詩話六卷　(宋)尤袤撰

六一詩話一卷　(宋)歐陽修撰

溫公續詩話一卷　(宋)司馬光撰

中山詩話一卷　(宋)劉攽撰

後山詩話一卷　(宋)陳師道撰

臨漢隱居詩話一卷　(宋)魏泰撰

竹坡詩話一卷　(宋)周紫芝撰

紫微詩話一卷　(宋)呂本中撰

彥周詩話一卷　(宋)許顗撰

石林詩話三卷　(宋)葉夢得撰

唐子西文錄一卷　(宋)強幼安撰

珊瑚鈎詩話三卷　(宋)張表臣撰

韻語陽秋二十卷　(宋)葛立方撰

二老堂詩話一卷　(宋)周必大撰

白石道人詩說一卷　(宋)姜夔撰

滄浪詩話一卷　(宋)嚴羽撰

山房隨筆一卷　(元)蔣正子撰

詩法家數一卷　(元)楊載撰

木天禁語一卷　(元)范椁撰

詩學禁臠一卷　(元)范椁撰

談藝錄一卷　(明)徐禎卿撰

秇圃擷餘一卷　(明)王世懋撰

存餘堂詩話一卷　(明)朱承爵撰

夷白齋詩話一卷　(明)顧元慶撰

歷代詩話考索一卷　(清)何文煥撰

《中國古籍善本書目》集部 20239

50/1770 3

楊升庵先生批點文心雕龍十卷

(梁)劉勰撰　(明)楊慎批點　(明)梅慶生音注

明萬曆三十七年(1609)梅慶生刻天啓二年(1622)重修金陵聚錦堂印本

二册

九行十八字,小字雙行十七字,白口,左右雙邊。有刻工。　40/1622.3

文心雕龍十卷

(梁)劉勰撰　(清)黄叔琳輯注

清乾隆六年(1741)黄氏養素堂刻本

二册

九行十九字,白口,左右雙邊。鈐有“筱衡”、“筱衡鑑藏”、“葦塘”、“貽令堂藏書記”朱文印,“徐蕃”朱白文印。

《中國古籍善本書目》集部 20271　50/1741

六一詩話不分卷

(宋)歐陽修撰　(明)毛晉訂

明崇禎毛氏汲古閣刻本

一册

八行十九字,白口,左右雙邊。　40/1628.10

增修詩話總龜前集四十八卷後集五十卷

(宋)阮閱輯

明嘉靖二十四年(1545)月窻道人刻本　有抄配

十册

十一行二十二字,白口,四周單邊。鈐有“眞州吳氏有福讀書堂藏書”白文印。

《中國古籍善本書目》集部 20298　40/1545

百家詩話總龜前集四十八卷

(宋)阮閲編

清抄本

六册

十一行二十二字,黑口,左右雙邊。

80/2.50.668

唐詩紀事八十一卷

(宋)計有功撰
明崇禎五年(1632)毛氏汲古閣刻本
二十冊
八行十九字,白口,左右雙邊。鈐有"東明所藏"、"陳寶儉珍藏印"、"秦氏子雙圖籍"朱文印,"石林後裔"、"葉啓發讀書記"、"葉啓發藏"白文印。
《中國古籍善本書目》集部 20330
40/1643.62

漁隱叢話前集六十卷後集四十卷
(宋)胡仔輯
清乾隆五年(1741)至六年(1742)楊佑啓耘經樓刻本
十冊
十三行二十二字,黑口,左右雙邊。
《中國古籍善本書目》集部 20367 50/1741.2

二老堂詩話一卷
(宋)周必大撰
明崇禎毛氏汲古閣刻本
一冊
八行十九字,白口,左右雙邊。 40/1628.8

誠齋詩話一卷
(宋)楊萬里撰
清光緒孔氏嶽雪樓抄本
一冊
八行二十一字,無格。鈐有"廣雅書局藏書樓圖籍"朱文印。 80/2.50.348

文則一卷
(宋)陳騤撰
明焦竑刻本 清何焯跋
二冊
八行十七字,白口,左右雙邊。
《中國古籍善本書目》集部 20387
40/1643.66

彥周詩話一卷
(宋)許顗撰 (明)毛晉訂
明崇禎毛氏汲古閣刻本
一冊
八行十九字,白口,左右雙邊。 40/1628.11

石林詩話不分卷
(宋)葉少蘊撰 (明)毛晉訂
明崇禎毛氏汲古閣刻本
一冊
八行十九字,白口,左右雙邊。 40/1628.9

釋名不分卷
(漢)劉熙撰 (明)張絜校
文章緣起不分卷
(梁)任昉撰 (明)張絜校
滄浪吟不分卷
(宋)嚴儀撰 (明)張絜校
明嘉靖十五年(1536)刻本
一冊
十行十八字,白口,左右雙邊。 40/1546

修辭鑑衡二卷
(元)王構撰
清光緒孔氏嶽雪樓抄本
一冊
八行二十一字,無格。鈐有"孔氏嶽雪樓影鈔本"朱文印。 80/2.50.67

冰川詩式十卷
(明)梁橋撰
明萬曆刻本
四冊
十行二十字,白口,左右雙邊。刻工有張溱、程子貴、程文用、程君、劉仲、劉國用、劉瑄、劉管、劉積、劉鑑等。
《中國古籍善本書目》集部 20522 40/1570.3

詩藪内篇六卷外篇六卷雜篇六卷續篇二卷
(明)胡應麟撰
明萬曆四十六年(1618)江湛然刻少室山房四集本
六冊
九行十八字,白口,四周單邊。 40/1618.6

載酒園詩話五編不分卷

（清）賀裳輯

清初賀氏載酒園刻本

三冊

十行二十一字，白口，左右雙邊。鈐有"蓀洲珍藏"、"陸上瀾印"朱文印。 50/1722.21

杜律細不分卷

（清）蕭雲從撰

清道光元年（1821）劉喜海抄本

一冊

十一行二十四字，小字雙行同，藍格，白口，左右雙邊。鈐有"嘉蔭簃藏書印"、"東武鐂氏味經書屋藏書印"、"味經書屋"、"劉喜海印"、"燕庭"、"無竟先生獨志堂物"朱文印，"五蓮花峰道人"白文印。 80/2.50.684d

帶經堂詩話三十卷首一卷

（清）王士禎撰 （清）張宗柟編

清乾隆二十七年（1762）南曲舊業刻本

八冊

十二行二十三字，白口，左右雙邊。

《中國古籍善本書目》集部20610 50/1760.3

本事詩十二卷

（清）徐釚編輯

清康熙四十三年（1704）吳中立重修本 有抄配

四冊

十一行二十一字，小字雙行二十九字，白口，左右雙邊。

《中國古籍善本書目》集部20626 50/1723.5

初白庵詩評三卷詞綜偶評一卷

（清）查慎行撰 （清）張載華輯

清乾隆四十二年（1777）張氏涉園觀樂堂刻本

三冊

十二行二十三字，小字雙行三十三字，黑口，左右雙邊。鈐有"黃梅花屋所藏"白文印。

50/1777

宋詩紀事一百卷

（清）厲鶚輯

清抄本

二冊

十一行二十二字，小字雙行三十三字，無格。

存六卷：卷一至六 80/2.50.734

詩法舉要不分卷

（清）黃培芳撰

稿本 佚名批注

一冊

九行十八字，小字雙行二十七字，無格。鈐有"錫福堂藏書"白文印。

《中國古籍善本書目》集部20732

80/1.50.38

詩比興箋三卷

（清）陳沆撰

吳道鎔抄本

二冊

九行二十五字，無格。 80/2.50.12

論詩七絕不分卷

（清）小湖漁者撰

清抄本

一冊

七行二十三字，小字雙行同，無格。鈐有"武昌柯逢時考藏圖記"朱文印，"黃梅花屋所藏"白文印。 80/2.50.681

顆庵詩話不分卷

陳融撰

稿本

一冊

八行二十一字，黃格，白口，四周單邊。

80/1.60.7

詞 類

叢　編

詞鈔不分卷
（宋）曹組等撰　（清）□炎之校
清光緒三十四年（1908）抄本
四册
十行二十二字，白口，四周雙邊。
存十一種
子目：
曹元寵詞
赤城詞
松隱詞
貿峯眞隱詞
樵隱詩餘
渭川居士詞
方壺詩餘
王周士詞
信道詞
虚靖眞君詞
東澤綺語　80/2.50.641

宋名家詞六集九十卷
（明）毛晉編
明崇禎毛氏汲古閣刻本
六册
八行十八字，白口，左右雙邊。鈐有"王士禎印"、"曾在汪芙之處"、"經德堂汪氏所藏經籍碑板圖書"朱文印。
存第二集十卷
子目：
片玉詞二卷補遺一卷　（宋）周邦彦撰
梅溪詞一卷　（宋）史達祖撰
白石詞一卷　（宋）姜夔撰
石林詞一卷　（宋）葉夢得撰
酒邊詞二卷　（宋）向子諲撰
溪堂詞一卷　（宋）謝逸撰
樵隱詞一卷　（宋）毛幵撰
竹山詞一卷　（宋）蔣捷撰
書舟詞一卷　（宋）程垓撰
坦菴詞一卷　（宋）趙師俠撰　40/1643.58

十六國宮詞不分卷
（清）蔣如洵撰
清抄本
一册
十二行二十二字，無格。鈐有"潘飛聲蘭史印"、"玉笥山樓"白文印。　80/2.50.631

别　集

安陸集一卷補遺一卷
（宋）張先撰　（清）汪潮生輯
附錄一卷
清黄錫慶刻本
一册
九行十九字，小字雙行同，黑口，左右雙邊。
50/1722.24

東坡詞不分卷
（宋）蘇軾撰
明毛氏汲古閣刻本
一册
八行十八字，白口，左右雙邊。鈐有"節庵藏書"朱文印，"臣梁鼎芬"白文印。　40/1628.12

梅溪詞不分卷
（宋）史光祖撰
明毛氏汲古閣刻本
四册
八行十二字，白口，左右雙邊。鈐有"番禺梁氏葵霜閣捐藏廣東圖書館"朱文印。　40/1643.59

友古詞不分卷
（宋）蔡伸撰
清抄本
一册
七行十六字，藍格，白口，四周雙邊。鈐有"蔡植蘭藏書"朱文印。　80/2.50.644

蟻術詞選四卷
（元）邵亨貞撰
清抄本

一冊

十一行二十一字,無格。鈐有"老屋三間賜書萬卷"、"長塘"、"鮑家田"、"知不足齋藏書"、"世守陳編之家"、"歙西長塘鮑氏知不足齋藏印"、"巴陵方氏碧琳琅館珍秘笈"、"東莞莫伯驥號天一藏書之印"朱文印。

《中國古籍善本書目》集部 21074

80/2.50.58

東籬詞稿一卷

(清)顔琬著　(清)顔愷錄　王獅巖　錢星紟等評

清抄本

二冊

九行二十二字,紅格,白口,四周雙邊。鈐有"黄氏憶江南館珍藏印"、"蔭普珍藏"朱文印,"禺山黄氏"白文印。　80/2.50.608

總　集

花間集四卷

(後蜀)趙崇祚輯　(明)湯顯祖評

明刻朱墨套印本

四冊

八行十八字,白口,四周單邊。鈐有"桐盦"、"嵩有"、"隴西伯子孟芙"朱文印,"蒹葭秋水間"、"胡荃"、"壽璜"、"李嶽瑞長壽年"、"海絹翁"白文印。

《中國古籍善本書目》集部 21354　40/1620.3

花間集十卷

(後蜀)趙崇祚輯

清夢詞館抄本　佚名批校

一冊

十一行字數不等,無格。鈐有"介山"、"藏詞千卷"朱文印,"清夢詞館"白文印。

80/2.60.2

耐軒詞不分卷

(明)王達撰

盧溪詞不分卷

(宋)王庭珪撰

靜春詞不分卷

(宋)袁易撰

1928 年新會梁廷燦抄本　梁啓超批校並跋

一冊

十行二十字,綠格,白口,左右雙邊。鈐有"任公五十六歲作"、"戊辰"朱文印,"梁汝洪"、"新會梁氏"、"紫雲青華硯齋藏書"白文印。

80/2.60.36

草堂詩餘五卷

(明)楊慎評點

明閔暎璧刻朱墨套印本

五冊

八行十八字,白口,四周單邊。鈐有"順德溫君勒所藏金石書畫之印"朱文印。

《中國古籍善本書目》集部 21382

40/1643.25

草堂詩餘正集六卷續集二卷別集四卷新集五卷

(明)顧從敬類選　(明)沈際飛訂正

明末童湧泉刻本

八冊

九行十九字,白口,四周單邊。　40/1628.13

詞綜三十六卷

(清)朱彝尊　汪森輯

清康熙十七年(1678)汪氏裘杼樓刻三十年(1691)增刻本

八冊

十行二十一字,黑口,左右雙邊。鈐有"霞泉藏書"朱文印。

《中國古籍善本書目》集部 21425　50/1691

詞潔六卷前集四卷

(清)先著　程洪輯

清康熙刻本

四冊

九行二十字,小字雙行十九字,白口,四周雙邊。鈐有"潘蘭史家珍藏"、"潘氏贊思"、"珠江顧曲"、"曾藏潘贊思處"、"梧桐庭院藏本"朱文印,“蘭史珍藏不假不贈”、“潘之聲印”、“南雪巢萬松山房黎齋雙桐圃三十六村草堂詩集之家”白文印。

《中國古籍善本書目》集部21436　50/1722.3

御選歷代詩餘一百二十卷

(清)沈辰垣　王奕清等輯

清康熙四十六年(1707)内府刻本

六十冊

十一行二十一字,白口,左右雙邊。鈐有“三復白圭”、“敘九”、“翰林檢討”朱文印,“陳於疇”、“臣元疇印”、“衾影不怍”白文印。

《中國古籍善本書目》集部21439　50/1707.5

詞選不分卷

(清)徐榮輯

清徐氏懷古山舍抄本

一冊

九行二十一字,白口,左右雙邊。

《中國古籍善本書目》集部21488

80/1.50.33

絀齋詞選二十卷

(清)徐紹桓輯

清光緒十四年(1888)稿本

二十冊

八行十六字,無格。鈐有“南州書樓珍藏”朱文印,“徐紹棨”、“南州後人”、“徐湯殷”白文印。

80/1.50.105

詞　譜

詩餘圖譜三卷

(明)張綖編　(明)毛晉訂

明崇禎八年(1635)刻本

三冊

九行十九字,白口,左右雙邊。　40/1635.2

詞譜四十卷

(清)王奕清纂修

清康熙五十四年(1715)内府朱墨套印本

十四冊

八行二十一字,小字雙行二十字,白口,四周雙邊。鈐有“順德溫氏通遠草堂圖書印記”、“通遠齋印”朱文印,“耕心堂印”、“溫氏甡成之印”白文印。

《中國古籍善本書目》集部21595　50/1715.2

又一部　二十冊

曲　類

雜　劇

元曲選十集一百卷

(明)臧懋循編

論曲一卷

(明)陶宗儀等撰

元曲論一卷

明萬曆刻本　有抄配

一百冊

九行二十字,白口,左右雙邊。

子目:

破幽夢孤雁漢宮秋雜劇一卷　(元)馬致遠撰
李太白匹配金錢記雜劇一卷　(元)喬吉撰
包待制陳州糶米雜劇一卷
玉清菴錯送鴛鴦被雜劇一卷
隨何賺風魔蒯通雜劇一卷
溫太真玉鏡臺雜劇一卷　(元)關漢卿撰
楊氏女殺狗勸夫雜劇一卷
相國寺公孫合汗衫雜劇一卷　(元)張國賓撰
錢大尹智寵謝天香雜劇一卷　(元)關漢卿撰
爭報恩三虎下山雜劇一卷
張天師斷風花雪月雜劇一卷　(元)吳昌齡撰
趙盼兒風月救風塵雜劇一卷　(元)關漢卿撰
東堂老勸破家子弟雜劇一卷　(元)秦簡夫撰
同樂院燕青博魚雜劇一卷　(元)李文蔚撰
臨江驛瀟湘秋夜雨雜劇一卷　(元)楊顯之撰
李亞仙花酒曲江池雜劇一卷　(元)石君寶撰
楚昭公疎者下船雜劇一卷　(元)鄭廷玉撰
龐居士誤放來生債雜劇一卷

薛仁貴榮歸故里雜劇一卷　(元)張國賓撰
裴少俊牆頭馬上雜劇一卷　(元)白樸撰
唐明皇秋夜梧桐雨雜劇一卷　(元)白樸撰
散家財天賜老生兒雜劇一卷　(元)武漢臣撰
朱砂擔滴水浮漚記雜劇一卷
便宜行事虎頭牌雜劇一卷　(元)李直夫撰
包龍圖智賺合同文字雜劇一卷
凍蘇秦衣錦還鄉雜劇一卷
翠紅鄉女兒兩團圓雜劇一卷　(元)楊文奎撰
李素蘭風月玉壺春雜劇一卷　(元)武漢臣撰
呂洞賓度鐵拐李雜劇一卷　(元)岳伯川撰
小尉遲將鬬將認父歸朝雜劇一卷
陶學士醉寫風光好雜劇一卷　(元)戴善夫撰
魯大夫秋胡戲妻雜劇一卷　(元)石君寶撰
神奴兒大鬧開封府雜劇一卷
半夜雷轟薦福碑雜劇一卷　(元)馬致遠撰
謝金吾詐拆清風府雜劇一卷
呂洞賓三醉岳陽樓一卷　(元)馬致遠撰
包待制三勘蝴蝶夢雜劇一卷　(元)關漢卿撰
說鱄諸伍員吹簫雜劇一卷　(元)李壽卿撰
河南府張鼎勘頭巾雜劇一卷　(元)孫仲章撰
黑旋風雙獻功雜劇一卷　(元)高文秀撰
迷青瑣倩女離魂雜劇一卷　(元)鄭德輝撰
西華山陳摶高臥雜劇一卷　(元)馬致遠撰
龐涓夜走馬陵道雜劇一卷
救孝子賢母不認屍一卷　(元)王仲文撰
邯鄲道省悟黃粱夢雜劇一卷　(元)馬致遠撰
杜牧之詩酒揚州夢雜劇一卷　(元)喬吉撰
醉思鄉王粲登樓雜劇一卷　(元)鄭德輝撰
昊天塔孟良盜骨雜劇一卷
包待制智斬魯齋郎雜劇一卷　(元)關漢卿撰
朱太守風雪漁樵記雜劇一卷
江州司馬青衫泪雜劇一卷　(元)馬致遠撰
四丞相高會麗春堂一卷　(元)王德信撰
孟德耀舉案齊眉雜劇一卷
包龍圖智勘後庭花雜劇一卷　(元)鄭廷玉撰
死生交范張雞黍雜劇一卷　(元)宮天挺撰
玉簫女兩世姻緣雜劇一卷　(元)喬吉撰
宜秋山趙禮讓肥雜劇一卷　(元)秦簡夫撰
鄭孔目風雪酷寒亭雜劇一卷　(元)楊顯之撰
桃花女破法嫁周公雜劇一卷
陳季卿悞上竹葉舟雜劇一卷　(元)范子安撰
布袋和尚忍字記雜劇一卷　(元)鄭廷玉撰
謝金蓮詩酒紅梨花雜劇一卷　(元)張壽卿撰
鐵拐李度金童玉女雜劇一卷　(明)賈仲名撰
包待制智賺灰闌記雜劇一卷　(元)李行道撰
崔府君斷冤家債主雜劇一卷
㑳梅香騙翰林風月雜劇一卷　(元)鄭德輝撰
尉遲恭單鞭奪槊雜劇一卷　(元)尚仲賢撰
呂洞賓三度城南柳雜劇一卷　(明)谷子敬撰
須賈大夫誶范叔雜劇一卷
李雲英風送梧桐葉雜劇一卷
花間四友東坡夢雜劇一卷　(元)吳昌齡撰
杜蘂娘智賞金線池雜劇一卷　(元)關漢卿撰
王月英元夜留鞋記雜劇一卷　(元)曾瑞卿撰
漢高皇濯足氣英布雜劇一卷
兩軍師隔江鬬智雜劇一卷
馬丹陽度脫劉行首一卷　(元)楊景賢撰
月明和尚度柳翠雜劇一卷
劉晨阮肇誤入桃源雜劇一卷　(明)王子一撰
張孔目智勘魔合羅雜劇一卷　(元)孟漢卿撰
玎玎璫璫盆兒鬼雜劇一卷
荆楚臣重對玉梳記雜劇一卷　(明)賈仲明撰
逞風流王煥百花亭雜劇一卷
秦脩然竹塢聽琴雜劇一卷　(元)石子章撰
金水橋陳琳抱粧盒雜劇一卷
趙氏孤兒大報仇雜劇一卷　(元)紀君祥撰
感天動地竇娥冤雜劇一卷　(元)關漢卿撰
梁山泊李逵負荆雜劇一卷　(元)康進之撰
蕭淑蘭情寄菩薩蠻雜劇一卷　(明)賈仲名撰
錦雲堂暗定連環計雜劇一卷
羅李郎大鬧相國寺雜劇一卷　(元)張國寶撰
看錢奴買冤家債主雜劇一卷
都孔目風雨還牢末雜劇一卷　(元)李致遠撰
洞庭湖柳毅傳書雜劇一卷　(元)尚仲賢撰
風雨像生貨郎旦雜劇一卷
望江亭中秋切鱠雜劇一卷　(元)關漢卿撰
馬丹陽三度任風子雜劇一卷　(元)馬致遠撰
薩眞人夜斷碧桃花雜劇一卷
沙門島張生煮海雜劇一卷　(元)李好古撰
包待制智賺生金閣雜劇一卷　(元)武漢臣撰
馮玉蘭夜月泣江舟雜劇一卷　40/1616.6
又一部　十四冊:存二十二種二十二卷

救孝子賢母不認屍雜劇一卷
(元)王仲文撰　(明)臧晉叔校
明萬曆吳興臧氏刻本
一冊
九行二十字,小字單行同,白口,左右雙邊。
40/1615.5

唐明皇秋夜梧桐雨雜劇一卷
(元)白仁甫撰　(明)臧晉叔校
明萬曆四十三年(1615)吳興臧氏刻本
一冊
九行二十字,小字單行同,白口,左右雙邊。
40/1615.8

謝金吾詐拆清風府雜劇一卷
(元)佚名撰　(明)臧晉叔校
明萬曆四十三年(1615)吳興臧氏刻本
一冊
九行二十字,小字單行同,白口,左右雙邊。
40/1615.6

羅李郎大鬧相國寺雜劇一卷
(元)張國賓撰　(明)臧晉叔校
明萬曆四十三年(1615)吳興臧氏刻本
一冊
九行二十字,小字單行同,白口,左右雙邊。
40/1615.7

散家財天賜老生兒雜劇一卷
(元)武漢臣撰　(明)臧晉叔校
明萬曆吳興臧氏刻本
一冊
九行二十字,小字單行同,白口,左右雙邊。
40/1615.4

河南府張鼎勘頭巾雜劇一卷
(元)孫仲章撰　(明)臧晉叔校
明萬曆吳興臧氏刻本
一冊
九行二十字,小字單行同,白口,左右雙邊。
40/1615.3

神奴兒大鬧開封府雜劇一卷
(明)臧晉叔校
明萬曆吳興臧氏刻本
一冊
九行二十字,小字單行二十字,白口,左右雙邊。　40/1611.3

迷青瑣倩女離魂雜劇一卷
(元)鄭德輝撰　(明)臧懋循校
西華山陳摶高臥雜劇一卷
(元)馬致遠撰　(明)臧懋循校
明萬曆四十三年(1615)吳興臧氏刻本
一冊
九行二十字,小字單行同,白口,左右雙邊。
40/1615.9

傳　奇

牡丹亭還魂記二卷
(明)湯顯祖撰
明刻清懷德堂印本
二冊
十行二十二字,小字雙行同,白口,四周單邊。有圖。鈐有"讀吾千卷書室"朱文印,"李棪敬贈"白文印。
《中國古籍善本書目》集部22041　40/1627.4

玉茗堂還魂記二卷
(明)湯顯祖撰
清乾隆五十年(1785)冰絲館刻本
六冊
九行二十字,白口,四周單邊。鈐有"王國維"朱白文印。
《中國古籍善本書目》集部22048　50/1785.3

吳吳山三婦合評牡丹亭還魂記二卷
(明)湯顯祖撰　(清)陳同評點
清康熙刻本
四冊
十行二十字,黑口,四周單邊。有圖。鈐有"靜遠東詔"白文印。　50/1722.51

笠翁傳奇十種二十卷
(清)李漁撰
清康熙刻本
三十三冊
十一行二十二字,小字單行同,白口,四周單邊。
《中國古籍善本書目》集部22241
子目:
憐香伴二卷
風箏誤二卷
意中緣二卷
蜃中樓二卷
鳳求凰二卷
奈何天二卷
比目魚二卷
玉搔頭二卷
巧團圓二卷
慎鸞交二卷 50/1722.26

長生殿傳奇二卷
(清)洪昇填詞 (清)舒鳧論文 (清)徐麟樂句
清康熙刻本
四冊
十行二十字,黑口,四周單邊。 50/1722.52

桃花扇傳奇二卷
(清)孔尚任撰
清康熙刻本
四冊
十行二十字,白口,四周單邊。鈐有"瑞安許叔珩章"白文印。 50/1722.16

玉燕堂四種曲八卷
(清)張堅撰
清乾隆刻本
十冊
十行二十字,白口,四周單邊。
子目:
夢中緣二卷
梅花簪二卷
懷沙記二卷
玉獅墜二卷
《中國古籍善本書目》集部22343
50/1750.5

紅樓夢傳奇八卷
(清)陳鍾麟撰
清道光八年(1828)汗青齋刻本
四冊
九行十九字,黑口,左右雙邊。 50/1828

金鑾殿二卷
清抄本
二冊
九行二十八字,無格。 80/2.50.581

散　曲

太霞新奏十四卷
(明)馮夢龍輯
清抄本
四冊
八行二十字,無格。鈐有"南溪"朱文印,"福德長壽"、"曲海浮生"、"感紅室所聚書"、"曲屏深幔綠橙香"、"寶情書庫中物"、"日利"、"老情"白文印。 80/2.50.484

彈　詞

廿一史彈詞註十卷
(明)楊慎撰 (清)張三異增定 (清)張仲璜注
明紀彈詞註一卷
(清)張三異撰 (清)張仲璜注
清雍正五年(1727)張坦麟刻本
八冊
十一行二十一字,小字雙行同,白口,四周單邊。
《中國古籍善本書目》集部22727 50/1727.2

廿一史彈詞注十一卷
(明)楊慎撰
清乾隆五年(1740)祝履堂刻本
八册
十一行二十一字,小字雙行同,白口,左右單邊。鈐有"洵康"、"何文廣藏書印"朱文印,"何文廣印"白文印。 50/1727.2

曲　選

雍熙樂府二十卷
(明)郭勳輯
抄本　佚名朱筆批校
二十册
十行二十字,無格。鈐有"曲閾"白文印。
80/2.60.1

詞林逸響四卷
(明)許宇輯
明天啓三年(1623)刻本
四册
九行二十二字,白口,四周單邊。有圖。有刻工。鈐有"鼎和"朱文印,"徐曦"白文印。
40/1623.2

南音三籟四卷
(清)袁于令重正　(明)即空觀主人評訂
清康熙七年(1668)刻本
一册
九行二十二字,白口,四周單邊。鈐有"何文廣藏書印"朱文印,"何文廣印"白文印。
存一卷:戲曲上卷 50/1668.6

曲　譜

納書楹曲譜正集四卷續集四卷外集二卷補遺三卷
(清)葉堂訂譜　(清)王文治参訂
清乾隆五十七年(1792)納書楹刻本
七册
六行十八字,小字雙行字數不等,白口,四周雙邊。 50/1792.5

叢　　部

彙編叢書

百川學海一百種一百七十九卷
(宋)左圭編
明弘治十四年(1501)華珵刻本　有抄配
三十六冊
十二行二十字,白口,左右雙邊。
甲集
聖門事業圖一卷　(宋)李元綱撰
漁樵對問一卷　(宋)邵雍撰
學齋佔畢四卷　(宋)史繩祖撰
獨斷二卷　(漢)蔡邕撰
李涪刊誤二卷　(唐)李涪撰
九經補韻一卷　(宋)楊伯嵒撰
中華古今注三卷　(後唐)馬縞撰
釋常談三卷
乙集
隋遺錄二卷　(唐)顔師古撰
翰林志一卷　(唐)李肇撰
宋朝燕翼詒謀錄五卷　(宋)王栐撰
春明退朝錄三卷　(宋)宋敏求撰
淳熙玉堂雜紀三卷　(宋)周必大撰
揮麈錄二卷　題(宋)楊萬里撰
丁晉公談錄一卷
王文正公筆錄一卷　(宋)王曾撰
開天傳信記一卷　(唐)鄭棨撰
丙集
厚德錄四卷　(宋)李元綱撰
韓忠獻公遺事一卷　(宋)強至撰
文正王公遺事一卷　(宋)王素撰
濟南先生師友談記一卷　(宋)李廌撰
可談一卷　(宋)朱彧撰
河東先生龍城錄二卷　(唐)柳宗元撰
前定錄一卷續前定錄一卷　(唐)鍾輅撰
國老談苑二卷　(宋)王君玉撰
晁氏客語一卷　(宋)晁說之撰
道山清話一卷
丁集
畫簾緒論一卷　(宋)胡太初撰
官箴一卷　(宋)呂本中撰
袪疑說一卷　(宋)儲泳撰
因論一卷　(唐)劉禹錫撰
宋景文公筆記三卷　(宋)宋祁撰
鼠璞一卷　(宋)戴埴撰
善誘文一卷　(宋)陳錄撰
戊集
東坡先生志林集一卷　(宋)蘇軾撰
螢雪叢說二卷　(宋)俞成撰
蘇黄門龍川略志十卷　(宋)蘇轍撰
西疇老人常言一卷　(宋)何坦撰
欒城先生遺言一卷　(宋)蘇籀撰
東谷所見一卷　(宋)李之彦撰
雞肋一卷　(宋)趙崇絢撰
孫公談圃三卷　(宋)孫升述　(宋)劉延世撰
己集
王公四六話二卷　(宋)王銍撰
四六談麈一卷　(宋)謝伋撰
文房四友除授集一卷
耕祿藁一卷　(宋)胡錡撰
子略四卷目一卷　(宋)高似孫撰
騷略三卷　(宋)高似孫撰
獻醜集一卷　(宋)許棐撰
庚集
選詩句圖一卷　(宋)高似孫撰
石林詩話三卷　(宋)葉夢得撰
六一居士詩話一卷　(宋)歐陽修撰

東萊呂紫微詩話一卷　(宋)呂本中撰
珊瑚鉤詩話三卷　(宋)張表臣撰
劉攽貢父詩話一卷　(宋)劉攽撰
後山居士詩話一卷　題(宋)陳師道撰
許彥周詩話一卷　(宋)許顗撰
司馬溫公詩話一卷　(宋)司馬光撰
庚溪詩話二卷　(宋)陳巖肖撰
竹坡老人詩話三卷　(宋)周紫芝撰
辛集
法帖釋文十卷　(宋)劉次莊撰
海岳名言一卷　(宋)米芾撰
寶章待訪錄一卷　(宋)米芾撰
米元章書史一卷　(宋)米芾撰
書斷四卷　(唐)張懷瓘撰
續書譜一卷　(宋)姜夔撰
試筆一卷　(宋)歐陽修撰
書譜一卷　(唐)孫過庭撰
法帖刊誤二卷　(宋)黄伯思撰
高宗皇帝御製翰墨志一卷　(宋)高宗趙構撰
法帖譜系二卷　(宋)曹士冕撰
壬集
端溪硯譜一卷　(宋)葉樾撰
硯譜一卷
歙州硯譜一卷歙硯說一卷辨歙石說一卷
硯史一卷　(宋)米芾撰
古今刀劍錄一卷　(梁)陶弘景撰
香譜二卷　(宋)洪芻撰
茶經三卷　(唐)陸羽撰
煎茶水記一卷　(唐)張又新撰
茶錄一卷　(宋)蔡襄撰
東溪試茶錄一卷　(宋)宋子安撰
酒譜一卷　(宋)竇苹撰
本心齋疏食譜一卷　(宋)陳達叟撰
筍譜一卷　(宋釋)贊寧撰
菌譜一卷　(宋)陳仁玉撰
蟹譜二卷　(宋)傅肱撰
癸集
荔枝譜一卷　(宋)蔡襄撰
橘錄三卷　(宋)韓彥直撰
南方草木狀三卷　(晉)嵇含撰
竹譜一卷　(晉)戴凱之撰
菊譜一卷　(宋)劉蒙撰
菊譜一卷　(宋)范成大撰
菊譜一卷　(宋)史正志撰
梅譜一卷　(宋)范成大撰
洛陽牡丹記一卷　(宋)歐陽修撰
牡丹榮辱志一卷　(宋)丘璿撰
揚州芍藥譜一卷　(宋)王觀撰
海棠譜三卷　(宋)陳思撰
師曠禽經一卷　題(晉)張華注
名山洞天福地記一卷　(前蜀)杜光庭撰
《中國古籍善本書目》叢部4　40/1501

說郛一百二十卷

(明)陶宗儀編
清順治三年(1646)李際期宛委山堂刻本
一百一十八册
九行二十字,白口,左右雙邊。鈐有"人境廬藏書"朱文印。
存一百十六卷
子目:
弓一
大學石經
大學古本　(明)陶宗儀輯
中庸古本　(明)陶宗儀輯
詩小序
詩傳
詩說　題(漢)申培撰
弓二
乾鑿度
元包　(北周)衛元嵩撰
潛虛　(宋)司馬光撰
京氏易略　(漢)京房撰
關氏易傳　題(後魏)關朗撰
周易略例　(魏)王弼撰
周易古占　(宋)程迥撰
弓三
周易舉正　題(唐)郭京撰
讀易私言　(元)許衡撰
元包數義　(宋)張行成撰
櫝蓍記　(元)劉因撰
論語筆解　(唐)韓愈撰
論語拾遺　(宋)蘇轍撰
疑孟　(宋)司馬光撰

詰墨　題（漢）孔鮒撰
翼莊　（晉）郭象撰
弖四
毛詩草木鳥獸蟲魚疏　（吳）陸璣撰
詩說　（宋）張耒撰
三禮敍錄　（元）吳澄撰
夏小正
月令問答　（漢）蔡邕撰
九經補韻　（宋）楊伯嵒撰
小爾雅　（漢）孔鮒撰
弖五
三墳書　（明）陶宗儀訂
易飛候　（漢）京房撰
易洞林　（晉）郭璞撰
易稽覽圖
易巛靈圖
易通卦驗
尚書旋璣鈐
尚書帝命期
尚書考靈耀
尚書中候
詩含神霧
詩紀曆樞
春秋元命苞
春秋運斗樞
春秋文曜鉤
春秋合誠圖
春秋孔演圖
春秋說題辭
春秋感精符
春秋潛潭巴
春秋佐助期
春秋緯
春秋後語　（晉）孔衍撰
春秋繁露　（漢）董仲舒撰
禮稽命徵
禮含文嘉
禮斗威儀
大戴禮逸
樂稽耀嘉
孝經援神契
孝經鉤命決
孝經左契
孝經右契
孝經内事
五經折疑　題（魏）邯鄲綽撰
五經通義
龍魚河圖
河圖括地象
河圖稽命徵
河圖稽燿鉤
河圖始開圖
洛書甄耀度
遁甲開山圖
淮南畢萬術
弖六
聖門事業圖　（宋）李元綱撰
兼明書　（五代）丘光庭撰
希通錄　（宋）蕭參撰
實賓錄
弖七
譚子化書　（五代）譚峭撰
素書
枕中書　（晉）葛洪撰
參同契　（漢）魏伯陽撰
陰符經
弖八
三教論衡　（唐）白居易撰
令旨解二諦義　（梁）蕭統撰
漁樵對問　（宋）邵雍撰
西疇老人常言　（宋）何坦撰
藝圃折中　（宋）鄭厚撰
發明義理　（宋）呂希哲撰
弖九
鹿門隱書　（唐）皮日休撰
山書　（唐）劉蛻撰
兩同書　（唐）羅隱撰
迂書　（宋）司馬光撰
新書　題（蜀）諸葛亮撰
權書　（宋）蘇洵撰
弖十
正朔考　（宋）魏了翁撰
史剡　（宋）司馬光撰
綱目疑誤　（宋）周密撰

揚子新注　(唐)柳宗元撰
新唐書糾謬　(宋)吳縝撰
遂初堂書目　(宋)尤袤撰
弓十一
輶軒絕代語　(漢)揚雄撰
獨斷　(漢)蔡邕撰
臆乘　(宋)楊伯喦撰
芥隱筆記　(宋)龔頤正撰
宜齋野乘　(宋)吳枋撰
弓十二
中華古今注　(後唐)馬縞撰
古今考　(宋)魏了翁撰
刑書釋名　(宋)王鍵撰
釋常談
續釋常談　(宋)龔頤正撰
事原　(唐)劉孝孫撰
袖中記　(梁)沈約撰
弓十三
演繁露　(宋)程大昌撰
學齋佔嗶　(宋)史繩祖撰
李氏刊誤　(唐)李涪撰
孔氏雜說　(宋)孔平仲撰
弓十四
鼠璞　(宋)戴埴撰
資暇錄　(唐)李匡乂撰
賓退錄　(宋)趙與時撰
紀談錄　(宋)晁邁撰
過庭錄　(宋)范公稱撰
楮記室　(明)潘塤撰
弓十五
螢雪叢說　(宋)俞成撰
孫公談圃　(宋)孫升述　(宋)劉延世撰
墨客揮犀　(宋)彭乘撰
師友談記　(宋)李廌撰
弓十六
宋景文公筆記　(宋)宋祁撰
王文正筆錄　(宋)王曾撰
丁晉公談錄
楊文公談苑　(宋)楊億撰
欒城先生遺言　(宋)蘇籀撰
弓十七
愛日齋藂抄　(宋)葉□撰
能改齋漫錄　(宋)吳曾撰
識遺　(宋)羅璧撰
退齋雅聞錄　(宋)侯延慶撰
南墅閒居錄
雪浪齋日記
廬陵官下記　(唐)段成式撰
玉溪編事
渚宮故事　(唐)余知古撰
麟臺故事　(宋)程俱撰
五國故事
郡閣雅言　(宋)潘若同撰
弓十八
侯鯖錄　(宋)趙令畤撰
畫墁錄　(宋)張舜民撰
摭青雜說　(宋)王明清撰
樂郊私語　(元)姚桐壽撰
隱窟雜志　(宋)溫革撰
梁溪漫志　(宋)費袞撰
墨娥漫錄
三水小牘　(唐)皇甫枚撰
弓十九
寓簡　(宋)沈作喆撰
碧雞漫志　(宋)王灼撰
晁氏客語　(宋)晁說之撰
涪翁雜說　(宋)黃庭堅撰
雲麓漫抄　(宋)趙彥衛撰
黃氏筆記　(元)黃溍撰
兩鈔摘腴　(宋)史浩撰
碧湖雜記　(宋)謝枋得撰
西林日記　(元)姚燧撰
搜神秘覽　(宋)章炳文撰
牧豎閒談　(宋)景渙撰
紫薇雜記　(宋)呂本中撰
弓二十
巖下放言　(宋)葉夢得撰
玉澗襍書　(宋)葉夢得撰
石林燕語　(宋)葉夢得撰
避暑錄話　(宋)葉夢得撰
深雪偶談　(宋)方岳撰
葦航紀談　(宋)蔣津撰
豹隱紀談　(宋)周遵道撰
悅生隨抄　(宋)賈似道撰

齊東埜語　（宋）周密撰
邇言志見　（宋）劉炎撰
晰獄龜鑑　（宋）鄭克撰
弓二十一
青箱雜記　（宋）吳處厚撰
冷齋夜話　（宋釋）惠洪撰
癸辛雜識　（宋）周密撰
墨莊漫錄　（宋）張邦基撰
龍川別志　（宋）蘇轍撰
羅湖野錄　（宋釋）曉瑩撰
鶴林玉露　（宋）羅大經撰
雲谿友議　（唐）范攄撰
弓二十二
後山談叢　（宋）陳師道撰
林下偶譚　（宋）吳子良撰
湘素雜記　（宋）黃朝英撰
捫虱新話　（宋）陳善撰
研北雜志　（元）陸友撰
清波雜志　（宋）周煇撰
壺中贅錄
物類相感志　題（宋）蘇軾撰
弓二十三
因話錄　（唐）趙璘撰
同話錄　（宋）曾三異撰
五色線
五總志　（宋）吳炯撰
金樓子　（梁）元帝蕭繹撰
乾𦠆子　（唐）溫庭筠撰
投荒雜錄　（唐）房千里撰
炙轂子錄　（唐）王叡撰
抒情錄　（宋）盧懷撰
啓顏錄　（唐）侯白撰
絕倒錄　（宋）朱暉撰
唾玉集　（宋）俞文豹撰
辨疑志　（唐）陸長源撰
開城錄　（唐）李石撰
原化記　（唐）皇甫□撰
蠡海錄　（明）王逵撰
澄懷錄　（元）袁桷撰
弓二十四
王氏談錄　（宋）王欽臣撰
先公談錄　（宋）李宗諤撰
槁簡贅筆　（宋）章淵撰
傳講雜記　（宋）呂希哲撰
繼古藂編　（宋）施青臣撰
南窗紀談
後耳目志　（宋）鞏豐撰
羣居解頤　（唐）高懌撰
雁門野說　（宋）邵思撰
三柳軒雜識　（元）程棨撰
負暄雜錄
中吳紀聞　（宋）龔明之撰
緯略　（宋）高似孫撰
鈎玄
弓二十五
遯齋閒覽　（宋）范正敏撰
稗史　（元）仇遠撰
志林　（宋）蘇軾撰
因論　（唐）劉禹錫撰
晉問　（唐）柳宗元撰
窮愁志　（唐）李德裕撰
席上腐談　（宋）俞琰撰
田間書　（宋）林昉撰
判決錄　（唐）張鷟撰
弓二十六
東園友聞
劉馮事始　（唐）劉存　（五代）馮鑑撰
西墅記譚　（五代）潘遠撰
遺史紀聞　（宋）詹玠撰
姑蘇筆記　（宋）羅志仁撰
南部新書　（宋）錢易撰
龍城錄　題（唐）柳宗元撰
桂苑叢談　（唐）馮翊撰
義山雜記　（唐）李商隱撰
文藪雜著　（唐）皮日休撰
法苑珠林
蒼梧雜志　（宋）胡珵撰
青瑣高議　（宋）劉斧撰
秘閣閑話
耕餘博覽
弓二十七
雞肋編　（宋）莊季裕撰
泊宅編　（宋）方勺撰
吹劍錄　（宋）俞文豹撰

投轄錄　（宋）王明清撰
鑑戒錄　（後蜀）何光遠撰
暇日記　（宋）劉跂撰
佩楚軒客談　（元）戚輔之撰
志雅堂雜抄　（宋）周密撰
浩然齋視聽抄　（宋）周密撰
瑞桂堂暇錄
陵陽室中語　（宋）范季隨撰
猗覺寮雜記　（宋）朱翌撰
昭德新編　（宋）晁迥撰
山陵雜記　（元）楊奐撰
弓二十八
雞肋　（宋）趙崇絢撰
桯史　（宋）岳珂撰
雲谷雜記　（宋）張淏撰
船窗夜話　（宋）顧文薦撰
野人閒話　（宋）景渙撰
植杖閒談　（宋）錢康功撰
東齋記事　（宋）許觀撰
澹山雜識　（宋）錢功撰
坦齋通編　（宋）邢凱撰
桃源手聽　（宋）陳賓撰
韋居聽輿　（宋）陳直撰
仇池筆記　題（宋）蘇軾撰
弓二十九
暘谷謾錄　（宋）洪巽撰
友會談叢　（宋）上官融撰
野老記聞　（宋）王楙撰
灌畦暇語
澗泉日記　（宋）韓淲撰
步里客談　（宋）陳長方撰
雲齋廣錄　（宋）李獻民撰
續骩骳說　（宋）朱昂撰
西齋話記　（宋）祖士衡撰
雪舟脞語　（元）王仲暉撰
西軒客談
蒙齋筆談　（宋）鄭景璧撰
廬陵雜說　（宋）歐陽修撰
昌黎雜說　（唐）韓愈撰
漁樵閒話　（宋）蘇軾撰
弓三十
游宦紀聞　（宋）張世南撰
行都紀事　（宋）陳晦撰
隣幾雜誌　（宋）江休復撰
楓窗小牘　（宋）袁褧撰
湖湘故事　（宋）陶岳撰
弓三十一
誠齋雜記　（元）周達觀撰
溫公瑣語　（宋）司馬光撰
蔣氏日錄　（宋）蔣穎叔撰
剡溪野語　（宋）程正敏撰
釣磯立談　（宋）費樞撰
盛事美談
衣冠盛事　（唐）蘇特撰
硯崗筆志　（宋）唐稷撰
窗間記聞　（宋）陳子兼撰
翰墨叢記　（宋）滕康撰
備忘小抄　（五代）文谷撰
艅艎日疏　（元）凌準撰
輶軒雜錄　（宋）王襄撰
獨醒雜志　（宋）吳宏撰
姚氏殘語　（宋）姚寬撰
有宋佳話
採蘭雜志
嘉蓮燕語
戊辰雜抄
真率筆記
芸窗私志　（元）陳芬撰
致虛雜俎
內觀日疏
漂粟手牘
奚囊橘柚
玄池說林
賈氏說林
然藜餘筆
荻樓雜抄
客退紀談
下帷短牒
下黃私記
弓三十二
嫏嬛記　（元）伊世珍撰
宣室志　（唐）張讀撰
傳載　（唐）劉餗撰
傳載略　（宋釋）贊寧撰

瀟湘錄　（唐）李隱撰
野雪鍛排雜說　（宋）許景迂撰
耳目記　（唐）張鷟撰
樹萱錄　（唐）劉燾撰
善謔集　題（宋）天和子撰
紹陶錄　（宋）王質撰
視聽抄　（宋）吳萃撰
卻掃編　（宋）徐度撰
開顏集　（宋）周文玘撰
雞跖集　（宋）王子韶撰
葆化錄　（唐）陳京撰
聞見錄　（宋）羅點撰
墨娥漫錄
三水小牘　（唐）皇甫枚撰
洽聞記　（唐）鄭常撰
閒談錄　（宋）蘇耆撰
解酲語　（元）李材撰
延漏錄　（宋）章望之撰
三餘帖
北山錄
玉匣記　（宋）皇甫牧撰
潛居錄
弓三十三
西溪叢語　（宋）姚寬撰
倦游雜錄　（宋）張師正撰
虛谷閒抄　（元）方回撰
玉照新志　（宋）王明清撰
醉翁寱語　（宋）樓璹撰
錦里新聞
弓三十四
清尊錄　（宋）廉布撰
昨夢錄　（宋）康譽之撰
就日錄　題（宋）灌園耐得翁撰
漫笑錄　（宋）徐慥撰
軒渠錄　（宋）呂本中撰
拊掌錄　（元）元懷撰
諧噱錄　（唐）劉訥言撰
咸定錄
天定錄
調謔編
謔名錄　（宋）吳淑撰
艾子雜說
弓三十五
摭言　（五代）王定保撰
諧史　（宋）沈俶撰
可談　（宋）朱彧撰
話腴　（宋）陳郁撰
談藪　（宋）龐元英撰
談淵　（宋）王陶撰
談撰　（元）虞裕撰
弓三十六
尚書故實　（唐）李綽撰
次柳氏舊聞　（唐）李德裕撰
隋唐嘉話　（唐）劉餗撰
劉賓客嘉話錄　（唐）韋絢撰
賓朋宴語　（宋）丘昶撰
法藏碎金錄　（宋）晁迥撰
弓三十七
春渚紀聞　（宋）何薳撰
曲洧舊聞　（宋）朱弁撰
茅亭客話　（宋）黃休復撰
避戎嘉話　（宋）石茂良撰
閒燕常談　（宋）董弅撰
儒林公議　（宋）田況撰
賈氏談錄　（宋）張洎撰
燈下閒談　（宋）江洵撰
藭堂野史　（宋）林子中撰
退齋筆錄　（宋）侯延慶撰
皇朝類苑　（宋）江少虞撰
珩璜新論　（宋）孔平仲撰
弓三十八
白獺髓　（宋）張仲文撰
清夜錄　（宋）俞文豹撰
貴耳錄　（宋）張端義撰
碧雲騢　（宋）梅堯臣撰
異聞記　（宋）何先撰
芝田錄　（唐）丁用晦撰
避亂錄　（宋）王明清撰
嗋囈集　（元）宋无撰
垚關錄　（唐）韓昱撰
卷三十九
揮麈錄　（宋）王明清撰
揮麈餘話　（宋）王明清撰
避暑漫抄　（宋）陸游撰

南唐近事　(宋)鄭文寶撰
洞微志　(宋)錢易撰
該聞錄　(宋)李畋撰
從駕記　(宋)陳世崇撰
東巡記　(宋)趙彥衛撰
青溪寇軌　(宋)方勺撰
江表志　(宋)鄭文寶撰
弓四十
歸田錄　(宋)歐陽修撰
嬾眞子錄　(宋)馬永卿撰
陶朱新錄　(宋)馬純撰
東皐雜錄　(宋)孫宗鑑撰
東軒筆錄　(宋)魏泰撰
山房隨筆　(元)蔣子正撰
十友瑣說　(宋)溫革撰
弓四十一
春明退朝錄　(宋)宋敏求撰
澠水燕談錄　(宋)王闢之撰
幙府燕閒錄　(宋)畢仲詢撰
老學菴筆記　(宋)陸游撰
老學菴續筆記　(宋)陸游撰
蓼花洲閒錄　(宋)高文虎撰
秀水閒居錄　(宋)朱勝非撰
弓四十二
大唐創業起居注　(唐)溫大雅撰
乾淳起居注　(宋)周密撰
御塞行程　(宋)趙彥衛撰
熙豐日曆　(宋)王明清撰
唐年補錄　(唐)馬總撰
弓四十三
東觀奏記　(唐)裴庭裕撰
國老談苑　(宋)王君玉撰
明道雜志　(宋)張耒撰
續明道雜志　(宋)張耒撰
弓四十四
燕翼貽謀錄　(宋)王栐撰
玉堂逢辰錄　(宋)錢惟演撰
宜春傳信錄　(宋)羅誘撰
洛陽搢紳舊聞記　(宋)張齊賢撰
小說舊聞記　(唐)柳公權撰
廣陵妖亂志　(唐)鄭廷誨撰
弓四十五
玉堂雜記　(宋)周必大撰
玉壺清話　(宋釋)文瑩撰
道山清話　(宋)王暐撰
家世舊聞　(宋)陸游撰
錢氏私誌　(宋)錢愐撰
家王故事　(宋)錢惟演撰
桐陰舊話　(宋)韓元吉撰
弓四十六
北夢瑣言　(宋)孫光憲撰
杜陽雜編　(唐)蘇鶚撰
金華子雜編　(南唐)劉崇遠撰
玉泉子眞錄
松窗雜記　(唐)杜荀鶴撰
南楚新聞　(唐)尉遲樞撰
中朝故事　(南唐)尉遲偓撰
戎幕閒談　(唐)韋絢撰
商芸小說　(梁)殷芸撰
封氏聞見記　(唐)封演撰
景龍文館記　(唐)武平一撰
弓四十七
行營雜錄　(宋)趙葵撰
江行雜錄　(宋)廖瑩中撰
聞見雜錄　(宋)蘇舜欽撰
養痾漫筆　(宋)趙溍撰
文昌雜錄　(宋)陳襄撰
遂昌雜錄　(元)鄭元祐撰
宣政雜錄　(宋)江萬里撰
古杭雜記　(元)李有撰
錢塘遺事　(元)劉一清撰
默記　(宋)王銍撰
弓四十八
朝野僉載　(唐)張鷟撰
唐國史補　(唐)李肇撰
唐闕史　(唐)高彥休撰
唐語林　(宋)王讜撰
大唐新語　(唐)劉肅撰
大唐奇事　(唐)馬總撰
三聖記　(唐)李德裕撰
先友記　(唐)柳宗元撰
皮子世錄　(唐)皮日休撰
盧氏雜說　(唐)盧言撰
零陵總記　(唐)陸龜蒙撰

玉堂閑話
弓四十九
四朝聞見錄　（宋）葉紹翁撰
三朝聖政錄　（宋）石承進撰
會昌解頤錄　（唐）包湑撰
洛中紀異錄　（宋）秦再思撰
鐵圍山叢談　（宋）蔡絛撰
困學齋雜鈔　（元）鮮于樞撰
金鑾密記　（唐）韓偓撰
常侍言旨　（唐）柳珵撰
朝野遺記
朝野僉言
大中遺事　（唐）令狐澄撰
西朝寶訓
涑水記聞　（宋）司馬光撰
蜀道征討比事　（宋）袁申儒撰
大事記　（宋）吕祖謙撰
三朝野史　（元）吳萊撰
弓五十
甲申雜記　（宋）王鞏撰
隨手雜錄　（宋）王鞏撰
聞見近錄　（宋）王鞏撰
續聞見近錄　（宋）王鞏撰
南遊記舊　（宋）曾紆撰
燕北雜記　（宋）武珪撰
山居新語　（元）楊瑀撰
家世舊事　（宋）程頤撰
弓五十一
卓異記　（唐）李翱撰
翰林志　（唐）李肇撰
續翰林志　（宋）蘇易簡撰
翰林壁記　（唐）丁居晦撰
御史臺記
上庠錄　（宋）吕榮義撰
唐科名記　（宋）高似孫撰
五代登科記　（宋）韓思撰
趨朝事類
紹熙行禮記　（宋）周密撰
上壽拜舞記　（宋）陳世崇撰
封禪儀記　（漢）馬第伯撰
明禋儀注　（宋）王儀撰
梁雜儀注　（唐）段成式撰
婚雜儀注　（唐）段成式撰
朝會儀記　（漢）蔡質撰
稽古定制
弓五十二
明皇十七事　（唐）李德裕撰
開元天寶遺事　（五代）王仁裕撰
傳信記　（唐）鄭棨撰
幽閑鼓吹　（唐）張固撰
摭異記　（唐）李濬撰
愧郯錄　（宋）岳珂撰
新城錄　（唐）沈亞之撰
弓五十三
南渡宮禁典儀　（宋）周密撰
乾淳御教記　（宋）周密撰
燕射記　（宋）周密撰
唱名記　（宋）周密撰
天基聖節排當樂次　（宋）周密撰
乾淳教坊樂部　（宋）周密撰
雜劇段數　（宋）周密撰
高宗幸張府節次略　（宋）周密撰
藝流供奉志　（宋）周密撰
弓五十四
晉史乘
楚史檮杌
蜀檮杌　（宋）張唐英撰
幸蜀記　（唐）宋居白撰
五代新說　（宋）徐炫撰
三楚新錄　（宋）周羽翀撰
江南野錄　（宋）龍袞撰
弓五十五
金志　題（宋）宇文懋昭撰
遼志　（宋）葉隆禮撰
松漠記聞　（宋）洪皓撰
雞林類事　（宋）孫穆撰
虜廷事實　（宋）文惟簡撰
夷俗考　（宋）方鳳撰
北風揚沙錄　（宋）陳準撰
弓五十六
蒙韃備錄　（宋）孟珙撰
北邊備對　（宋）程大昌撰
燕北錄　（宋）王易撰
北轅錄　（宋）周煇撰

西使記　(元)劉郁撰
使高麗錄　(宋)徐兢撰
安南行記　(元)徐明善撰
高昌行紀　(宋)王延德撰
陷虜記　(五代)胡嶠撰
弓五十七
群輔錄　題(晉)陶潛撰
英雄記鈔　(魏)王粲撰
眞靈位業圖　(梁)陶弘景撰
東林蓮社十八高賢傳
高士傳　(晉)皇甫謐撰
弓五十八
汝南先賢傳　(晉)周斐撰
陳留耆舊傳　(魏)蘇林撰
會稽先賢傳　(吳)謝承撰
益都耆舊傳　(晉)陳壽撰
楚國先賢傳　(晉)張方撰
襄陽耆舊傳　(晉)習鑿齒撰
長沙耆舊傳　(晉)劉彧撰
零陵先賢傳　(晉)司馬彪撰
廣州先賢傳　(□)鄒閎甫撰
閩川名士傳　(唐)黃璞撰
西州後賢志　(晉)常璩撰
文士傳　(晉)張隱撰
列女傳　(晉)皇甫謐撰
梓潼士女志　(晉)常璩撰
漢中士女志　(晉)常璩撰
孝子傳　(晉)徐廣撰
幼童傳　(梁)劉劭撰
高道傳　(宋)賈善翊撰
方外志
列仙傳　題(漢)劉向撰
神仙傳　(晉)葛洪撰
續神仙傳　(南唐)沈汾撰
集仙傳　(宋)曾慥撰
江淮異人錄　(宋)吳淑撰
弓五十九
漢官儀　(漢)應劭撰
獻帝春秋
玄晏春秋　(晉)皇甫謐撰
九州春秋　(晉)司馬彪撰
帝王世記　(晉)皇甫謐撰
魏晉世語　(晉)郭頒撰
東宮舊事　(晉)張敞撰
元嘉起居注
大業拾遺錄　(唐)杜寶撰
建康宮殿簿　(唐)張著撰
山公啓事　(晉)山濤撰
八王故事　(晉)盧綝撰
陸機要覽　(晉)陸機撰
桓譚新論　(漢)桓譚撰
譙周法訓　(蜀)譙周撰
裴啓語林　(晉)裴啓撰
虞喜志林　(晉)虞喜撰
魏臺訪議　(魏)王肅撰
魏春秋　(晉)孫盛撰
齊春秋　(梁)吳均撰
晉陽秋　(晉)庾翼撰
續晉陽秋　(劉宋)檀道鸞撰
晉中興書　(劉宋)何法盛撰
宋拾遺錄　(梁)謝綽撰
會稽典錄　(晉)虞預撰
三國典略　(晉)魚豢撰
建康實錄
三輔決錄　(漢)趙岐撰
鄴中記　(晉)陸翽撰
吳錄　(晉)張勃撰
弓六十
靈憲注　(漢)張衡撰
玉曆通政經
徐整長曆　(吳)徐整撰
孫氏瑞應圖　(□)孫柔之撰
玉符瑞圖　(梁)顧野王撰
地鏡圖
五行記
玄中記
發蒙記　(晉)束晳撰
決疑要注　(晉)摯虞撰
在窮記　(□)孔元舒撰
河東記
雞林志
湘山錄
九國志　(□)劉旻撰
九域志　(宋)李昕撰

十道志　(唐)李吉甫撰
十三州記　(晉)黃義仲撰
寰宇記　(宋)樂史撰
風土記　(晉)周處撰
神境記　(劉宋)王韶之撰
西征記　(晉)戴祚撰
三輔黃圖
三輔舊事　(唐)袁郊撰
西都雜記　(唐)韋述撰
太康地記
燉煌新錄　(後魏)劉昞撰
扶南土俗　(吳)康泰撰
南宋市肆紀　(宋)周密撰
弓六十一
三秦記
長安志　(宋)宋敏求撰
關中記　(晉)潘岳撰
洛陽記　(晉)陸機撰
梁州記　(南齊)劉澄之撰
梁京寺記
宜都記　(晉)袁山松撰
益州記　(晉)任豫撰
荆州記　(劉宋)盛弘之撰
湘中記　(晉)羅含撰
武陵記　(□)鮑堅撰
漢南記　(□)張瑩撰
南雍州記　(劉宋)王韶之撰
安城記　(□)王孚撰
南康記　(晉)鄧德明撰
潯陽記　(晉)張僧鑒撰
鄱陽記　(南齊)劉澄之撰
九江志　(晉)何晏撰
丹陽記　(劉宋)山謙之撰
會稽記　(晉)孔曄撰
永嘉郡記　(劉宋)鄭緝之撰
三齊略記　(晉)伏琛撰
南越志　(晉)沈懷遠撰
廣州記　(晉)顧微撰
廣志　(晉)郭義恭撰
番禺雜記　(唐)鄭熊撰
始興記　(劉宋)王韶之撰
林邑記
涼州記　(北涼)段龜龍撰
交州記　(晉)劉欣期撰
沙州記　(劉宋)段國撰
弓六十二
雲南志略　(元)李京撰
遼東志略　(元)戚輔之撰
桂海虞衡志　(宋)范成大撰
岳陽風土記　(宋)范致明撰
眞臘風土記　(元)周達觀撰
陳留風俗傳　(晉)江微撰
成都古今記　(宋)趙朴撰
臨海水土記
臨海異物志　(吳)沈瑩撰
弓六十三
吳地記　(唐)陸廣微撰
遊城南註　(宋)張禮撰
北戶錄　(唐)段公路撰
湖山勝槩　(宋)周密撰
弓六十四
入越記　(宋)呂祖謙撰
吳郡諸山錄　(宋)周必大撰
廬山錄　(宋)周必大撰
廬山後錄　(宋)周必大撰
九華山錄　(宋)周必大撰
金華遊錄　(宋)方鳳撰
大嶽志　(明)方升撰
弓六十五
來南錄　(唐)李翺撰
入蜀記　(宋)陸游撰
攬轡錄　(宋)范成大撰
驂鸞錄　(宋)范成大撰
吳船錄　(宋)范成大撰
汎舟錄　(宋)周必大撰
乾道庚寅奏事錄　(宋)周必大撰
河源志　(元)潘昂霄撰
于役志　(宋)歐陽修撰
峽程記　(唐)韋莊撰
述異記　題(梁)任昉撰
弓六十六
佛國記　(晉釋)法顯撰
神異經　(漢)東方朔撰
拾遺名山記　(前秦)王嘉撰

海內十州記　題(漢)東方朔撰
洞天福地記　(前蜀)杜光庭撰
別國洞冥記　題(漢)郭憲撰
西京雜記　題(晉)葛洪撰
南部煙花記　(唐)馮贄撰
弓六十七
豫章古今記　(劉宋)雷次宗撰
睦州古蹟記　(宋)謝翱撰
南海古蹟記　(元)吳萊撰
遊甬東山水古蹟記　(元)吳萊撰
洛陽伽藍記　(北魏)楊衒之撰
寺塔記　(唐)段成式撰
益部方物略記　(宋)宋祁撰
嶺表錄異記　(唐)劉恂撰
溪蠻叢笑　(宋)朱輔撰
函潼關要志　(宋)程大昌撰
南宋故都宮殿　(宋)周密撰
弓六十八
東京夢華錄　(宋)孟元老撰
古杭夢遊錄　題(宋)灌園耐得翁撰
錢塘瑣記　(宋)于肇撰
六朝事迹　(宋)張敦頤撰
汴故宮記　(元)楊奐撰
汴都平康記　(宋)張邦基撰
艮嶽記　(宋)張淏撰
洛陽名園記　(宋)李格非撰
吳興園林記　(宋)周密撰
廬山草堂記草堂三謠　(唐)白居易撰
終南十志　(唐)盧鴻撰
平泉山居雜記　(唐)李德裕撰
平泉山居草木記　(唐)李德裕撰
弓六十九
歲華紀麗譜　(元)費著撰
荆楚歲時記　(梁)宗懍撰
乾淳歲時記　(宋)周密撰
輦下歲時記
秦中歲時記　(唐)李淖撰
玉燭寶典　(隋)杜臺卿撰
四民月令　(漢)崔寔撰
千金月令　(唐)孫思邈撰
四時寶鏡
歲時雜記　(宋)呂原明撰
歲華紀麗　題(唐)韓鄂撰
影燈記
弓七十
書簾緒論　(宋)胡太初撰
官箴　(宋)呂本中撰
政經　(宋)眞德秀撰
忠經　題(漢)馬融撰
女孝經　(唐)鄭□撰
女論語　(唐)宋若昭撰
女誡　(漢)班昭撰
厚德錄　(宋)李元綱撰
省心錄　(宋)林逋撰
弓七十一
涑水家儀　(宋)司馬光撰
顏氏家訓　(北齊)顏之推撰
石林家訓　(宋)葉夢得撰
緒訓　(宋)陸游撰
蘇氏族譜　(宋)蘇洵撰
訓學齋規　(宋)朱熹撰
呂氏鄉約　(宋)呂大忠撰
義莊規矩　(宋)范仲淹撰
世範　(宋)袁采撰
鄭氏家範　(元)鄭太和撰
弓七十二
前定錄　(唐)鍾輅撰
續前定錄　(唐)鍾輅撰
還寃記　(北齊)顏之推撰
報應記　(唐)唐臨撰
弓七十三
袪疑說　(宋)儲泳撰
辨惑論　(元)謝應芳撰
善誘文　(宋)陳錄撰
樂善錄　(宋)李昌齡撰
東谷所見　(宋)李之彥撰
弓七十四
山家清供　(宋)林洪撰
山家清事　(宋)林洪撰
忘懷錄　(宋)沈括撰
登涉符籙　(晉)葛洪撰
臥游錄　(宋)呂祖謙撰
對雨編　(宋)洪邁撰
農家諺　(漢)崔寔撰

弓七十五
經鉏堂襍誌 （宋）倪思撰
吳下田家志 （元）陸泳撰
天隱子養生書 （唐）司馬承禎撰
保生要錄 （宋）蒲處貫撰
保生月錄 （唐）韋行規撰
養生月錄 （宋）姜蛻撰
攝生要錄 （明）沈仕撰
齊民要術 （北魏）賈思勰撰
林下清錄 （明）沈仕撰
蘭亭集 （晉）王羲之等撰
輞川集 （唐）王維 裴迪撰
洛中耆英會 （宋）司馬光等撰
洛中九老會 （唐）白居易等撰
弓七十六
錦帶書 （梁）蕭統撰
耕祿藁 （宋）胡錡撰
水族加恩簿 （宋）毛勝撰
禪本草 （宋釋）慧日撰
義山雜纂 （唐）李商隱撰
雜纂續 （宋）王銍撰
雜纂二續 （宋）蘇軾撰
弓七十七
小名錄 （唐）陸龜蒙撰
侍兒小名錄 （宋）王銍撰
侍兒小名錄 （宋）溫豫撰
侍兒小名錄 （宋）洪遂撰
侍兒小名錄 （宋）張邦幾撰
釵小志 （唐）朱揆撰
粧樓記 （南唐）張泌撰
粧臺記 （唐）宇文士及撰
靚粧錄 （唐）溫庭筠撰
髻鬟品 （唐）段成式撰
弓七十八
織錦璇璣圖 （前秦）蘇蕙撰
北里志 （唐）孫棨撰
教坊記 （唐）崔令欽撰
青樓集 （元）夏庭芝撰
麗情集 （宋）張君房撰
弓七十九
文則 （宋）陳騤撰
文錄 題（宋）唐庚撰
詩品 （梁）鍾嶸撰
詩式 （唐釋）皎然撰
詩譜 （元）陳繹曾撰
二十四詩品 （唐）司空圖撰
詩談
詩論 （宋釋）普聞撰
詩病五事 （宋）蘇轍撰
杜詩箋 （宋）黃庭堅撰
弓八十
風騷旨格 （唐釋）齊己撰
韻語陽秋 （宋）葛立方撰
藝苑雌黃 （宋）嚴有翼撰
譚苑醍醐 （明）楊慎撰
竹林詩評
謝氏詩源
潛溪詩眼 （宋）范溫撰
本事詩 （唐）孟棨撰
續本事詩 （□）聶奉先撰
弓八十一
砦溪詩話 （宋）黃徹撰
環溪詩話 （宋）吳沆撰
東坡詩話 （宋）蘇軾撰
西清詩話 （宋）蔡絛撰
艇齋詩話 （宋）曾季貍撰
梅澗詩話 （宋）韋居安撰
後村詩話 （宋）劉克莊撰
漫叟詩話
桐江詩話
蘭莊詩話 （明）閔文振撰
迂齋詩話
金玉詩話 （宋）蔡絛撰
漢皐詩話
陳輔之詩話 （宋）陳輔撰
敖器之詩話 （宋）敖陶孫撰
潘子眞詩話 （宋）潘子眞撰
青瑣詩話 （宋）劉斧撰
玄散詩話
弓八十二
六一居士詩話 （宋）歐陽修撰
司馬溫公詩話 （宋）司馬光撰
劉攽貢父詩話 （宋）劉攽撰
後山居士詩話 題（宋）陳師道撰

許彥周詩話　（宋）許顗撰
弓八十三
滄浪詩話　（宋）嚴羽撰
珊瑚鉤詩話　（宋）張表臣撰
石林詩話　（宋）葉夢得撰
烏臺詩案　（宋）朋九萬撰
弓八十四
庚溪詩話　（宋）陳巖肖撰
紫微詩話　（宋）呂本中撰
竹坡老人詩話　（宋）周紫芝撰
臨漢隱居詩話　（宋）魏泰撰
苕溪漁隱叢話　（宋）胡仔撰
歲寒堂詩話　（宋）張戒撰
娛書堂詩話　（宋）趙與虤撰
二老堂詩話　（宋）周必大撰
比紅兒詩話　（宋）馮曾撰
林下詩談
詩話雋永　（元）喻正己撰
詩詞餘話　（元）俞焯撰
詞品　（明）朱權撰
詞旨　（元）陸行直撰
四六餘話　（宋）相國道撰
月泉吟社　（宋）吳渭輯
弓八十五
佩觿　（宋）郭忠恕撰
干祿字書　（唐）顔元孫撰
金壺字考　（宋釋）適之撰
俗書證誤　（隋）顔愍楚撰
字書誤讀　（宋）王雰撰
字格　（唐）竇臮撰
字林　（晉）呂忱撰
弓八十六
六義圖解　（明）王應電撰
筆勢論略　（晉）王羲之撰
筆陣圖　（晉）魏鑠撰
筆髓論　（唐）虞世南撰
書法　（唐）歐陽詢撰　（明）王道焜注
五十六種書法　（唐）韋續撰
九品書　（唐）韋續撰
書品優劣　（唐）韋續撰
續書品　（唐）韋續撰
書評　（唐）韋續撰
書評　（梁）袁昂撰
論篆　（唐）李陽冰撰
冰陽筆訣　（唐）李陽冰撰
張長史十二意筆法　（唐）顔眞卿撰
四體書勢　（晉）衛恒撰
法書苑　（宋）周越撰
衍極　（元）鄭杓撰
弓八十七
書譜　（唐）孫過庭撰
續書譜　（宋）姜夔撰
書斷　（唐）張懷瓘撰
書品　（梁）庾肩吾撰
書評　（梁）武帝蕭衍撰
後書品　（唐）李嗣眞撰
能書錄　（齊）王僧虔撰
弓八十八
書史　（宋）米芾撰
海岳名言　（宋）米芾撰
翰墨志　（宋）高宗趙構撰
思陵書畫記　（宋）周密撰
歐公試筆　（宋）歐陽修撰
弓八十九
寶章待訪錄　（宋）米芾撰
譜系雜說　（宋）曹士冕撰
法帖刊誤　（宋）黃伯思撰
法帖刊誤　（宋）陳與義撰
集古錄　（宋）歐陽修撰
弓九十
古畫品錄　（南齊）謝赫撰
後畫品錄　（陳）姚最撰
續畫品錄　（唐）李嗣眞撰
益州名畫錄　（宋）黃休復撰
名畫記　（唐）張彥遠撰
名畫獵精　（唐）張彥遠撰
采畫錄　（唐）馬朗撰
廣畫錄　（□釋）仁顯撰
弓九十一
貞觀公私畫史　（唐）裴孝源撰
林泉高致　（宋）郭熙撰
畫論　（宋）郭若虛撰
紀藝　（宋）郭若虛撰
畫梅譜　（宋釋）仲仁撰

畫竹譜　(元)李衎撰
墨竹譜　(元)管道昇撰
畫學秘訣　(唐)王維撰
弓九十二
畫史　(宋)米芾撰
畫品　(宋)李廌撰
畫鑒　(元)湯垕撰
畫論　(元)湯垕撰
弓九十三
茶經　(唐)陸羽撰
茶錄　(宋)蔡襄撰
試茶錄　(宋)宋子安撰
大觀茶論　(宋)徽宗趙佶撰
宣和北苑貢茶錄　(宋)熊蕃撰
北苑別錄　(宋)趙汝礪撰
品茶要錄　(宋)黄儒撰
本朝茶法　(宋)沈括撰
煎茶水記　(唐)張又新撰
十六湯品　(唐)蘇廙撰
述煮茶小品　(宋)葉清臣撰
採茶錄　(唐)溫庭筠撰
鬭茶記　(宋)唐庚撰
弓九十四
酒譜　(宋)竇苹撰
續北山酒經　(宋)李保撰
酒經　(宋)蘇軾撰
酒經　(宋)朱肱撰
安雅堂觥律　(元)曹紹撰
觴政述　(宋)趙與時撰
醉鄉日月　(唐)皇甫松撰
罰爵典故　(宋)李廌撰
熙寧酒課　(宋)趙珣撰
新豐酒法　(宋)林洪撰
酒乘　(元)韋孟撰
觥記注　(宋)鄭獬撰
麴本草　(宋)田錫撰
酒爾雅　(宋)何剡撰
酒小史　(宋)宋伯仁撰
酒名記　(宋)張能臣撰
弓九十五
食譜　(唐)韋巨源撰
食經　(□)謝諷撰
食珍錄　(劉宋)虞悰撰
膳夫錄　(唐)鄭望之撰
玉食批　(宋)司膳內人撰
士大夫食時五觀　(宋)黄庭堅撰
糖霜譜　(宋)洪邁撰
中饋錄
刀劍錄　(梁)陶弘景撰
洞天清錄　(宋)趙希鵠撰
弓九十六
硯史　(宋)米芾撰
硯譜　(宋)李之彥撰
硯譜　(宋)蘇易簡撰
端溪硯譜
歙州硯譜　(宋)洪适撰
歙硯說　(元)曹紹撰
辨歙石說　(元)曹紹撰
雲林石譜　(宋)杜綰撰
漁陽石譜　(宋)漁陽公撰
宣和石譜　(宋)常懋撰
太湖石志　(宋)范成大撰
弓九十七
吳氏印譜　(宋)吳孟思撰　(宋)王厚之攷
學古編　(元)吾丘衍撰
傳國璽譜　(宋)鄭文寶撰
玉璽譜　(唐)徐令信撰
相貝經　(漢)朱仲撰
相手板經
帶格　(宋)陳世崇撰
三器圖義　(宋)程迥撰
竇記
三代鼎器錄　(唐)吳協撰
鼎錄　題(陳)虞荔撰
錢譜　(宋)董逌撰
泉志　(宋)洪遵撰
弓九十八
香譜　(宋)洪芻撰
名香譜　(宋)葉廷珪撰
墨經　(宋)晁貫之撰
墨記　(宋)何薳撰
筆經　(晉)王羲之撰
蜀牋譜　(元)費著撰
蜀錦譜　(元)費著撰

衛公故物記　(唐)韋端符撰
弓九十九
古玉圖攷　(元)朱德潤撰
文房圖贊　(宋)林洪撰
文房圖贊續　(元)羅先登撰
燕几圖　(宋)黄伯思撰
弓一百
琴曲譜錄　(宋釋)居月撰
雅琴名錄　(劉宋)謝莊撰
琴聲經緯　(宋)陳暘撰
琴箋圖式　(明)陶宗儀撰
雜書琴事　(宋)蘇軾撰
古琴疏　(宋)虞汝明撰
樂府解題　(唐)吳兢撰
驃國樂頌
唐樂曲譜　(宋)高似孫撰
簫紀　(陳)陳叔齊撰
嘯旨　(唐)孫廣撰
玄眞子漁歌記　(唐)張志和撰
觱篥格　(唐)段成式撰
柘枝譜　(宋)樂史撰
管絃記　(□)凌秀撰
鼓吹格
樂府雜錄　(唐)段安節撰
弓一百一
尤射　(魏)繆襲撰
射經　(唐)王琚撰
九射格　(宋)歐陽修撰
投壺儀節　(宋)司馬光撰
投壺新格　(宋)司馬光撰
丸經
蹴踘圖譜　(明)汪雲程撰
打馬圖　題(宋)李清照撰
譜雙　(宋)洪遵撰
弓一百二
除紅譜　(元)楊維楨撰
醉綠圖　(□)張光撰
骰子選格　(唐)房千里撰
樗蒲經略　(宋)程大昌撰
藝經　(魏)邯鄲淳撰
五木經　(唐)李翱撰
彈碁經　(晉)徐廣撰
儒棋格　(魏)□肇撰
綦訣　(宋)劉仲甫撰
棋經　(宋)張擬撰
棋手勢　(□)徐泓撰
棋品　(梁)沈約撰
圍棋義例　(宋)徐鉉撰
古局象棋圖　(宋)司馬光撰
琵琶錄　(唐)段安節撰
羯鼓錄　(唐)南卓撰
弓一百三
金漳蘭譜　(宋)趙時庚撰
王氏蘭譜　(宋)王貴學撰
菊譜　(宋)范成大撰
菊譜　(宋)劉蒙撰
菊譜　(宋)史正志撰
海棠譜　(宋)陳思撰
海棠譜詩　(宋)陳思輯
弓一百四
洛陽牡丹記　(宋)歐陽修撰
洛陽牡丹記　(宋)周師厚撰
陳州牡丹記　(宋)張邦基撰
天彭牡丹譜　(宋)陸游撰
牡丹榮辱志　(宋)丘璿撰
揚州芍藥譜　(宋)王觀撰
梅譜　(宋)范成大撰
梅品　(宋)張鎡撰
花經　(宋)張翊撰
花九錫　(唐)羅虬撰
洛陽花木記　(宋)周師厚撰
桂海花木志　(宋)范成大撰
魏王花木志
楚辭芳草譜　(宋)謝翺撰
南方草木狀　(晉)嵇含撰
園林草木疏　(唐)王方慶撰
弓一百五
桐譜　(宋)陳翥撰
竹譜　(晉)戴凱之撰
續竹譜　(元)劉美之撰
筍譜　(宋釋)贊寧撰
荔枝譜　(宋)蔡襄撰
橘錄　(宋)韓彥直撰
打棗譜　(元)柳貫撰

弓一百六
菌譜　（宋）陳仁玉撰
蔬食譜　（宋）陳達叟撰
野菜譜　（明）王磐撰
茹草紀事　（宋）林洪撰
藥譜　（唐）侯寧極撰
藥録　（晉）李當之撰
何首烏録　（唐）李翺撰
彰明附子記　（宋）楊天惠撰
種樹書　（元）俞宗本撰
弓一百七
禽經　（晉）張華注
肉攫部　（唐）段成式撰
麟書　（宋）汪若海撰
蠶書　（宋）秦觀撰
養魚經
漁具詠　（唐）陸龜蒙撰
相鶴經　題（□）浮丘公撰
相牛經
相馬書　（宋）徐咸撰
蟹譜　（宋）傅肱撰
蟫史
禽獸決録　（南齊）卞彬撰
解鳥語經　題（□）和菟撰
弓一百八
風石握奇經　（漢）公孫弘解
握奇經續圖　八陣總述　（晉）馬隆撰
筭經　（宋）謝察微撰
望氣經　（唐）邵諤撰
星經　題（漢）石申撰
相雨書　（唐）黄子發撰
水衡記
峽船誌　（南唐）王周撰
水經　（漢）桑欽撰
弓一百九
太乙經
起世經
宅經
木經　（宋）李誡撰
耒耜經　（唐）陸龜蒙撰
褚氏遺書　（南齊）褚澄撰
脈經　（晉）王叔和撰
子午經
玄女房中經　（唐）孫思邈撰
相地骨經
相兒經　（晉）嚴助撰
龜經
卜記　（宋）王宏撰
箕龜論　（宋）陳師道撰
百怪斷經　（宋）俞誨撰
土牛經　（宋）向孟撰
漏刻經
感應經　（元）陳櫟撰
感應類從志　題（宋釋）贊寧撰
夢書
數術記遺　題（漢）徐岳撰　（北周）甄鸞注
弓一百十
漢雜事秘辛
大業雜記　（唐）杜寶撰
大業拾遺記　（唐）顔師古撰
元氏掖庭記　（明）陶宗儀撰
焚椒録　（遼）王鼎撰
開河記
迷樓記
海山記
弓一百十一
東方朔傳　題（漢）郭憲撰
漢武帝内傳　（漢）班固撰
趙飛燕外傳　題（漢）伶玄撰
飛燕遺事
趙后遺事　（宋）秦醇撰
楊太眞外傳　題（宋）樂史撰
梅妃傳　題（唐）曹鄴撰
長恨歌傳　（唐）陳鴻撰
高力士傳　（唐）郭湜撰
弓一百十二
緑珠傳　（宋）樂史撰
非煙傳　（唐）皇甫枚撰
謝小娥傳　（唐）李公佐撰
霍小玉傳　（唐）蔣防撰
劉無雙傳　（唐）薛調撰
虬髯客傳　題（唐）張説撰
韓仙傳　（唐）韓若雲撰
神僧傳　（晉釋）法顯撰

劍俠傳
弓一百十三
穆天子傳
鄴侯外傳　（唐）李蘩撰
同昌公主傳　（唐）蘇鶚撰
梁四公記　（唐）張說撰
林靈素傳　（宋）趙與時撰
希夷先生傳　（宋）龐覺撰
梁清傳　（劉宋）劉敬叔撰
西王母傳　（漢）桓驎撰
魏夫人傳　（唐）蔡偉撰
杜蘭香撰　（晉）曹毗撰
麻姑傳　（晉）葛洪撰
白猿傳
柳毅傳　（唐）李朝威撰
李林甫外傳
汧國夫人傳　（唐）白行簡撰
靈鬼志　（晉）荀□撰
才鬼記　（宋）張君房撰
弓一百十四
太清樓侍宴記　（宋）蔡京撰
延福宮曲宴記　（宋）李邦彥撰
保和殿曲宴記　（宋）蔡京撰
周秦行紀　題（唐）牛僧孺撰
東城老父傳　（唐）陳鴻撰
登西臺慟哭記　（宋）謝翱撰
東陽夜怪錄　（唐）王洙撰
冥通記　（梁）陶弘景撰
冥音錄　（唐）朱慶餘撰
三夢記　（唐）白行簡撰
古鏡記　（隋）王度撰
記錦裾　（唐）陸龜蒙撰
弓一百十五
甘澤謠　（唐）袁郊撰
夢遊錄　（唐）任蕃撰
博異志　（唐）鄭還古撰
集異記　（唐）薛用弱撰
續齊諧記　（梁）吳均撰
春夢錄　（元）鄭禧撰
會眞記　（唐）元稹撰
弓一百十六
諾皐記　（唐）段成式撰
金剛經鳩異　（唐）段成式撰
集異志　（唐）陸勳撰
括異志　題（宋）張師正撰
括異志　（宋）魯應龍撰
弓一百十七
異聞實錄　（唐）李玫撰
靈異小錄　（宋）曾忭撰
異苑　（劉宋）劉敬叔撰
幽明錄　（劉宋）劉義慶撰
續幽明錄　（唐）劉孝孫撰
搜神記　題（晉）干寶撰
搜神後記　（晉）陶潛撰
稽神錄　（宋）徐鉉撰
幽怪錄　（唐）牛僧孺撰
幽怪錄　（唐）王惲撰
續幽怪錄　（唐）李復言撰
窮怪錄
玄怪記　（唐）徐炫撰
續玄怪錄
志怪錄　（唐）陸勳撰
志怪錄　（晉）祖台之撰
吉凶影響錄　（宋）岑象求撰
靈應錄　（唐）傅亮撰
聞奇錄　（五代）于逖撰
弓一百十八
錄異記　（前蜀）杜光庭撰
纂異記　（唐）李玫撰
采異記　（宋）陳達叟撰
乘異記　（宋）張君房撰
廣異記　（唐）戴孚撰
獨異志　（唐）李冗撰
甄異記　（晉）戴祚撰
徂異記　（宋）聶田撰
祥異記
近異錄　（劉宋）劉質撰
旌異記　（宋）侯君素撰
冥祥記　（晉）王琰撰
集靈記
太清記　（劉宋）王韶之撰
妖化錄　（宋）宣靖撰
宣驗記　（劉宋）劉義慶撰
睽車志　（宋）郭彖撰

睽車志　(元)歐陽玄撰
鬼國記　(宋)洪邁撰
鬼國續記　(宋)洪邁撰
壠上記　(唐)蘇頲撰
物異考　(宋)方鳳撰
弖一百十九
雲仙雜記　題(唐)馮贄撰
弖一百二十
清異錄　(宋)陶穀撰
《中國古籍善本書目》叢部 21　　50/1646.1

說郛續四十六卷
(明)陶珽編
清順治三年(1646)李際期宛委山堂刻本
四十四冊
九行二十字,白口,左右雙邊。鈐有"人境廬藏書"朱文印。
存四十四卷
存子目:
弖一
正學編　(明)陳琛撰
聖學範圍圖說　(明)岳元聲撰
河圖大衍　(明)馬一龍撰
周易稽疑　(明)朱睦㮮撰
周易會占　(明)程鴻烈撰
立春考證　(明)邢雲路撰
讀史訂疑　(明)王世懋撰
書傳正誤　(明)郭孔太撰
莊子闕誤　(明)楊慎撰
廣莊　(明)袁宏道撰
續志林　(明)王褘撰
弖二
草木子　(明)葉子奇撰
豢龍子　(明)董穀撰
觀微子　(明)朱袞撰
海樵子　(明)王崇慶撰
沆瀣子　(明)蔣鐄撰
郁離子微　(明)劉基撰
潛溪邃言　(明)宋濂撰
蘿山雜言　(明)宋濂撰
何子雜言　(明)何景明撰
華川巵辭　(明)王褘撰
青巖叢錄　(明)王褘撰
廣成子解　(宋)蘇軾撰
空同子　(明)李夢陽撰
弖三
冥影契　(明)董穀撰
宵練匣　(明)朱得之撰
玄機通　(明)仇俊卿撰
求志編　(明)王文祿撰
從政錄　(明)薛瑄撰
逌狗編　(明)葉秉敬撰
海涵萬象錄　(明)黃潤玉撰
補衍　(明)王文祿撰
機警　(明)王文祿撰
蠶衣　(明)祝允明撰
筆疇　(明)陳世寶撰
古言　(明)鄭曉撰
燕書　(明)宋濂撰
庸書　(明)崔銑撰
松窗寤言　(明)崔銑撰
後渠漫記　(明)崔銑撰
仰子遺語　(明)胡憲仲撰
蒙泉雜言
槎菴燕語　(明)來斯行撰
容臺隨筆　(明)董其昌撰
弖四
未齋雜言　(明)黎久撰
南山素言　(明)潘府撰
類博雜言　(明)岳正撰
思玄庸言　(明)桑悅撰
東田辠言　(明)馬中錫撰
侯城雜識　(明)方孝孺撰
西原約言　(明)薛蕙撰
凝齋筆語　(明)王鴻儒撰
方山紀述　(明)薛應旂撰
經世要談　(明)鄭善夫撰
儼山纂錄　(明)陸深撰
奇子雜言　(明)楊春芳撰
拘虛晤言　(明)陳沂撰
文昌旅語　(明)王文祿撰
雞鳴偶記　(明)蘇濬撰
讀書筆記　(明)祝允明撰
汲古叢語　(明)陸樹聲撰

病榻寤言　(明)陸樹聲撰
清暑筆談　(明)陸樹聲撰
弓五
遵聞錄　(明)梁億撰
賢識錄　(明)陸釴撰
在田錄　(明)張定撰
逐鹿記　(明)王禕撰
壟起雜事　(明)楊儀撰
龍興慈記　(明)王文祿撰
聖君初政記　(明)沈文撰
一統肇基錄　(明)夏原吉撰
東朝紀　(明)王泌撰
椒宮舊事　(明)王達撰
復辟錄
保孤記
祕錄　(明)李夢陽撰
擁絮迂談　(明)朱鷺撰
賜遊西苑記　(明)李賢撰
弓六
明良錄略　(明)沈士謙撰
明良記　(明)楊儀撰
明臣十節　(明)崔銑撰
造邦賢勳錄略　(明)王禕撰
備遺錄　(明)張芹撰
明輔起家考　(明)徐儀世撰
掾曹名臣錄　(明)王鴻儒撰
殉身錄　(明)裘玉撰
致身錄　(明)史仲彬撰
藩獻記　(明)朱謀㙉撰
弓七
翊運錄　(明)劉基撰
遜國記
革除遺事　(明)黃佐撰
明興雜記　(明)陳敬則撰
天順日錄　(明)李賢撰
九朝野記　(明)祝允明撰
玉池談屑
嵩陽雜識
溶溪雜記
郊外農談
冶城客論
西皋雜記
滄江野史
澤山雜記
沂陽日記
海上紀聞
孤樹裒談　(明)李默撰
西墅雜記　(明)楊穆撰
琬琰錄　(明)楊廉撰
瑣綴錄　(明)尹直撰
水東記略　(明)葉盛撰
代醉編　(明)張鼎思撰
延休堂漫錄
濯纓亭筆記　(明)戴冠撰
弓八
錦衣志　(明)王世貞撰
馬政志　(明)歸有光撰
冀越通　(明)唐樞撰
邊紀略　(明)鄭曉撰
制府雜錄　(明)楊一清撰
醫閭漫記　(明)賀欽撰
征藩功次　(明)王守仁撰
兵符節制　(明)王守仁撰
十家牌法　(明)王守仁撰
弓九
備倭事略　(明)歸有光撰
北虜紀略　(明)汪道昆撰
雲中事記　(明)蘇祐撰
南巡日錄　(明)陸深撰
北還錄　(明)陸深撰
北使錄　(明)李實撰
西征記　(明)宗臣撰
北征記　(明)楊榮撰
北征錄　(明)金幼孜撰
北征後錄　(明)金幼孜撰
北征事蹟　(明)袁彬撰
弓十
平夏錄　(明)黃標撰
平夷錄　(明)趙輔撰
平定交南錄　(明)丘濬撰
撫安東夷記　(明)馬文升撰
哈密國王記　(明)馬文升撰
滇南慟哭記　(明)王紳撰
渤泥入貢記　(明)宋濂撰

琉球使略　(明)陳侃撰
日本寄語　(明)薛俊撰
朝鮮紀事　(明)倪謙撰
建州女直考　(明)天都山臣撰
夷俗記　(明)蕭大亨撰
弓十一
否泰錄　(明)劉定之撰
遇恩錄　(明)劉仲璟撰
彭公筆記　(明)彭時撰
翦勝野聞　(明)徐禎卿撰
庭聞述略　(明)王文祿撰
今言　(明)鄭曉撰
觚不觚錄　(明)王世貞撰
金臺紀聞　(明)陸深撰
玉堂漫筆　(明)陸深撰
今雨瑤華　(明)岳岱撰
西堂日記　(明)楊豫孫撰
弓十二
皇明盛事　(明)王世貞撰
雙槐歲抄　(明)黃瑜撰
後渠雜識　(明)崔銑撰
古穰雜錄　(明)李賢撰
震澤紀聞　(明)王鏊撰
菽園雜記　(明)陸容撰
莘野纂聞　(明)伍餘福撰
駒陰冗記　(明)闌莊撰
客座新聞　(明)沈周撰
枝山前聞　(明)祝允明撰
尊俎餘功
漱石閒談　(明)王元楨撰
平江記事　(明)高德基撰
弓十三
南翁夢錄　(明)黎澄撰
公餘日錄　(明)湯沐撰
中洲野錄　(明)程文憲撰
三餘贅筆　(明)都卬撰
懸笥瑣探　(明)劉昌撰
蘇談　(明)楊循吉撰
吳中故語　(明)楊循吉撰
庚巳編　(明)陸粲撰
續巳編　(明)郎瑛撰
長安客話　(明)蔣一葵撰
快雪堂漫錄　(明)馮夢禎撰
雲夢藥溪談　(明)文翔鳳撰
聞雁齋筆談　(明)張大復撰
鬱岡齋筆麈　(明)王肯堂撰
弓十四
胡氏雜說　(明)胡儼撰
劉氏雜志　(明)劉定之撰
丹鉛雜錄　(明)楊慎撰
書肆說鈴　(明)葉秉敬撰
田居乙記　(明)方大鎮撰
碧里雜存　(明)董穀撰
聽雨紀談　(明)都穆撰
宦遊紀聞　(明)張誼撰
意見　(明)陳于陛撰
識小編　(明)周賓所撰
語言談　(明)張獻翼撰
弓十五
西樵野記　(明)侯甸撰
甲乙剩言　(明)胡應麟撰
寒檠膚見　(明)毛元仁撰
語窺今古　(明)洪文科撰
詢蒭錄　(明)陳沂撰
新知錄　(明)劉仕義撰
涉異志　(明)閔文振撰
前定錄補　(明)朱佐撰
維園鉛摘　(明)謝廷讚撰
攬茝微言　(明)顧其志撰
墨池浪語　(明)胡維霖撰
雪濤談叢　(明)江盈科撰
春雨雜述　(明)解縉撰
世說舊注　(梁)劉孝標撰　(明)楊慎輯
弓十六
簷曝偶談　(明)顧元慶撰
病逸漫記　(明)陸釴撰
蜩笑偶言　(明)鄭瑗撰
東谷贅言　(明)敖英撰
篷軒別記　(明)楊循吉撰
蓬窗續錄　(明)馮時可撰
瑯琊漫抄　(明)文林撰
高坡異纂　(明)楊儀撰
水南翰記　(明)李如一撰
藜滄餘牀　(明)陸濬原撰

霏雪錄　（明）劉績撰
已瘧編　（明）劉玉撰
夢餘錄　（明）唐錦撰
祐山雜說　（明）馮汝弼撰
投甕隨筆　（明）姜南撰
洗硯新錄　（明）姜南撰
醜莊日記　（明）姜南撰
輟築記　（明）姜南撰
弓十七
雙溪雜記　（明）王瓊撰
二酉委譚　（明）王世懋撰
窺天外乘　（明）王世懋撰
百可漫志　（明）陳鼐撰
近峯聞略　（明）皇甫庸撰
近峯記略　（明）皇甫庸撰
寓圃雜記　（明）王錡撰
青溪暇筆　（明）姚福撰
方洲雜錄　（明）張寧撰
遼邸記聞　（明）錢希言撰
宛委餘編　（明）王世貞撰
谿山餘話　（明）陸深撰
委巷叢談　（明）田汝成撰
弓十八
逌旃瑣言　（明）蘇祐撰
井觀瑣言　（明）鄭瑗撰
林泉隨筆　（明）張綸撰
推蓬寤語　（明）李豫亨撰
讕言長語　（明）曹安撰
震澤長語　（明）王鏊撰
桑榆漫志　（明）陶輔撰
延州筆記　（明）唐覲撰
戒菴漫筆　（明）李詡撰
暖姝由筆　（明）徐充撰
農田餘話　（明）長谷眞逸撰
雨航雜錄　（明）馮時可撰
玄亭涉筆　（明）王志遠撰
野航史話　（明）茅元儀撰
西峯淡話　（明）茅元儀撰
大賓辱語　（明）姜南撰
抱璞簡記　（明）姜南撰
無用閒談　（明）孫緒撰
弓十九
寶櫝記　（明）滑惟善撰
腳氣集　（明）車若水撰
望崖錄　（明）王世懋撰
燕閒錄　（明）陸深撰
閒中今古錄　（明）黃溥撰
綠雪亭雜言　（明）敖英撰
春風堂隨筆　（明）陸深撰
雲蕉館紀談　（明）孔邇撰
蒹葭堂雜抄　（明）陸楫撰
鳳凰臺記事　（明）馬生龍撰
願豐堂漫書　（明）陸深撰
天爵堂筆餘　（明）薛崗撰
乾貞堂壁疏　（明）凌登名撰
譚輅　（明）張鳳翼撰
戲瑕　（明）錢希言撰
麈餘　（明）謝肇淛撰
弓二十
雲林遺事　（明）顧元慶撰
比事摘錄
墐戶錄　（明）楊慎撰
蟫鼊瓻筆　（明）楊慎撰
病榻手吹　（明）楊慎撰
枕譚　（明）陳繼儒撰
羣碎錄　（明）陳繼儒撰
記事珠　（唐）馮贄撰
俗呼小錄　（明）李翊撰
女紅餘志　（元）龍輔撰
弓二十一
景仰撮書　（明）王達撰
仰山脞錄　（明）閔文振撰
見聞紀訓　（明）陳良謨撰
先進遺風　（明）耿定向撰
畜德錄　（明）陳沂撰
新倩籍　（明）徐禎卿撰
國寶新編　（明）顧璘撰
金石契　（明）祝肇撰
西州合譜　（明）張鴻磐撰
弓二十二
兒世說　（明）趙瑜撰
香案牘　（明）陳繼儒撰
女俠傳　（唐）鄒之麟撰
貧士傳　（明）黃姬水撰

弓二十三
客越志 （明）王穉登撰
雨航紀 （明）王穉登撰
明月篇 （明）王穉登撰
荆溪疏 （明）王穉登撰
閩部疏 （明）王世懋撰
廬陽客記 （明）楊循吉撰
弓二十四
居山雜志 （明）楊循吉撰
武夷杂記 （明）吳拭撰
太湖泉志 （明）潘之恒撰
半塘小志 （明）潘之恒撰
諸寺奇物記 （明）顧起元撰
西干十寺記 （明）謝廷瓚撰
西浮籍 （明）錢希言撰
楚小志 （明）錢希言撰
朔雪北征記 （明）屠隆撰
烏蠻瀧夜談記 （明）董傳策撰
邊堠紀行 （元）張德輝撰
滇行紀畧 （明）馮時可撰
銀山鐵壁謾談 （明）李元陽撰
游台宕路程 （明）陶望齡撰
榕城隨筆 （明）凌登名撰
西吳枝乘 （明）謝肇淛撰
禮白嶽紀 （明）李日華撰
南陸志 （明）崔銑撰
弓二十五
居家制用 （元）陸梳山撰
清齋位置 （明）文震亨撰
黿采清課 （明）費元祿撰
巖棲幽事 （明）陳繼儒撰
林水錄 （明）彭年撰
山棲志 （明）慎蒙撰
玉壺冰 （明）都穆撰
南陔六舟記 （明）潘之恒撰
弓二十六
明經會約 （明）林希恩撰
讀書社約 （明）丁奇遇撰
林間社約 （明）馮時可撰
勝蓮社約 （明）虞淳熙撰
生日會約 （明）高兆麟撰
月會約 （明）嚴武順撰
紅雲社約 （明）徐㶿撰
紅雲續約 （明）謝肇淛撰
浣俗約 （明）李日華撰
運泉約 （明）李日華撰
霞外雜俎 （明）杜巽才撰
韋弦佩 （明）屠本畯撰
禪門本草補 （明）袁中道撰
蘇氏家語 （明）蘇士潛撰
韻史 （明）陳梁撰
弓二十七
陰符經解 （明）湯顯祖撰
胎息經疏 （明）王文祿撰
析骨分經 （明）甯一玉撰
醫先 （明）王文祿撰
葠度 （明）王文祿撰
農說 （明）馬一龍撰
友論 （義大利）利瑪竇撰
田家五行 （明）婁元禮撰
四時宜忌 （明）瞿祐撰
放生辯惑 （明）陶望齡撰
弓二十八
長者言 （明）陳繼儒撰
清言 （明）屠隆撰
續清言 （明）屠隆撰
歸有園麈談 （明）徐學謨撰
木几冗談 （明）彭汝讓撰
偶譚 （明）李鼎撰
玉笑零音 （明）田藝蘅撰
寓林清言 （明）黃汝亨撰
狂言紀畧 （明）黃汝亨撰
弓二十九
切韻射標 （明）李世澤撰
發音錄 （明）張位撰
讀書十六觀 （明）陳繼儒撰
文章九命 （明）王世貞撰
歌學譜 （明）林希恩撰
三百篇聲譜 （明）張蔚然撰
陽關三疊圖譜 （明）田藝蘅撰
弓三十
談藝錄 （明）徐禎卿撰
秇圃擷餘 （明）王世懋撰
詩文浪談 （明）林希恩撰

歸田詩話　(明)瞿佑撰
南濠詩話　(明)都穆撰
蓉塘詩話　(明)姜南撰
敬君詩話　(明)葉秉敬撰
蜀中詩話　(明)曹學佺撰
麓堂詩話　(明)李東陽撰
夷白齋詩話　(明)顧元慶撰
存餘堂詩話　(明)朱承爵撰
娱書堂詩話　(宋)趙與虤撰
升菴辭品　(明)楊慎撰
弓三十一
千里面譚　(明)楊慎撰
詩家直説　(明)謝榛撰
詩談　(明)徐泰撰
香宇詩談　(明)田藝蘅撰
西園詩麈　(明)張蔚然撰
雪濤詩評　(明)江盈科撰
閨秀詩評　(明)江盈科撰
閒書杜律　(明)楊慎撰
樂府指迷　(明)張炎撰
墨池瑣錄　(明)楊慎撰
弓三十二
書畫史　(明)陳繼儒撰
書畫金湯　(明)陳繼儒撰
論畫瑣言　(明)董其昌撰
丹青志　(明)王穉登撰
繪妙　(明)茅一相撰
畫麈　(明)沈顥撰
畫説　(明)莫是龍撰
畫禪　(明)釋蓮儒撰
竹派　(明)釋蓮儒撰
弓三十三
射經　(明)李呈芬撰
鄉射直節　(明)何景明撰
名劍記　(明)李承勛撰
玉名詁　(明)楊慎撰
古奇器錄　(明)陸深撰
紙箋譜　(元)鮮于樞撰
箋譜銘　(明)屠隆撰
十友圖贊　(明)顧元慶撰
古今印史　(明)徐官撰
硯譜　(明)沈仕撰

弓三十四
水品　(明)徐獻忠撰
煮泉小品　(明)田藝蘅撰
茶譜　(明)顧元慶撰
茶錄　(明)馮時可撰
茶疏　(明)許次忬撰
茶箋　(明)聞龍撰
茶解　(明)羅廩撰
羅岕茶記　(明)熊明遇撰
岕茶箋　(明)馮可賓撰
煎茶七類　(明)高叔嗣撰
弓三十五
觴政　(明)袁宏道撰
文字飲　(明)屠本畯撰
醉鄉律令　(明)田藝蘅撰
小酒令　(明)田藝蘅撰
弈問　(明)王世貞撰
弈旦評　(明)馮元仲撰
弈律　(明)王思任撰
詩牌譜　(明)王良樞輯
宣和牌譜　(明)瞿祐撰
壺矢銘　(明)袁九齡撰
朝京打馬格　(明)文翔鳳撰
彩選百官鐸
弓三十六
潁譜　(明)鄣樵叟撰
六博譜　(明)潘之恒撰
兼三圖　(明)屠豳叟撰
數錢葉譜　(明)汪道昆撰
楚騷品　(明)汪道昆撰
嘉賓心令　(明)巢玉菴撰
葉子譜　(明)潘之恒撰
續葉子譜　(明)潘之恒撰
運掌經　(明)黎遂球撰
牌經　(明)馮夢龍撰
朋陣譜　(明)袁福徵撰
弓三十七
瓶史　(明)袁宏道撰
缾花譜　(明)張丑撰
瓶史月表　(明)屠本畯撰
花曆　(明)程羽文撰
花小名　(明)程羽文撰

學圃雜疏　（明）王世懋撰
藥圃同春　（明）夏旦撰
募種兩堤桃柳議　（明）聞啓祥撰
草花譜　（明）高濂撰
亳州牡丹表　（明）薛鳳翔撰
牡丹八書　（明）薛鳳翔撰
弓三十八
荔枝譜　（明）徐𤊹撰
荔枝譜　（明）宋珏撰
荔枝譜　（明）曹蕃撰
荔枝譜　（明）鄧慶寀撰
記荔枝　（明）吳載鼇撰
廣菌譜　（明）潘之恒撰
種芋法　（明）黃省曾撰
野菜箋　（明）屠本畯撰
野蔌品　（明）高濂撰
弓三十九
蠶經　（明）蔣德璟撰
獸經　（明）黃省曾撰
虎苑　（明）王穉登撰
名馬記　（明）李翰撰
促織志　（明）袁宏道撰
促織志　（明）劉侗撰
海味索隱　（明）屠本畯撰
弓四十
洞天清錄　（宋）趙希鵠撰
玉壺遐覽　（明）胡應麟撰
良常仙系記　（明）鄒迪光撰
西玄青鳥記　（明）茅元儀撰
弓四十一
冥寥子遊　（明）屠隆撰
廣寒殿記　（明）宣宗朱瞻基撰
洞簫記　（明）陸粲撰
周顛僊人傳　（明）太祖朱元璋撰
一瓢道士傳　（明）袁中道撰
醉叟傳　（明）袁宏道撰
拙效傳　（明）袁宏道撰
李公子傳　（明）陳繼儒撰
楊幽妍別傳　（明）陳繼儒撰
阿寄傳　（明）田汝成撰
義虎傳　（明）祝允明撰
倉庚傳　（明）楊慎撰
煮茶夢記　（元）楊維楨撰
弓四十二
女紅餘志　（元）龍輔撰
燕都妓品　（明）曹大章撰
蓮臺仙會品　（明）曹大章撰
廣陵女士殿最　（明）曹大章撰
秦淮士女表　（明）曹大章撰
曲中志　（明）潘之恒撰
劇評　（明）潘之恒撰
秦淮劇品　（明）潘之恒撰
曲豔品　（明）潘之恒撰
後豔品　（明）潘之恒撰
續豔品　（明）潘之恒撰
弓四十三
艾子後語　（明）陸灼撰
雪濤小說　（明）江盈科撰
應諧錄　（明）劉元卿撰
笑禪錄　（明）潘游龍撰
談言　（明）江盈科撰
權子　（明）耿定向撰
雜纂三續　（明）黃允交撰
弓四十四
猥談　（明）祝允明撰
異林　（明）徐禎卿撰
語怪　（明）祝允明撰
幽怪錄　（明）田汝成撰　50/1646.2

古今說海一百三十五種一百四十二卷

（明）陸楫等編

明嘉靖二十三年（1544）陸楫儼山書院雲山書院刻本

十三冊

八行十六字，白口，左右雙邊。鈐有“小蓮”、“廣雅書院藏書”、“廣雅書院經籍金石書畫之印”朱文印。

子目：
說選部
小錄家
北征錄一卷　（明）金幼孜撰
北征後錄一卷　（明）金幼孜撰
北征記一卷　（明）楊榮撰
偏記家

平夏錄一卷　(明)黄標撰
江南別錄一卷　(宋)陳彭年撰
三楚新錄三卷　(宋)周羽翀撰
溪蠻叢笑一卷　(宋)朱輔撰
遼志一卷　(宋)葉隆禮撰
金志一卷　題(宋)宇文懋昭撰
蒙韃備錄一卷　題(宋)孟珙撰
北邊備對一卷　(宋)程大昌撰
桂海虞衡志一卷　(宋)范成大撰
真臘風土記一卷　(元)周達觀撰
北戶錄一卷　(唐)段公路撰
西使記一卷　(元)劉郁撰
北轅錄一卷　(宋)周煇撰
滇載記一卷　(明)楊慎撰
星槎勝覽四卷　(明)費信撰
說淵部
別傳家
靈應傳一卷
洛神傳一卷　(唐)薛瑩撰
夢遊錄一卷　(唐)任蕃撰
吳保安傳一卷
崑崙奴傳一卷
鄭德璘傳一卷　(唐)薛瑩撰
李章武傳一卷　(唐)李景亮撰
韋自東傳一卷
趙合傳一卷
杜子春傳一卷　(唐)鄭還古撰
裴伷先別傳一卷
震澤龍女傳一卷　(唐)薛瑩撰
袁氏傳一卷　(五代)顧敻撰
少室仙姝傳一卷
李林甫外傳一卷
遼陽海神傳一卷
虬蝦傳一卷
甘棠靈會錄一卷
顏濬傳一卷
張無頗傳一卷
板橋記一卷
鄭侯外傳一卷　(唐)李蘩撰
洛京獵記一卷
玉壺記一卷
姚生傳一卷
唐晅手記一卷　(唐)唐晅撰
獨孤穆傳一卷
王恭伯傳一卷
中山狼傳一卷　(唐)謝良撰
崔煒傳一卷
陸顒傳一卷
潤玉傳一卷
李衛公別傳一卷
齊推女傳一卷
魚服記一卷
聶隱娘傳一卷
袁天綱外傳一卷
曾季衡傳一卷
蔣子文傳一卷　(唐)羅鄴撰
張遵言傳一卷
侯元傳一卷
同昌公主外傳一卷　(唐)蘇鶚撰
睦仁蒨傳一卷　(唐)陳鴻撰
韋鮑二生傳一卷
張令傳一卷
李清傳一卷
薛昭傳一卷
王賈傳一卷
烏將軍記一卷
竇玉傳一卷
柳參軍傳一卷
人虎傳一卷
馬自然傳一卷
寶應錄一卷
白蛇記一卷
巴西侯傳一卷
柳歸舜傳一卷
求心錄一卷
知命錄一卷
山莊夜怪錄一卷
五真記一卷
小金傳一卷
林靈素傳一卷　(宋)趙與時撰
海陵三仙傳一卷
說略部
雜記家
默記一卷　(宋)王銍撰

宣政雜錄一卷　(宋)江萬里撰
靖康朝野僉言一卷
朝野遺紀一卷
墨客揮犀一卷　(宋)彭乘撰
續墨客揮犀一卷　(宋)彭乘撰
聞見雜錄一卷　(宋)蘇舜欽撰
山房隨筆一卷　(元)蔣子正撰
諧史一卷　(宋)沈俶撰
昨夢錄一卷　(宋)康譽之撰
三朝野史一卷
鐵圍山叢談一卷　(宋)蔡絛撰
孔氏雜說一卷　(宋)孔平仲撰
瀟湘錄一卷　題(唐)李隱撰
三水小牘一卷　(唐)皇甫枚撰
談藪一卷　(宋)龐元英撰
清尊錄一卷　(宋)廉布撰
睽車志一卷　(宋)郭彖撰
話腴一卷　(宋)陳郁撰
朝野僉載一卷　(唐)張鷟撰
古杭雜記一卷　(宋)李有撰
蒙齋筆談一卷　題(宋)鄭景璧撰
文昌雜錄一卷　(宋)龐元英撰
就日錄一卷
碧湖雜記一卷
錢氏私誌一卷　(宋)錢愐撰
遂昌山樵雜錄一卷　(元)鄭元祐撰
高齋漫錄一卷　(宋)曾慥撰
桐陰舊話一卷　(宋)韓元吉撰
霏雪錄一卷　(明)劉績撰
東園友聞一卷
拊掌錄一卷　(元)元懷撰
說纂部
逸事家
漢武故事一卷　題(漢)班固撰
艮嶽記一卷　(宋)張淏撰
青溪寇軌一卷　(宋)方勺撰
煬帝海山記一卷
煬帝迷樓記一卷
煬帝開河記一卷
散錄家
江行雜錄一卷　(宋)廖瑩中撰
行營雜錄一卷　(宋)趙葵撰
避暑漫抄一卷　(宋)陸游撰
養痾漫筆一卷　(宋)趙溍撰
虛谷閒抄一卷　(宋)方回撰
蓼花洲閒錄一卷　(宋)高文虎撰
雜纂家
樂府雜錄一卷　(唐)段安節撰
教坊記一卷　(唐)崔令欽撰
孫內翰北里誌一卷　(唐)孫棨撰
青樓集一卷　(元)夏庭芝撰
雜纂三卷　(唐)李商隱撰　(宋)王君玉　蘇軾續
損齋備忘錄一卷　(明)梅純撰
復辟錄一卷　(明)楊暄撰
靖難功臣錄一卷
備遺錄一卷　(明)張芹撰　(明)姜南續增
《中國古籍善本書目》叢部44　　40/1544

金聲玉振集五十七卷
(明)袁褧編
明嘉靖吳郡袁氏嘉趣堂刻本
四冊
十行字數不等,白口,左右雙邊。
存十四卷
存子目:
六詔紀聞二卷　(明)彭汝實撰
蒙泉類博稿一卷　(明)岳正撰
三吳水利論一卷　(明)伍餘福撰
國寶新編一卷　(明)顧璘撰
廣右戰功一卷　(明)唐順之撰
海寇議前一卷　(明)范表撰
海寇後編一卷　(明)茅坤撰
馬端肅公三記三卷　(明)馬文升撰
北征事蹟一卷　(明)袁彬撰
平番始末一卷　(明)許進撰
茂邊紀事一卷　(明)朱紈撰　　40/1566.5

今獻彙言三十九種三十九卷
(明)高鳴鳳編
明刻本
十六冊
十行二十字,白口,四周單邊。刻工有一郎、王三、江毛、江郎、朱一、朱實、吳一、余四、陳一、陳友、黄一、葉八、葉五、葉六、葉世、葉榮、福臣、詹八、詹實、熊三、熊還、劉壽、興七、還二、羅六、羅興、王廷生、吴天育、吴世良、吴邦亮、余天壽、施永興、葉文輝、葉世榮、葉再友、葉再生、葉再興、葉伯應、劉福成、劉福威。鈐有"王修鑑藏書畫"、"自由過堂"、"密庵藏書"、"督學使者"朱文印。

存三十七種

存子目:

正學編一卷　(明)陳琛撰

明斷編一卷　(明)程楷撰

比事摘録一卷

蘿山雜言一卷　(明)宋濂撰

蒙泉雜言一卷

未齋雜言一卷　(明)黎久撰

南山素言一卷　(明)潘府撰

松窗寤言一卷　(明)崔銑撰

井觀瑣言一卷　(明)鄭瑗撰

演連珠編一卷　(明)王禕撰

擬連珠編一卷　(明)劉基撰

璅語編一卷　(明)楊慎撰

西軒客談一卷

詢蒭録一卷

讕言編一卷　(明)曹安撰

拘虚晤言一卷　(明)陳沂撰

竹下寤言一卷　(明)王文禄撰

青溪暇筆一卷　(明)姚福撰

桑榆漫志一卷　(明)陶輔撰

林泉隨筆一卷　(明)張綸撰

春雨堂隨筆一卷　(明)陸深撰

賢識録一卷　(明)陸釴撰

遵聞録一卷　(明)梁億撰

損齋備忘録一卷　(明)梅純撰

守溪長語一卷　(明)王鏊撰

雙溪雜記一卷　(明)王瓊撰

菽園雜記一卷　(明)陸容撰

平夏録一卷　(明)黄標撰

平吴録一卷　(明)吴寬撰

北平録一卷

平胡録一卷　(明)陸深撰

平定交南録一卷　(明)丘濬撰

西征石城記一卷　(明)馬文升撰

興復哈密記一卷　(明)馬文升撰

東征紀行録一卷

江海殲渠記一卷　(明)祝允明撰

醫閭漫記一卷　(明)賀欽撰

《中國古籍善本書目》叢部50　　40/1619.23

稗海四十六種二百八十五卷續稗海二十四種一百四十一卷

(明)商濬編

明萬曆商氏半埜堂刻本

一百二十八册

九行二十字,白口,四周單邊。鈐有"花香鳥鳴之亭"朱文印,"雪廬藏書"白文印,"張弴"四靈印。

子目:

第一套

博物志十卷　題(晉)張華撰　(宋)周日用注

西京雜記六卷　題(晉)葛洪撰

王子年拾遺記十卷　題(前秦)王嘉撰

搜神記八卷　題(晉)干寶撰

述異記二卷　題(梁)任昉撰

續博物志十卷　題(宋)李石撰

摭言一卷　(五代)王定保撰

小名録二卷　(唐)陸龜蒙撰

雲溪友議十二卷　(唐)范攄撰

獨異志三卷　(唐)李冗撰

第二套

杜陽雜編三卷　(唐)蘇鶚撰

東觀奏記三卷　(唐)裴庭裕撰

大唐新語十三卷　(唐)劉肅撰

北夢瑣言二十卷　(宋)孫光憲撰

因話録六卷　(唐)趙璘撰

玉泉子一卷

樂善録二卷　(宋)李昌齡撰

第三套

蠡海集一卷　(明)王逵撰

過庭録一卷　(宋)范公稱撰

泊宅編三卷　(宋)方勺撰

閑窗括異志一卷　(宋)魯應龍撰

搜採異聞録五卷　(宋)永亨撰

東軒筆録十五卷　(宋)魏泰撰

青箱雜記十卷　(宋)吴處厚撰

第四套
避暑錄話二卷 （宋）葉夢得撰
畫墁錄一卷 （宋）張舜民撰
游宦紀聞十卷 （宋）張世南撰
夢溪筆談二十六卷 （宋）沈括撰
侍兒小名錄拾遺一卷 （宋）張邦畿撰
補侍兒小名錄一卷 （宋）王銍撰
續補侍兒小名錄一卷 （宋）溫豫撰
第五套
墨莊漫錄十卷 （宋）張邦基撰
懶眞子五卷 （宋）馬永卿撰
歸田錄二卷 （宋）歐陽修撰
東坡先生志林十二卷 （宋）蘇軾撰
蘇黄門龍川別志二卷 （宋）蘇轍撰
澠水燕談錄十卷 （宋）王闢之撰
冷齋夜話十卷 （宋釋）惠洪撰
第六套
老學庵筆記十卷 （宋）陸游撰
雲麓漫抄四卷 （宋）趙彥衛撰
蒙齋筆談二卷 （宋）葉夢得撰
石林燕語十卷 （宋）葉夢得撰
清波雜志三卷 （宋）周煇撰
墨客揮犀十卷 （宋）彭乘撰
異聞總錄四卷
遂昌雜錄一卷 （元）鄭元祐撰
續稗海
第七套
酉陽雜俎二十卷 （唐）段成式撰
宣室志十卷補遺一卷 （唐）張讀撰
鶴林玉露十六卷 （宋）羅大經撰
第八套
儒林公議二卷 （宋）田況撰
侯鯖錄八卷 （宋）趙令畤撰
睽車志六卷 （宋）郭彖撰
癸辛雜識一卷外集一卷新集一卷後集一卷 （宋）周密撰
江隣幾雜志一卷 （宋）江休復撰
第九套
桯史十五卷 （宋）岳珂撰
隨隱漫錄五卷 （宋）陳世崇撰
山房隨筆一卷 （元）蔣子正撰
楓窻小牘二卷 （宋）袁褧撰 （宋）袁頤續
許彥周詩話一卷 （宋）許顗撰
耕祿稿一卷 （宋）胡錡撰
厚德錄四卷 （宋）李元綱撰
西溪叢語二卷 （宋）姚寬撰
補筆談一卷 （宋）沈括撰
第十套
野客叢書三十卷附錄一卷 （宋）王楙撰
螢雪叢說二卷 （宋）俞成撰
後山居士詩話一卷 題（宋）陳師道撰
孫公談圃三卷 （宋）孫升述 （宋）劉延世撰
龍城錄二卷 題（唐）柳宗元撰
學齋佔畢纂一卷 （宋）史繩祖撰
儲華谷祛疑說纂一卷 （宋）儲泳撰

40/1596.3

又一部 十七册

稗海七十種三百十六卷
（明）商濬編 （清）李孝源重訂
清乾隆刻本
五十八册
九行二十字，白口，四周單邊。鈐有“鄧又同藏經籍金石書畫之印”朱文印，“鄧華熙印”白文印。
存五十八種
存子目：
第一函
西京雜記六卷 題（晉）葛洪撰
王子年拾遺記十卷 題（前秦）王嘉撰
搜神記八卷 題（晉）干寶撰
述異記二卷 題（梁）任昉撰
續博物志十卷 題（宋）李石撰
摭言一卷 （五代）王定保撰
小名錄二卷 （唐）陸龜蒙撰
雲溪友議十二卷 （唐）范攄撰
獨異志三卷 （唐）李冗撰
第二函
杜陽雜編三卷 （唐）蘇鶚撰
東觀奏記三卷 （唐）裴庭裕撰
大唐新語十三卷 （唐）劉肅撰
因話錄六卷 （唐）趙璘撰
玉泉子一卷

第三函
樂善錄二卷　(宋)李昌齡撰
蠡海集一卷　(明)王逵撰
過庭錄一卷　(宋)范公稱撰
泊宅編三卷　(宋)方勺撰
閑窻括異志一卷　(宋)魯應龍撰
搜採異聞錄五卷　(宋)永亨撰
東軒筆錄十五卷　(宋)魏泰撰
青箱雜記十卷　(宋)吳處厚撰
蒙齋筆談二卷　(宋)葉夢得撰
畫墁錄一卷　(宋)張舜民撰
第四函
游宦紀聞十卷　(宋)張世南撰
夢溪筆談二十六卷補筆談一卷　(宋)沈括撰
學齋占畢纂一卷　(宋)史繩祖撰
儲華谷祛疑說纂一卷　(宋)儲泳撰
墨莊漫錄十卷　(宋)張邦基撰
侍兒小名錄拾遺一卷　(宋)張邦幾撰
補侍兒小名錄一卷　(宋)王銍撰
續補侍兒小名錄一卷　(宋)溫豫撰
第六函
石林燕語十卷　(宋)葉夢得撰
清波雜志三卷　(宋)周煇撰
墨客揮犀十卷　(宋)彭乘撰
異聞總錄四卷
遂昌雜錄一卷　(元)鄭元祐撰
續集
第七函
酉陽雜俎二十卷　(唐)段成式撰
宣室志十卷補遺一卷　(唐)張讀撰
鶴林玉露十六卷　(宋)羅大經撰
第八函
儒林公議二卷　(宋)田況撰
侯鯖錄八卷　(宋)趙令畤撰
睽車志六卷　(宋)郭彖撰
江隣幾雜志一卷　(宋)江休復撰
桯史十五卷　(宋)岳珂撰
隨隱漫錄五卷　(宋)陳世崇撰
楓窻小牘二卷　(宋)袁褧撰　(宋)袁頤續
耕祿稿一卷　(宋)胡錡撰
厚德錄四卷　(宋)李元綱撰
第九函
西溪叢語二卷　(宋)姚寬撰
野客叢書三十卷附錄一卷　(宋)王楙撰
螢雪叢說二卷　(宋)俞成撰
孫公談圃三卷　(宋)孫升述　(宋)劉延世撰
許彥周詩話一卷　(宋)許顗撰
後山居士詩話一卷　題(宋)陳師道撰
第十函
齊東野語　(宋)周密撰
癸辛雜識前集一卷後集一卷續集二卷別集二卷　(宋)周密撰
山房隨筆一卷　(元)蔣子正撰

50/1795.29

漢魏叢書三十八種二百五十一卷

(明)程榮編
明萬曆二十年(1592)程榮刻本
三十六册
九行二十字,白口,左右雙邊。刻工有子素、王茂、仇俊、仇高、光宇、汝信、汝哲、惟翰、黃池、黃組、黃鈐、黃鉉、黃瀾、德寵、黃中元、黃汝貞、黃尚潤、黃惟濬、蔡孟龍。
子目:
經籍
京氏易傳三卷　(漢)京房撰　(吳)陸績注
周易略例一卷　(魏)王弼撰　(唐)邢璹注
古三墳一卷
詩說一卷　題(漢)申培撰
韓詩外傳十卷　(漢)韓嬰撰
大戴禮記十三卷　(漢)戴德撰
春秋繁露十七卷　(漢)董仲舒撰
白虎通德論二卷　(漢)班固撰
獨斷二卷　(漢)蔡邕撰
忠經一卷　題(漢)馬融撰　(漢)鄭玄注
輶軒使者絕代語釋別國方言十三卷　(漢)揚雄撰　(晉)郭璞解
史籍
元經薛氏傳十卷(唐)薛收撰　(宋)阮逸注
逸周書十卷　(晉)孔晁注
穆天子傳六卷　(晉)郭璞注
西京雜記六卷　題(晉)葛洪撰
子籍
素書一卷　(宋)張商英注

新語二卷　(漢)陸賈撰
孔叢子三卷　題(漢)孔鮒撰
新序十卷　(漢)劉向撰
說苑二十卷　(漢)劉向撰
新書十卷附錄一卷　(漢)賈誼撰
法言十卷　(漢)揚雄撰
潛夫論十卷　(漢)王符撰
申鑒五卷　(漢)荀悅撰　(明)黄省曾注
中論二卷　(漢)徐幹撰
顔氏家訓二卷　(北齊)顔之推撰
商子五卷
人物志三卷　(魏)劉邵撰　(西涼)劉昞注
風俗通義十卷　(漢)應劭撰
劉子新論十卷　(北齊)劉晝撰　(唐)袁孝政注
神異經一卷　題(漢)東方朔撰
別國洞冥記四卷　題(漢)郭憲撰
述異記二卷　題(梁)任昉撰
王子年拾遺記十卷　題(前秦)王嘉撰
通占大象曆星經二卷
趙飛燕外傳一卷　題(漢)伶玄撰
古今刀劍錄一卷　題(梁)陶弘景撰
論衡三十卷　(漢)王充撰
《中國古籍善本書目》叢部80　40/1592

廣漢魏叢書八十二種四百四十四卷

(明)何允中編
清嘉慶間刻本
九十六冊
九行二十字,小字雙行,白口,左右雙邊。
存七十八種
存子目:
經翼
釋名四卷(存卷一至二)　(漢)劉熙撰
易傳三卷　(漢)京房撰
焦氏易林四卷　(漢)焦贛撰
周易略例一卷　(魏)王弼撰　(唐)邢璹注
古三墳一卷　(晉)阮咸注
詩傳一卷　(春秋)端木賜
詩說一卷　(漢)申培撰
韓詩外傳十卷　(漢)韓嬰撰
大戴禮記十三卷　(漢)戴德撰　(北周)盧辯注
春秋繁露十七卷　(漢)董仲舒撰
白虎通德論四卷　(漢)班固撰
白虎通校勘補遺一卷　(清)盧文弨撰
白虎通闕文一卷　(清)莊述祖輯
獨斷一卷　(漢)蔡邕撰
方言十三卷　(漢)揚雄撰　(晉)郭璞注
忠經一卷　(漢)馬融撰
孝傳一卷　(晉)陶潛撰
博雅十卷　(魏)張揖撰　(隋)曹憲音釋
小爾雅一卷　(漢)孔鮒撰
別史
吳越春秋六卷　(漢)趙曄撰　(元)徐天祜音注
越絕書十五卷　(漢)袁康撰
十六國春秋十六卷　(魏)崔鴻撰
鄴中記一卷　(晉)陸翙撰
元經薛氏傳十卷　(隋)王通撰　(唐)薛收傳　(宋)阮逸注
汲冢周書十卷校正補遺一卷附錄一卷　(晉)孔晁注
竹書紀年二卷　(梁)沈約注
穆天子傳六卷　(晉)郭璞注
漢武帝內傳一卷　(漢)班固撰
飛燕外傳一卷　(漢)伶玄撰
雜事祕辛一卷
羣輔錄一卷　(晉)陶潛撰
神仙傳十卷　(晉)葛洪撰
高士傳三卷　(晉)皇甫謐撰
英雄記鈔一卷　(魏)王粲撰
子餘
參同契一卷　(漢)魏伯陽撰
陰符經一卷　(漢)張良等注
黄石公素書一卷　(宋)張商英注
心書一卷　(蜀)諸葛亮撰
孫子二卷　(周)孫武撰　魏武帝注
新語二卷　(漢)陸賈撰
新書十卷　(漢)賈誼撰
新序十卷　(漢)劉向撰
新論十卷　(北齊)劉晝撰
淮南鴻烈解二十一卷　(漢)劉安撰　(漢)高誘注

孔叢二卷附詰墨一卷　題(漢)孔鮒撰
法言十卷　(漢)揚雄撰　(宋)宋咸注
抱朴子内篇四卷外篇四卷　(晉)葛洪撰
中説二卷　(隋)王通撰
枕中書一卷　(晉)葛洪撰
潛夫論十卷　(漢)王符撰
天祿閣外史八卷　題(漢)黄憲撰
説苑二十卷(存卷一至十二、十八至二十)　(漢)劉向撰
論衡三十卷　(漢)王充撰
載籍
搜神記八卷　題(晉)干寶撰
神異經一卷　題(漢)東方朔撰
海内十洲記一卷　題(漢)東方朔撰
述異記二卷　題(梁)任昉撰
續齊諧記一卷　題(梁)吳均撰
拾遺記十卷　(前秦)王嘉撰
博物志十卷　題(晉)張華撰　(宋)周日用注
古今注三卷　(晉)崔豹撰
風俗通義十卷　(漢)應劭撰
人物志三卷　(魏)劉邵撰　(西涼)劉昞注
文心雕龍十卷　(梁)劉勰撰
詩品三卷　(梁)鍾嶸撰
書品一卷　(梁)庾肩吾撰
顔氏家訓七卷考證一卷　(北齊)顔之推撰
鹽鐵論十二卷　(漢)桓寬撰　(明)張之象注
三輔黄圖六卷補遺一卷
華陽國志十四卷　(晉)常璩撰
洛陽伽藍記五卷　(北魏)楊衒之撰
水經二卷　(漢)桑欽撰
星經二卷　(漢)甘公　石申撰
荆楚歲時記一卷　(梁)宗懍撰
南方草木狀三卷　(晉)嵇含撰
竹譜一卷　(晉)戴凱之撰
古今刀劍録一卷　題(梁)陶弘景撰
鼎録一卷　題(陳)虞荔撰　50/1820.4

增定古今逸史五十五種二百二十三卷
(明)吳琯編
明吳琯刻本
四十册
十行二十字，白口，左右雙邊。
存三十六種
存子目：
逸志
合志
白虎通德論二卷　(漢)班固撰
廣雅十卷　(魏)張揖撰　(隋)曹憲音解
風俗通義四卷　(漢)應劭撰
小爾雅一卷　題(漢)孔鮒撰　(宋)宋咸注
獨斷一卷　(漢)蔡邕撰
刊誤二卷　(唐)李涪撰
古今注三卷　題(晉)崔豹撰
中華古今注三卷　(後唐)馬縞撰
博物志十卷　題(晉)張華撰　(宋)周日用等注
續博物志十卷　題(宋)李石撰
拾遺記十卷　題(前秦)王嘉撰
分志
山海經十八卷　(晉)郭璞撰
海内十洲記一卷　題(漢)東方朔撰
吳地記一卷後集一卷　(唐)陸廣微撰
岳陽風土記一卷　(宋)范致明撰
洛陽名園記一卷　(宋)李格非撰
桂海虞衡志一卷　(宋)范成大撰
北邊備對一卷　(宋)程大昌撰
眞臘風土記一卷　(元)周達觀撰
三輔黄圖六卷
雍録十卷　(宋)程大昌撰
洛陽伽藍記五卷　(北魏)楊衒之撰
教坊記一卷　(唐)崔令欽撰
樂府雜録一卷　(唐)段安節撰
九經補韻一卷　(宋)楊伯喦撰
逸記
紀
三墳一卷
穆天子傳六卷　(晉)郭璞注
竹書紀年二卷　題(梁)沈約注
汲冢周書十卷　(晉)孔晁注
西京雜記六卷　題(晉)葛洪撰
別國洞冥記四卷　題(漢)郭憲撰
漢武故事一卷　題(漢)班固撰
趙后外傳一卷　題(漢)伶玄撰
海山記一卷

迷樓記一卷
開河記一卷
《中國古籍善本書目》叢部 87

40/1619.45

廣快書五十種五十卷
(明)何偉然編
明崇禎刻本
二十冊
八行十八字,白口,左右雙邊。
子目:
槎菴燕語一卷　(明)來斯行撰
碣石宮蠶語一卷　(明)阮堅之撰
一聲鶯一卷　(明)張來初撰
何之子一卷　(明)周元孚撰
秋粧樓眉判一卷　(明)何偉然撰
儒禪一卷　(明)吳從先撰
瀾堂夕話一卷　(明)張次仲撰
史輪一卷　(明)吳穎撰
無盡燈一卷　(明)來斯行撰
卽山論一卷　(明)沈君烈撰
千一錄客談一卷　(明)方弘靜撰
海樵子一卷　(明)王崇慶撰
玉笑零音一卷　(明)田藝蘅撰
尋常事一卷　題(明)西韓生撰
世書一卷　(明)吳穎撰
燕貽法錄一卷　(明)方定之撰
月唳一卷　(明)凌仲望撰
秋水鏡一卷　(明)洪月誠撰
桂枝女子傳一卷
審是帙一卷　(明)張靖之撰
花錫新名一卷　(明)余君翼撰
丹甑一卷　(明)袁宗道撰
弋說一卷　(明)沈長卿撰
璅言一卷　(明)于愼行撰
雜記一卷　(明)于愼行撰
病中抽史一卷　(明)鄧予垣撰
松霞館贅言一卷　(明)李長卿撰
獨鑑錄一卷　(明)轂齋主人撰
善易者言一卷　(明)吳穎撰
讀五胡載記一卷　(明)歐陽于玉撰
蒲團上語一卷　(明)鮑在齊撰
青鏤管夢一卷　(明)項德純撰
正法眼一卷　(明)佘聿雲撰
倉庚集一卷　(明)魏崑陽撰
有情癡一卷　(明)吳季子撰
山遊十六觀一卷　(明)沈懋功撰
蟲天志一卷　(明)沈弘正撰
曲讔一卷　題(明)天都逸史撰
識小編一卷　(明)周寅所撰
珠采一卷
照心犀一卷　(明)薛應旂撰
士令一卷　(明)郭子章　黃寓庸撰
長嘯餘一卷　(明)孫燕貽撰
嘔絲一卷　(明)何偉然撰
斷肉編一卷　(明)閻含卿撰
瞻禮舍利記一卷　(明)李封若撰
天爵堂筆餘一卷　(明)薛崗撰
戲瑕一卷　(明)錢希言撰
十影君傳一卷　(明)支廷訓撰
海味索隱一卷　(明)屠本畯撰
《中國古籍善本書目》叢部 137

40/1629.4

津逮祕書十五集一百四十一種七百四十八卷
(明)毛晉編
明崇禎毛氏汲古閣刻本
一百八十冊
九行十九字,小字雙行同,白口,左右雙邊。鈐有"書帶館"朱文印,"寶樹堂"、"汲古閣"白文印。
子目:
第一集
詩序辨說一卷　(宋)朱熹撰
詩傳孔氏傳一卷
詩說一卷　(漢)申培撰
詩外傳十卷　(漢)韓嬰撰
毛詩草木鳥獸蟲魚疏廣要二卷　(明)毛晉撰
詩考一卷　(宋)王應麟撰
詩地理考六卷　(宋)王應麟撰
爾雅三卷　(宋)鄭樵注
第二集
京氏易傳三卷　(漢)京房撰　(吳)陸績注
關氏易傳一卷　(北魏)關朗撰　(唐)趙蕤注

蘇氏易傳九卷　(宋)蘇軾撰
焦氏易林四卷　題(漢)焦延壽撰
周易集解十七卷　(唐)李鼎祚撰
易釋文一卷　(唐)陸德明撰
周易集解略例一卷　(魏)王弼撰　(唐)邢璹注
元包經傳五卷　(北周)衛元嵩撰　(唐)蘇源明　李江注
元包數總義二卷　(宋)張行成撰
周易舉正三卷　(唐)郭京撰
麻衣道者正易心法一卷
第三集
通鑑地理通釋十四卷　(宋)王應麟撰
通鑑問疑一卷　(宋)劉羲仲撰
小學紺珠十卷　(宋)王應麟撰
齊民要術十卷雜說一卷　(北魏)賈思勰撰
急就篇四卷　(漢)史游撰　(唐)顔師古注　(宋)王應麟音釋
漢制考四卷　(宋)王應麟撰
第四集
佛說四十二章經一卷　(漢釋)迦葉摩騰　竺法蘭譯　(宋釋)守遂注
道德指歸論六卷　題(漢)嚴遵撰
青烏先生葬經一卷　(金)兀欽仄注
葬經翼一卷　(明)繆希雍撰
古本葬經内篇一卷　(金)兀欽仄注
葬圖一卷
難解二十四篇一卷
周髀算經二卷　題　(漢)趙爽注　(北周)甄鸞重述　(唐)李淳風注釋　音義一卷　(宋)李籍撰
數術記遺一卷　題(漢)徐岳撰　(北周)甄鸞注
古文參同契集解一卷箋注集解一卷　題(漢)魏伯陽撰　(明)蔣一彪輯
三相類集解一卷　(漢)淳于叔通補遺　(明)蔣一彪輯
黃帝授三子玄女經一卷
胎息經一卷　題(□)幻眞先生注
風后握奇經一卷　(漢)公孫弘注
握奇經續圖一卷八陣總述一卷　題(晉)馬隆撰
耒耜經一卷　(唐)陸龜蒙撰
五木經一卷　(唐)李翺撰　(唐)元革注
女孝經一卷
丸經二卷
通占大象曆星經二卷
忠經一卷　題(漢)馬融撰　(漢)鄭玄注
黃帝宅經二卷
墨經一卷　(宋)晁貫之撰
第五集
全唐詩話六卷　(宋)尤袤撰
六一詩話一卷　(宋)歐陽修撰
滄浪詩話一卷　(宋)嚴羽撰
後山詩話一卷　題(宋)陳師道撰
彥周詩話一卷　(宋)許顗撰
二老堂詩話一卷　(宋)周必大撰
紫薇詩話一卷　(宋)吕本中撰
石林詩話一卷　(宋)葉夢得撰
中山詩話一卷　(宋)劉攽撰
竹坡詩話一卷　(宋)周紫芝撰
續詩話一卷　(宋)司馬光撰
第六集
法書要錄十卷　(唐)張彥遠撰
東觀餘論二卷附錄一卷　(宋)黃伯思撰
廣川書跋十卷　(宋)董逌撰
宣和書譜二十卷
第七集
圖畫見聞誌六卷　(宋)郭若虛撰
歷代名畫記十卷　(唐)張彥遠撰
古畫品錄一卷　(南齊)謝赫撰
續畫品錄一卷　(唐)李嗣眞撰
宣和畫譜二十卷
圖繪寶鑑六卷補遺一卷　(元)夏文彥撰　(明)韓昂續
後畫錄一卷　(唐釋)彥悰撰
續畫品一卷　(陳)姚最撰
畫繼十卷　(宋)鄧椿撰
畫史一卷　(宋)米芾撰
第八集
詩品三卷　(梁)鍾嶸撰
詩品二十四則一卷　(唐)司空圖撰
風騷旨格一卷　(唐釋)齊己撰
芥隱筆記一卷　(宋)龔頤正撰
冷齋夜話十卷　(宋釋)惠洪撰

西溪叢語二卷　(宋)姚寬撰
益部方物略記一卷　(宋)宋祁撰
捫蝨新話十五卷　(宋)陳善撰
歲華紀麗四卷　題(唐)韓鄂撰
玉蘂辨證一卷　(宋)周必大撰
桯史十五卷附錄一卷　(宋)岳珂撰
泉志十五卷　(宋)洪遵撰
第九集
酉陽雜俎二十卷續集十卷　(唐)段成式撰
誠齋雜記二卷　(元)林坤撰
甘澤謠一卷附錄一卷　(唐)袁郊撰
本事詩一卷　(唐)孟棨撰
五色線二卷
却掃編三卷　(宋)徐度撰
劇談錄二卷　(唐)康駢撰
瑯環記三卷　(元)伊世珍撰
輟耕錄三十卷　(明)陶宗儀撰
第十集
洛陽伽藍記五卷　(北魏)楊衒之撰
洛陽名園記一卷　(宋)李格非撰
靈寶眞靈位業圖一卷　(梁)陶弘景撰
東京夢華錄十卷　(宋)孟元老撰
西京雜記六卷　題(晉)葛洪撰
佛國記一卷　(晉釋)法顯撰
大唐創業起居注三卷　(唐)溫大雅撰
老學菴筆記十卷　(宋)陸游撰
漢雜事秘辛一卷
淳熙玉堂雜記三卷　(宋)周必大撰
焚椒錄一卷　(遼)王鼎撰
唐國史補三卷　(唐)李肇撰
第十一集
搜神記二十卷　題(晉)干寶撰
搜神後記十卷　題(晉)陶潛撰
錄異記八卷　(前蜀)杜光庭撰
稽神錄六卷拾遺一卷　(宋)徐鉉撰
周氏冥通記四卷　(梁)陶弘景撰
異苑十卷　(劉宋)劉敬叔撰
第十二集
東坡題跋六卷　(宋)蘇軾撰
山谷題跋九卷　(宋)黄庭堅撰
无咎題跋一卷　(宋)晁補之撰
宛丘題跋一卷　(宋)張耒撰
淮海題跋一卷　(宋)秦觀撰
鶴山題跋七卷　(宋)魏了翁撰
放翁題跋六卷　(宋)陸游撰
姑溪題跋二卷　(宋)李之儀撰
石門題跋二卷　(宋釋)德洪撰
西山題跋三卷　(宋)眞德秀撰
第十三集
六一題跋十一卷　(宋)歐陽修撰
元豐題跋一卷　(宋)曾鞏撰
水心題跋一卷　(宋)葉適撰
益公題跋十二卷　(宋)周必大撰
後邨題跋四卷　(宋)劉克莊撰
止齋題跋二卷　(宋)陳傅良撰
魏公題跋一卷　(宋)蘇頌撰
晦菴題跋三卷　(宋)朱熹撰
容齋題跋二卷　(宋)洪邁撰
海岳題跋一卷　(宋)米芾撰
第十四集
樂府古題要解二卷　(唐)吳兢撰
癸辛雜識前集一卷後集一卷續集二卷別集二卷　(宋)周密撰
紹興内府古器評二卷　(宋)張掄撰
揮麈前錄四卷後錄十一卷三錄三卷餘話二卷　(宋)王明清撰
第十五集
夢溪筆談二十六卷　(宋)沈括撰
湘山野錄三卷續錄一卷　(宋釋)文瑩撰
春渚紀聞十卷　(宋)何薳撰
齊東野語二十卷　(宋)周密撰
茅亭客話十卷　(宋)黄休復撰
河南邵氏聞見前錄二十卷　(宋)邵伯溫撰
河南邵氏聞見後錄三十卷　(宋)邵博撰
錦帶書一卷　(梁)蕭統撰
避暑錄話二卷　(宋)葉夢得撰
貴耳集三卷　(宋)張端義撰
《中國古籍善本書目》叢部 150　　40/1630.5

居家必備十卷

明刻本

三冊

九行二十字,白口,左右雙邊。鈐有"恩圃氏珍藏"朱文印。

存四卷
存子目：
卷四治生下
田家五行　(明)婁元禮撰
紀曆撮要
探春曆記　題(漢)東方朔撰
田家曆　(明)程羽文撰
農家諺　(漢)崔寔撰
俗事方　(明)瞿祐撰
卷五奉養
天隱子養生書　(唐)司馬承禎撰
保生要錄　(宋)蒲處貫撰
攝生要錄　(明)沈仕撰
治萬病坐功訣　(明)高濂撰
醫先　(明)王文祿撰
葊度　(明)王文祿撰
守庚申法　(明)高濂撰
絕三尸符咒　(明)高濂撰
服食方　(明)高濂撰
解百毒方　(明)高濂撰
褚氏遺書　(南齊)褚澄撰
卷六趨避
宅經
相宅要說　(明)高濂撰
太乙經
選擇曆說　(明)高濂撰
三才避忌　(明)高濂撰
相地骨經
神咒錄　(宋)皇甫周撰
百怪斷經　(宋)俞誨撰
卷七飲饌
醞造譜　(明)高濂撰
法製譜　(明)高濂撰
茶譜　(明)顧元慶撰
饌客約　(明)王道焜撰　40/1643.85

檀几叢書一百五十七種一百五十七卷
(清)王晫　張潮輯
清康熙三十四年(1695)新安張氏霞舉堂刻本
十二冊
九行二十字,白口,四周單邊。鈐有“番禺梁氏葵霜閣捐藏廣東圖書館”朱文印。

子目：
第一帙　東
三百篇鳥獸草木記一卷　(清)徐士俊撰
月令演一卷　(清)徐士俊撰
歷代甲子考一卷　(清)黃宗羲撰
二十一史徵一卷　(清)徐汾撰
黜朱梁紀年論一卷　(清)宋實穎撰
韻史一卷　(清)金諾編
釋奠考一卷　(清)洪若臯撰
臚傳紀事一卷　(清)繆彤撰
第二帙　壁
喪禮雜說附常禮雜說一卷　(清)毛先舒撰
喪服或問一卷　(清)汪琬撰
錦帶連珠一卷　(清)王嗣槐撰
操觚十六觀一卷　(清)陳鑑撰
十七帖述一卷　(清)王弘撰
龜臺琬琰一卷　(清)張正茂撰
稚黃子一卷　(清)毛先舒撰
東江子一卷　(清)沈謙撰
第三帙　圖
續證人社約誡一卷　(清)惲日初撰
家訓一卷　(清)張習孔撰
高氏塾鐸一卷　(清)高拱京撰
餘慶堂十二戒一卷　(清)劉德新撰
猶見篇一卷　(清)傅麟昭撰
七勸口號一卷　(清)張習孔撰
元寶公案一卷　(清)謝開寵撰
聯莊附聯騷一卷　(清)張潮撰
琴聲十六法一卷　(清)莊臻鳳撰
第四帙　書
鶴齡錄一卷　(清)李清撰
新婦譜一卷　(清)陸圻撰
新婦譜補一卷　(清)陳確撰
新婦譜補一卷　(清)查琪撰
美人譜一卷　(清)徐震撰
婦人鞋襪考一卷　(清)余懷撰
七療一卷　(清)張潮撰
鬱單越頌一卷　(清)黃周星撰
地理驪珠一卷　(清)張澐撰
雁山雜記一卷　(清)韓則愈撰
越問一卷　(清)王修玉撰
第五帙　府

眞率會約一卷　(清)尤侗撰
酒律一卷　(清)張潮撰
酒箴一卷　(清)金昭鑑撰
觴政五十則一卷　(清)沈中楹撰
廣抑戒錄一卷　(清)朱曉撰
農具記一卷　(清)陳玉璂撰
怪石贊一卷　(清)宋犖撰
愓菴石譜一卷　(清)諸九鼎撰
端溪硯石考一卷　(清)高兆撰
羽族通譜一卷　(清)來集之撰
獸經一卷　(清)張綱孫撰
江南魚鮮品一卷　(清)陳鑑撰
虎丘茶經注補一卷　(清)陳鑑撰
荔枝話一卷　(清)林嗣環撰
二集
第一帙　西
逸亭易論一卷　(清)徐繼恩撰
孟子考一卷　(清)閻若璩撰
人譜補圖一卷　(清)宋瑾撰
教孝編一卷　(清)姚廷傑撰
仕的一卷　(清)吳儀一撰
古觀人法一卷　(清)宋瑾撰
古人居家居鄉法一卷　(清)丁雄飛撰
第二帙　園
幼訓一卷　(清)崔學古撰
少學一卷　(清)崔學古撰
俗砭一卷　(清)方象瑛撰
燕翼篇一卷　(清)李淦撰
艾言一卷　(清)徐元美撰
訓蒙條例一卷　(清)陳芳生撰
拙翁庸語一卷　(清)劉芳喆撰
醉筆堂三十六善一卷　(清)李日景撰
七怪一卷　(清)黃宗羲撰
第三帙　翰
華山經一卷　(清)東蔭商撰
長白山錄一卷　(清)王士禛撰
水月令一卷　(清)王士禛撰
三江考一卷　(清)毛奇齡撰
黔中雜記一卷　(清)黃元治撰
苗俗紀聞一卷　(清)方亨咸撰
念佛三昧一卷　(清)金人瑞撰
佛解一卷　(清)畢熙暘撰
第四帙　墨
漁洋詩話一卷　(清)王士禛撰
文房約一卷　(清)江之蘭撰
蕈溪自課一卷　(明)馮京第撰
讀書燈一卷　(明)馮京第撰
學畫淺說一卷　(清)王槩撰
廣惜字說一卷　(清)張允祥撰
古歡社約一卷　(清)丁雄飛撰
彷園清語一卷　(清)張蓋撰
鴛鴦牒一卷　(明)程羽文撰
補蕉黛史一卷　(清)張芳撰
小星志一卷　(清)丁雄飛撰
豔體聯珠一卷　(明)葉小鸞撰
戒殺文一卷　(明)黎遂球撰
九喜榻記一卷　(清)丁雄飛撰
行醫八事圖一卷　(清)丁雄飛撰
第五帙　林
雪堂墨品一卷　(清)張仁熙撰
漫堂墨品一卷　(清)宋犖撰
水坑石記一卷　(清)錢朝鼎撰
琴學八則一卷　(清)程雄撰
觀石錄一卷　(清)高兆撰
紅術軒紫泥法定本一卷　(清)汪鎬京撰
陽羨茗壺系一卷　(明)周高起撰
洞山岕茶系一卷　(明)周高起撰
桐階副墨一卷　(明)黎遂球撰
南村觴政一卷　(清)張惣撰
鴿經一卷　(清)張萬鍾撰
餘集
卷上
山林經濟策一卷　(清)陸次雲撰
讀書法一卷　(清)魏際瑞撰
根心堂學規一卷　(清)宋瑾撰
家塾座右銘一卷　(清)宋起鳳撰
洗塵法一卷　(清)馬文燦撰
香雪齋樂事一卷　(清)江之蘭撰
客齋使令反一卷　(明)程羽文撰
一歲芳華一卷　(明)程羽文撰
芸窗雅事一卷　(清)施清撰
菊社約一卷　(清)狄億撰
豆腐戒一卷　(清)尤侗撰
清戒一卷　(清)石崇階撰

友約一卷　（清）顧有孝撰
灌園十二師一卷　（清）徐沁撰
約言一卷　（清）張適撰
詩本事一卷　（明）程羽文撰
劍氣一卷　（明）程羽文撰
石交一卷　（明）程羽文撰
燈謎一卷　（清）毛際可撰
宦海慈航一卷　（清）蔣埴撰
病約三章一卷　（清）尤侗撰
艮堂十戒一卷　（清）方象瑛撰
婦德四箴一卷　（清）徐士俊撰
半菴笑政一卷　（清）陳皐謨撰
書齋快事一卷　（清）沈元琨撰
負卦一卷　（清）尤侗撰
古今外國名考一卷　（清）孫蘭撰
廣東月令一卷　（清）鈕琇撰
黔西古跡考一卷　（清）錢霦撰
明制女官考一卷　（清）黄百家撰
卷下
五嶽約一卷　（清）韓則愈撰
攬勝圖一卷　（清）吳陳琰撰
南極諸星考一卷　（清）梅文鼎撰
引勝小約一卷　（明）張陛撰
酒警一卷　（清）程弘毅撰
酒政六則一卷　（清）吳彬撰
酒約一卷　（清）吳肅公撰
彷園酒評一卷　（清）張藎撰
簋貳約一卷　（清）尤侗撰
小半斤謠一卷　（清）黄周星撰
四十張紙牌説一卷　（清）李式玉撰
選石記一卷　（清）成性撰
美人揉碎梅花廻文圖一卷　（清）沈士瑛撰
西湖六橋桃評一卷　（清）曹之璜撰
竹連珠一卷　（清）鈕琇撰
征南射法一卷　（清）黄百家撰
黄熟香考一卷　（清）萬泰撰
附政
紀草堂十六宜一卷　（清）王晫撰
課婢約一卷　（清）王晫撰
報謁例言一卷　（清）王晫撰
謟卦一卷　（清）王晫撰
書本草一卷　（清）張潮撰
貧卦一卷　（清）張潮撰
花鳥春秋一卷　（清）張潮撰
補花底拾遺一卷　（清）張潮撰
玩月約一卷　（清）張潮撰
飲中八仙令一卷　（清）張潮撰　50/1695.2

昭代叢書甲集五十種五十卷乙集四十種四十卷

（清）張潮編
清康熙刻乾隆印本
十六册
九行二十字，白口，四周單邊。
甲集
第一帙　禮
更定文章九命一卷　（清）王晫撰
天官考異一卷　（清）吳肅公撰
五行問一卷　（清）吳肅公撰
學曆説一卷　（清）梅文鼎撰
改元考同一卷　（清）吳肅公撰
進賢説一卷　（清）張能鱗撰
塾講規約一卷　（清）施璜撰
第二帙　樂
夙興語一卷　（清）甘京撰
家人子語一卷　（清）毛先舒撰
語小一卷　（清）毛先舒撰
心病説一卷　（清）甘京撰
目録雜説一卷　（清）魏禧撰
覲宅四十吉祥相一卷　（清）周文煒撰
增訂心相百二十善一卷　（清）沈捷撰
竹溪雜述一卷　（清）殷曙撰
閑餘筆話一卷　（清）湯傳楹撰
暢春苑御試恭紀一卷　（清）狄億撰
第三帙　射
松溪子一卷　（清）王晫撰
讀莊子法一卷　（清）林雲銘撰
蒙養詩教一卷　（清）胡淵撰
謝皋羽年譜一卷　（清）徐沁撰
西華仙籙一卷　（清）王言撰
將就園記一卷　（清）黄周星撰
歙問一卷　（清）洪玉圖撰
黄山松石譜一卷　（清）閔麟嗣撰
第四帙　御

外國竹枝詞一卷　(清)尤侗撰
西方要紀一卷　(義大利)利類思　(比利時)南懷仁等撰
安南雜記一卷　(清)李仙根撰
聲韻叢說一卷　(清)毛先舒撰
花底拾遺一卷　(明)黎遂球撰
十眉謠一卷　(清)徐士俊撰
第五帙　書
秋星閣詩話一卷　(清)李沂撰
而菴詩話一卷　(清)徐增撰
製曲枝語一卷　(清)黃周星撰
書法約言一卷　(清)宋曹撰
戒賭文一卷　(清)尤侗撰
快說續紀一卷　(清)王晫撰
廋詞一卷　(清)黃周星撰
酒社芻言一卷　(清)黃周星撰
嬾園觴政一卷　(清)蔡祖庚撰
岕茶彙鈔一卷　(清)冒襄撰
第六帙　數
硯林一卷　(清)余懷撰
宣爐歌注一卷　(清)冒襄撰
裝潢志一卷　(清)周嘉胄撰
牌譜一卷　(清)鄭旭旦撰
三友棋譜一卷　(清)鄭晉德撰
兵仗記一卷　(清)王晫撰
荔枝譜一卷　(清)陳鼎撰
蘭言一卷　(清)冒襄撰
龍經一卷　(清)王晫撰
乙集
第一帙　山
毛朱詩說一卷　(清)閻若璩撰
春秋三傳異同考一卷　(清)吳陳琰撰
讀禮問一卷　(清)吳肅公撰
十六國年表一卷　(清)張愉曾撰
第二帙　水
北嶽恒山歷祀上曲陽考一卷　(清)劉師峻撰
江南星野辨一卷　(清)葉燮撰
三年服制考一卷　(清)毛奇齡撰
師友行輩議一卷　(清)魏禧撰
國朝謚法考一卷　(清)王士禛撰
旗軍志一卷　(清)金德純撰
封長白山記一卷　(清)方象瑛撰
第三帙　魚
紀琉球入太學始末一卷　(清)王士禛撰
人瑞錄一卷　(清)孔尚任撰
迎鑾紀恩錄一卷　(清)王士禛撰
恩賜御書記一卷　(清)董文驥撰
恭迎大駕記一卷　(清)徐秉義撰
格言僅錄一卷　(清)王仕雲撰
出山異數紀一卷　(清)孔尚任撰
奏對機緣一卷　(清釋)道忞撰
第四帙　花
塞程別紀一卷　(清)余寀撰
西北水利議一卷　(清)許承宣撰
廣州遊覽小志一卷　(清)王士禛撰
隴蜀餘聞一卷　(清)王士禛撰
東西二漢水辯一卷　(清)王士禛撰
日錄裏言一卷　(清)魏禧撰
偶書一卷　(清)魏際瑞撰
第五帙　酒
漫堂說詩一卷　(清)宋犖撰
然脂集例一卷　(清)王士祿撰
身易一卷　(清)唐彪撰
伯子論文一卷　(清)魏際瑞撰
日錄論文一卷　(清)魏禧撰
韻問一卷　(清)毛先舒撰
南曲入聲客問一卷　(清)毛先舒撰
第六帙　鳥
連文釋義一卷　(清)王言撰
畫訣一卷　(清)孔衍栻撰
焦山古鼎考一卷　(清)王士祿撰
瘞鶴銘辯一卷　(清)張弨撰
昭陵六駿贊辯一卷　(清)張弨撰
漢甘泉宮瓦記一卷　(清)林佶撰
飯有十二合說一卷　(清)張英撰　50/1700.5

說鈴前集三十二種後集十九種
(清)吳震方編
清康熙四十四年(1705)刻本
二十冊
十一行二十五字,黑口,左右雙邊。
子目:
前集
冬夜箋記一卷　(清)王崇簡撰

隴蜀餘聞一卷 （清）王士禛撰
分甘餘話一卷 （清）王士禛撰
安南雜記一卷 （清）李仙根撰
畫壁詩一卷 （清）范承謨撰
筠廊偶筆二卷 （清）宋犖撰
金鰲退食筆記二卷 （清）高士奇撰
扈從西巡日錄一卷 （清）高士奇撰
塞北小抄一卷 （清）高士奇撰
松亭行紀二卷 （清）高士奇撰
天祿識餘二卷 （清）高士奇撰
封長白山記一卷 （清）方象瑛撰
使琉球紀略一卷 （清）張學禮撰
閩小紀二卷 （清）周亮工撰
滇行紀程一卷續抄一卷 （清）許纘曾撰
東還紀程一卷 （清）許纘曾撰
粤西偶記一卷 （清）陸祚蕃撰
粤述一卷 （清）閔敍撰
滇黔紀遊一卷 （清）陳鼎撰
京東考古錄一卷 （清）顧炎武撰
山東考古錄一卷 （清）顧炎武撰
救文格論一卷 （清）顧炎武撰
雜錄一卷 （清）顧炎武撰
守汴日志一卷 （清）李光壂撰 （清）周斯盛重編
坤輿外紀一卷 （比利時）南懷仁撰
臺灣紀畧一卷 （清）林謙光撰
臺灣雜記一卷 （清）季麟光撰
安南紀遊一卷 （清）潘鼎珪撰
峒溪纖志一卷 （清）陸次雲撰
泰山紀胜一卷 （清）孔貞瑄撰
匡廬紀遊一卷 （清）吳闌思撰
登華記一卷 （清）屈大均撰
遊雁蕩山記一卷 （清）周清原撰
後集
讀史吟評一卷 （清）黄鵬揚撰
揚州鼓吹詞序一卷 （清）吳綺撰
觚賸一卷 （清）鈕琇輯
湖壖雜記一卷 （清）陸次雲撰
談往一卷 （清）花村看行侍者撰
板橋雜記三卷 （清）余懷撰
簪雲樓雜說一卷 （清）陳尚古撰
天香樓偶得一卷 （清）虞兆湰撰
蚓菴瑣語一卷 （清）王逋撰
見聞錄一卷 （清）徐岳撰
冥報錄二卷 （清）陸圻撰
現果隨錄一卷 （清釋）戒顯撰
果報聞見錄一卷 （清）楊式傳撰
信徵錄一卷 （清）徐慶撰
曠園雜志二卷 （清）吳陳琰撰
甌江逸志一卷 （清）勞大與撰
言鯖二卷 （清）呂種玉撰
嶺南雜記二卷 （清）吳震方撰
述異記三卷 （清）東軒主人撰 50/1705.6

說鈴續集七種十卷

（清）吳震方輯
清康熙五十一年（1712）學古堂刻本
三冊
十一行二十五字，黑口，左右雙邊。鈐有“山陰宋壽崇鑑賞”、“雲南府清軍水利同知關防”、“來廣主人”、“小宋”朱文印。
子目：
談助一卷 （清）王崇簡撰
畫壁詩一卷 （清）范承謨撰
邇語一卷 （清）熊賜履撰
庸言一卷 （清）魏象樞撰
筠廊二筆一卷 （清）宋犖撰
池北偶談三卷 （清）王士禛撰
讀書質疑二卷 （清）吳震方撰 50/1712.3

楝亭藏書十二種六十九卷

（清）曹寅編
清康熙四十五年（1706）揚州詩局刻本
二十冊
十一行二十一字，黑口，左右雙邊。鈐有“三山陳氏居敬堂圖書”、“番禺梁氏葵霜閣捐藏廣東圖書館”、“節庵藏書”朱文印，“梁鼎芬印”白文印。
子目：
法書考八卷 （元）盛熙明撰
琴史六卷 （宋）朱長文撰
釣磯立談一卷
新編錄鬼簿二卷 （元）鍾嗣成撰
梅苑十卷 （宋）黃大輿撰

禁扁五卷　(元)王士點撰
硯箋四卷　(宋)高似孫撰
墨經一卷　(宋)晁貫之撰
城都紀勝一卷　題(宋)灌園耐得翁撰
頤堂先生糖霜譜一卷　(宋)王灼撰
聲畫集八卷　(宋)孫紹遠撰
分門纂類唐宋時賢千家詩選二十二卷　(宋)劉克莊輯
《中國古籍善本書目》叢部196　50/1706.4

雅雨堂叢書十三種一百三十五卷
(清)盧見曾輯
清乾隆二十一年(1756)德州盧氏刻本
三十六冊
十行二十一字,白口,四周單邊。鈐有"守璞所藏"、"陳氏蕓閣"、"節溪"朱文印,"東莞張氏"、"增祐"白文印。
子目:
易傳十七卷　(唐)李鼎祚集解
鄭氏周易三卷圖一卷　(漢)鄭玄撰　(宋)王應麟輯　(清)惠棟增補
周易音義一卷　(唐)陸德明撰
鄭司農集一卷　(漢)鄭玄撰
尚書大傳四卷補遺一卷　(漢)鄭玄注
周易乾鑿度二卷　(漢)鄭玄撰
大戴禮記十三卷　題(北周)盧辯注
戰國策三十三卷　(漢)高誘注
匡謬正俗八卷　(唐)顔師古撰
封氏聞見記十卷　(唐)封演撰
摭言十五卷　(五代)王定保撰
北夢瑣言二十卷　(宋)孫光憲撰
文昌雜錄六卷　(宋)龐元英撰　50/1756.5

微波榭叢書六種一百一十八卷
(清)孔繼涵輯
清乾隆曲阜孔氏刻本
十六冊
十行二十一字,白口,四周雙邊。
子目:
戴氏遺書　(清)戴震撰
　文集十卷
　杲溪詩經補注二卷
　毛鄭詩考證四卷首一卷
　考工記圖二卷
　孟子字義疏證三卷
　國語補音三卷　(清)宋庠撰
　聲類表九卷首一卷
　聲韻考四卷
　原善三卷
　原象一卷
　續天文略二卷
　水經釋地八卷
　水地記一卷
　輶軒使者絕代語釋别國方言十三卷
算經十書　(清)孔繼涵輯
　周髀算經二卷　(漢)趙君卿撰
　周髀音義一卷　(宋)李籍撰
　九章算術九卷　(魏)劉徽注
　九章算術音義一卷　(宋)李籍撰
　策算一卷附音義後　(清)戴震撰
　海島算經一卷　(魏)劉徽撰
　孫子算經三卷　(唐)李淳風等注
　五曹算經五卷　(唐)李淳風等注
　夏侯陽算經三卷　(隋)韓延傳本
　張邱建算經三卷　(北周)甄鸞注
　句股割圜記三卷　(清)戴震撰
春秋長歷一卷　(晉)杜預撰
春秋金鎖匙一卷(元)趙汸撰
春秋地名一卷　(晉)杜預撰
孟子十四卷附音義二卷　(漢)趙岐注
50/1795.22

平津館叢書四十一種二百五十四卷
(清)孫星衍輯
清嘉慶蘭陵孫氏刻本
四十四冊
十一行二十字,小字雙行同,白口,左右雙邊。鈐有"曾在張氏驥處"朱文印。
子目:
甲集
周書六韜六卷附逸文一卷　(周)呂望撰　(清)孫星衍校　逸文　(清)孫同元輯
魏武帝注孫子三卷　(魏)武帝曹操撰
吴子二卷　(周)吴起撰

司馬法三卷　(周)司馬穰苴撰　(清)孫星衍輯
尸子二卷　(戰國)尸佼撰　(清)孫星衍輯
燕丹子三卷　(清)孫星衍校
牟子一卷　(漢)牟融撰　(清)孫星衍校
黄帝龍首經二卷　(清)孫星衍校
黄帝金匱玉衡經一卷　(清)孫星衍校
黄帝授三子元女經一卷　(清)孫星衍校
廣黄帝本行記一卷　(唐)王瓘撰
軒轅黄帝傳一卷　(清)孫星衍校
漢禮器制度一卷　(漢)叔孫通撰　(清)孫星衍輯
漢官一卷　(清)孫星衍輯
漢官解詁一卷　(漢)王隆撰　(漢)胡廣注　(清)孫星衍輯
漢舊儀二卷附補遺二卷　(漢)衛宏撰　(清)孫星衍校並輯補遺
漢官儀二卷　(漢)應劭撰　(清)孫星衍輯
漢官典職儀式選用一卷　(漢)蔡質撰　(清)孫星衍輯
漢儀一卷　(吳)丁孚撰　(清)孫星衍輯
魏三體石經考一卷　(清)孫星衍撰
琴操二卷　(漢)蔡邕撰　(清)孫星衍輯
穆天子傳六卷　(晉)郭璞注　(清)洪頤煊校
竹書紀年二卷　(梁)沈約注　(清)洪頤煊校
物理論一卷　(晉)楊泉撰　(清)孫星衍輯
古史考一卷　(蜀)譙周撰　(清)章宗源輯
乙集
華氏中藏經三卷　(漢)華佗撰　(清)孫星衍校
素女方一卷附制太黄丸方一卷
千金寶要六卷附清寧丸方　(唐)孫思邈撰　(宋)郭思節輯　(清)孫星衍校
寰宇訪碑録十二卷　(清)孫星衍　邢澍撰
古刻叢鈔一卷　(明)陶宗儀撰　(清)孫星衍重編
建立伏博士始末二卷　(清)孫星衍撰
丙集
三輔黄圖一卷　(清)孫星衍　莊逵吉校
説文十五卷　(漢)許慎撰
渚宫舊事五卷補遺一卷　(唐)余知古撰　(清)孫星衍校並輯補遺
丁集
孔子集語十七卷　(清)孫星衍輯
梅氏古文尚書考異六卷　(明)梅鷟撰
戊集
續古文苑二十卷　(清)孫星衍輯
己集
抱朴子内篇二十卷　(晉)葛洪撰
抱朴子外篇五十卷　(晉)葛洪撰
芳茂山人詩録九卷　(清)孫星衍撰

50/1820.3

問經堂叢書二十三種七十四卷

(清)孫馮翼輯
清孫耕餘家塾抄本　清馮貞群題識
十册
九行二十四字,小字雙行同,紫格,白口,四周雙邊。
子目:
易義考逸一卷　(清)孫彤撰
子夏易傳一卷　(清)孫馮翼撰　(清)臧庸述
馬王易義一卷　(清)臧鏞堂撰
禹貢地理古注考一卷　(清)孫馮翼撰
謚法三卷　(清)孫彤撰
毛詩馬王微四卷　(清)臧庸撰　(清)孫馮翼述
儀禮喪服馬王注　(清)臧鏞堂撰
明堂考三卷
古合宫遺制考一卷
周明堂遺制考一卷
明堂圖考一卷
三禮圖三卷　(清)孫彤撰
爾雅漢注三卷　(漢)臧鏞堂輯
釋人注一卷　(清)孫馮翼撰
孟子劉注一卷　(清)宋翔鳳撰
經典集林三十二卷總目一卷　(清)洪頤煊撰
歸藏一卷
董仲舒春秋决獄一卷
石渠禮論一卷
戴德喪服變除一卷
劉向五經通義一卷
劉向五經要義一卷
鄭玄六藝論一卷

京相璠春秋土地名一卷
汲冢瑣語一卷
陸賈楚漢春秋一卷
茂陵書一卷
劉向別錄一卷
劉歆七略一卷
揚雄蜀王本紀一卷
班固漢武故事二卷
鄭玄別傳一卷
臨海記一卷
子思子一卷
公孫尼子一卷
魯連子一卷
太公金匱一卷
氾勝之書二卷
黃帝問玄女兵法一卷
張衡靈憲一卷
張衡渾天儀一卷
師曠占一卷
范子計然一卷
夢書一卷
白澤圖一卷
地鏡圖一卷
說文正字二卷 (清)王瑜 (清)孫馮翼撰
漢志水道考證四卷 (清)洪頤煊撰
二渠九河考一卷 (清)孫彤撰
關中水道記四卷 (清)孫彤撰
逸子書 (清)孫馮翼輯
淮南萬畢術一卷 (清)孫馮翼輯
許愼淮南子注一卷 (清)孫馮翼輯
魏文典論一卷 (清)孫馮翼輯
皇覽一卷 (清)孫馮翼輯
司馬彪莊子注一卷附錄逸篇又附考逸一卷 (清)孫馮翼輯
列女傳詩一卷 (清)黃紹鳳撰

80/2.50.633

賜硯堂叢書三十八種三十八卷

(清)顧沅輯
清道光十年(1830)長洲顧氏刻本
十二冊
九行二十五字,白口,左右雙邊。

子目:
甲集
易圖定本一卷 (清)邵嗣堯撰
古文尚書考一卷 (清)陸隴其撰
詩問一卷 (清)汪琬撰
檀弓訂誤一卷 (清)毛奇齡撰
夏小正詁一卷 (清)諸錦撰
乙丙紀事一卷 (清)孫奇逢撰
復社紀事一卷 (清)吳偉業撰
碧幢雜識一卷 (清)李模撰
禘勺一卷 (清)鮑鈞撰
乙集
古林金石表一卷 (清)曹溶撰
玉臺書史一卷 (清)厲鶚撰
七頌堂詞繹一卷 (清)劉體仁撰
花草蒙拾一卷 (清)王士禛撰
遠志齋詞衷一卷 (清)鄒祗謨撰
金粟詞話一卷 (清)彭孫遹撰
西河詞話一卷 (清)毛奇齡撰
吳蕈譜一卷 (清)吳林撰
徐園秋花譜一卷 (清)吳儀一撰
續蟹譜一卷 (清)褚人穫撰
丙集
漢魏石經考一卷 (清)萬斯同撰
唐宋石經考一卷 (清)萬斯同撰
五經今文古文考一卷 (清)吳陳琰撰
遇變記略一卷 (明)徐應芬撰
再生記略一卷 (清)陳濟生撰
閩難記一卷 (清)洪若皐撰
甯古塔紀畧一卷 (清)吳桭臣撰
孟子年譜一卷 (清)黃玉蟾撰
畫筌一卷 (清)笪重光撰
丁集
天文考异一卷 (清)徐文靖撰
鍾律陳數一卷 (清)顧陳垿撰
婦人集一卷 (清)陳維崧撰 (清)冒褒注 附婦人集補一卷 (明)冒丹書撰
影梅庵憶語一卷 (清)冒襄撰
矩齋雜記一卷 (清)施閏章撰
掃軌閒談一卷 (清)江熙撰
諺說一卷 (清)毛先舒撰
廣錢譜一卷 (清)張延世撰

甘薯錄一卷　(清)陸燿撰　50/1830

珠垣叢鈔三種
(清)吳應辰輯
清道光十三年(1833)稿本
行數字數不等,無格。鈐有"辰"、"南海黄氏秩南任恒"朱文印,"應"、"保粹堂校學服齋讀信古閣藏述窠摘錄"白文印。
十冊
子目:
三國史鈔不分卷
文苑雜錄四卷
律詩類選不分卷　80/1.50.79

家集叢書

田氏彙刻十五種七十六卷
(清)田雯撰
清刻本
二十冊
行數字數不等,黑口,左右雙邊。
子目:
古歡堂集二十二卷　(清)田雯撰
鬲津草堂詩一卷　(清)田霡撰
鬲津草堂乃了集一卷　(清)田霡撰
西圃叢辨三十二卷　(清)田同之撰
西圃詩說一卷詞說一卷文說三卷　(清)田同之撰
二學亭文涘四卷　(清)田同之撰
硯思集六卷　(清)田同之撰
晚香詞一卷　(清)田同之撰
安德明詩選遺一卷　(清)田同之撰
水東草堂詩一卷　(清)田需撰
有懷堂文集一卷詩集一卷　(清)田肇麗撰
50/1795.21

自著叢書

陸放翁全集六種一百五十七卷
(宋)陸游撰
明末毛氏汲古閣刻本
四十冊
八行十八字,白口,左右雙邊。
子目:
渭南文集五十卷
劍南詩藁八十五卷
放翁逸藁二卷
南唐書十八卷
家世舊聞一卷
齋居紀事一卷　40/1643.63
又一部　四十册

大雅堂訂正枕中十書十卷
(明)李贄輯　(明)袁宏道校
明萬曆刻本
五冊
八行十八字,白口,四周單邊。鈐有"林氏家藏"朱文印。
子目:
精騎錄一卷
貧窻筆記一卷
賢奕選一卷
文字禪一卷
異史一卷
博識一卷
尊重口一卷
養生醍醐一卷
理譚一卷
騷壇千金訣一卷　40/1619.22

大雅堂訂正枕中十書十卷
(明)李贄輯　(明)袁宏道校
明刻本
十六冊
八行十八字,白口,四周單邊。
子目:
精騎錄一卷
貧窻筆記一卷
賢奕選一卷
文字禪一卷
異史一卷
博識一卷

尊重口一卷
養生醍醐一卷
理譚一卷
騷壇千金訣一卷
《中國古籍善本書目》叢部362　40/1621

歐虞部集十五種七十九卷
(明)歐大任撰
清刻本
五冊
九行十九字,白口,四周雙邊。鈐有"節庵藏書"、"番禺梁氏葵霜閣捐藏廣東圖書館"朱文印,"臣梁鼎芬"白文印。
存五種
存子目:
百越先賢志四卷
思玄堂集八卷
浮淮集七卷
軺中稿一卷
廣陵十先生傳一卷　50/1735

呂新吾全集二十一種五十九卷
(明)呂坤撰
明萬曆中刻清同治光緒遞修本
三十八冊
行數字數不等,白口,四周雙邊。
子目:
呂新吾先生去僞齋文集十卷
呂新吾先生實政錄七卷
天日一卷
反輓歌一卷
新吾呂君墓誌銘一卷
修城一卷
展城或問一卷
呂新吾先生閨範圖說四卷　(明)呂坤注
交泰韻一卷
四禮翼八卷
四禮疑五卷喪禮餘言一卷
疹科一卷
小兒語一卷續三卷演小兒語一卷女小兒語一卷
宗約歌一卷
好人歌一卷
閨戒一卷
省心紀一卷
黃帝陰符經一卷
救命書一卷
河工書一卷
呻吟語六卷　40/1619.53

少室山房全稿一百八十九卷
(明)胡應麟撰　(明)江湛然編
明萬曆四十六年(1618)江湛然刻本
二十二冊
九行十八字,白口,四周單邊。
存一種
存子目:
少室山房類稿一百九卷
《中國古籍善本書目》叢部381　40/1618

西堂全集四種一百二十八卷
(清)尤侗撰
附湘中草六卷
(清)湯傳楹撰
清康熙刻本
三十四冊
十行二十一字,黑口,四周單邊。總目錄缺。鈐有"節庵藏書"、"番禺梁氏葵霜閣捐藏廣東圖書館"朱文印,"臣梁鼎芬"白文印。
子目:
西堂文集二十四卷
　西堂雜俎一集八卷
　西堂雜俎二集八卷
　西堂雜俎三集八卷
西堂詩集三十卷
　西堂剩稿二卷
　西堂秋夢錄一卷
　西堂小草一卷
　論語詩一卷
　右北平集一卷
　看雲草堂集八卷
　述祖詩一卷
　于京集五卷
　哀絃集二卷

擬明史樂府一卷
外國竹枝詞一卷
百末詞五卷詞餘一卷
西堂樂府七卷
讀離騷一卷
弔琵琶一卷
桃花源一卷
黑白衛一卷
李白登科記一卷
鈞天樂二卷
西堂餘集六十七卷
年譜圖詩一卷
小影圖贊一卷
年譜二卷
性理吟一卷後吟一卷
續論語詩一卷
艮齋倦稿詩集十一卷文集十五卷
艮齋雜説十卷
看鑑偶評五卷
明史擬稿六卷外國傳八卷
宮閨小名錄五卷
附湘中草六卷　(清)湯傳楹撰
《中國古籍善本書目》叢部459　50/1722.46

王漁洋遺書三十八種二百七十三卷
(清)王士禛撰並輯
清康熙刻本
八十冊
十行字數不等,黑口間白口,左右雙邊間四周單邊。鈐有"陳百斯藏書印"朱文印。
子目:
漁洋山人詩集二十二卷續集十六卷
蠶尾集十卷續集二卷後集二卷
南海集二卷
雍益集一卷
漁洋山人文略十四卷
漁洋山人精華錄十卷
蜀道驛程記二卷
皇華紀聞四卷
粵行三志三卷
池北偶談二十六卷
諡法考一卷
秦蜀驛程後記二卷
隴蜀餘聞一卷
長白山錄一卷補遺一卷
古懽錄八卷
居易錄三十四卷
浯溪考二卷
載書圖詩一卷
香祖筆記十二卷
古夫于亭雜錄五卷
分甘餘話四卷
漁洋詩話三卷
阮亭選古詩五言詩十七卷七言詩十五卷
唐賢三昧集三卷
十種唐詩選十七卷
蕭亭詩選六卷　(清)張實居撰　(清)王士禛輯
徐詩二卷　(清)徐夜撰　(清)王士禛輯
考功集選四卷　(清)王士祿撰　(清)王士禛輯
古鉢集選一卷　(清)王士祜撰　(清)王士禛輯
二家詩選二卷　(清)王士禛編
華泉先生集選四卷　(明)邊貢撰　(清)王士禛輯
睡足軒詩選一卷　(明)邊習撰　(清)王士禛　徐夜輯
抱山集選一卷　(清)王士禧撰　(清)王士禛輯
唐人萬首絕句選七卷
歷仕錄一卷　(清)王之垣撰
隴首集一卷　(清)王與胤撰
清寤齋心賞編一卷　(明)王象晉撰
剪桐載筆一卷　(明)王象晉撰
《中國古籍善本書目》叢部446
50/1735.14

徐位山叢書六種八十七卷
(清)徐文靖撰
清雍正乾隆志寧堂刻本
二十二冊
九行二十字,小字雙行同,白口,左右雙邊。鈐有"曾在王氏家過來"、"廉普過眼"、"梁逸過目"

朱文印。

子目：

天下山河兩戒考十四卷圖一卷

禹貢會箋十二卷圖一卷

竹書紀年統箋十二卷前編一卷雜述一卷

管城碩記三十卷

經言拾遺十四卷

志寧堂稿不分卷 50/1736.5

文道十書四種十二卷

(清)陳景雲撰

清乾隆十九年(1754)陳黄中樸茂齋刻本

一册

十行二十字,黑口,左右雙邊。鈐有"面城樓藏書印"朱文印,"澍梁鑒藏"白文印。

存二種

存子目：

綱目訂誤四卷

紀元要略二卷 50/1754.9

介石堂集三種二十六卷

(清)郭起元撰

清乾隆刻本

十册

九行十九字,白口,左右雙邊。鈐有"黄梅花屋所藏"白文印。

存二種

存子目：

介石堂詩集十卷

介石堂文集十卷

《中國古籍善本書目》叢部475 50/1746.5

李竹嬾先生説部全書十二種二十五卷

(明)李日華撰

清乾隆三十三年(1768)曹秉鈞修補本

十册

八行十九字,白口,四周單邊。鈐有"黄梅花屋所藏"白文印。

子目：

六研齋筆記四卷

六研齋二筆四卷

六研齋三筆四卷

紫桃軒雜綴三卷

紫桃軒又綴三卷

竹嬾畫媵一卷

續畫媵一卷

墨君題語竹嬾一卷

墨君題語醉鷗一卷

禮白嶽記一卷

薊旋錄一卷

璽召錄一卷 50/1768.3

又一部　十二册

梅谷十種書十七卷

(清)陸烜撰

清乾隆刻本

四册

九行十九字,白口,左右雙邊。鈐有"少香平生眞賞"、"少香持藏書"朱文印。

存八種

存子目：

梅谷文藁一卷

梅谷行卷一卷

耕餘小藁一卷

吴興遊草一卷

梅谷續藁三卷

夢影詞三卷

人葠譜四卷

春草遺句一卷　(清)陸炌　陸炘撰

《中國古籍善本書目》叢部506 50/1768

潛研堂全集二十種二百四十四卷

(清)錢大昕撰

清乾隆嘉慶刻道光二十年(1840)錢師光重修印本

四十六册

十行二十一字,白口,四周單邊。鈐有"黄梅花屋所藏"白文印。

子目：

潛研堂文集五十卷

潛研堂詩集十卷續集十卷

十駕齋養新錄二十卷

十駕齋養新餘錄三卷

廿二史考異一百卷

三史拾遺五卷
諸史拾遺五卷
三統術衍三卷
三統術鈐一卷
通鑑注辯正二卷
洪文惠公年譜一卷
洪文敏公年譜一卷
陸放翁先生年譜一卷
深甯先生年譜一卷
弇州山人年譜一卷
元史氏族表三卷
元史藝文志四卷
潛研堂金石文跋尾六卷
潛研堂金石文跋尾續十九卷
潛研堂金石文字目錄八卷　　50/1840

心齋十種二十一卷
(清)任兆麟撰
清乾隆震澤任氏忠敏家塾刻本
四冊
九行十七字,小字雙行同,白口,左右雙邊。鈐有"會稽魯氏貴讀樓藏書印"、"節庵藏書"、"番禺梁氏葵霜閣捐藏廣東圖書館"朱文印,"臣梁鼎芬"白文印。
子目:
夏小正注四卷
石鼓文集釋一卷
尸子三卷附錄一卷　(戰國)尸佼撰
四民月令一卷　(漢)崔寔撰
襄陽耆舊記三卷　(晉)習鑿齒撰
文章始一卷　(梁)任昉撰
壽者傳三卷　(明)陳懋仁撰
孟子時事略一卷　(清)任兆麟撰
心齋集詩藁一卷附弦哥古樂譜一卷　(清)任兆麟撰
綱目通論一卷　(清)任兆麟撰　　50/1788.2

炳燭齋雜著四種八卷
(清)江藩撰
清抄本
四冊
十一行二十一字,白口,左右雙邊。鈐有"安定胡氏留自軒藏書"、"果親王府圖書記"朱文印。
子目:
舟車聞見録二卷續集一卷續錄三集一卷
端研記一卷
續南方草木狀一卷
廣南禽蟲述一卷獸述一卷
《中國古籍善本書目》叢部547　　80/2.50.482

求慊齋叢稿四十二卷
黄榮康撰
稿本
十一冊
十行二十一字,黑口,左右雙邊。
子目:
求慊齋文集八卷
求慊齋駢文二卷
擊劍詞一卷
求慊齋詩集十四卷
求慊齋尺牘六卷
蘭言搜玉集四卷
茶鐺畔語二卷續二卷
曝背餘談一卷
黄花晚節圖題詞一卷續輯一卷　　80/1.50.113

邊蠻風俗雜抄一百五十七卷
(義大利)羅斯撰並輯
稿本
十八冊
十三行三十字,白口,四周雙邊。有圖。
子目:
鬼方種人圖一卷
溪蠻風俗圖一卷
湖南乾城縣民情風俗習慣詩圖一卷　歐陽謙撰
乾州小志一卷　(清)吳高增撰
粵西溪蠻瑣記四卷補編一卷　(清)林德均輯
西垣黔苗竹枝詞一卷　(清)毛貴銘撰
苗疆聞見錄一卷　(清)徐家幹述
貴州苗族雜譚一卷
黔南職方紀略卷九苗蠻一卷　(清)羅繞典輯
平苗紀略一卷　(清)方顯撰
鹿洲得平蠻碑石刻記一卷

鳳公世系記一卷
平定猺匪述略二卷　(清)周存義撰
隋史萬歲平爨翫一卷
諸葛武鄉侯南征一卷
畇町侯一卷
益州諸新郡吏績一卷
世隆僭號一卷
哀牢國内附一卷
漢通西南彝置郡縣一卷
南詔始興一卷
唐與南詔和親一卷
異牟尋復歸唐一卷
段氏大理國始末
議開金沙江一卷
王嵯巔入寇一卷
南詔叛殺張虔陀李宓等一卷
福康安和琳奏攻克黄爪寨賊巢詩以誌事一卷
滇黔土司婚禮記一卷　陳鼎撰
節錄土司婚禮記一卷
平定苗疆聯句一卷
苗俗紀聞一卷　(清)方亨咸撰
永昌土司論一卷　劉彬撰
黔苗蠻記一卷　(清)田雯撰
猺獞傳一卷
雍正西南夷改流記二卷
乾隆湖貴征苗記一卷
說蠻一卷　(清)檀萃撰
西州羅城圖記一卷
賀八蠻使廻狀一卷
補安南錄異圖記一卷
爲故昭義僕射齋詞一卷
蕭遘相公一卷
平彝征苗紀略一卷
孝穆紀一卷
劍舞一卷
跳月記一卷　陸次雲撰
詠諸葛銅鼓聯句限韻一卷
清查苗疆屯防疏一卷
鹽源邊防善後條議一卷
川滇和夷肅清移牒一卷
苗疆丁佃疏一卷　(清)林則徐撰
花憐水一卷
蠻書跋一卷
苗猺寄籍一卷
漢苗雜處村寨一卷
雲南省夷人一卷
避蟲木一卷
秋風鳥一卷
蠻徼一卷
夷犬織布一卷
廣東蜑戶一卷
粵西土官一卷
爨使君碑考一卷
謝示南蠻通和事宜表一卷
請巡幸江淮表一卷
賀通和南蠻表一卷
夷歌一卷
開化夷人一卷
猓猓一卷
玀夷一卷
庚戌平蠻始末記一卷
馬援討武陵蠻一卷
苗變記事一卷
苗俗記一卷　(清)貝青喬撰
示諭十二土司目民遵行保甲簡易法一卷
邊郡風俗一卷
鎮安民俗一卷
黔中猓俗一卷
土例一卷
滇黔民俗一卷
苗猓陋俗一卷
田州立碑一卷
平茶寮碑一卷
平浰頭碑一卷
平苗神異記一卷
礦神一卷
南詔閣羅鳳一卷
寄宗武觀察蜀中五疊前韻一卷
蠻子歌一卷
陽山廟觀賽神一卷
鏡安坐上觀苗人吹廬笙一卷
溪蠻蠶事一卷
西魏晝異域表蠻獠譜一卷
秦良玉一卷

招囊猛一卷
雲南通志稿南蠻志圖剪貼一卷
蠻司合誌十五卷　(清)毛奇齡稿
欽定平苗紀略七卷
平黔紀略二十卷　(清)羅文彬　王雪澄輯
水西紀略一卷　李珍輯
連陽八排風土記八卷　(清)李來章撰
炎徼紀聞四卷　(明)田汝成撰　80/1.60.33

索引説明

一. 本索引包括書名索引和著者索引,依照漢語拼音順序和四角號碼檢字法排列,附有筆畫檢字表。索引對應到頁碼,同一書名和著者在同一頁內出現兩次以上的,不作重複提示。

二. 書名包括一書之正書名、並列書名、附録書名、叢書子目書名。一書正集之后又有續集、別集、外集、後集、補遺等,將其順序列出,不另列書名;凡屬并列性質的單獨著作和一書中有獨立意義的著作,均另立書名檢索,非獨立書名如附録、年譜、本傳、音義等不做索引。

三. 著者包括一書之撰者、輯者、纂修者、編校者、注釋者,子目著者單獨索引。

四. 書名及著者中的異體、古體、別體以及通假字,以卷端題名爲依據著録,但爲避免因此造成同一書或同一著者在索引中的分散,個別文字加以統一,如"慎"—"愼"、"旹"—"時"。

五. 凡書名前冠有"欽定"、"敕修"、"御纂"、"皇明"、"大清"等字樣者,均予保留,仍從其舊。

六. 方志書名中含"[* *]"撰修年號者,括號內年號不加入排序,仍從正書名首字進行排序。

七. 著者中歷代帝王,從其廟號、本名均可查檢。

八. 著者如是釋氏,前均冠以"釋"字,和朝代同放在括弧內,爲方便讀者,從"釋"字、法号均可查檢。

九、著者項首字爲"題"字時,以著者姓名進行檢索,"題"字和朝代同放在括弧內。

書名中文拼音索引

ban

bao

bei

ben

bi

bian

biao

bie

bin

bing

bo

bu

cai

can

cang

cao

ce

cha

chai

chan

chang

chao

che

chen

cheng

chi

chong

chou

chu

chuo

ci

cong

cu

cuan

cui

cun

da

dai

dan

dao

de

deng

di

dian

diao

die

ding

dong

dou

du

duan

dui

dun

en

er

fa

fan

fang

fei

fen

feng

fo

fou

fu

gai

gan

gang

gao

ge

gui

hang

hao

he

hei

heng

hong

hou

hu

hua

huai

huan

huang

hui

hun

huo

ji

jia

jian

jiang

jiao

jie

jin

jing

jiu

ju

juan

jue

jun

lian

liang

liao

lie

lin

ling

liu

long

lou

lu

mie

min

ming

mo

mou

mu

na

nai

nan

ne

nei

neng

ni

nian

niao

nie

ning

nong

nü

nuan

nuo

ou

pai

pan

pang

pao

pei

peng

pi

pian

piao

pin

ping

po

pu

qi

qia

qian

qiong

qiu

qu

quan

que

qun

shang

shao

shun

shuo

si

song

sou

su

suan

sui

sun

suo

tai

tan

tang

tao

teng

ti

tian

weng

wo

wu

xi

xia

xian

xie

xin

xing

xiong

xiu

xue

xun

yao

ye

yi

yin

ying

yong

you

yu

yuan

yue

yun

za

zai

zan

zang

zao

ze

zeng

zhai

zhan

zhang

zhi

zhong

zhou

zhu

zhuan

zhuang

zhun

zhuo

著者中文拼音索引

cao

cen

chang

chao

che

chen

cheng

chi

chong

chu

chuan

chun

cui

da

dai

dan

duan

e

fa

fan

fang

hang

hao

he

heng

hong

hou

hu

hua

huan

huang

lian

liang

long

lou

lu

sheng

shi

song

su

sun

tai

tan

tang

tao

teng

tian

tong

tu

tuo

wan

wang

wei

wen

xi

xia

xian

xiang

xiao

xie

xing

xiong

xu

yao

yuan

zhu

書名四角號碼索引

著者四角號碼索引

筆畫檢字

一畫

一 1000_0
乙 1771_0

二畫

丁 1020_0
七 4071_0
九 4001_7
了 1720_7
二 1010_0
人 8000_0
入 8000_0
八 8000_0
刀 1722_0
刁 1712_0
力 4002_7
十 4000_0
卜 2300_0
厂 7120_0
又 7740_0

三畫

万 1022_7
丈 5000_0
三 1010_1
上 2110_0
下 1023_0
个 8020_0
丸 4001_7
久 2780_0
乞 8071_7
也 4471_2
于 1040_0
亡 0071_0
凡 7721_0
勺 2732_0
千 2040_0
口 6000_0
土 4010_0
士 4010_0
夕 2720_0
大 4003_0
女 4040_0
子 1740_7
孑 1740_7
寸 4030_0
小 9000_0
尸 7720_7
山 2277_0
川 2200_0
工 1010_0
己 1771_7
已 1771_7
巾 4022_7
干 1040_0
弋 4300_0
弓 1720_7
才 4020_0
兀 1021_0

四畫

不 1090_0
丑 1710_5
中 5000_6
丰 5000_0
丹 7744_0
之 3030_7
五 1010_7
井 5500_0
亢 0021_7
什 2420_0
仁 2121_0
仇 2421_7
今 8020_7
介 8022_0
仍 2722_7
从 8800_0
允 2321_0
元 1021_1
内 4022_7
公 8073_2
六 0080_0
分 8022_7
切 4772_0
勾 2772_0
勿 2722_0
化 2421_0
升 2440_0
午 8040_0
卞 0023_0
及 1724_7
友 4004_7
反 7124_7
壬 2010_4
天 1043_0
太 4003_0
夫 5003_0
央 5003_0
夭 2043_0
孔 1241_0
少 9020_0
尤 4301_0
尹 1750_7
尺 7780_7
屯 5071_7
巴 7771_7
幻 2772_0
廿 4477_0
弔 1752_7
引 1220_0
心 3300_0
戈 5300_0
戶 7227_7
手 2050_0
支 4040_7
文 0040_0
斗 3400_0
方 0022_7
无 1041_0
旡 1041_0
日 6010_0
月 7722_0
木 4090_0
欠 2780_2
止 2110_0
殳 7740_7
毋 7755_0
比 2171_0
毛 2071_4
氏 7274_0

水 1223_0
火 9080_0
片 2202_7
牙 7124_0
牛 2500_0
王 1010_4

五畫

瓦 1071_7
且 7710_0
世 4471_7
丘 7210_1
丙 1022_7
丱 2277_0
主 0010_4
乍 8021_1
仕 2421_0
他 2421_2
仗 2520_0
仙 2227_0
仝 8010_1
代 2324_0
令 8030_7
以 2810_0
冉 5044_7
册 7744_0
冬 2730_3
出 2277_2
刊 1240_0
功 1412_7
包 2771_2
北 1111_0
半 9050_0
占 2160_0
卡 2123_1
卯 7772_0
去 4073_1
古 4060_0
句 2762_0
叩 6702_0
只 6080_0
召 1760_2
可 1062_0
台 2360_0
叱 6401_0
史 5000_6
右 4060_0
叶 6400_0
司 1762_0
四 6021_0
外 2320_0
孕 1740_7
尼 7721_1
左 4001_1
巧 1112_7
巨 7171_7
市 0022_7
布 4022_7
平 1040_9
幼 2472_7
弁 2344_0
弗 5502_7
弘 1223_0
必 3300_0
切 9702_0
戊 5320_0
打 5102_0
未 5090_0
末 5090_0
本 5023_0
札 4291_0
正 1010_1
民 7774_7
氷 3223_0
永 3023_2
氾 3711_2
汀 3112_0
玄 0073_2
玉 1010_3
瓜 7223_0
甘 4477_0
生 2510_0
用 7722_0
田 6040_0
由 5060_0
甲 6050_0
申 5000_6
白 2600_0
皮 4024_7
目 6010_1
矢 8043_0
石 1060_0
示 1090_1
禾 2090_4
穴 3080_2
立 0010_8
印 7772_0

六畫

艾 4440_0
邗 1742_7
邙 0772_7
邛 1712_7
丞 1710_3
亘 1010_6
交 0040_8
亦 0033_0
仰 2722_0
仲 2520_6
任 2221_4
仿 2022_7
企 8010_1
伊 2725_7
伍 2121_7
伏 2323_4
伐 2325_0
休 2429_0
充 0021_3
兆 3211_3
先 2421_1
光 9021_1
全 8010_4
共 4480_1
再 1044_7
冰 3213_0
冲 3510_6
決 3513_0
刑 1240_0
列 1220_0
匠 7171_2
匡 7171_1
危 2721_2
各 2760_4
合 8060_1
吉 4060_1
同 7722_0
名 2760_0
后 7226_1
吏 5000_6
吐 6401_0
向 2722_0
回 6060_0
因 6043_0
在 4021_4
圭 4010_4
圯 4711_7
地 4411_2
夙 7721_0
多 2720_7
夷 5003_2
夸 4020_7
好 4744_7
如 4640_0
妃 4741_7
字 3040_7
存 4024_7
宅 3071_4
宇 3040_1
守 3034_2
安 3040_4
寺 4034_1
尖 9043_0
屺 2771_7
州 3200_0

七畫

八畫

九畫

十畫

紡 2092_7
索 4090_3
翁 8012_7
耄 4471_4
耆 4460_1
耕 5590_0
耘 5193_1
耻 1111_0
耿 1918_0
胭 7620_0
能 2121_1
脂 7126_1
脈 7223_2
致 1814_0
航 2041_7
舫 2042_7
般 2744_7
芻 2742_7
虔 2124_0
蚊 5014_0
蚍 5111_0
蚓 5210_0
虹 5111_4
衰 0073_2
衷 0073_2
衮 4073_2
袖 3526_0
袪 3423_1
被 3424_7
討 0460_0
訒 0762_0
訓 0260_0
託 0261_4
記 0761_7
豹 2722_0
財 6480_0
貢 1080_6
起 4780_1
躬 2722_7
軒 5104_0
邕 2271_7
酌 1762_0
配 1761_7
酒 3116_0
針 8410_0
隺 4021_4
馬 7132_7
高 0022_7
鬥 7711_4
鬲 1022_7

十一畫

莒 4460_6
健 2524_0
務 1822_7
將 2724_2
晚 6701_6
晝 5010_6
晞 6402_7
朗 3772_0
梢 4992_7
梧 4196_1
梨 2290_4
殺 4794_7
瓶 8141_7
瓷 3771_7
畢 6050_4
祥 3825_1
祴 3325_0
祩 3529_0
脩 2722_7
荳 4410_8
荷 4422_1
荻 4428_9
荼 4490_4
莅 4421_8
莆 4422_7
莊 4421_4
莎 4412_9
莘 4440_1
莞 4421_1
莫 4443_0
莽 4444_3
逋 3330_2
逌 3130_6
逍 3930_2
逐 3130_3
逗 3130_1
通 3730_2
逞 3630_1
造 3430_6
逢 3730_4
連 3530_0
郫 2742_7
郭 0742_7
郯 9782_7
郴 4792_7
郵 2712_7
陪 7026_1
陭 7422_1
陰 7823_1
陳 7529_6
陵 7424_7
陶 7722_0
陷 7727_7
陸 7421_4
乾 4841_7
偊 2125_7
偃 2121_4
假 2724_7
偈 2622_7
偉 2425_6
偏 2322_7
偕 2126_1
停 2022_1
偲 2623_0
側 2220_0
偵 2128_6
偶 2622_7
偷 2822_1
兜 7721_7
冕 6041_6
凰 7721_0
剪 8022_7
副 1260_0
勒 4452_7
動 2412_7
勘 4472_7
匏 4721_2
區 7171_6
參 2320_2
唅 6801_9
唯 6001_4
唱 6606_0
唾 6201_4
啄 6103_2
商 0022_7
問 7760_7
啓 3860_4
啖 6908_9
啜 6704_7
啞 6101_7
圈 6071_2
國 6015_3
埜 4410_4
埤 4614_0
埧 4718_1
埭 4513_2
執 4441_7
培 4016_1
埽 4712_7
堂 9010_4
堅 7710_4
堇 4410_4
堊 1010_4
娵 4744_0
娶 1740_4
婁 5040_4
婚 4246_4
婦 4742_7
宿 3026_1
寂 3094_7
寃 3041_3
寄 3062_1
寅 3080_6
密 3077_2

寇	3021_4	捷	5508_1	淙	3319_1	畦	6401_4
專	5034_3	掃	5702_7	涪	3016_1	異	6080_1
尉	7420_0	授	5204_7	涵	3717_2	皎	2064_8
屏	7724_1	掉	5104_6	涼	3019_6	盛	5310_7
屠	7726_4	排	5101_1	涿	3113_2	眭	6401_4
崆	2371_1	掖	5004_7	淄	3216_3	眺	6201_3
崇	2290_1	掛	5300_0	淅	3212_1	眼	6703_2
崐	2671_1	採	5209_4	淇	3418_1	硃	1569_0
崑	2271_1	探	5709_4	淑	3714_0	研	1164_0
崔	2221_4	接	5004_4	淛	3210_0	砮	1760_0
崖	2221_4	推	5001_4	淞	3813_2	票	1090_1
崙	2222_7	掩	5401_6	淡	3918_9	祭	2790_1
崞	2074_7	掬	5702_0	淥	3713_2	移	2792_7
崢	2275_7	敍	8194_7	淨	3215_7	竟	0021_6
崧	2293_8	教	4844_0	淩	3414_7	章	0040_6
巢	2290_4	敏	8854_0	淮	3011_4	笙	8810_4
帶	4422_7	救	4814_0	淯	3012_7	笛	8860_3
帷	4021_4	敕	5894_0	深	3719_4	笠	8810_8
常	9022_7	敝	9824_0	淳	3014_7	笥	8862_7
庶	0023_1	斛	2420_0	淶	3419_8	符	8824_3
庵	0021_6	斜	8490_0	混	3611_1	笨	8823_4
康	0023_2	斬	5202_1	淸	3512_7	笪	8810_6
庸	0022_7	旋	0828_1	添	3213_3	第	8822_7
庚	0023_7	旌	0821_4	渚	3416_0	笳	8846_3
張	1123_2	旎	0821_1	烹	0033_2	粗	9791_0
強	1323_6	族	0823_4	焉	1032_7	粘	9196_0
彩	2292_2	既	7171_4	爽	4003_4	細	2690_0
得	2624_1	晦	6805_7	牽	0050_3	紱	2394_7
徙	2128_1	晨	6023_2	猊	4721_7	紳	2590_6
從	2828_1	曹	5560_6	猗	4422_1	紹	2796_2
悉	2033_9	曼	6040_7	猛	4721_7	紺	2497_0
悱	9101_1	望	0710_4	猓	4629_4	終	2793_3
悼	9104_6	桯	4691_4	率	0040_3	絃	2093_2
情	9502_7	桴	4294_7	琅	1313_2	絅	2792_0
惇	9004_7	梁	3390_4	現	1611_0	絀	2297_2
惕	9602_7	梅	4895_7	理	1611_4	翊	0712_0
惜	9406_1	梓	4094_1	琉	1011_3	翏	1720_2
惟	9001_4	梔	4291_7	痎	0018_2	習	1760_2
戚	5320_0	梭	4394_7	瓠	4223_0	聊	1712_0
扈	3021_7	梯	4892_7	甜	2467_0	脚	7722_0
捧	5505_3	梵	4421_7	產	0021_4	脫	7821_6
捫	5702_0	欲	8768_2	略	6706_4	脯	7322_7

春 5077_{7}
舲 2843_{7}
舶 2640_{0}
船 2746_{1}
處 2124_{1}
虛 2121_{1}
蛇 5311_{1}
術 2122_{1}
袾 3529_{0}
規 5601_{0}
訛 0461_{0}
訟 0863_{2}
訥 0462_{7}
訪 0062_{7}
設 0764_{7}
許 0864_{0}
貧 8080_{6}
貨 2480_{6}
貪 8080_{6}
貫 7780_{6}
責 5080_{6}
貶 6283_{7}
赦 4834_{0}
趾 6111_{0}
軟 5708_{2}
野 6712_{2}
釣 8712_{0}
釵 8714_{0}
閉 7724_{7}
雩 1020_{7}
雪 1017_{7}
頂 1128_{6}
頃 2178_{6}
魚 2733_{6}
鳥 2732_{7}
鹵 2160_{0}
鹿 0021_{1}
麥 4020_{7}
麻 0029_{4}
短 8141_{8}
[illegible] 2478_{1}

十二畫

栟 4894_{1}
華 4450_{4}
都 4762_{7}
堵 4416_{0}
渠 3190_{4}
渦 3712_{7}
菀 4421_{2}
菁 4422_{7}
菉 4413_{2}
菊 4492_{7}
菌 4460_{0}
菑 4460_{3}
菓 4490_{4}
菖 4460_{6}
菜 4490_{4}
菡 4477_{2}
[illegible] 4474_{7}
菩 4460_{1}
萡 4416_{3}
菰 4443_{2}
菲 4411_{1}
菽 4494_{7}
萃 4440_{8}
萇 4473_{2}
萊 4490_{7}
萋 4440_{4}
萍 4414_{9}
[illegible] 4491_{7}
著 4460_{4}
視 3621_{0}
象 2723_{2}
逯 3730_{3}
週 3730_{2}
進 3030_{1}
逸 3730_{1}
鄖 7772_{7}
鄘 7722_{7}
鄂 6722_{7}
鄆 3752_{7}
鈒 8714_{7}
陽 7622_{7}
隄 7628_{1}
隅 7622_{7}
隆 7721_{4}
隋 7422_{7}
階 7126_{1}
黃 4480_{6}
傣 2529_{3}
傅 2324_{2}
備 2422_{7}
傲 2824_{0}
剩 2290_{0}
割 3260_{0}
勝 7922_{7}
勞 9942_{7}
博 4304_{2}
啣 6702_{0}
喰 6804_{6}
喀 6306_{4}
善 8060_{5}
喇 6200_{0}
喙 6703_{2}
喜 4060_{5}
喝 6602_{7}
喟 6602_{7}
喻 6803_{2}
喪 4073_{2}
喬 2022_{7}
單 6650_{6}
圍 6050_{6}
堡 2610_{4}
堪 4411_{1}
堯 4021_{1}
報 4744_{7}
場 4612_{7}
壹 4010_{8}
壺 4010_{7}
婺 1840_{4}
[illegible] 4844_{6}
媚 4746_{7}
孱 7724_{7}
富 3060_{6}
寐 3029_{4}
寒 3030_{3}
寓 3042_{7}
寔 3080_{1}
尊 8034_{6}
尋 1734_{6}
就 0391_{4}
嵇 2397_{2}
嵐 2221_{7}
巽 7780_{1}
幄 4721_{4}
幾 2245_{3}
廋 0024_{7}
彭 4212_{2}
御 2722_{0}
徧 2322_{7}
復 2824_{7}
循 2226_{4}
悲 1133_{1}
悳 4033_{1}
惑 5333_{0}
惠 5033_{3}
惡 1033_{1}
惢 3333_{0}
惲 9705_{6}
惺 9601_{4}
戞 1050_{3}
戢 6315_{0}
掌 9050_{2}
掣 2250_{2}
掾 5703_{2}
揆 5203_{4}
提 5608_{1}
插 5207_{7}
揖 5604_{1}
揚 5602_{7}
換 5703_{4}
握 5701_{4}
揭 5602_{7}
揮 5705_{6}

字	號碼
援	5204_7
搜	5704_7
散	4824_0
敦	0844_0
斌	0344_0
斐	1140_0
斯	4282_1
普	8060_1
景	6090_6
晰	6202_1
晳	4260_2
晴	6502_7
智	8660_0
曾	8060_6
替	5560_3
最	6014_7
朝	4742_0
朞	4422_7
期	4782_0
棃	2790_4
棄	0090_4
棊	4490_4
棋	4498_1
棍	4691_1
棗	5090_2
棘	5599_2
棟	4599_6
棠	9090_4
棣	4593_2
棲	4594_4
植	4491_7
椒	4794_0
極	4191_4
欹	4768_2
欽	8718_2
款	4798_2
殘	1325_3
殛	1121_4
淵	3210_0
淼	1223_2
渝	3812_1
渟	3012_1
渡	3014_7
渤	3412_7
温	3611_7
測	3210_0
渭	3612_7
游	3814_7
渼	3813_4
渾	3715_6
湄	3716_6
湖	3712_0
湘	3610_0
湛	3411_1
湟	3611_4
湧	3712_7
湯	3612_7
湼	3711_4
溆	3714_0
滋	3813_2
焚	4480_9
焠	9084_8
無	8033_1
焦	2033_1
然	2333_3
爲	2022_7
牋	2305_3
牌	2604_0
犀	7725_3
犂	2750_2
猒	6323_4
猥	4623_2
猶	4826_1
琢	1113_2
琥	1111_7
琦	1412_1
琬	1311_2
琭	1713_2
琮	1319_1
琯	1317_7
琱	1712_0
琳	1419_0
琴	1120_7
琵	1171_1
甦	1550_1
甯	3022_7
番	2060_9
畫	5010_6
畬	8060_9
疎	1519_6
疏	1011_3
痘	0011_8
痙	0011_1
痛	0012_7
登	1210_8
發	1224_7
皕	1166_0
皖	2361_1
盜	3710_7
矞	1722_7
硝	1962_7
硤	1463_8
硯	1661_0
稀	2492_7
稅	2891_6
程	2691_4
窗	3060_8
竢	0313_4
童	0010_4
竦	0519_5
筆	8850_7
等	8834_1
筍	8862_7
筑	8811_7
答	8860_1
策	8890_2
粤	2720_7
粥	1722_7
粧	9091_4
紫	2190_3
結	2496_1
絕	2791_7
絜	5790_3
絡	2796_4
絮	4690_3
統	2091_3
絲	2299_3
絳	2795_4
缾	8874_1
翔	8752_0
翕	8012_7
脾	7624_0
臯	2640_3
[illegible]	1414_7
舒	8762_2
舜	2025_2
虛	2121_7
蛟	5014_8
蛣	5416_1
蛤	5816_1
蛩	1713_6
衆	2723_2
街	2122_1
裁	4375_0
裒	0073_2
覃	1040_6
觚	2223_0
訴	0263_1
診	0862_2
註	0061_4
証	0161_1
詁	0466_0
詅	0863_7
詒	0366_0
詔	0766_2
評	0164_9
詛	0761_0
詝	0362_1
詞	0762_0
詠	0363_2
貂	2726_2
貯	6382_1
貳	4380_0
貴	5080_6
買	6080_6
貺	6681_0
費	5580_6
貽	6386_0

十三畫

十四畫

翡 1112_7
聚 1723_2
聞 7740_1
肇 3850_7
臧 2325_0
臺 4010_4
舞 8025_1
蜚 1113_6
蜜 3013_6
蜡 5416_1
蜨 5518_1
蜩 5712_0
裴 1173_2
製 2273_2
複 3824_7
褐 3622_7
誌 0463_1
認 0763_2
語 0166_1
誠 0365_0
誤 0663_4
誥 0466_1
誦 0762_7
說 0861_6
豪 0023_2
賑 6183_2
賓 3080_6
赫 4433_1
趙 4980_2
踈 6519_6
輓 5701_6
輔 5302_7
酷 1466_1
酸 1364_7
酼 1061_3
銀 8713_2
銃 8011_3
銅 8712_0
銓 8811_4
銘 8716_0
銜 2122_1
閣 7760_4
閤 7760_1
閥 7725_3
閨 7710_4
閩 7713_6
雌 2011_4
雒 2061_4
韶 0766_2
頖 9158_6
駁 7434_0
鳳 7721_0
鳴 6702_7
齊 0022_3

十五畫

犛 1150_2
節 8872_7
蓬 4430_4
蓮 4430_4
蔀 4462_7
蔭 4423_1
儆 2824_0
厲 7122_7
墜 7710_4
寬 3021_3
廣 0028_6
慕 4433_3
摹 4450_2
斲 7212_1
模 4493_4
溕 3713_2
潡 3814_0
璉 1513_0
箬 8860_4
蓴 4434_3
蓺 4411_7
蓼 4420_2
蔗 4423_7
蔘 4420_2
蔚 4424_0
蔡 4490_1
蔣 4424_2
蝸 5712_7
適 3030_2
遭 3530_6
遯 3130_3
鄦 8732_7
鄧 1712_7
鄭 8742_7
鄮 7782_7
鄰 9722_7
鄱 2762_7
閭 7760_6
餉 8772_0
骹 7424_7
骷 7426_0
隣 7925_9
僻 2024_1
儀 2825_3
儁 2022_7
儉 2828_6
儋 2726_1
僾 2224_7
劇 2220_0
劉 7210_0
劍 8280_0
嘲 6702_0
噀 6708_1
嘖 6408_6
增 4816_6
墟 4111_7
墨 6010_4
嬌 4242_7
審 3060_9
寫 3032_7
履 7724_7
嶗 2972_7
嶠 2272_7
廛 0021_4
廟 0022_7
廠 0024_8
廢 0024_7
彈 1625_6
影 6292_2
徵 2824_0
德 2423_1
慤 4733_4
慧 5533_7
慮 2123_6
慰 7433_0
慶 0024_7
憂 1024_7
憐 9905_9
憤 9408_6
摩 0025_2
摯 4450_2
撙 5804_6
撫 5803_1
播 5206_9
撮 5604_7
撰 5708_1
敵 0824_0
敷 5824_0
数 5844_0
暴 6013_2
槲 4490_0
槿 4491_4
樂 2290_4
樊 4443_0
樓 4594_4
樗 4192_7
標 4199_1
樞 4191_6
樟 4094_6
歐 7778_2
毅 0724_7
滕 7923_2
潁 2128_6
潑 3214_7
潔 3719_3
潘 3216_9
潙 3212_7
潛 3116_1
潠 3718_1
潤 3712_0

十六畫

十七畫

字	號碼
勵	7422_7
檇	4092_7
濛	3413_2
營	9960_6
獲	4424_7
禧	3426_1
禪	3625_8
篷	8830_4
縫	2793_4
蕭	4422_7
薄	4414_2
薇	4424_8
薊	4432_0
薙	4441_4
薛	4474_1
薜	4464_1
蕡	4488_6
薦	4422_7
薪	4492_1
薹	4413_6
謎	0963_9
遽	3130_3
避	3030_4
邀	3830_4
還	3630_3
隰	7623_3
隱	7223_7
隮	7922_7
餞	8375_3
館	8377_7
優	2124_7
嚏	6408_1
壑	2710_4
壓	7121_4
嬰	6640_4
嶺	2238_6
嶽	2223_4
彌	1122_7
徽	2824_0
應	0023_1
懋	4433_9
戲	2325_0
擊	5750_2
擘	7050_2
擣	5404_1
擬	5708_1
斂	8884_0
斵	7212_1
檀	4091_6
檄	4894_0
檐	4796_1
檗	7090_4
檜	4896_6
檞	4795_2
檢	4898_6
歛	8788_2
濕	3613_3
濟	3012_3
濠	3013_2
濡	3112_7
濤	3414_1
濫	3811_7
濬	3116_8
濮	3213_4
濯	3711_4
濰	3011_4
濱	3318_6
燭	9682_7
爵	2074_8
牆	2426_1
璐	1716_4
璩	1113_2
璫	1916_6
環	1613_2
療	0019_6
癆	0012_7
盩	4810_7
矯	8242_7
磯	1265_3
磵	1762_0
磻	1266_9
礃	1965_2
禦	2790_1
穉	2795_3
糞	9080_1
縮	2396_1
縱	2898_1
縵	2694_7
縹	2199_1
總	2693_0
績	2598_6
繁	8890_3
繆	2792_2
翼	1780_1
聯	1217_2
聰	1613_0
聲	4740_1
膺	0022_7
膽	7726_1
臆	7023_6
臨	7876_6
艱	4753_2
螳	5911_4
螺	5619_3
螽	2713_6
蟄	4413_6
襄	0073_2
襆	3029_4
觳	4724_7
謇	3060_1
謙	0863_7
謚	0861_7
講	0564_7
謝	0460_0
謠	0767_2
谿	2846_8
豁	3866_8
賺	6883_7
賽	3080_6
贅	4880_6
趨	4780_2
蹇	3080_1
蹈	6217_7
輿	7780_1
轄	5306_4
轅	5403_2
醞	1661_7
鍊	8519_6
鍥	8713_4
鍼	8315_0
鍾	8211_4
闇	7760_1
闈	7750_6
闌	7790_6
隸	4593_2
霶	1022_7
霜	1096_3
霞	1024_7
鞟	4054_7
鞠	4752_0
韓	4445_6
馘	8365_0
騃	7333_4
鮚	2436_1
鮫	2034_8
鮮	2835_1
鴳	3742_7
鴻	3712_7
鴿	8762_7
麯	4526_0
黜	6237_2
點	6136_0
齋	0022_3
瞽	4460_4
黝	6432_7
臏	7928_6

十八畫

字	號碼
薩	4421_4
鄺	0722_7
儲	2426_0
戴	4385_0
擲	5702_7
曙	6606_4
甓	7071_7
甗	2121_7

十九畫

二十畫

二十一畫

[illegible] 9313_6

二十二畫

響 2760_1
饗 2773_2
儼 2624_8
囌 6403_1
權 4491_4
灘 3011_4
禳 3023_2
臟 7425_3
酈 1722_7
囊 5073_2
孿 2240_7
懿 4713_8
攢 5408_6
灑 3111_1
疊 6010_7
癭 0014_4
竊 3092_7
籗 8821_4
籛 8815_3
籜 8854_1
籟 8898_6
籠 8821_1
聽 1413_1
聾 0140_1
臞 7621_4
蠹 4013_6
襲 0173_2
覿 4681_0
讀 0468_6
躔 6011_4
鑄 8414_1
鑑 8811_7
鑒 7810_9
霽 1022_3
驍 7431_1
鬻 1722_7
鱅 2032_7
鷗 7772_7
臢 7923_1
龔 0180_1

二十三畫

籑 8873_2
巖 2224_8
蘿 4491_4
驚 4832_7
體 7521_8
麟 0925_9
劚 7220_0
攩 5903_1
欒 2290_4
癯 0011_4
癰 0011_4
籤 8815_3
纖 2395_0
蠱 5010_7
變 2240_7
顯 6138_6
驛 7634_1
鬟 7273_2
鷦 2732_7
鼇 4871_7
鐲 8612_7

二十四畫

孏 4442_7
讇 0263_7
攬 5801_6
灞 3112_7
[illegible] 2260_9
艷 2711_7
蠶 1113_8
蠹 5013_6
衢 2122_1
讒 0761_3
讓 0063_2
讕 0762_0
讖 0365_0
贛 0748_6
釀 1063_2
靃 1021_4
靈 1010_8
鬬 7712_1
鬭 7712_1
鱣 2031_6
鷫 5722_7
鷺 6732_7
鷽 7732_7
鹽 7810_7

二十五畫

欗 4492_7
籬 8841_4
觀 4621_0
蠻 2213_6
羈 1052_7
鑲 8013_2
顱 2128_6
鸎 6632_7
鼉 6671_7

二十六畫

灤 3219_4
讚 0468_6
[illegible] 0033_9
驢 7131_7

二十七畫

讜 0963_1
讞 0363_4

二十八畫

戇 0733_8
豔 2411_7
鑿 3710_9
鸚 6742_7

二十九畫

驪 7131_1
鬱 4472_2

三十畫

爨 7780_9
鸝 1722_7
鸞 2232_7
灩 3411_7